职业教育财经类专业群
核心课程系列教材

U0734631

经济法
基础与实务

刘泽海 厉敏萍 / 主编

人民邮电出版社
北　京

图书在版编目（CIP）数据

经济法基础与实务 / 刘泽海，厉敏萍主编. -- 北京：
人民邮电出版社，2022.8
职业教育财经类专业群核心课程系列教材
ISBN 978-7-115-59308-5

Ⅰ．①经… Ⅱ．①刘… ②厉… Ⅲ．①经济法－中国
－高等职业教育－教材 Ⅳ．①D922.29

中国版本图书馆CIP数据核字(2022)第122980号

内 容 提 要

基于新时期高等职业院校财经商贸类专业学生的培养目标和职业发展规划，本书以岗位胜任力的养成为中心，以合规意识和经济法律事务处理能力的培养为主线，以学生乐学善用为目标，合理取舍教学内容，重点阐述经济法律基础知识、企业法律制度、公司法律制度、合同法律制度、市场规制法律制度、知识产权法律制度、金融法律制度、会计法律制度、税收法律制度、劳动合同法律制度、经济纠纷的解决等方面的内容。在此基础上，本书有机融入全国会计专业技术资格考试所涉及的经济法律知识，确保学生在校所学与就业所需紧密契合。

本书定位精准，结构合理，内容简练，重点、难点突出，理论阐述与案例分析相结合，提供立体化教学服务解决方案，可作为高等职业院校财经商贸大类相关专业的教材，也可作为经济法律实务人员或研究人员的参考书。

◆ 主　　编　刘泽海　厉敏萍
　　责任编辑　崔　伟
　　责任印制　王　郁　彭志环

◆ 人民邮电出版社出版发行　　北京市丰台区成寿寺路 11 号
　　邮编　100164　电子邮件　315@ptpress.com.cn
　　网址　https://www.ptpress.com.cn
　　涿州市般润文化传播有限公司印刷

◆ 开本：787×1092　1/16
　　印张：15.75　　　　　　　　　　2022 年 8 月第 1 版
　　字数：427 千字　　　　　　　　2025 年 1 月河北第 2 次印刷

定价：56.00 元

读者服务热线：(010)81055256　印装质量热线：(010)81055316
反盗版热线：(010)81055315
广告经营许可证：京东市监广登字 20170147 号

前　　言

在法治化营商环境下，法律制度不只是一种行为规则和依据，还逐渐成为一种重要的"生产要素"广泛参与社会生产和生活的各个方面，深刻影响着企业的运营和人们的日常生活。现代商务实践中，市场交易主体的经营行为是否合法、依规直接影响交易预期。在此背景下，财经商贸类专业的学生应努力成为懂法律的管理者，在商贸实践中养成自觉守法、遇事找法、靠法解决问题的意识和习惯，秉持合规理念，强化法律风险的识别、防范和管控。从这个意义上讲，认真学好经济法课程对于学生的成长非常有益。

在"互联网＋"的数智环境下，基于新时期高等职业院校财经商贸类专业学生的认知规律和OBE（Outcome Based Education，成果导向教育）理念的教学实践，以及对启发式、探讨式、互动式教学的探索，编者经过数次调研，在借鉴已有成果的基础上，完成本书的编写。

在编写过程中，编者努力坚持并贯彻以下原则：①以财经商贸类专业学生的学习需求为中心，以学生乐学善用为目标，多元呈现教学内容；②为确保学生在校所学与就业所需紧密契合，以经济法综合应用能力的培养为主线，合理取舍教学内容；③以便教利学为中心，以助力新型教学方式的建构为目标，合理组织教学内容。

基于以上原则，本书在内容表述上力求理论阐述与实践应用相结合，对一些重要的法律制度辅以案例和解析，帮助学生加深理解；每章均精选适量的习题，并以二维码链接的"智慧助学"栏目将重点知识内容的归纳总结和应用举例呈现，满足学生深度学习的需要；每章通过"素养拓展"栏目将知识学习与素质提升相结合，助力学生德法兼修，实现立德树人的育人目标。

本书提供立体化动态教学服务，包括但不限于与教材相关的多媒体课件、电子教案、习题答案、法律法规查询系统，以及与财经商贸类职业资格考试相关的习题等。教师可以从人邮教育社区（www.ryjiaoyu.com）下载。

本书的撰写工作由国内多所院校的一线教师和具有丰富实践经验的注册会计师编写，刘泽海、厉敏萍任主编，薛建兰、邬云霞任副主编。具体分工为：刘泽海（河南工业大学）撰写第一章、第四章；邬云霞（北京工业职业技术学院）撰写第二章；李丹宁（北方工业大学）撰写第三章；厉敏萍（井冈山大学）撰写第五章、第七章；郑牵宝（成都银杏酒店管理学院）撰写第六章（第一节、第二节）和第八章（第二节）；杨莉萍（福州大学）撰写第六章（第三节、第四节）；万淑聪（河南精诚联合会计师事务所）撰写第八章（第一节）；薛建兰（山西财经大学）撰写第九章；杨冠英（河南工业大学）撰写第十章；魏田田（上海财经大学）撰写第十一章。高留志博士、刘新民博士对部分稿件进行了审阅和修改；全书由刘泽海统稿。

杨莉萍博士、邬云霞老师深入教学第一线，进行了广泛的调研，获取了大量第一手资料。周友军博士、原最高人民法院法官姜强博士提供了宝贵的建议和资料。他们为本书的出版做出了很大的贡献。

在编写本书的过程中，编者参考了国内外大量文献和资料，在此谨向所有作者表示真诚的谢意。

由于编者水平有限，书中难免存在不足，敬祈读者批评指正。

欢迎读者通过 E-mail（lawliu8@126.com）与作者沟通交流。

刘泽海

2022 年 6 月

目　录

第一章
经济法律基础知识

引例

目标与方法

课前测试

　　近年来，网络直播在促进灵活就业、服务经济发展等方面发挥了重要作用。同时，网络直播营利行为也存在网络直播平台管理责任不到位、商业营销行为不规范、偷逃缴纳税款等问题，制约行业健康发展，损害社会公平正义。为进一步规范网络直播营利行为，促进行业健康发展，国家互联网信息办公室、国家税务总局、国家市场监督管理总局于2022年3月25日联合印发《关于进一步规范网络直播营利行为促进行业健康发展的意见》（以下简称《意见》），着力构建跨部门协同监管长效机制，加强网络直播营利行为规范性引导，鼓励支持网络直播依法合规经营，促进网络直播行业在发展中规范，在规范中发展。

　　《意见》提出，网络直播平台要认真落实管理主体责任，加强网络直播账号注册管理和账号分级分类管理，每半年向网信、税务部门报送存在直播营利行为的网络直播发布者个人身份、直播账号、网络昵称、取酬账户、收入类型及营利情况等信息，配合监管部门开展执法活动。网络直播平台和网络直播发布者要维护网络直播公平竞争环境，不得通过虚假营销、自我打赏等方式吸引流量，诱导消费者打赏和购买商品。

　　网络直播平台、网络直播服务机构应依法履行个人所得税代扣代缴义务，不得转嫁或者逃避个人所得税代扣代缴义务，不得策划、帮助网络直播发布者实施逃避税。网络直播发布者开办的企业和个人工作室，应按照国家有关规定设置账簿。

　　【提问】请你谈谈政府相关部门对网络直播营利行为进行监管的意义。

　　【点评】市场经济条件下应尊重市场主体的创新、尊重市场对资源配置的作用。但是，由于垄断、市场的外部性、公共产品和信息的不完全性等原因，市场失灵往往会成为阻碍市场健康发展、威胁社会和谐的重要因素。为克服市场失灵，政府部门必须致力于形成能够有效发挥市场机制作用的经济环境。在此过程中，科学制定并严格实施各种法律法规，尤其是经济法律法规，以严格市场准入、强化市场监管、规范市场交易秩序、健全市场交易机制、改善宏观调控、完善社会保障、促进社会和谐就显得十分必要。

第一节　法的基础知识

一、法的概念、特征和作用

　　一般认为，法是由国家制定或认可，并由国家强制力保证实施的，反映统治阶级意志的规范体系。这一意志的内容由统治阶级的物质生活条件所决定，它通过规定人们在社会关系中的权利和义务，确认、保护与发展有利于统治阶级的社会关系和社会秩序。广义的法律指法的整体，即由国家制定或认可，并由国家强制力保证实施的各种行为规范的总和。在一般情况下，"法"和广义的"法律"同义。

作为体现统治阶级意志的一种特殊的行为规则和社会规范，法具有强制性、规范性和科学性的特征。法通过指引、评价、预测、强制、教育等规范作用的发挥来调整人们的行为，进而维护社会公共利益。

二、法的表现形式

法的表现形式亦称法律的形式，也称法的效力渊源，是指法律的存在或表现形式，是从立法体制、法的效力等级和效力范围角度对法所作的分类，即从立法的角度所作的分类。我国法律制度在形式上属于成文法，法的表现形式主要包括以下几种。

（1）宪法。宪法是国家的根本大法，规定国家的根本制度和根本任务、公民的基本权利和义务等内容，具有最高法律效力。法律、法规、规章等都不得同宪法相抵触。

（2）法律。这里的法律指的是狭义的法律，即仅指全国人民代表大会及其常务委员会制定的规范性文件。法律的效力和地位仅次于宪法，是制定其他规范性文件的依据。

（3）行政法规。行政法规是指作为国家最高行政机关的国务院根据宪法和法律或者最高权力机关的授权而依法定程序制定的规范性文件。其效力和地位低于宪法和法律，不得与宪法和法律相抵触。

（4）地方性法规。地方性法规是指地方立法机关在不与宪法、法律和行政法规相抵触的情况下，根据本地区的情况制定和颁布的，只能在地方区域内发生法律效力的规范性法律文件。

（5）自治法规。自治法规，即民族自治地方（自治区、自治州、自治县）的权力机关所制定的特殊地方规范性法律文件（自治条例和单行条例）的总称。

（6）规章。规章是行政性法律规范文件，依其制定机关不同，可分为部门规章和地方政府规章。

① 部门规章是指国务院所属部委和直属机构依法在其职权范围内制定和颁布的规范性法律文件。

② 地方政府规章是指省、自治区、直辖市和设区的市、自治州的人民政府依法在其职权范围内制定和颁布的规范性法律文件。

注意：规章一般称"规定""办法"，不得称"条例"。

（7）国际条约或协定。国际条约或协定是指我国作为国际法主体同外国或地区缔结的双边、多边协议和其他具有条约、协定性质的文件。国际条约或协定生效以后，对缔约国的国家机关、团体和公民具有法律上的约束力。

（8）其他辅助渊源。一般认为，法的辅助渊源主要包括习惯、司法解释、行业自治规则、判例和学说等。

三、法律体系

基于不同的标准，法具有不同的形式和分类。根据不同的调整对象和调整方法，可以划分不同的法律部门。法律体系是指一国的全部现行的法律部门分类组合而形成的一个呈体系化、有机联系的统一整体。

中国特色社会主义法律体系，是以宪法为统帅，以法律为主干，以行政法规、地方性法规为重要组成部分，由宪法及宪法相关法、刑法、行政法、民商法、经济法、社会法、诉讼与非诉讼程序法等多个法律部门组成的有机统一整体。

中国特色社会主义法治建设不仅需要良好的法律体系，还需要法律的良好运行或有效实施，将蕴含于法律体系中的价值理念和规范效力，切实转化为法治实效和治理效能。

素养拓展

在现代法治社会中，法律制度不再仅仅作为一种行为规则和依据，而在事实上逐渐成为一种重要的"生产要素"，并广泛参与社会生产和生活的各个方面，深刻影响企业的运营和人们的日常生活。实践中，法律环境是影响营商环境的重要因素，好的营商环境直接影响经济活动的预期和微观经济行为，进而影响企业的经营行为。不可否认，良好的法律环境有利于促进社会主义市场经济的发展。

企业的经营管理人员在现代商务活动中，应秉持合规理念，强化法律风险的防范和控制管理，始终坚持依法合规经营。

因此，学好法律不仅可以培育社会主义法治意识，还可以在践行合规理念的过程中强化法律风险防范意识，依法行使并维护权利，积极履行义务，自觉与违法行为进行斗争。

四、法律关系

法律关系是根据法律规范产生的，以主体间的权利与义务关系为内容的社会关系。法律关系由法律关系的主体、内容和客体三个要素构成。法律关系的主体是指参加法律关系，依法享有权利和承担义务的当事人，自然人、法人、非法人组织都可以成为法律关系的主体。法律关系的内容是指法律关系主体所享有的权利和承担的义务，是法律关系区别于其他社会关系的重要标志。法律关系的客体是指法律关系主体的权利和义务共同指向的对象，如物、精神产品、行为等。

法律规范是产生法律关系的前提和依据。法律事实（法律规范所规定的，能够引起法律后果，即法律关系产生、变更和消灭的客观现象，包括法律事件和人的行为）是推动法律关系变化的重要因素。

课堂讨论 1-1

张某（男）与李某（女）通过网络聊天认识并成为朋友，但双方一直没有见面。一年后，张某约李某于2022年2月14日在玫瑰餐厅见面。李某同意了张某的邀请，专门到美容院做了皮肤护理，并按约定时间到达玫瑰餐厅。但李某从14日中午一直等到傍晚，也未见到张某。李某十分恼怒，便按照地址找到张某，质问此事。双方为此发生争执。李某怒而诉至法庭，要求张某赔偿其精神损失费1万元。

请问：张某与李某之间的关系为何种关系？

第二节 经济法概述

一、经济法的概念与特征

一般认为，经济法是在克服市场失灵和政府失灵，促进社会和谐的历史进程中不断发展和完善的一个法律部门。本书认为，经济法是从社会本位出发，调整国家在经济管理和协调社会经济活动过程中所形成的各种经济关系的法律规范的总称。在健全市场机制、改善宏观调控、巩固社会主义市场经济体制的进程中，经济法综合运用国家宏观调控权和市场规制权，不断解决个体营利性和社会公益性的矛盾，兼顾效率与公平，促进经济稳定增长与社会良性发展。

事实上，经济法的含义历来有广义和狭义之分。狭义的经济法是指矫正市场失灵、调整市场秩序的法律，国家调控是经济法存在的经济基础和政治基础。广义的经济法不仅包括国家调控的内容，还包括商法的有关内容。经济法是在民法、商法对市场经济初次调整的基础上进行的再次调整。经济法的调整对象是一定范围内的经济社会关系，包括国家或政府、市场经营主体以及消费者为实现社会公共利益而形成的社会关系。

经济法具有经济性、社会性、政策性、综合性等特征。

知识拓展

如何理解市场失灵和政府失灵

二、经济法的调整对象与范围

经济法调整的是国家在经济管理和协调社会经济活动过程中形成的各种经济关系。经济法的调整范围包括以下几个方面，如图 1-1 所示。

图 1-1　经济法的调整范围

（1）市场主体的组织管理关系。它是指市场主体的设立、变更、终止和市场主体内部组织机构在管理过程中发生的经济关系。调整这一关系的法律规范称为市场主体法，主要是企业法，包括个人独资企业法、合伙企业法、公司法、企业破产法等。

（2）微观规制关系。它是国家运用市场规制权对市场失灵进行干预和调节所形成的经济关系。调整这一关系的法律规范称为市场规制法，主要包括反垄断法、反不正当竞争法、产品质量法、消费者权益保护法等，其意义在于排除市场公平竞争的障碍，维护经济发展的微观秩序。

（3）宏观调控关系。它是指国家为了实现经济总量的基本平衡，促进经济结构的优化，推动社会经济的协调发展，对国民经济的总体活动进行调节和控制过程中发生的经济关系。调整这一关系的法律规范称为宏观调控法，包括计划法、财政税收法、金融调控法等。

（4）社会保障关系。它是国家在从事社会保障各项事业的过程中与劳动者及全体社会成员之间所形成的物质利益关系。调整这一关系的法律规范称为社会保障法，主要有劳动法、社会保险法等。

三、经济法的渊源

经济法的渊源是指经济法律规范赖以存在和表现的形式，它主要表现为各国家机关根据其职权范围依法制定的各种规范性文件。经济法的渊源与普通法的渊源一致，就现有立法情况来看，主要有以下几种，如图 1-2 所示。

图 1-2　经济法的渊源

四、经济法律关系

经济法律关系是指经济法律法规对客观存在的经济关系进行调整之后形成的，由国家强制力保证其存在和运行的，经济权利与经济义务相统一的关系。经济法律关系具有以下特点。

（1）经济法律关系的参加者是法律主体。凡是非法律确认和保护的主体、非依法律规定的条件和程序设立的主体，均不能参加经济法律活动，也不能形成经济法律关系。

（2）经济法律关系由经济法律规范确认，并受经济法律规范的保护。可以说，经济法律关系的产生是国家运用经济法手段干预经济活动的必然反映，是国家干预经济关系为经济法律规范所确认的产物。

（3）经济法律关系产生于特定的经济活动中，是特定的经济活动在法律上的反映。在非法律活动和非经济法律活动中不可能产生经济法律关系。经济法律关系产生的特定经济活动包括市场管理活动、宏观经济调控和可持续发展活动，以及社会保障活动。

经济法律关系同一般法律关系一样，也是由主体、内容和客体三种要素构成的。

（一）经济法律关系的主体

经济法律关系的主体，即经济法主体，是指在国家协调经济过程中依法独立享有经济法律权利，承担经济法律义务的当事人。经济法律关系的主体一般包括国家机关、社会组织（包括企业、公司、事业单位、社会团体等）、内部组织（主要是指企业、公司等经济组织的内部组织）、个体工商户、农村承包经营户和其他自然人。

作为经济法主体的组织和个人，必须具有相应的主体资格。具有经济法主体资格的当事人，具有享有经济权利的资格与承担经济义务的能力，可以参加经济法律关系；不具有经济法主体资格的当事人，则不能参加经济法律关系。

经济法的主体资格只能由国家制定的经济法律、法规赋予或确定，具有法定性。经济法的主体资格以成立的合法性为基础和前提。非法成立的组织，法律不会赋予其参加经济法律关系的主体资格。

依法成立的经济法主体只能在法律规定或认可的范围内参加经济法律关系，即经济法主体资格具有有限性，受法律规定或认可的活动范围限制。超越法律规定或认可的范围，则不再具有参加经济法律关系的主体资格。

（二）经济法律关系的内容

经济法律关系的内容是指经济权利和经济义务。经济权利是指经济法主体在国家协调经济运行过程中，依法具有的自己为或不为一定行为，以及要求他人为或不为一定行为的资格。法律赋予经济法主体一定的经济权利后，经济法主体就获得了意志和行为的自由，可以按照自己的独立意志支配自己的行为，以实现自身的利益。

经济义务是相对经济权利而存在的。它是指经济法主体为了实现特定的权利主体的权利，在法律规定的范围内所承担的实施或不实施某种经济行为的义务。经济义务是法律对经济法主体的行为给予的一定程度的强行限制和约束，这种强行限制和约束是实现权利主体的经济权利并满足其经济利益所必需的。

（三）经济法律关系的客体

经济法律关系的客体，是指经济法律关系的主体享有的经济权利和承担的经济义务所共同指向的目标或对象。经济法律关系的客体多种多样，概括起来可以分为三大类：物、经济行为和智力成果。

（1）物。物是指可以为人们控制和支配的、有一定经济价值的、以物质形态表现出来的物体。对于作为经济法律关系客体的物，可以根据实践的需要进行不同的划分。例如，生产资料和生活资料、固定资产和流动资产、流通物与限制流通物、特定物与种类物、主物与从物、原物与衍生物等。此外，货币和有价证券也都属于物。作为充当一般等价物的特殊商品，货币是以价值形态表现的资金；有价证券是指具有一定票面金额、代表某种财产权的凭证，如股票、债券、汇票、支票、本票等。

（2）经济行为。经济行为是指经济法主体为达到一定经济目的所进行的经济活动，包括经济管理行为、完成一定工作的行为和提供一定劳务的行为。经济管理行为是指经济法管理主体行使管理权和经营管理权所指向的行为，如经济决策行为、审查批准行为及经济监督检查行为等。所谓完成一定工作，是指经济法主体的一方利用自己的资金和技术设备为对方完成一定工作任务，而对方根据完成工作的数量和质量支付一定的报酬。例如，建筑安装、勘察设计和工程施工等。所谓提供一定劳务，是指经济法主体的一方利用自己的设施和技术条件，为对方提供一定劳务或服务以满足对方的需求，而对方为此支付一定的酬金。这种客体本身不是物，而是一种行为，但往往折射为物。例如，仓储保管经济法律关系的客体不是保管物，而是保管行为这种劳务。

（3）智力成果。智力成果是指能为人们带来经济价值的独创的脑力劳动成果，如专利权、专有技术、著作权、商标等。随着经济的发展以及科学技术的进步，智力成果在社会财富中将日益重要，其成为经济法律关系的客体也就是一种必然。

第三节　与经济法相关的基础知识

一、民事主体

民事主体包括自然人、法人、非法人组织。

（一）自然人

自然人是指基于自然规律而出生的人。

1. 自然人的民事权利能力

自然人的民事权利能力是指自然人享有民事权利和承担民事义务的作为民事主体的地位或资格。

自然人的民事权利能力一般始于出生，终于死亡。在特殊情况下，自然人在出生之前就有某种权利。例如，《民法典》规定，遗产分割时，应当保留胎儿的继承份额。在特殊情况下，自然人死亡之后还会有相应的权利。例如，《中华人民共和国著作权法》（以下简称《著作权法》）规定，作者死亡后，仍然享有相应的著作权。

2. 自然人的民事行为能力

自然人的民事行为能力是指自然人作为民事主体以自己的行为独立享有民事权利、承担民事义务的资格。根据《民法典》的规定，自然人按民事行为能力分为以下三种类型。

（1）无民事行为能力人（不满8周岁的未成年人、不能辨认自己行为的8周岁以上的未成年人，以及不能辨认自己行为的成年人）。无民事行为能力人实施的民事法律行为无效。实践中，无民事行为能力人接受奖励、赠与、报酬，他人不应以行为人无民事行为能力为由，主张该行为无效。

（2）限制民事行为能力人（已满8周岁未满18周岁的未成年人和不能完全辨认自己行为的成年人）。限制民事行为能力人独立实施的纯获利益的民事法律行为或者与其年龄、智力、精神健康状况相适应的民事法律行为有效；超出民事行为能力范围实施的合同行为为效力待定行为（其监护人追认的有效，否则无效）；超出民事行为能力范围实施的单方民事法律行为为无效行为（如限制行为能力人所立的遗嘱无效）。

【例1-1】13岁的初中生黄某，拿着自己的6 800元压岁钱到商场买了一个书包和几支笔（共花费68元），看到商场柜台的某品牌的笔记本电脑不错，就花费5 738元买了一台。

请问：如何评判黄某行为的法律效力？

【解析】根据《民法典》的规定，黄某买文具的行为是有效的，而买笔记本电脑的行为是效力待定行为。

（3）完全民事行为能力人（年满18周岁的心智健全者；已满16周岁未满18周岁，以自己的劳动收入为主要生活来源的未成年人）。完全民事行为能力人所实施的行为是有效行为，应对其行为负责，无须他人为其承担责任。

（二）法人

1. 法人的概念与特征

《民法典》第五十七条规定，法人是具有民事权利能力和民事行为能力，依法独立享有民事权利和承担民事义务的组织。作为法律拟制的、具有独立人格的主体，与自然人以及非法人组织相比较，法人的基本法律特征主要有以下几点。

（1）作为一种社会组织，法人是独立的组织体。这是法人与自然人之间的最大区别。法人是社会组织，但不是任何组织都能取得法人资格，只有那些具备法定的条件，并得到法律认可或依法获得批准的社会组织，才能取得法人资格。法人必须是一个集合体，必须有稳定的、独立的组织机构，才能形成不同于其成员的法人意志，从而独立从事民事活动。

（2）法人拥有独立的财产或者经费。法人必须拥有独立归其所有并由其支配的财产或者经费，这些财产或者经费应当与国家的财产、他人的财产、成员的财产严格分离，是法人作为独立主体存在的基础和前提条件，也是法人独立享有民事权利和承担民事义务的物质基础。

（3）法人具有独立的人格。法人的独立人格具体表现如下。①独立身份。能够以自己的名义独立参与民事活动，独立享有民事权利、承担民事义务。②独立意志。可以自主决定自己的民事活动、支配自己的民事行为。法人的意志完全独立于成员的个人意志。③独立利益。这是法人作为独立民事主体的内在要求。因此，法人均具有与其成员不完全相同的独立利益要求。④独立责任。法人应独立承担由自己活动所产生的财产责任。除法律另有规定外，法人的成员或创立人个人对法人的债务不承担责任，而应由法人以自己的财产承担民事责任。在这一点上，法人与非法人组织存在明显区别。非法人组织通常不能独立承担民事责任，其出资人或者设立人通常要对非法人组织的债务承担无限责任。

为了防止股东滥用公司有限责任和法人人格侵害债权人利益，《中华人民共和国公司法》（以下简称《公司法》）允许在特定条件下"刺破公司面纱"，否定公司法人人格，要求股东与公司承担连带责任。

2. 法人的分类

基于不同的标准，可以将法人进行不同的划分。在学理上，可以将法人分为社团法人（以人的集合为成立基础、由两个以上的成员依法组成，如有限责任公司）与财团法人（以捐赠财产为成立基础、为一定目的而存在的财产集合体，如基金会）；营利法人与公益法人；本国法人与外国法人等。《民法典》将法人分为营利法人、非营利法人和特别法人。

3. 法人的设立条件

依照《民法典》第五十八条的规定，法人的设立条件包括以下几项。

（1）依法成立。所谓依法成立，是指法人的设立须符合法定条件和法定程序。一方面，法人须依法定条件设立，即法人的设立要有法律根据，符合法律规定的实质条件。另一方面，法人须依法定程序设立。如依法需要登记的，应当办理法人登记，登记机关应当依法及时公示法人登记的有关信息。如果法人的实际情况与登记的事项不一致，不得对抗善意相对人。

（2）应当有自己的名称、组织机构和住所。名称是一个社会组织特定化的必要条件。法人有自己的名称，才能以自己的名义进行民事活动，因此，法人必须有自己的名称，并且依法只能有一个名称。法人的组织机构是形成和执行法人的意志，对内管理法人事务，对外代表法人进行民事活动的常设机构。法人的住所是法人从事业务活动的地方。法人的场所可以有多处，但每个法人只能有一个住所。依照《民法典》第六十三条的规定，法人以其主要办事机构所在地为住所，依法需要办理法人登记的，应当将主要办事机构所在地登记为住所。

（3）应当有自己的财产或者经费。财产或经费是法人进行民事活动、独立承担民事责任的物质基础和基本保障。任何社会组织取得法人资格，都需要有与法人的设立宗旨、业务活动等相适应的财产或者经费。

（4）满足法律规定的其他条件。法人成立的具体条件和程序，依照法律、行政法规的规定。设立法人，法律、行政法规规定须经有关机关批准的，依照其规定。例如《公司法》规定，设立公司必须依法制定公司章程。

4. 法人的民事能力

法人的民事能力包括法人的民事权利能力、法人的民事行为能力以及法人的民事责任能力。法人的民事权利能力是指法人作为民事主体，以自己的名义参与民事活动，独立享有民事权利并承担民事义务的资格。法人的民事权利能力的范围受制于自身性质，取决于法律、法人章程的规定。

法人的民事行为能力是指法人通过自己的行为，为自己取得民事权利和承担民事义务的资格。法人的民事权利能力与民事行为能力均始于成立，终于终止，并且其民事行为能力不能超出其民事权利能力的范围。法人的民事行为能力通过法人的法定代表人或代理人的活动来实现。法人机关或代表人的行为即法人的行为，法人应承担由此产生的一切民事法律后果。

法人的民事责任能力是指法人对自己实施违法行为造成的法律后果，应当承担相应民事责任的能力。一般认为，法人的民事责任能力具体体现在以下三个方面。

（1）法人须对法定代表人的行为负责。《民法典》规定，法定代表人以法人名义从事的民事活动，其法律后果由法人承受。法人章程或者法人权力机构对法定代表人代表权的限制，不得对抗善意相对人。法定代表人因执行职务造成他人损害的，由法人承担民事责任。法人承担民事责任后，依照法律或者法人章程的规定，可以向有过错的法定代表人追偿。

法人对法定代表人所负的责任，包括越权行为的责任。《民法典》第五百零四条规定，法人的法定代表人或者非法人组织的负责人超越权限订立的合同，除相对人知道或者应当知道其超越权限外，该代表行为有效，订立的合同对法人或者非法人组织发生效力。

【例1-2】甲公司和乙公司在前者印制的标准格式《货运代理合同》上盖章。《货运代理合同》第四条约定："乙公司法定代表人对乙公司支付货运代理费并承担连带责任。"乙公司法定代表人李红在合同尾部签字。后双方发生纠纷，甲公司起诉乙公司，并请求乙公司法定代表人李某承担连带责任。关于李某拒绝承担连带责任的抗辩事由，下列表述能够成立的是（　　　　）。

A. 第四条为无效格式条款

B. 乙公司法定代表人未在第四条处签字

C. 乙公司法定代表人的签字仅代表乙公司的行为

D. 李某并未在合同上签字

【解析】本题涉及法定代表人的责任认定，答案为D。

（2）法人对工作人员的职务行为负责。职务行为是指法人的工作人员在执行职务期间实施的民事行为。法人对其工作人员因执行法人交付的任务而所为的行为负责，其中也包括侵权行为所致的民事责任。

课堂讨论 1-2

甲公司为花某家装修新房，派丙、丁两人负责具体施工。房子装修好之后，丙踩在丁的肩上安装灯泡，丙对丁说："准备好了，你转圈吧。"丁不明所以。丙说："灯泡是螺旋口的，你不转圈，我怎么能拧上呢？"丁大笑，致使丙跌落受伤，花费医药费900元。

请问：对此损害，双方应如何承担责任？

（3）法人应负的非法活动责任。法人不得从事法律禁止的活动，损害国家利益或者社会公共利益，否则应依法承担相应的法律责任。

（三）非法人组织

《民法典》第一百零二条规定，非法人组织是不具有法人资格，但是能够依法以自己的名义从事民事活动的组织。非法人组织包括个人独资企业、合伙企业、不具有法人资格的专业服务机构等。不能独立承担民事责任，是指当发生以该组织的资产不足以偿还其债务的情况时，由出资设立该组织的人或单位承担补充甚至连带责任，而不能仅以该组织的资产为限。《民法典》第一百零四条规定，非法人组织的财产不足以清偿债务的，其出资人或者设立人承担无限责任。法律另有规定的，依照其规定。

非法人组织虽然不具有独立承担民事责任的能力，但可以依法从事相应的活动。例如合伙企业、个人独资企业、分公司等，有权在营业执照明确的范围内从事经营活动。

二、民事权利

根据我国相关法律规定，民事主体依法享有多项民事权利，具体如表1-1所示。

表1-1 民事主体依法享有的民事权利

民事权利	人身权利	人格权	一般人格权		
			具体人格权（生命权、健康权、姓名权、肖像权、隐私权、名誉权等）		
		身份权	亲属权、监护权、荣誉权等		
	财产权利	物权	自物权	所有权（具体权能包括占有权、使用权、收益权、处分权）	
			他物权（限制物权）	用益物权	土地承包经营权、建设用地使用权、宅基地使用权、居住权、地役权、自然资源使用权（海域使用权、探矿权、采矿权等）等
				担保物权	抵押权、质押权、留置权
			类物权	占有	
		债权	法定之债	侵权之债、不当得利之债、无因管理之债及其他法定之债	
			约定之债	合同之债	
	知识产权	工业产权	专利权（发明、实用新型及外观设计）、商标权		
		著作权	版权、邻接权		
		非专利技术	未授予专利的技术，如技术、诀窍等		
	财产继承权				
	股权和其他投资性权利				
	其他合法权益				

基于体系的考虑，本章将重点介绍财产权利的物权（其中担保物权部分将在本书第四章"合同法律制度"阐述）和债权的相关知识，知识产权的相关知识将在第六章"知识产权法律制度"阐述。

（一）物权

1. 物权的概念

一般认为，物权是指权利人依法对特定的物享有直接支配和排他的权利，包括自物权、他物权（用益物权和担保物权）和类物权。它主要反映权利人对物的静态归属和动态利用的一种法律关系。

物权的权利人是特定的，义务人是不特定的，义务内容是不作为，因而物权是一种绝对权。物权是排他性的权利，物权人有权排除他人对物上权利行使的干涉，可以对抗一切不特定的人；同一物上不许有内容不相容的物权并存。同一标的物上有数个相互冲突的权利并存时，具有较强效力的权利排斥具有较弱效力的权利的实现，物权的这种优先效力存在于先后成立的物权之间及物权与债权之间。

2. 物权的变动

物权的变动，是指物权的产生、变更和消灭的总称，其实质就是人与人之间关于物的归属和利用的法律关系的变化。导致物权发生变动的原因主要有以下几个。

（1）民事法律行为。这是物权变动的最常见的法律事实。例如，因买卖、互易、赠与、遗赠等行为取得所有权，通过物的所有人与其他人的设定行为为他人设定典权、抵押权、地役权、质权等他物权；因抛弃或撤销权的行使而消灭物权。

（2）民事法律行为以外的原因。其法律事实主要有：因取得时效取得物权；因公用征收或没收取得物权；因法律的规定取得物权（如留置权）；因附合、混合、加工取得所有权；因继承取得物权；因拾得遗失物、发现埋藏物取得所有权；因标的物的灭失、法定期间的届满、混同而消灭物权。

为保证交易的安全，物权变动时须遵循公示原则和公信原则，即不动产物权的变动以登记为公示方法，动产物权的变动以交付为公示方法。物权的变动以登记或交付为公示方法，当事人如果信赖这种公示而为一定的行为（如买卖、赠与），那么，即使登记或交付所表现的物权状态与真实的物权状态不相符合，也不能影响物权变动的效力。公信原则包括两方面的内容。其一，记载于不动产登记簿的人推定为该不动产的权利人，动产的占有人推定为该动产的权利人；除非有相反的证据证明。其二，凡善意信赖公示的表象而为一定的行为，在法律上应当受到保护，保护的方式就是承认发生物权变动的效力。

实践中，物权变动与原因行为相区分。《民法典》第二百一十五条规定："当事人之间订立有关设立、变更、转让和消灭不动产物权的合同，除法律另有规定或者合同另有约定外，自合同成立时生效；未办理物权登记的，不影响合同效力。"

3. 所有权

一般认为，所有权是所有权人依法按照自己的意志对其所有物进行占有、使用、收益、处分，实现独占性地支配并排除他人非法干涉的永久性物权。它可分为国家所有权、集体所有权、私人所有权，不动产所有权和动产所有权。

（1）善意取得。所有权的取得方式可分为原始取得和继受取得。原始取得的依据主要包括劳动生产、天然孳息、善意取得、没收、无主财产收归国有等；继受取得的依据主要包括买卖、赠与、继承、遗赠、互易等。为了保护交易安全，《民法典》对善意取得作出了相应的规定。

善意取得也称即时取得，是指财产由无处分权的占有人转让给善意的第三人占有时，第三人依法取得该财产的所有权（或其他物权），原财产所有权人不得请求第三人返还财产，只能要求让与人赔偿损失的法律制度。该制度的目的在于保护交易安全，维护市场经济正常秩序。

依据《民法典》的规定，善意取得应具备五个条件：①善意取得的标的物须为法律允许流通的财产，包括动产和不动产，但是遗失物、漂流物、埋葬物或隐藏物、文物等不适用善意取得；②转让财产的让与人对财产无处分权，即占有财产并实施让与行为的让与人对该财产无处分权；③受让人受让财产时必须是善意的，即不知道或不应知道转让人是无处分权人；④受让人支付了合理的价格；⑤转让的财产完成了登记或交付（占有），即进行了物权变动公示。

关于善意取得的法律后果，除了产生财产所有权变动，即受让人取得所有权而原所有权人丧失所有权外，《民法典》还规定了两点：一是原所有权人有权向无处分权人请求赔偿损失；二是善意受让人取得动产后，该动产上的原有权利（主要表现为抵押权、质权等）消灭，但善意受让人在受让时知道或者应当知道该权利的除外。

课堂讨论 1-3

2021年9月18日，W市甲、乙二人结伙盗窃了三峰骆驼后在Y市销赃，将该三峰骆驼以36 000元的价格（当时Y市每峰骆驼的市场价至少为28 000元）卖给丙，丙不知该骆驼为赃物，又以37 500元的价格卖给丁。后公安机关破获甲、乙盗窃案件，将该骆驼作为赃物追缴后退还给失主。丁以此为由从丙处要回了37 500元价款。丙要求甲、乙返还36 000元款项未果而发生纠纷，诉至法院。

请问：本案该如何处理？

（2）业主的建筑物区分所有权。建筑物区分所有权是指业主对建筑物内的住宅、经营性用房等专有部分享有所有权，对专有部分以外的共有部分享有共有和共同管理的权利。它是由专有部分所有权、共有权和共同管理权相结合而组成的一个复合物权。例如，业主买了一套商品房，他对套内面积享有专有部分的房屋所有权，对电梯、走廊以及小区绿地、道路等公共部分享有共有权，对小区财产和共同事务还享有共同管理权，由此就结合成为建筑物区分所有权。

4．用益物权

用益物权是对他人所有的物，在一定范围内依法进行占有、使用和收益的他物权。基于不同的历史文化传统与经济制度，各国的用益物权类型多有不同。在我国，用益物权主要有土地承包经营权、建设用地使用权、宅基地使用权、居住权、地役权。

（1）土地承包经营权。土地承包经营权就是农村集体经济组织成员对农民集体所有或者国家所有的，由农民集体经济组织使用的耕地、林地、草地以及其他用于农业的土地，依法进行承包并对承包的土地享有的占有、使用和收益的用益物权。

（2）建设用地使用权。建设用地使用权是指民事主体依法享有的，利用国有或集体土地建造建筑物、构筑物及其附属设施的用益物权。在国家所有的土地上可通过划拨、出让、流转等方式设立建设用地使用权。

（3）宅基地使用权。宅基地使用权指的是农村集体经济组织的成员依法享有的在农民集体所有的土地上建造个人住宅的权利。根据《民法典》的规定，宅基地使用权人依法对集体所有的土地享有占有和使用的权利，有权利用该土地建造住宅及其附属设施。

（4）居住权。居住权是指居住权人为满足生活居住的需要，对他人所有的住房及其附属设施享有占有、使用的用益物权。居住权一般是无偿的（当事人另有约定的除外）、有期限的。根据《民法典》的规定，设立居住权，可以根据遗嘱或者遗赠，也可以按照合同约定。例如，某人在遗嘱中写明，其住宅由其儿子继承，但应当让服务多年的保姆居住，直到保姆去世。设立居住权的，应当向登记机构申请居住权登记，居住权自登记时设立。《民法典》上的居住权，不包括因房屋租赁产生的居住权，不包括住旅馆等。居住权不得转让、继承。设立居住权的住宅不得出租，但是当事人另有约定的除外。居住权期限届满或者居住权人死亡的，居住权消灭。居住权消灭的，应当及时办理注销登记。

（5）地役权。地役权是指为使用自己不动产的便利或提高效益而在他人的不动产上设立的，利用他人不动产的他物权。

【例1-3】 黄某为了能在自己的房子里欣赏远处的风景，便与相邻的段某约定：段某不得在自己的土地上建设高层建筑；作为补偿，黄某每年支付给段某 3 000 元。一年后，赵某从段某处以市场价获得该土地使用权并着手建设高层建筑。

请问：黄某是否有权制止赵某的行为？

【解析】 根据《民法典》的规定，黄某有权制止赵某的行为。

（二）债权

债是按照合同的约定或者依照法律的规定，在当事人之间产生的特定的权利和义务关系。一般认为，债是特定当事人之间请求为一定给付的民事法律关系。在债的法律关系中，一方享有请求对方为一定给付的权利，即债权，该方当事人称为债权人；另一方负有向对方为一定给付的义务，即债务，该方当事人称为债务人。当债和物权或物权关系相提并论时，也称债权或债权关系。债权是一种财产权，它所反映的是民事活动中动态的财产流转关系。

一定法律事实的出现，会使债权债务关系消灭。该法律事实主要有债的履行、抵销、混同、提存、免除等。

1. 债权法律关系

债是一种民事法律关系，因此债也应当具备法律关系成立时所必须具备的要素。债的要素（见图1-3）包括债的主体、债的内容、债的客体（也称"标的"）。债的主体是指参与债的关系的当事人，债的内容是指债权和债务，债的客体是指债务人的特定行为。

图 1-3 债的要素

在一些债中，主体一方是债权人，主体另一方是债务人；在另一些债中，债的相对人可能互为权利人和义务人，这主要体现在双务（双方都有义务）合同中。例如买卖合同，购买人有获得购买物的权利，也有支付价款的义务；对于出卖人而言，其有获得价款的权利，也有给付出卖物的义务。

在债的内容中，债权的权能包括：①给付请求权；②给付受领权；③债权保护请求权；④处分权能。在债的法律关系中，债务的内容具有特定性，这种特定性是由当事人的约定或法律的规定形成的。债务不许永久存在，债务可以附随义务。

债的客体表现为给付。债权人请求的是给付，债务人所要做的也是给付，所以给付是债权债务的共同指向。

2. 债的发生原因

债的发生原因是指引起债的法律事实，具体如图1-4所示。

图 1-4　债的发生原因

（1）合同。合同是指民事主体之间设立、变更、终止民事法律关系的协议。基于合同产生的债的关系属于合同之债，它是当事人在平等基础上自愿设立的，是民事主体开展各种经济交往的法律表现，也是债的最常见、最主要的表现形式。

（2）侵权行为。侵权行为是指不法侵害他人合法的民事权益，应承担民事责任的行为。依法律规定，侵权行为发生后，加害人负有赔偿受害人损失等义务，受害人享有请求加害人赔偿损失等权利。这种特定主体之间的权利义务关系，即侵权行为之债。《民法典》专门规定了各类侵权行为的侵权责任。

（3）不当得利。不当得利是指没有合法根据获得利益并使他人利益遭受损失的法律事实。依法律规定，取得不当利益的一方应将所获利益返还于受损失的一方，双方因此形成债权债务关系，即不当得利之债。不当得利之债的构成要件有三个方面：①取得利益无合法根据，但行为合法；②造成他人财产损失；③一方获利与另一方受损有因果关系。

【例 1-4】2022 年 2 月 14 日，宋某到某银行要求用存折取款 6 000 元，取得钱款 6 000 元后便匆忙赶往公司上班，当晚，宋某发现自己的存折上写着"续存 6 000 元"。

请问：宋某该怎么办？

【解析】此种行为属于不当得利。宋某应主动配合银行的工作，将存折上的错误予以纠正。

（4）无因管理。无因管理是指没有法定的或约定的义务，为避免他人利益受损失而为他人管理事务或提供服务的行为。无因管理一经成立，在管理人和本人之间即发生债权债务关系，管理人有权请求本人偿还其因管理而支出的必要费用，本人有义务偿还，无因管理形成的债权债务关系为无因管理之债。无因管理之债的构成要件有三个方面：①客观上为他人谨慎管理了事务；②主观上有为他人谋利益的意思；③无法定或约定的义务。

【例 1-5】甲根据天气预报得知台风来临，看到长期外出的邻居——乙家的房屋（长期无人居住，濒临倒塌）无法抵挡台风，遂为之支付 4 000 元费用予以修葺，但台风过大，乙家房屋倒塌。

请问：甲的行为是否构成无因管理？

【解析】无因管理之债的成立以为他人谋利益为要件，但不以实际获得利益为要件。甲的行为虽然没有使乙得到利益，但仍构成无因管理。

（5）单方允诺。单方允诺是指表意人向相对人作出的为自己设定某种义务，使相对人取得某种权利的意思表示。在社会生活中较为常见的单方允诺有悬赏广告、设立幸运奖和遗赠等。《民法典》第四百九十九条规定，悬赏人以公开方式声明对完成特定行为的人支付报酬的，完成该行为的人可以请求其支付。

（6）缔约过失。缔约过失是指当事人在缔约过程中具有过失，从而导致合同不成立、无效、被撤销或不被追认，使他方当事人受到损害的情况。受害一方享有请求过失一方赔偿的权利，形成债的关系。

法条链接

《民法典》关于债的发生原因的主要规定

（7）其他原因。除上述原因外，其他法律事实（主要有拾得遗失物、发现埋藏物、遗赠、抢救公物、抚养等）也可以引起债的发生。例如，因拾得遗失物，可在拾得人与遗失物的所有人之间产生债权债务关系；因防止、制止他人合法权益受侵害而实施救助行为，可在受损的救助人与受益人之间产生债的关系。

三、民事法律行为

（一）民事法律行为的概念和特征

《民法典》第一百三十三条规定，民事法律行为是民事主体通过意思表示设立、变更、终止民事法律关系的行为。作为一种以意思表示为核心要素的表示行为，民事法律行为具有以下特征。

（1）民事法律行为是民事法律事实的一种。民事法律行为属于人的行为，属于民事法律事实，能够引起民事法律关系的变动。

（2）民事法律行为是民事主体实施的以发生一定民事法律后果为目的的行为。民事法律行为是民事主体实施的行为，既不同于行政行为，也不同于刑事行为。民事法律行为是以发生一定民事法律后果为目的的行为，因而不同于事实行为。所以，只有民事主体以发生一定民事法律后果（设立、变更、终止民事法律关系）为目的而实施的行为，才可成为民事法律行为。

（3）民事法律行为以意思表示为要素。民事法律行为是民事主体实施的以发生一定民事法律后果为目的的行为。这种目的只是行为人内在的一种意愿或意思，行为人只有将这种内在的意愿表达出来，才能为他人所了解。这种内在意思的外部表达方式就是意思表示。换言之，意思表示是指行为人将进行民事法律行为，达到某种预期民事法律后果的内在意思表现于外的行为。意思表示是民事法律行为的核心，没有意思表示就不会有民事法律行为，这也是民事法律行为与非表意行为（如事实行为等）相区别的重要标志。

（二）民事法律行为的分类

基于不同的角度，可将民事法律行为进行不同的分类。不同的民事法律行为在法律上具有不同的法律意义。

1. 单方的民事法律行为和多方的民事法律行为

单方的民事法律行为是根据一方当事人的意思表示而成立的民事法律行为。该民事法律行为仅有一方当事人的意思表示而无须他方的同意即可发生法律效力，如委托代理的撤销、债务的免除、无权代理的追认等。多方的民事法律行为是两个以上的当事人意思表示一致而成立的民事法律行为。该民事法律行为的当事人有两个以上，不仅各当事人需要进行意思表示，而且意思表示还须一致，如合同行为等。

2. 有偿的民事法律行为和无偿的民事法律行为

有偿的民事法律行为是指当事人互为给付一定代价（包括财产、劳务）的民事法律行为。无偿的民事法律行为是指一方当事人承担给付一定代价的义务，而他方当事人不承担相应给付义务的民事法律行为。

3. 要式的民事法律行为和不要式的民事法律行为

要式的民事法律行为是指法律规定必须采取一定形式或者履行一定程序才能成立的民事法律行为。不要式的民事法律行为是指法律不要求采取一定形式，当事人自由选择一种形式即可成立的民事法律行为。

4. 负担行为与处分行为

根据法律行为效果的不同，可以将法律行为分为负担行为与处分行为。负担行为是使一方相对于他方承担一定给付义务的法律行为。这种给付义务既可以是作为义务，也可以是不作为义务。因此负担行为产生的是债法上的法律效果，其中负有给付义务的主体是债务人。处分行为是直接导致权利发生变动的法律行为。这种变动既可以是权利的产生，也可以是权利的变更或者消灭。物权变动就是典型的处分行为。

5. 主民事法律行为和从民事法律行为

主民事法律行为是指无须其他法律行为的存在就可以独立成立的民事法律行为。从民事法律行为是指从属于其他民事法律行为而存在的民事法律行为。从民事法律行为的效力依附于主民事法律行为：主民事法律行为不成立，则从民事法律行为不能成立；主民事法律行为无效，则从民事法律行为亦无效。但是，主民事法律行为履行完毕，并不必然导致从民事法律行为效力的丧失。

民事法律行为除以上分类外，还有双务的民事法律行为和单务的民事法律行为、独立的民事法律行为和辅助的民事法律行为等分类。

（三）民事法律行为的成立和生效

1. 民事法律行为的成立

只有具备民事法律行为的构成要素，民事法律行为方可成立。民事法律行为的成立仅解决民事法律行为是否存在这一事实认定。民事法律行为的成立要件如下。

（1）行为人，即进行特定民事法律行为的民事主体，不同的民事法律行为对行为人的要求并不一致。

（2）意思表示，即表意人将其期望发生某种法律效果的内心意思以一定方式表现于外部的行为。不同的民事法律行为对意思表示的要求并不相同。

（3）标的，即意思表示的内容，是行为人实施民事法律行为欲达到的效果。没有标的，也就无意思表示的内容，民事法律行为就不能成立。

实践中，一些特别的民事法律行为成立还需具备特有的条件，其成立条件依民事法律行为的性质而有所不同。例如，要式的民事法律行为的特别成立条件是必须具备特别要求的形式，也就是说，若某民事法律行为没有采用特定的形式，则该行为不能成立。

2. 民事法律行为的生效

民事法律行为的生效是指已经成立的民事法律行为因为符合法律规定的有效要件而取得法律认可的效力。民事法律行为的成立和生效是两个不同的概念。民事法律行为的成立是民事法律行为生效的前提，已成立的民事法律行为能否发生法律效力取决于是否符合法律规定的条件，只有具备一定有效要件的民事法律行为，才能生效并产生预期的法律效果。民事法律行为的有效要件包括实质有效要件和形式有效要件。

（1）民事法律行为的实质有效要件，具体包括以下内容。

① 行为人具有相应的民事行为能力。民事法律行为的行为人必须具有预见其行为性质和后果的相应的民事行为能力。就自然人而言，完全民事行为能力人可以以自己的行为取得民事权利，履行民事义务；限制民事行为能力人只能从事与其年龄、智力和精神健康状况相当的民事法律行为，其他民事法律行为由其法定代理人代理，或者征得法定代理人同意后实施；无民事行为能力人不能独立实施民事法律行为，必须由其法定代理人代理。实践中，无民事行为能力人、限制民事行为能力人实施接受奖励、赠与、报酬等纯获益的民事法律行为时，他人不应以行为人无民事

行为能力、限制民事行为能力为由，主张以上行为无效。

法人的民事行为能力是由法人核准登记的经营范围所决定的。但从维护相对人的利益和促进交易的角度出发，原则上认定法人超越经营范围从事的民事法律行为有效。《民法典》第五百零五条的规定，当事人超越经营范围订立的合同的效力，应当依照《民法典》有关民事法律行为效力的规定确定，不得仅以超越经营范围确认合同无效。

② 意思表示真实。意思表示真实是指意思表示是行为人基于自己的利益在自觉、自愿的基础上作出的，且内在意思与其外部表示相一致。只有意思表示真实的民事法律行为，才能产生法律效力。当事人的意思与其表示不一致，或者当事人的意思表示不是自愿形成的，则该意思表示不真实。所谓意思与表示不一致，是指当事人希望发生某种法律效力的意思与其表达于外部的意思不相同，如虚假的意思表示、重大误解的意思表示等。所谓意思表示不自愿，是指行为人的意思表示不是在自愿的基础上形成的，而是因受到不正当的干预所形成的，如受欺诈的意思表示、受胁迫的意思表示等。意思表示不真实的民事法律行为，可以撤销或宣告无效。

③ 不违反法律、行政法规的强制性规定，不违背公序良俗。不违反法律、行政法规的强制性规定是指意思表示的内容不得与法律的强制性或禁止性规范相抵触，也不得滥用法律的授权性或任意性规定达到规避强制性或禁止性规范的目的。不违背公序良俗是指法律行为在目的上和效果上不得有损社会经济秩序、社会公共秩序和社会公德，不得损害国家及各类社会组织和个人的利益。

（2）民事法律行为的形式有效要件。这是指行为人的意思表示的形式必须符合法律的规定。《民法典》第一百三十五条规定："民事法律行为可以采用书面形式、口头形式或者其他形式；法律、行政法规规定或者当事人约定采用特定形式的，应当采用特定形式。"如果行为人进行某项特定的民事法律行为时，未能采用法律规定的特定形式，则不能产生法律效力。

（四）欠缺生效要件的民事法律行为

一般认为，具备生效要件的民事法律行为自成立之日起具有法律效力，产生当事人预期的法律后果；欠缺生效要件的民事法律行为不能产生当事人预期的法律后果。欠缺生效要件的民事法律行为一般包括无效的民事法律行为、可撤销的民事法律行为、效力待定的民事法律行为三种。

1. 无效的民事法律行为

（1）无效的民事法律行为的概念。

无效的民事法律行为是指欠缺民事法律行为的有效要件，行为人设立、变更和终止权利义务的内容不发生法律效力的行为。

（2）无效的民事法律行为的种类。

根据《民法典》的规定，无效的民事法律行为的种类主要如下。

① 无民事行为能力人实施的民事法律行为。《民法典》第一百四十四条规定，无民事行为能力人实施的民事法律行为无效。需要提及的是，对于无民事行为能力人纯获利益的民事法律行为，如接受赠与的行为，不应认定为无效。

② 限制民事行为能力人不能独立实施的单方行为。《民法典》第一百四十五条第一款规定，限制民事行为能力人实施的纯获利益的民事法律行为或者与其年龄、智力、精神健康状况相适应的民事法律行为有效；实施的其他民事法律行为经法定代理人同意或者追认后有效。因此，只有限制民事行为能力人实施的其依法不能独立实施的单方行为，才为无效民事法律行为。例如，限制民事行为能力人订立遗嘱的行为，就是无效民事法律行为。

③ 虚假的民事法律行为。《民法典》第一百四十六条第一款规定："行为人与相对人以虚假

的意思表示实施的民事法律行为无效。"当事人双方以虚假的意思表示实施民事法律行为，尽管双方存在着合意，但因该虚假的意思表示与表意人的内心意思不符，即当事人并不存在效果意思，所以，虚假的民事法律行为为无效民事法律行为。但是，虚假的意思表示往往隐藏着真实的意思表示，被隐藏的民事法律行为是否有效，应依该民事法律行为是否符合有效条件加以认定。对此，《民法典》第一百四十六条第二款规定："以虚假的意思表示隐藏的民事法律行为的效力，依照有关法律规定处理。"

④ 恶意串通的民事法律行为。《民法典》第一百五十四条规定："行为人与相对人恶意串通，损害他人合法权益的民事法律行为无效。"恶意串通的民事法律行为是指当事人双方故意合谋实施的损害他人合法权益的民事法律行为。这种行为虽然是当事人双方真实的意思表示，但因以损害他人合法权益为目的，所以是无效民事法律行为。在恶意串通的民事法律行为中，当事人双方必须有共同的故意，并且当事人合谋的后果损害了他人的合法权益。

⑤ 违反法律、行政法规的强制性规定的民事法律行为。民事法律行为不得违反法律、行政法规的强制性规定，是民事法律行为的有效要件之一。对于强制性规定而言，有两种类型：一种是影响民事法律行为效力的效力性强制性规定；另一种是不影响民事法律行为效力的管理性强制性规定。《民法典》第一百五十三条第一款规定："违反法律、行政法规的强制性规定的民事法律行为无效。但是，该强制性规定不导致该民事法律行为无效的除外。"这表明：除全国人民代表大会及其常务委员会制定的法律和国务院制定的行政法规外，地方性法规和规章不得作为判断民事法律行为是否无效的规范依据；只有违反效力性强制性规定的民事法律行为才无效，违反管理性强制性规定的民事法律行为要视具体情况确定，而非一律无效。

⑥ 违背公序良俗的民事法律行为。民事主体从事民事活动，不得违背公序良俗，这是民法的基本原则。当事人实施的民事法律行为违背了公序良俗，也就是违反了民法的基本原则，就会损害社会公共利益，因此，《民法典》第一百五十三条第二款规定："违背公序良俗的民事法律行为无效。"例如，某借款人通过某网络借款平台与某放贷人约定，该借款人以提供裸照获得贷款，当其违约不还款时，放贷人可以以公开裸照和与借款人父母联系的手段催逼借款人还款。因违背公序良俗，该约定无效。

（3）民事法律行为无效或者确定不发生效力的后果。

民事法律行为无效或者确定不发生效力，行为人预期的法律效果不能实现，但并非不产生任何法律后果。依照《民法典》第一百五十七条的规定，民事法律行为无效、被撤销或者确定不发生效力后，可能发生以下法律后果。

① 返还财产。民事法律行为无效、被撤销或者确定不发生效力后，行为人因该行为取得的财产，应当予以返还；不能返还或者没有必要返还的，应当折价补偿。

② 赔偿损失。民事法律行为无效、被撤销或者确定不发生效力后，有过错的一方应当赔偿对方由此所受到的损失；各方都有过错的，应当各自承担相应的责任。

③ 其他法律后果。如果法律对民事法律行为无效、被撤销或者确定不发生效力后的法律后果另有规定，则应当依照其规定。

实务拓展

违反强制性规定的民事法律行为都是无效的吗

课堂讨论 1-4

江东酒厂与兴隆商店于 2021 年 5 月 15 日签订了一份购销合同，合同规定：商店向酒厂购买 6 000 瓶普通白酒，总价款为 8 万元，1 个月内提货交款，并约定酒厂必须加贴汾酒名牌商标，以便商店出售；如一方违约，按未履行部分价款的 10% 支付违约金。合同履行时，商店因资金紧缺，只支付了 5 万元便提走全部货物。酒厂一再催讨未果，遂诉至人民法院，要求商店立即支付尚欠的 3 万元价款及合同规定的违约金。

请问：该案应如何处理？

2. 可撤销的民事法律行为

（1）可撤销的民事法律行为的含义及特征。

可撤销的民事法律行为是指因意思表示有缺陷，当事人可以请求人民法院或者仲裁机构予以撤销的民事法律行为，具体特征如下。

① 可撤销的民事法律行为是意思表示有瑕疵的民事法律行为。从民事法律行为的生效条件来看，可撤销的民事法律行为具备民事法律行为的生效条件，只是欠缺意思表示真实这一生效条件。

② 可撤销的民事法律行为是可以撤销的民事法律行为。可撤销的民事法律行为从成立时起是有效的，只是因意思表示不真实，当事人可以撤销。民事法律行为被撤销的，该行为溯及成立时无效。

③ 可撤销的民事法律行为是只有当事人才可以主张无效的民事法律行为。在可撤销的民事法律行为中，只有享有撤销权的当事人才能主张撤销民事法律行为而使之无效。当事人不主张民事法律行为无效的，人民法院或仲裁机构不能依职权主动确认其无效。

（2）可撤销的民事法律行为的类型。

① 受欺诈的民事法律行为。欺诈，是指行为人故意告知虚假情况或者隐瞒真实情况，诱使他人作出错误意思表示的行为。在受欺诈的民事法律行为中，表意人须因受欺诈而陷入错误认识，并基于该错误认识作出违背其真实意思的表示而与欺诈人实施了民事法律行为。依照《民法典》的规定，受欺诈的民事法律行为包括两种情形：第一种情形，一方以欺诈手段，使对方在违背真实意思的情况下实施的民事法律行为，受欺诈方有权请求人民法院或者仲裁机构予以撤销；第二种情形，第三人实施欺诈行为，使一方在违背真实意思的情况下实施的民事法律行为，对方知道或者应当知道该欺诈行为的，受欺诈方有权请求人民法院或者仲裁机构予以撤销。

② 受胁迫的民事法律行为。胁迫，是指行为人以给表意人本人或亲友的身体、生命、健康、自由、名誉、财产等造成损害为要挟，以使表意人产生恐惧，并作出违背其真实意思的表示。在受胁迫的民事法律行为中，表意人须因受胁迫而产生恐惧，并因此作出违背其真实意思的表示而与胁迫人实施了民事法律行为。《民法典》第一百五十条规定，一方或者第三人以胁迫手段，使对方在违背真实意思的情况下实施的民事法律行为，受胁迫方有权请求人民法院或者仲裁机构予以撤销。

③ 重大误解的民事法律行为。重大误解的民事法律行为是指行为人因对行为的性质，对方当事人以及标的物的品种、质量、规格和数量等认识错误，使自己的行为与自己的意思不一致并造成较大损失的民事法律行为。《民法典》第一百四十七条规定，基于重大误解实施的民事法律行为，行为人有权请求人民法院或者仲裁机构予以撤销。所谓重大误解，是指一般人若知道该错误就不会实施该行为，并且实施该行为的结果给当事人造成重大损失。若仅为一般的误解，并未给当事人造成较大损失，则不为重大误解的民事法律行为。

【例 1-6】下列情形构成重大误解，属于可撤销的民事法律行为的是（　　　）。

A. 甲立下遗嘱，误将乙的字画分配给继承人

B. 甲装修房屋，误以为乙的地砖为自家所有，并予以使用

C. 甲入住乙宾馆，误以为乙宾馆提供的茶叶是无偿的，并予以使用

D. 甲要购买电动车，误以为精神病人乙是完全民事行为能力人，并与之签订买卖合同

【解析】本题涉及重大误解的民事法律行为，答案为 C 项。选项 A 属于无效行为。选项 B 属于事实行为而非民事法律行为。选项 D 不属于可撤销的民事法律行为。如乙是限制民事行为能力人，则该行为属于效力待定民事法律行为；如乙是无民事行为能力人，则该行为属于无效民事法律行为。选项 C 是甲基于对行为性质的错误认识所为的消费行为，甲、乙之间成立买卖关系，但该买卖关系是基于甲的错误认识的并造成其损失，故该行为为可撤销的民事法律行为。

④ 显失公平的民事法律行为。显失公平的民事法律行为，是指一方在实施某种民事法律行为时因情况紧急或缺乏经验而作出了明显对自己有重大不利的行为。《民法典》第一百五十一条规定："一方利用对方处于危困状态、缺乏判断能力等情形，致使民事法律行为成立时显失公平的，受损害方有权请求人民法院或者仲裁机构予以撤销。"可见，显失公平的民事法律行为是使当事人双方的权利、义务明显不对等的行为，并且这种不对等是违反法律和交易习惯的。因此，对于实施民事法律行为时的情况，只有社会公众认为是不公平的，获利的一方也明知不公平时，才可认定为不公平。

【例 1-7】李某的妻子半夜临产需送医院，由于夜深及李某家较偏僻而租不到车。正巧陶某开车路过，见状后提出李某支付每公里 200 元车费，可将李某及其妻子送至医院的要求。李某无奈只好答应。请分析说明李某与陶某之间的民事法律行为的效力。

【解析】李某与陶某之间的民事法律行为属于一方（陶某）利用对方（李某）处于危困状态的情形，致使民事法律行为成立时显失公平的可撤销的民事法律行为。根据《民法典》的规定，受损害方（李某）有权请求人民法院或者仲裁机构予以撤销。

（3）可撤销的民事法律行为的撤销。

① 撤销权的行使。可撤销的民事法律行为实施后，当事人一方享有撤销权。在可撤销的民事法律行为中，只有受到损害的一方，即意思表示不真实的一方才享有撤销权。从性质上说，撤销权属于形成权，因为撤销权的行使是以一方的意思表示而使当事人之间的权利义务关系发生变动的。当事人行使撤销权，应向法院或仲裁机构提出撤销的请求，但其撤销的意思表示无须对方当事人同意。

当事人应当在规定期间内行使撤销权。撤销权的行使期间为除斥期间，当事人未在该期间内行使撤销权的，该权利消灭。依照《民法典》第一百五十二条的规定，有下列情形之一的，撤销权消灭：当事人自知道或者应当知道撤销事由之日起 1 年内、重大误解的当事人自知道或者应当知道撤销事由之日起 90 日内没有行使撤销权；当事人受胁迫，自胁迫行为终止之日起 1 年内没有行使撤销权；当事人知道撤销事由后明确表示或者以自己的行为表明放弃撤销权。当事人自民事法律行为发生之日起 5 年内没有行使撤销权的，撤销权消灭。

② 可撤销的民事法律行为被撤销的后果。可撤销的民事法律行为经当事人行使撤销权而被撤销的，则该行为自成立时起归于无效，产生与无效民事法律行为相同的法律后果。

【例 1-8】下列民事法律行为中，可撤销的有（　　　）。
A. 甲医院以国产假肢冒充进口假肢，高价卖给乙
B. 甲乙双方为了在办理房屋过户登记时避税，将实际成交价为 100 万元的房屋买卖合同价格写为 60 万元
C. 有妇之夫甲委托未婚女乙代孕，约定事成后甲补偿乙 50 万元
D. 甲父患癌症急需用钱，乙趁机以极低的价格收购甲收藏的一幅名画，甲无奈与乙签订了买卖合同

【解析】本题涉及民事法律行为的效力，答案为 A、D 项，B、C 项属于无效民事法律行为。

3. 效力待定的民事法律行为

（1）效力待定的民事法律行为的含义和特征。

效力待定的民事法律行为，是指民事法律行为虽已成立，但是否生效尚不确定，只有经由特定当事人的行为，才能确定生效或不生效的民事法律行为。其具有以下特征。

① 效力待定的民事法律行为成立后，其效力处于不确定状态。效力待定的民事法律行为欠缺民事法律行为的生效条件，因而在民事法律行为成立时还不能生效，但又不是当然无效，其是有效还是无效处于不确定的状态。

② 效力待定的民事法律行为可以通过一定的事实予以补正而生效。效力待定的民事法律行为欠缺民事法律行为的生效条件，但这种欠缺是非实质性的，可以通过一定的事实加以补正。效力待定的民事法律行为一旦经过补正，即成为有效民事法律行为。

③ 效力待定的民事法律行为的效力只能通过当事人意思以外的事实加以补正。效力待定的民事法律行为所欠缺的事项，不能由行为人自己的行为补正，只能由他人的行为补正。

（2）效力待定的民事法律行为的类型。

《民法典》第一百四十五条、第一百七十一条、第一百六十八条规定了效力待定的民事法律行为。效力待定的民事法律行为主要如下。

① 限制民事行为能力人依法不能独立实施的民事法律行为。《民法典》第一百四十五条规定，限制民事行为能力人实施的纯获利益的民事法律行为或者与其年龄、智力、精神健康状况相适应的民事法律行为有效；实施的其他民事法律行为经法定代理人同意或者追认后有效。故限制民事行为能力人依法不能独立实施的民事法律行为属于效力待定的民事法律行为。法定代理人的追认权性质上属于形成权，仅凭其单方面意思表示就可以使效力待定的民事法律行为转化为有效民事法律行为。

法律在保护限制民事行为能力人合法权益的同时，为避免民事法律行为相对人的利益因为民事法律行为效力待定而受损，特别规定了相对人的催告权和善意相对人的撤销权。相对人可以催告法定代理人自收到通知之日起 30 日内予以追认。法定代理人未作表示的，视为拒绝追认。民事法律行为被追认之前，善意相对人有撤销的权利。撤销应当以通知的方式作出。这里的"善意"是指相对人不知道也不应知道对方欠缺相应的民事行为能力。

② 无权代理人实施的民事法律行为。根据《民法典》第一百七十一条的规定，行为人没有代理权、超越代理权或者代理权终止后，仍然实施代理行为，未经被代理人追认的，对被代理人不发生效力。若无权代理行为构成表见代理，则为有效的民事法律行为。

相对人可以催告被代理人自收到通知之日起 30 日内予以追认。被代理人未作表示的，视为拒绝追认。被代理人已经开始履行民事法律行为中设定的义务的，视为对民事法律行为的追认。行为人实施的行为被追认之前，善意相对人有撤销的权利。撤销应当以通知的方式作出。行为人实施的行为未被追认的，善意相对人有权请求行为人履行债务或者就其受到的损害请求行为人赔偿。但是，赔偿的范围不得超过被代理人追认时相对人所能获得的利益。相对人知道或者应当知道行为人无权代理的，相对人和行为人按照各自的过错承担责任。

无权代理异于无权处分。实践中，如果以有处分权人的名义实施处分行为，则属于无权代理。无权处分行为，是指无权处分人在对他人财产（包括物和权利）没有处分权能的情况下，以自己的名义所实施的以引起财产权利变动（权利转移或者设定负担）为目的的民事法律行为。《民法典》第五百九十七条规定，因出卖人未取得处分权致使标的物所有权不能转移的，买受人可以解除合同并请求出卖人承担违约责任。法律、行政法规禁止或者限制转让的标的物，依照其规定。

③ 自己代理和双方代理的行为。自己代理是指代理人以被代理人名义与自己进行民事法律

行为。例如，自然人甲委托乙购买无线键鼠，乙以甲的名义与自己订立合同，把自己的无线键鼠卖给甲。双方代理是指一人同时担任双方的代理人为同一民事法律行为。例如，甲受乙的委托购买笔记本电脑，又受丙的委托销售笔记本电脑，甲此时以乙丙双方的名义订立购销笔记本电脑的合同。

《民法典》第一百六十八条规定，代理人不得以被代理人的名义与自己实施民事法律行为，但是被代理人同意或者追认的除外。代理人不得以被代理人的名义与自己同时代理的其他人实施民事法律行为，但是被代理的双方同意或者追认的除外。

【例1-9】13岁沈某迷上了"鬼步舞"，在网上认识了一位主播并拜其为师。主播称可以教他跳舞，但必须"打赏"。沈某瞒着家人偷偷"打赏"主播2万多元。有人认为，沈某是限制民事行为能力人，其"打赏"主播2万多元的行为，其父母可主张撤销。也有人认为，限制民事行为能力人在进行网络交易时，因相对人无法判断其民事行为能力，为保护交易安全，其行为应当有效。

请问：沈某的行为效力如何？

【解析】沈某的"打赏"行为，是效力待定的行为，其父母（法定代理人）对该行为不存在撤销的问题，只存在追认或者拒绝追认的问题。限制民事行为能力人的相对人分为善意相对人和恶意相对人两种，善意相对人只有撤销权，并无使民事法律行为生效的权利。若沈某的父母拒绝追认，则"打赏"行为确定不生效（由效力待定转化为无效）。

（五）附条件和附期限的民事法律行为

1. 附条件的民事法律行为

附条件的民事法律行为是指在民事法律行为中指定一定的条件，把该条件的成就（或发生）或不成就（或不发生）作为民事法律行为效力发生或终止的根据。

民事法律行为中所附的条件可以是事件，也可以是行为，但是能够作为民事法律行为所附条件的事实必须具备以下条件：①将来发生的事实，已发生的事实不能作为条件；②不确定的事实，即条件是否必然发生，当事人不能肯定；③当事人任意选择的事实，而非法定的事实；④合法的事实，不得以违法或违背道德的事实作为所附条件；⑤所限制的是法律行为效力的发生或消灭，而不涉及法律行为的内容，即不与法律行为的内容相矛盾。

《民法典》第一百五十九条规定，附条件的民事法律行为，当事人为自己的利益不正当地阻止条件成就的，视为条件已成就；不正当地促成条件成就的，视为条件不成就。

2. 附期限的民事法律行为

附期限的民事法律行为是指在民事法律行为中指明一定的期限，把期限的到来作为民事法律行为生效或终止的依据。期限是必然到来的事实，这与附条件的民事法律行为所附的条件不同。民事法律行为所附期限可以是明确的期限，如某年某月某日，也可以是不确定的期限，如"某人死亡之日""果实成熟之时"等。

《民法典》第一百六十条规定，民事法律行为可以附期限，但是根据其性质不得附期限的除外。附生效期限的民事法律行为，自期限届至时生效。附终止期限的民事法律行为，自期限届满时失效。

课堂讨论 1-5

下列各项中，属于有效民事法律行为的是（　　　）。

A. 邱某因故处于十分危急的境地，遂向谷某借款，谷某拒绝借款，但表示愿意按市场价购买邱某的祖传珍宝一件，邱某无奈只得同意

B. 裴某患有间歇性精神病，其在患病期间模仿某电视剧情节写下遗嘱

C. 汪某与其外甥小唐约定，如果小唐考上重点小学，则赠与其 2 万元

D. 某照相机实际价格为 7 998 元，营业员吴某误看为 1 998 元并将其售出

四、代理

（一）代理的概念和特征

代理是指代理人在代理权限内，以被代理人的名义与第三人实施民事法律行为，由此产生的法律后果直接由被代理人承担的一种法律制度。代理涉及三方当事人：被代理人（本人）、代理人、相对人（第三人）。代理的法律关系如图 1-5 所示。

图 1-5　代理的法律关系

代理具有以下特征。

（1）代理人以被代理人的名义实施民事法律行为。根据《民法典》的规定，代理人应以被代理人的名义实施代理行为。代理人如果以自己的名义实施民事法律行为，行为后果由自己承受，法律另有规定（《民法典》第九百二十五条、第九百二十六条）的除外。代理人只有以被代理人的名义进行代理活动，才能直接为被代理人取得权利、设定义务。

（2）代理人在代理权限内独立为意思表示。根据《民法典》的规定，代理人应在代理权限内实施代理行为。委托代理人应按照被代理人的委托行使代理权，法定代理人依照法律的规定行使代理权。代理人在代理权限内，有权根据情况，独立进行判断，并进行意思表示。非独立进行意思表示的行为，不属代理行为，如传递信息、居间行为等。

（3）代理人直接向第三人进行意思表示。代理行为的目的在于与第三人设立、变更或终止权利义务关系。因此，只有代理人直接向第三人进行意思表示，才能实现代理的目的。这使代理行为与其他委托行为，如代人保管物品等行为区别开来。

（4）代理行为的法律后果直接归属于被代理人。代理行为是在代理人与第三人之间进行的，但在被代理人与第三人之间设立、变更或终止了某种权利义务关系，因此，其法律后果当然也应由被代理人承担。该法律后果既包括对被代理人有利的法律后果，也包括不利的法律后果。这使代理行为与无效代理行为、冒名欺诈等行为区别开来。

（二）代理的适用范围

《民法典》第一百六十一条规定，民事主体可以通过代理人实施民事法律行为。依照法律规定、当事人约定或者民事法律行为的性质，应当由本人亲自实施的民事法律行为，不得代理。一般认为，代理的事项仅限于民事法律行为中的财产行为。下列行为不能代理：①违法行为不得代

理；②事实行为，即非表意行为不得代理；③民事法律行为中的身份行为不得代理，如结婚、离婚、遗嘱等均不得代理；④依照法律规定或按照双方当事人的约定，应当由本人亲自进行的民事法律行为，不得代理。

（三）代理的种类

《民法典》第一百六十三条规定，代理包括委托代理和法定代理。委托代理人按照被代理人的委托行使代理权，法定代理人依照法律的规定行使代理权。

1. 委托代理

委托代理是基于被代理人的委托而发生的代理。被代理人的委托可以基于授权行为发生，也可依据合伙关系、职务关系等发生。委托代理中的授权行为一般以代理证书（亦称授权委托书）的形式表现。根据《民法典》第一百六十五条的规定，委托代理授权采用书面形式的，授权委托书应当载明代理人的姓名或者名称、代理事项、权限和期限，并由被代理人签名或者盖章。实际生活中，介绍信也被作为授权委托书使用，具有单独的证明力。实践中，代理人实施代理行为，只需出具授权委托书，即可表明其代理权的存在。授权委托书的各种事项应记载明确，授权委托书授权不明的，应作出不利于被代理人的解释；同时，被代理人应当对第三人承担民事责任，代理人负连带责任。

《民法典》第一百七十条规定，执行法人或者非法人组织工作任务的人员，就其职权范围内的事项，以法人或者非法人组织的名义实施的民事法律行为，对法人或者非法人组织发生效力。法人或者非法人组织对执行其工作任务的人员职权范围的限制，不得对抗善意相对人。这一规定将职务代理（即根据其所担任的职务而产生的代理）纳入委托代理的范畴。实践中，商店售货员将商品卖给顾客的行为、公司采购员以公司名义与第三人签订买卖合同的行为、公交车售票员售票给乘客的行为等，均为职务代理行为。

2. 法定代理

法定代理是基于法律的直接规定而发生的代理。法定代理通常适用于被代理人是无行为能力人、限制行为能力人的情况。法律如此规定的目的在于保护处于特定情形下的民事主体的利益，维护交易安全。

（四）代理权的行使

1. 代理权行使的一般要求

代理人行使代理权应以符合被代理人利益的方式亲自实施代理行为；同时，应谨慎、勤勉、忠实地处理好被代理人的事务以增加被代理人的福利。代理人不得利用代理权为自己牟取私利。

2. 代理权滥用

代理人不得滥用代理权。常见的代理权滥用的情况有：①代理他人与自己进行民事活动（但是他人同意或者追认的除外）；②代理双方当事人进行同一民事行为（但是被代理的双方同意或者追认的除外）；③代理人与第三人恶意串通，损害被代理人的利益。法律禁止代理权的滥用，滥用代理权的行为，视为无效代理。代理人滥用代理权给被代理人及他人造成损害的，应承担相应的赔偿责任。

【例1-10】乙行政机关依法委托专门从事政府采购代理业务的甲公司代理采购一批专用设备，并授权甲公司与中标供应商签订采购合同。甲公司在与中标供应商签订采购合同时，双方秘密商定，甲公司在若干合同条款上对中标供应商予以照顾，中标供应商作为答谢提供给甲公司一批办公设备。

请问：甲公司代理签订采购合同的行为是否有效？由此给乙行政机关造成的损失应由谁承担责任？

【解析】根据《民法典》第一百五十四条的规定，行为人甲公司与相对人中标供应商恶意串通，损害乙行政机关合法权益的民事法律行为无效。依照《民法典》第一百六十四条第二款的规定，代理人甲公司和相对人中标供应商恶意串通，损害了被代理人乙行政机关的合法权益，两者应当共同承担连带责任。

（五）无权代理

1. 无权代理的概念

无权代理是指行为人没有代理权而以他人名义实施的民事行为。无权代理并非代理的种类，而是仅具有代理的表象却因其欠缺代理权而不产生代理效力的行为。无权代理有广义和狭义之分。广义无权代理包括狭义无权代理和表见代理。所谓狭义无权代理，是指行为人不仅没有代理权，也没有使第三人信其有代理权的表征，而以被代理人的名义所为之代理。在我国，无权代理一般指前者，包括根本未经授权的代理、超越代理权的代理和代理权终止后而为的代理三种情况。

2. 无权代理的法律后果

无权代理行为实施后，在被代理人与相对人、行为人与相对人、行为人与被代理人之间均发生一定的关系。

（1）被代理人与相对人之间的关系。

无权代理行为属于效力待定的民事法律行为，其是否对被代理人产生效力取决于被代理人是否追认。如果被代理人追认了无权代理行为，该行为即发生有权代理的后果，对被代理人产生效力；如果被代理人没有追认无权代理行为，该行为即不发生有权代理的后果，对被代理人不产生效力。

相对人享有催告权和撤销权。《民法典》第一百七十一条第二款规定，相对人可以催告被代理人自收到通知之日起30日内予以追认。被代理人未作表示的，视为拒绝追认。行为人实施的行为被追认前，善意相对人有撤销的权利。撤销应当以通知的方式作出。

（2）行为人与相对人之间的关系。

在被代理人不追认无权代理行为时，无权代理的行为人应向相对人承担民事责任。《民法典》第一百七十一条第三款规定，行为人实施的行为未被追认的，善意相对人有权请求行为人履行债务或者就其受到的损害请求行为人赔偿，但是赔偿的范围不得超过被代理人追认时相对人所能获得的利益。

（3）行为人与被代理人之间的关系。

在被代理人未追认无权代理行为时，若该行为是为了使被代理人的利益免受损害而实施的，则行为人与被代理人之间可发生无因管理关系；若该行为损害了被代理人的利益，则该行为可构成侵权行为，行为人应向被代理人负赔偿责任。如果相对人知道或者应当知道行为人无权代理，相对人和行为人按照各自的过错承担责任。

【例1-11】甲用伪造的乙公司公章，以乙公司名义与不知情的丙公司签订了食用油买卖合同，以次充好，将劣质食用油卖给丙公司。合同没有约定仲裁条款。关于该合同，下列表述正确的是（　　）。

A. 如乙公司追认，则丙公司有权通知乙公司撤销

B. 如乙公司追认，则丙公司有权请求法院撤销

C. 无论乙公司是否追认，丙公司均有权通知乙公司撤销

D. 无论乙公司是否追认，丙公司均有权请求乙公司履行

【解析】本题涉及无权代理行为、可撤销的民事法律行为的效力，答案为B。无权代理属于效力待定的民事法律行为，在该合同被乙公司追认前，善意相对人丙公司有权以通知的方式撤销合同；但若乙公司已追认，则丙公司无权以通知的方式撤销合同；如乙公司不追认，则丙公司无权请求乙公司履行合同。同时，甲以乙公司的名义将劣质食用油卖给丙公司，构成受欺诈的民事法律行为，属于可撤销的民事法律行为，若乙公司已追认，丙公司有权请求法院撤销该合同。

（六）表见代理

1. 表见代理的概念与特征

表见代理是指没有代理权、超越代理权或者代理权终止后的无权代理人，以被代理人名义进行的民事行为在客观上使善意第三人（或相对人）相信其有代理权而实施的代理行为。例如，有些企业为了提高工作效率，将公章、合同专用章、单位的空白证明信、空白委托书、空白合同文本等交给代理人办理某项业务，但是如果代理人办理的业务并非企业实际要求其办理的业务，或者虽为授权业务，但在价格、数量等方面超出了企业的实际授权，善意相对人并不知道，在这种情况下所为的民事行为，构成表见代理。企业不能以"实际未交代理人为某项法律行为"为由，拒绝承担表见代理的责任。

《民法典》第一百七十二条规定，行为人没有代理权、超越代理权或者代理权终止后，仍然实施代理行为，相对人有理由相信行为人有代理权的，代理行为有效。

【例 1-12】甲公司业务员刘蓓未经公司同意，利用盖有公司公章的空白合同书与不知情的乙公司订立了一份买卖钢材的合同。乙公司按合同约定向甲公司交付钢材后，未得到价款。

请问：乙公司的债务应由谁承担？

【解析】根据我国法律规定，乙公司的债务应由甲公司承担。

表见代理实质上是无权代理，是广义无权代理的一种。如果无权代理行为均由被代理人追认决定其效力，会给善意第三人造成损害，因此，在表见代理的情形之下，规定由被代理人承担表见代理行为的法律后果，更有利于保护善意第三人的利益，维护交易安全，并以此强化代理制度的可信度。

实践中，导致表见代理产生的情形主要有：被代理人对第三人表示已将代理权授予他人，而实际并未授权；被代理人将某种有代理权的证明文件（如盖有公章或合同专用章的空白介绍信、空白合同文本等）交给他人，他人以该文件使第三人相信其有代理权并与之进行民事法律行为；代理授权不明；代理人违反被代理人的意思或者超越代理权，第三人无过失地相信其有代理权而与之进行民事法律行为；代理关系终止后未采取必要的措施而使第三人仍然相信行为人有代理权，并与之进行民事法律行为。

2. 表见代理的法律后果

（1）表见代理成立，订立的合同有效，表见代理中的相对人不享有《民法典》第一百七十一条关于狭义无权代理产生的撤销权。

（2）被代理人（本人）对相对人（善意第三人）承担民事责任。表见代理被认定成立后，其在法律上产生的后果与有权代理的法律后果相同，即由被代理人对代理人实施的代理行为承担民事责任。

知识拓展

表见代理的构成要件

（3）代理人对被代理人（本人）承担民事赔偿责任。被代理人因表见代理成立而承担民事责任，给被代理人造成损失的，被代理人有权根据是否与代理人有委托关系、代理人是否超越代理权、代理权是否已经终止等不同的情况，以及无权代理人的过错情况，依法请求无权代理人给予相应的赔偿。无权代理人应当赔偿对被代理人造成的损失。

（4）无权代理人对被代理人的费用返还请求权。表见代理的法律后果使被代理人的利益受到损害时，无权代理人应依法赔偿。但是，并非所有的表见代理的法律后果都必然对被代理人不利，当表见代理的法律后果使被代理人从中受益时，根据公平原则，权利义务应当对等，无权代理人有权要求被代理人支付因实施代理行为而支出的相关的合理费用。

课堂讨论 1-6

张某是某公司的负责人兼业务主管，近期准备出国考察。2021 年 2 月 18 日（出国前），张某在电话中告知其老客户李某：出国期间的公司业务将全权委托好友王某代为办理，欢迎继续合作。事后，张某因时间仓促并未将委托之事告知王某。在张某出国期间，李某找到王某欲订购张某公司的一批货物。王某因担心好友失去交易机会，便与李某订立了一份货物买卖合同。2021 年 6 月 18 日，张某回国，发现合同价格不合理，遂提出王某没有代理权，该合同自始无效。如果李某向人民法院起诉张某，你认为该案应如何处理？

五、诉讼时效

（一）诉讼时效的概念与特征

诉讼时效，是指权利人在法定期间内不行使权利而失去诉讼保护的制度。诉讼时效期间，是指权利人请求法院保护其民事权利的法定期间。

诉讼时效期间届满，权利人丧失的是胜诉权，即丧失依诉讼程序强制义务人履行义务的权利；权利人的实体权利并不消灭，债务人自愿履行的则不受诉讼时效限制。诉讼时效期间不同于除斥期间。

（二）诉讼时效的适用范围

诉讼时效并非适用于所有的请求权，《民法典》第一百九十六条规定，下列请求权不适用诉讼时效的规定：①请求停止侵害、排除妨碍、消除危险；②不动产物权和登记的动产物权的权利人请求返还财产；③请求支付抚养费、赡养费或者扶养费；④依法不适用诉讼时效的其他请求权。

《民法典》第一百九十八条规定："法律对仲裁时效有规定的，依照其规定；没有规定的，适用诉讼时效的规定。"

（三）诉讼时效的种类与起算

1. 诉讼时效的种类

诉讼时效的种类、期间都是法定的，不同的诉讼时效有不同的期间，不同的诉讼时效有不同的起算时间。《民法典》规定，诉讼时效有以下几种。

（1）普通诉讼时效。除了法律有特别规定，民事权利适用普通诉讼时效期间。《民法典》第一百八十八条规定，向人民法院请求保护民事权利的诉讼时效期间为 3 年。法律另有规定的，依照其规定。

（2）特别诉讼时效。特别诉讼时效也称特殊诉讼时效，是指由民事单行法特别规定的仅适用于法律特殊规定的民事法律关系的诉讼时效。

（3）最长诉讼时效。最长诉讼时效是指期间为 20 年的诉讼时效期间。根据《民法典》第一百八十八条的规定，自权利受到损害之日起超过 20 年的，人民法院不予保护。与其他诉讼时效相比，最长诉讼时效期间从权利被侵害时计算，而非从权利人知道或者应当知道之时起计算。最长诉讼时效期间可以适用诉讼时效的延长，但不适用诉讼时效的中断、中止等规定。

2．诉讼时效的起算

诉讼时效的起算是指诉讼时效期间开始计算的时点。《民法典》第一百八十八条第二款规定，诉讼时效期间自权利人知道或者应当知道权利受到损害以及义务人之日起计算。法律另有规定的，依照其规定。所谓知道，是指权利人明确知悉其权利受到损害的事实和义务人；所谓应当知道，是指根据客观事实，推定权利人知悉权利受到损害的事实和义务人。权利人于何时才为知道或者应当知道权利受到损害，在不同的情形下有不同的标准。

（四）诉讼时效的中止、中断和延长

1．诉讼时效的中止

诉讼时效的中止是指在诉讼时效期间的最后 6 个月内，因法定事由的发生，致使权利人不能行使请求权，暂停计算诉讼时效期间，待中止的事由消除后，再继续计算诉讼时效期间的法律制度。

依照《民法典》第一百九十四条的规定，诉讼时效中止的法定事由包括：①不可抗力；②无民事行为能力人或者限制民事行为能力人没有法定代理人，或者法定代理人死亡、丧失民事行为能力、丧失代理权；③继承开始后未确定继承人或者遗产管理人；④权利人被义务人或者其他人控制；⑤其他导致权利人不能行使请求权的障碍。

自中止诉讼时效的原因消除之日起满 6 个月，诉讼时效期间届满。

2．诉讼时效的中断

诉讼时效的中断是指在诉讼时效进行中，因法定事由的发生，致使已经过的诉讼时效期间全归无效，待中断诉讼时效的事由消除后，重新开始计算诉讼时效期间的法律制度。

依照《民法典》第一百九十五条的规定，发生下列情形之一的，诉讼时效中断，从中断、有关程序终结时起，诉讼时效期间重新计算：①权利人向义务人提出履行请求；②义务人同意履行义务；③权利人提起诉讼或者申请仲裁；④与提起诉讼或者申请仲裁具有同等效力的其他情形。

实务拓展

债权超过诉讼时效怎么办

3．诉讼时效的延长

诉讼时效的延长是指在诉讼时效期间届满后，权利人基于某种正当理由要求法院根据具体情况延长诉讼时效期间，经法院审查确认后决定延长的法律制度。所谓正当理由，是指权利人因有客观的障碍在法定期间内不能行使请求权的特殊情况。

【例 1-13】甲公司开发的系列楼盘由乙公司负责安装电梯设备。乙公司完工并验收合格投入使用后，甲公司一直未支付工程款，乙公司也未催要。诉讼时效期间届满后，乙公司组织工人到甲公司讨要。因高级管理人员均不在，甲公司新录用的法务小王，擅自以公司名义签署了同意履行付款义务的承诺函，工人才散去。其后，乙公司提起诉讼。关于本案的诉讼时效，下列说法正确的是（　　　）。

A．甲公司仍可主张诉讼时效抗辩

B．因乙公司提起诉讼，诉讼时效中断

C．法院可主动适用诉讼时效的规定

D．因甲公司同意履行债务，其不能再主张诉讼时效抗辩

【解析】本题涉及的是诉讼时效的效力，答案为 A 项。

法律应用

实践中，如何撰写借条以保障当事人的合法权益？在撰写借条时应注意哪些问题？

智慧助学　　同步测试

思考与探索

1. 如何理解经济法的概念和调整对象？
2. 如何理解经济法律关系的主体、内容和客体？
3. 如何理解法人？法人的设立应具备哪些条件？
4. 如何理解民事法律行为成立和生效的区别？
5. 如何理解无权代理与表见代理的关联？
6. 如何理解物权？它具有哪些基本特征？
7. 如何理解建筑物区分所有权？
8. 如何理解善意取得？它的构成要件有哪些？
9. 如何理解诉讼时效中止与中断的关联？

法务实训

案例一： 甲公司委托其在某省的子公司 A 向乙纺织厂购买一批真丝印花面料。A 公司在购买真丝印花面料时，得知乙纺织厂正在对一批质量优良的真丝绣花面料进行降价促销，A 公司知道这种面料也是甲公司加工成衣所需的面料，便代甲公司签订购买真丝绣花面料的合同。甲公司知道上述情况后，并未提出异议。

请问：A 公司代为购买真丝绣花面料行为的民事责任应由谁承担？

案例二： 2019 年 2 月 6 日，张某欲出国学习两年，因办理出国手续，一时钱不够，遂向朋友胡某借款 10 万元，并立字据约定张某在出国前将钱还清。但张某直到 2020 年 2 月 8 日出国，都没有还钱。此间，胡某虽然经常来看望张某，但也对钱的事只字未提。张某在国外两年与胡某也有过联系，但都没有说钱的事。2022 年 2 月 8 日，张某回国。2 月 14 日，胡某因买房急需钱，找到张某，张某当即表示，全部钱款于月底还清，朋友赖某在场见证。4 月 1 日，当胡某再次找张某要钱时，张某却称，他的一个律师朋友说他们之间的债务已超过 3 年的诉讼时效，可以不用还了。胡某气愤不已，第二天就向法院提起诉讼，请求张某偿还 10 万元的本金和利息。

请问：

1. 胡某追要 10 万元借款的诉讼时效是否已经届满？
2. 张某在 2022 年 2 月 14 日承诺的还款有何种效力？
3. 胡某能否通过诉讼取回张某欠他的钱款？

第二章
企业法律制度

康某是一家小企业的职工，由于其所在的企业效益连年下滑，康某收入很低，因此想创办一家企业，利用自己空余的时间经营管理，同时也可以增加收入。经过一系列的市场调查，康某决定开一家快餐店，取名为"悦来快餐食品有限责任公司"。康某认为自己出资越低，承担的责任就越少，经营风险就越低。所以，企业资本暂定为400元，外加一些碗筷、几把桌椅。由于找不到合适的营业场地，康某便借用了朋友的一处即将拆迁的临街门面房作为经营场地，雇用了3名职工，从事快餐制作销售，并决定不设置会计账簿，不配备专门的财务人员。同时由于康某还要上班，所以另外聘请一人担任经理进行日常管理，重大事项由康某自己决定。一切准备妥当后，康某到市场监督管理部门申请营业执照准备开业。

【提问】对康某的创业行为，请你谈谈你的看法。

【点评】法律对设立个人独资企业的注册资金没有限制，但个人独资企业的投资人要对企业债务承担无限责任。快餐店的名称——"悦来快餐食品有限责任公司"不符合法律规定，同时，不设置会计账簿的做法是不当的。经过改正，如果符合法律规定，市场监督管理部门应予登记。

目标与方法

课前测试

第一节　企业法概述

一、企业的概念和分类

（一）企业的概念

企业是指依法设立的，以营利为目的从事商品生产经营和服务活动的，独立核算的经济组织。它具有以下特征。

（1）企业是社会经济组织。企业作为一种社会经济组织，主要从事经济活动，并有相应的财产。因此，企业是一定人员和一定财产的组合。

（2）企业是以营利为目的的从事生产经营活动的社会经济组织。企业从事的生产经营活动是指创造社会财富的活动，包括生产、交易、服务等。企业从事生产经营活动以营利为目的并在此过程中担负重要的社会责任，即企业在谋取自身及其投资者最大经济利益的同时，从促进国民经济和社会发展的目标出发，为其他利害关系人履行某方面的社会义务，包括道德义务与法律义务。同时，企业营利的手段、利润的分配和使用还必须合法。

（3）企业是实行独立核算的社会经济组织。实行独立核算是指要单独计算成本费用，以收抵支，计算盈亏，对经济业务作出全面反映和控制。不实行独立核算的社会经济组织不能称为企业。

（4）企业是依法设立的社会经济组织。企业通过依法设立，可以取得相应的法律地位，获得合法身份，得到国家法律的认可和保护。

（二）企业的分类

依据不同的标准，可将企业分为不同的类型。

（1）按企业所有制的性质和形式不同，可将企业分为全民所有制企业、集体所有制企业、私营企业、混合所有制企业。采用这种划分方法除了可明确企业财产所有权的归属外，还可使国家对不同经济性质的企业采用不同的经济政策和监管办法。

（2）按出资者的身份不同，可将企业分为内资企业和外资企业。这样划分的目的是适应国家统计、宏观决策的需要，适应国家管理的需要。需要说明的是，《中华人民共和国外商投资法》（以下简称《外商投资法》）规定，国家对外商投资实行准入前国民待遇加负面清单管理制度。外商投资在准入后享受国民待遇，国家对内资企业和外资企业的监督管理，适用相同的法律制度和规则。外商投资企业（全部或者部分由外国投资者投资，依照中国法律在中国境内经登记注册设立的企业）的组织形式、组织机构，适用《中华人民共和国合伙企业法》（以下简称《合伙企业法》）、《公司法》等法律的规定。

（3）按企业的责任形式和法律地位，可将企业分为法人企业和非法人企业。法人企业主要有公司制企业、非公司制企业；非法人企业主要有个人独资企业、合伙企业等。这样划分能明确地反映出企业的法律地位及能力，不仅有利于国家管理，也有利于企业间的经济交往。

知识拓展

外商投资企业

除上述分类外，企业还可依据其他标准进行分类，如按企业规模大小的不同，可将企业分为大型企业、中型企业和小型企业；按企业的行政隶属关系的不同，可将企业分为中央企业、地方企业、乡镇企业等。

二、我国现行企业法律制度

企业法律制度是指关于企业设立、企业组织、企业运行和对企业实施管理的各种法律规范的总称。我国现行的有关企业的法律主要有《公司法》、《合伙企业法》、《中华人民共和国个人独资企业法》（以下简称《个人独资企业法》）、《外商投资法》、《中华人民共和国企业破产法》（以下简称《企业破产法》）等。这些法律针对我国企业的经济性质、法律地位、设立条件、组织机构、活动要求等分别作出了规定。

本章主要介绍《个人独资企业法》《合伙企业法》的相关内容。公司法律制度将在第三章"公司法律制度"进行专门介绍。

素养拓展

在社会主义市场经济不断发展的过程中，我国的企业法律制度也日益完善。作为一种重要的生产要素，企业法律制度对市场主体的准入、组织机构、经营机制、经营活动、利益分配、风险与责任承担、退出等作了相应的规定。企业的经营管理人员在企业的各项经营活动中应坚守依法合规的底线，控制企业各项经营活动的法律风险。

第二节 个人独资企业法

一、个人独资企业的概念及特征

个人独资企业是指依照《个人独资企业法》在中国境内设立，由一个自然人投资，财产为投资人个人所有，投资人以其个人财产对企业债务承担无限责任的经营实体。个人独资企业具有以下特征。

（1）个人独资企业是由一个自然人投资的企业。根据《个人独资企业法》的规定，设立个人独资企业的只能是一个自然人，国家机关、国家授权投资的机构或者国家授权的部门、企业、事业单位等都不能作为个人独资企业的设立人。这里的自然人仅指中国公民。

（2）个人独资企业的投资人对企业的债务承担无限责任。当企业的资产不足以清偿到期债务时，投资人应以自己的全部财产用于清偿。

（3）个人独资企业的内部机构设置简单，经营管理方式灵活。个人独资企业的投资人既是企业的所有者，又是企业的经营者，因此，其内部机构的设置较为简单，决策程序也较为灵活。

（4）个人独资企业是非法人企业。个人独资企业由一个自然人出资，投资人对企业的债务承担无限责任，企业的责任即投资人个人的责任，企业的财产即投资人的财产。因此，个人独资企业不具有法人资格，也无独立承担民事责任的能力。但个人独资企业是独立的民事主体，可以以自己的名义从事民事活动。

【例 2-1】下列关于个人独资企业的表述正确的是（ ）。

A. 个人独资企业的投资人可以是自然人、法人或者其他组织

B. 个人独资企业的投资人对企业债务承担无限责任

C. 个人独资企业不能以自己的名义从事民事活动

D. 个人独资企业具有法人资格

【解析】根据《个人独资企业法》的规定，正确答案是 B。

二、个人独资企业的设立

根据《个人独资企业法》的规定，设立个人独资企业应当具备下列条件。

（1）投资人为一个自然人。作为投资人的自然人，应满足的条件是：①具有中国国籍；②具有完全民事行为能力；③不属于法律、行政法规禁止从事营利性活动的人。根据我国有关法律、行政法规规定，国家公务员、党政机关领导干部、法官、检察官、商业银行工作人员等，不得作为投资人申请设立个人独资企业。

实践中，负有竞业禁止义务的个人，在任职期间不得设立与任职公司同类性质的个人独资企业。

（2）有合法的企业名称。个人独资企业的名称应当符合国家关于企业名称登记管理的有关规定，企业名称应与其责任形式及从事的营业相符合，可以使用"厂""店""部""吧""中心""工作室"等字样，个人独资企业的名称中不得使用"有限""有限责任""公司"字样。一般情况下，个人独资企业名称由"行政区划+字号+行业+厂（店、部等）"构成，如"海口市馨源鲜花店"。

（3）有投资人申报的出资。《个人独资企业法》对设立个人独资企业的出资数额未作限制。

设立个人独资企业可以用货币出资，也可以用实物、土地使用权、知识产权或者其他财产权利出资。采取实物、土地使用权、知识产权或者其他财产权利出资的，应将其折算成货币数额。投资人申报的出资额应当与企业的生产经营规模相适应。投资人可以以个人财产出资，也可以以家庭共有财产作为个人出资。以家庭共有财产作为个人出资的，投资人应当在设立（变更）登记申请书上予以注明。

（4）有固定的生产经营场所和必要的生产经营条件。生产经营场所包括企业的住所和与生产经营相适应的处所。住所是企业的主要办事机构所在地，是企业的法定地址。从事临时经营、季节性经营、流动经营和没有固定门面的摆摊经营，不得登记为个人独资企业。

（5）有必要的从业人员。个人独资企业要有与其生产经营范围、规模相适应的从业人员。

【例 2-2】根据《个人独资企业法》的规定，下列事项中不属于个人独资企业设立的必备条件的有（　　　）。

A. 投资人只能是自然人　　　　　　　B. 投资人必须具有完全民事行为能力
C. 须有企业章程　　　　　　　　　　D. 有符合规定的法定最低注册资本

【解析】根据《个人独资企业法》的规定，正确答案是 C、D。

申请设立个人独资企业，应当由投资人或者其委托的代理人向个人独资企业所在地的登记机关提交设立申请书、投资人身份证明、生产经营场所使用证明等文件，并依法履行相应的设立程序。个人独资企业设立分支机构的，应当由投资人或者其委托代理人向分支机构所在地的登记机关申请登记，领取营业执照。分支机构的民事责任由设立该分支机构的个人独资企业承担。

三、个人独资企业的事务管理

个人独资企业投资人可以自行管理企业事务，也可以委托或者聘用其他具有民事行为能力的人负责企业的事务管理。投资人委托或者聘用他人管理个人独资企业事务的，应当与受托人或者被聘用的人员签订书面合同。合同应订明委托的具体内容，授予的权利范围，受托人或者被聘用的人员应履行的义务、报酬和责任等。受托人或者被聘用的人员应当履行诚信、勤勉义务，按照与投资人签订的合同负责个人独资企业的事务管理。

知识拓展

个人独资企业的设立程序

投资人对受托人或者被聘用的人员职权的限制，不得对抗善意第三人。所谓第三人，是指除受托人或被聘用的人员以外与企业发生经济业务关系的人。所谓善意第三人，是指第三人在就有关经济业务事项交往中，没有与受托人或者被聘用的人员串通，故意损害投资人利益的人。个人独资企业的投资人与受托人或者被聘用的人员之间有关权利义务的限制只对受托人或者被聘用的人员有效，对第三人无约束力，受托人或者被聘用的人员超出投资人的限制与善意第三人的有关业务交往应当有效。

课堂讨论 2-1

2021 年 2 月 14 日，甲出资 6 万元设立了乙个人独资企业（以下简称"乙企业"）。甲聘请 A 管理企业事务，同时规定，凡 A 对外签订标的额超过 2 万元的合同，须经甲同意。5 月 22 日，A 未经甲同意，以乙企业名义向善意第三人 B 购买价值 3 万元的货物。5 月 24 日，B 将货物发至乙企业，但甲以 A 购买货物的行为超越其职权限制为由拒绝支付货款。双方协商未果。

请问：A 购买货物的行为是否有效？为什么？

《个人独资企业法》规定，投资人委托或者聘用的管理个人独资企业事务的人员不得有下列行为：①利用职务上的便利，索取或者收受贿赂；②利用职务或者工作上的便利侵占企业财产；③挪用企业的资金归个人使用或者借贷给他人；④擅自将企业资金以个人名义或者以他人名义开立账户储存；⑤擅自以企业财产提供担保；⑥未经投资人同意，从事与本企业相竞争的业务；⑦未经投资人同意，同本企业订立合同或者进行交易；⑧未经投资人同意，擅自将企业商标或者其他知识产权转让给他人使用；⑨泄露本企业的商业秘密；⑩法律、行政法规禁止的其他行为。

四、个人独资企业的解散和清算

（一）个人独资企业的解散

个人独资企业的解散是指个人独资企业终止活动使其民事主体资格消灭的行为。根据《个人独资企业法》的规定，个人独资企业有下列情形之一时，应当解散：①投资人决定解散；②投资人死亡或者被宣告死亡，无继承人或者继承人决定放弃继承；③被依法吊销营业执照；④法律、行政法规规定的其他情形。

（二）个人独资企业的清算

个人独资企业解散的，应当进行清算。《个人独资企业法》对个人独资企业清算作了以下规定：个人独资企业解散，由投资人自行清算或者由债权人申请人民法院指定清算人进行清算。投资人自行清算的，应当在清算前15日内书面通知债权人，无法通知的，应当予以公告。债权人应当在接到通知之日起30日内，未接到通知的应当在公告之日起60日内，向投资人申报其债权。

个人独资企业解散的，财产应当按照下列顺序清偿：①所欠职工工资和社会保险费用；②所欠税款；③其他债务。个人独资企业财产不足以清偿债务的，投资人应当以其个人的其他财产予以清偿。

清算期间，个人独资企业不得开展与清算目的无关的经营活动。在按前述财产清偿顺序清偿债务前，投资人不得转移、隐匿财产。个人独资企业解散后，原投资人对个人独资企业存续期间的债务仍应承担偿还责任，但债权人在5年内未向债务人提出偿债请求的，该责任消灭。

个人独资企业清算结束后，投资人或者人民法院指定的清算人应当编制清算报告，并于15日内到登记机关办理注销登记。

实务拓展

个人独资企业的债务应如何清偿

第三节 合伙企业法

一、合伙企业法概述

（一）合伙企业的概念

合伙，是指两个以上的人为着共同目的，相互约定共同出资、共同经营、共享收益、共担风险的自愿联合。

合伙企业，是指自然人、法人和其他组织按照《合伙企业法》在中国境内设立的普通合伙企业和有限合伙企业。

（二）合伙企业的分类

根据《合伙企业法》的规定，合伙企业分为普通合伙企业和有限合伙企业，普通合伙企业又分为一般的普通合伙企业和特殊的普通合伙企业。合伙企业的分类如图2-1所示。

图2-1　合伙企业的分类

（三）合伙企业法的概念

合伙企业法是指国家立法机关或者其他有权机关依法制定的、调整合伙企业合伙关系的各种法律规范的总称。目前，我国调整合伙企业各种经济关系的主要法律规范是《合伙企业法》。

二、普通合伙企业

（一）普通合伙企业的概念和特点

普通合伙企业，是指由普通合伙人组成，合伙人对合伙企业债务依法承担无限连带责任的合伙企业。普通合伙企业具有以下特点。

（1）由普通合伙人组成。所谓普通合伙人，是指在合伙企业中对合伙企业的债务依法承担无限连带责任的自然人、法人和其他组织。《合伙企业法》规定，国有独资公司、国有企业、上市公司以及公益性的事业单位、社会团体不得成为普通合伙人。

（2）合伙人对合伙企业债务依法承担无限连带责任，法律另有规定的除外。所谓无限连带责任，包括两个方面：一是当合伙企业财产不足以清偿其债务时，合伙人应以其在合伙企业出资以外的财产清偿债务；二是每一个合伙人对企业债务都有清偿的义务，债权人可以就合伙企业财产不足以清偿的那部分债务，向任何一个合伙人请求全部偿还。

法律另有规定的除外，是指《合伙企业法》有特殊规定的，合伙人可以不承担无限连带责任。依据《合伙企业法》的规定，在依法设立的特殊的普通合伙企业中，合伙人是否承担责任、承担何种形式的责任不同于一般的普通合伙企业中有关合伙人责任承担的规定。

（二）合伙企业的设立

1. 合伙企业的设立条件

根据《合伙企业法》的规定，设立合伙企业，应当具备下列条件。

（1）有两个以上合伙人。合伙人为自然人的，应当具有完全民事行为能力。对于合伙企业合伙人数的最高限额，《合伙企业法》未作规定，完全由设立人根据所设企业的具体情况决定。

关于合伙人的资格，《合伙企业法》作了以下限定。①合伙人可以是自然人，也可以是法人或者其他组织。如何组成，除法律另有规定外不受限制。②合伙人是自然人的，应当具有完全民事行为能力。无民事行为能力人和限制民事行为能力人不得成为合伙企业的合伙人。③国有独资公司、国有企业、上市公司以及公益性的事业单位、社会团体不得成为普通合伙人。

（2）有书面合伙协议。合伙协议，是指由各合伙人通过协商，共同决定相互间的权利义务，达成的具有法律约束力的协议。合伙协议应当依法由全体合伙人协商一致，以书面形式订立。合伙协议应当依法载明相关事项。合伙协议经全体合伙人签名、盖章后生效。合伙人依照合伙协议享有权利、履行义务。修改或者补充合伙协议，应当经全体合伙人一致同意，合伙协议另有约定的除外。合伙协议未约定或者约定不明确的事项，由合伙人协商决定；协商不成的，依照《合伙企业法》和其他有关法律、行政法规的规定处理。

（3）有合伙人认缴或者实际缴付的出资。合伙协议生效后，合伙人应当按照合伙协议的规定缴纳出资。合伙人可以用货币、实物、知识产权、土地使用权或者其他财产权利出资，也可以用劳务出资。合伙人以实物、知识产权、土地使用权或者其他财产权利出资，需要评估作价的，可以由全体合伙人协商确定，也可以由全体合伙人委托法定评估机构评估。合伙人以劳务出资的，其评估办法由全体合伙人协商确定，并在合伙协议中载明。合伙人应当按照合伙协议约定的出资方式、数额和缴付期限，履行出资义务。以非货币财产出资，依照法律、行政法规的规定，需要办理财产权转移手续的，应当依法办理。

（4）有合伙企业的名称和生产经营场所。普通合伙企业应当在其名称中标明"普通合伙"字样，其中，特殊的普通合伙企业，应当在其名称中标明"特殊普通合伙"字样，合伙企业的名称必须和"合伙"联系起来，名称中必须有"合伙"二字。合伙企业名称由行政区划、字号、行业、组织形式依次组成。例如合伙企业名称"温州市嘉合装饰设计中心（普通合伙）"，其中"温州市"是行政区划，"嘉合"是字号，"装饰设计"是行业，"中心"是组织形式，"普通合伙"是法律规定合伙企业名称中应当标明的合伙形式。

经企业登记机关登记的合伙企业主要经营场所只能有一个，并且应当在其企业登记机关登记管辖区域内。

（5）法律、行政法规规定的其他条件。

课堂讨论 2-2

A、B、C拟设立一家普通合伙企业，并订立了一份合伙协议，部分内容如下：①A的出资为现金3 000元和劳务作价4万元；②B的出资为现金6万元，于合伙企业成立后半年内缴付；③C的出资为作价12万元的房屋一栋，不办理财产权转移手续，且C保留对该房屋的处分权；④合伙企业的经营期限，于合伙企业成立满1年时再协商确定。

请问：该协议的四项内容是否符合《合伙企业法》的规定？

2. 合伙企业的设立登记

合伙企业的设立登记程序如下。①向企业登记机关提出申请，并提交全体合伙人签署的登记申请书、全体合伙人的身份证明、合伙协议书、出资权属证明、经营场所证明以及其他文件。法律、行政法规规定设立合伙企业必须报经有关部门审批的，还应当提交有关批准文件。合伙协议约定或者全体合伙人决定，委托一名或者数名合伙人执行合伙事务的，还应当提交全体合伙人的委托书。②企业登记机关应当自受理申请之日起20日内，作出是否登记的决定。对符合《合伙企业法》规定条件的，予以登记，发给营业执照；对不符合《合伙企业法》规定条件的，不予登记，并应当给予书面答复，说明理由。

合伙企业的营业执照签发日期，为合伙企业的成立日期。合伙企业领取营业执照前，合伙人不得以合伙企业的名义从事合伙业务。合伙企业设立分支机构，应当向分支机构所在地的企业登记机关申请登记，领取营业执照。

（三）合伙企业财产

1. 合伙企业财产的构成

根据《合伙企业法》的规定，合伙人的出资、以合伙企业名义取得的收益和依法取得的其他财产，均为合伙企业的财产。从这一规定可以看出，合伙企业财产由以下三部分构成。

（1）合伙人的出资。《合伙企业法》规定，合伙人可以用货币、实物、知识产权、土地使用权或者其他财产权利出资，也可以用劳务出资。这些出资形成合伙企业的原始财产。需要注意的是，合伙企业的原始财产是全体合伙人认缴的财产，而非各合伙人实际缴纳的财产。

（2）以合伙企业名义取得的收益。合伙企业作为一个独立的经济实体，可以有自己的独立利益，因此，以其名义取得的收益作为合伙企业获得的财产，当然归属于合伙企业，成为合伙财产的一部分。以合伙企业名义取得的收益，主要包括合伙企业的公共积累资金、未分配的盈余、合伙企业债权、合伙企业取得的工业产权和非专利技术等财产权利。

（3）依法取得的其他财产。依法取得的其他财产即根据法律、行政法规的规定合法取得的其他财产，如合法接受赠与的财产等。

2. 合伙企业财产的性质

合伙企业的财产具有独立性和完整性两方面的特征。合伙人在合伙企业清算前，不得请求分割合伙企业的财产；但是，法律另有规定的除外。合伙人在合伙企业清算前私自转移或者处分合伙企业财产的，合伙企业不得以此对抗善意第三人。在确认善意取得的情况下，合伙企业的损失只能向合伙人追索，而不能向善意第三人追索。合伙企业也不能以合伙人无权处分其财产而对善意第三人的权利要求进行对抗，即不能以合伙人无权处分其财产而主张其与善意第三人订立的合同无效。

3. 合伙人财产份额的转让

合伙人财产份额的转让，是指合伙企业的合伙人向其他合伙人或者合伙人以外的人转让其在合伙企业中的全部或者部分财产份额的行为。基于转让对象的不同，合伙人财产份额的转让可以分为对内转让和对外转让。由于合伙人财产份额的转让会影响到合伙企业以及合伙人的切身利益，因此，《合伙企业法》对合伙人财产份额的转让作了以下限制性规定。

（1）对内转让。合伙人之间转让在合伙企业中的全部或者部分财产份额时，应当通知其他合伙人。合伙人财产份额的内部转让因不涉及合伙人以外的人参加，合伙企业存续的基础没有发生实质性变更，所以不需要经过其他合伙人一致同意，只需要通知其他合伙人即可产生法律效力。

（2）对外转让。除合伙协议另有约定外，合伙人向合伙人以外的人转让其在合伙企业中的全部或者部分财产份额时，须经其他合伙人一致同意。

合伙人向合伙人以外的人转让其在合伙企业中的财产份额的，在同等条件下，其他合伙人有优先购买权；但是，合伙协议另有约定的除外。所谓优先购买权，是指在合伙人转让其财产份额时，在多数人接受转让的情况下，其他合伙人基于同等条件可优先于其他非合伙人购买的权利。优先购买权的发生存在两个前提：一是合伙人财产份额的转让没有约定的转让条件、转让范围的限制，二是优先受让的前提是同等条件。这一规定的目的在于维护合伙企业现有合伙人的利益，维持合伙企业在现有基础上的稳定。

合伙人以外的人依法受让合伙人在合伙企业中的财产份额的，经修改合伙协议即成为合伙企业的合伙人，依照《合伙企业法》和修改后的合伙协议享有权利，履行义务。合伙人以外的人成为合伙人须修改合伙协议，未修改合伙协议的，其不应视为合伙企业的合伙人。

4. 合伙人财产份额的出质

合伙人财产份额的出质，是指合伙人将其在合伙企业中的财产份额作为质押物来担保债权人债权实现的行为。合伙人以其在合伙企业中的财产份额出质的，须经其他合伙人一致同意；如果未经其他合伙人一致同意，则其行为无效，由此给善意第三人造成损失的，由行为人依法承担赔偿责任。

【例2-3】A、B、C为某普通合伙企业的合伙人。2020年5月18日，在征得B、C同意的情况下，A将其在合伙企业中的财产份额转让给D，双方签订了转让协议并办理了相关手续。后A对E负债，无力用个人财产清偿，E决定向人民法院请求强制执行A在合伙企业中的财产份额用于清偿。

请问：E是否有权请求对该财产份额强制执行？

【解析】《合伙企业法》规定，A在取得其他合伙人一致同意的情况下，可以将其在合伙企业中的财产份额转让给D。A与D已签订了转让协议，那么A在合伙企业中已没有财产份额，E就无权请求强制执行。所以，本例中E无权请求强制执行。

课堂讨论 2-3

一家合伙企业名曰"三义合"。合伙人黎某因家人住院，急需一笔钱，向他人借款，并为此与债权人约定，以其在合伙企业中的出资份额作为质押。事后，黎某还征求了其他合伙人的意见。合伙人张某认为："合伙出资份额是合伙企业的财产，是大家的财产，为个人借款质押不妥，该质押约定当然无效。"合伙人李某认为："我信任黎某，同意这项质押约定。"合伙人康某认为："既然有合伙人不同意，这项质押就不能生效。"合伙人朱某认为："既然如此，黎某可以退伙，但必须对合伙企业以往的债务承担连带责任。"由于意见不一，他们向新世纪曙光律师事务所的律师王某咨询。

请问：假如你是律师，该如何回答？

（四）合伙事务执行

1. 合伙事务执行的形式

合伙人执行合伙事务，有全体合伙人共同执行合伙事务、委托一名或数名合伙人执行合伙事务两种形式。

（1）全体合伙人共同执行合伙事务是合伙事务执行的基本形式，也是在合伙企业中经常使用的一种形式。在采取这种形式的合伙企业中，按照合伙协议的约定，各个合伙人都直接参与经营，处理合伙企业的事务，对外代表合伙企业。

（2）委托一名或数名合伙人执行合伙事务，即由合伙协议约定或者全体合伙人决定委托一名或者数名合伙人执行合伙事务，对外代表合伙企业。未接受委托执行合伙事务的其他合伙人，不再执行合伙企业的事务。

根据《合伙企业法》的规定，除合伙协议另有约定外，合伙企业的下列事项应当经全体合伙人一致同意：①改变合伙企业的名称；②改变合伙企业的经营范围、主要经营场所的地点；③处分合伙企业的不动产；④转让或者处分合伙企业的知识产权和其他财产权利；⑤以合伙企业名义为他人提供担保；⑥聘任合伙人以外的人担任合伙企业的经营管理人员。

【例2-4】 A、B、C三人成立一普通合伙企业，推举A为负责人并管理合伙企业的日常事务。后A在执行合伙事务时，未经其他合伙人同意，独自决定以合伙企业的房屋为D公司向银行贷款提供抵押。

请问：A的行为是否符合法律规定？

【解析】 根据《合伙企业法》的规定，以合伙企业的房屋为D公司向银行贷款提供抵押，属于以合伙企业名义为他人提供担保，需经全体合伙人同意。而A独自决定实施了该行为，违反了《合伙企业法》的规定。

全体合伙人对合伙企业有关事项作出决议时，除《合伙企业法》另有规定或者合伙协议另有约定外，经全体合伙人决定可以实行一人一票的表决办法。

2. 合伙人在执行合伙事务中的权利和义务

（1）根据《合伙企业法》的规定，合伙人在执行合伙事务中的权利主要包括：①合伙人平等享有合伙事务执行权；②执行合伙事务的合伙人对外代表合伙企业；③不执行合伙事务的合伙人有权监督执行事务的合伙人执行合伙事务的情况；④各合伙人有权查阅合伙企业会计账簿等财务资料；⑤合伙人有提出异议权和撤销委托执行事务权。

在合伙人分别执行合伙事务的情况下，由于执行合伙事务的合伙人的行为所产生的亏损和责任由全体合伙人承担，因此，《合伙企业法》规定，经合伙协议约定或者经全体合伙人决定，合伙人分别执行合伙事务的，执行事务合伙人可以对其他合伙人执行的事务提出异议。提出异议时，应暂停该项事务的执行。如果发生争议，可由全体合伙人依照《合伙企业法》关于合伙人对合伙企业有关事项决议程序的规定决定。被委托执行合伙事务的合伙人不按照合伙协议或者全体合伙人的决定执行事务的，其他合伙人可以决定撤销该委托。

（2）根据《合伙企业法》的规定，合伙人在执行合伙事务中的义务主要包括：①由一名或者数名合伙人执行合伙事务的，应当依照约定向其他不参加执行事务的合伙人报告事务执行情况以及合伙企业的经营状况和财务状况；②合伙人不得自营或者同他人合作经营与本合伙企业相竞争的业务；③除合伙协议另有约定或者经全体合伙人同意外，合伙人不得同本合伙企业进行交易；④合伙人不得从事损害本合伙企业利益的活动。

3. 合伙企业的损益分配

（1）合伙损益分配原则。

合伙损益，即合伙企业的利润或亏损。对合伙损益分配原则，《合伙企业法》有相关规定，主要内容如下。①合伙企业的利润分配、亏损分担，按照合伙协议的约定办理；合伙协议未约定或者约定不明确的，由合伙人协商决定；协商不成的，由合伙人按照实缴出资比例分配、分担；无法确定出资比例的，由合伙人平均分配、分担。②合伙协议不得约定将全部利润分配给部分合伙人或者由部分合伙人承担全部亏损。

（2）合伙损益分配具体形式。

合伙企业年度或者一定时期的利润分配或者亏损分担的具体方案，由全体合伙人协商决定或者按照合伙协议约定的办法决定。合伙损益分配的时间比较灵活，既可以按年度进行分配，也可以在一定时期内进行分配。合伙损益分配的具体方案应由全体合伙人共同决定。

4. 非合伙人参与经营管理

经全体合伙人同意，合伙企业可以聘任合伙人以外的人担任合伙企业的经营管理人员。被聘任的合伙企业的经营管理人员应当在合伙企业授权范围内履行职责，超越合伙企业授权范围从事经营活动，或者因故意或者重大过失，给合伙企业造成损失的，应依法承担赔偿责任。

课堂讨论 2-4

A、B、C 成立一普通合伙企业，其合伙协议中约定："合伙企业的事务由 A 全权负责，B、C 不得过问，也不承担企业亏损的责任。"

请问：该约定的法律效力如何？

（五）合伙企业与第三人关系

合伙企业与第三人关系是指有关合伙企业的对外关系，涉及合伙企业对外代表权的效力、合伙企业和合伙人的债务清偿等问题。

1. 合伙企业对外代表权的效力

根据《合伙企业法》的规定，执行合伙事务的合伙人，对外代表合伙企业。可以取得合伙企业对外代表权的合伙人，主要有三种情况：①由全体合伙人共同执行合伙事务的，全体合伙人都有权对外代表合伙企业，即全体合伙人都取得了合伙企业的对外代表权；②由部分合伙人执行合伙事务的，只有受委托执行合伙事务的那一部分合伙人有权对外代表合伙企业，而不参加执行合伙事务的合伙人则不具有对外代表合伙企业的权利；③由于特别授权在单项合伙事务上有执行权的合伙人，依照授权范围可以对外代表合伙企业。

执行合伙事务的合伙人，在取得对外代表权后，可以以合伙企业的名义进行经营活动，在其授权范围内实施法律行为。这种行为对合伙企业有法律效力，由此而产生的收益应当归合伙企业所有，成为合伙财产的来源；由此带来的风险，也应当由合伙人承担，构成合伙企业的债务。

合伙企业对合伙人执行合伙事务以及对外代表合伙企业权利的限制，不得对抗不知情的善意第三人。这里所说的合伙人，是指在合伙企业中有合伙事务执行权与对外代表权的合伙人。这里所指的限制，是指合伙企业对合伙人所享有的事务执行权与对外代表权权利能力的一种界定；这里所指的对抗，是指合伙企业否定第三人的某些权利，拒绝承担某些责任；这里所指的不知情，是指与合伙企业有经济联系的第三人不知道合伙企业所作的内部限制，或者不知道合伙企业对合伙人行使权利所作限制的事实；这里所指的善意第三人，是指本着合法交易的目的，诚实地通过合伙企业的事务执行人，与合伙企业之间建立民事、商事法律关系的法人、非法人团体或自然人。如果第三人与合伙企业事务执行人恶意串通、损害合伙企业利益，则不属善意的情形。需要指出的是，不得对抗善意第三人，主要针对给第三人造成的损失而言，即当执行合伙事务的合伙人给善意第三人造成损失时，合伙企业不能因为有对合伙人执行合伙事务以及对外代表合伙企业权利的限制，就不对善意第三人承担责任。

保护善意第三人的利益是为了维护经济往来的交易安全，这是一项被广泛认同的法律原则。例如，合伙企业内部规定，有对外代表权的合伙人甲在签订合同时，须经乙和丙两个执行事务的合伙人同意，如果甲自作主张没有征求乙和丙的同意，与第三人丁签订了一份买卖合同，而丁不知道在合伙企业内部对甲所作的限制，在合同的履行中也没有从中获得不正当的利益，这种情况下，第三人丁应当为善意第三人，丁所得到的利益应当予以保护。合伙企业不得以其内部所作的在行使权利方面的限制为由，否定善意第三人丁的正当权益，拒绝履行合伙企业应承担的责任。

2. 合伙企业和合伙人的债务清偿

（1）合伙企业的债务清偿与合伙人的关系。

① 合伙人的无限连带清偿责任。《合伙企业法》规定，合伙企业对其债务，应首先以其全部财产进行清偿。合伙企业财产不能清偿到期债务的，合伙人承担无限连带责任。合伙人的无限责任，是指当合伙企业的全部财产不足以偿付到期债务时，各个合伙人承担合伙企业的债务不以其投资额为限，而是以其自有财产来清偿合伙企业的债务。合伙人的连带责任，是指当合伙企业的全部财产不足以偿付到期债务时，合伙企业的债权人对合伙企业所负债务，可以向任何一个合伙人主张，该合伙人不得以其出资的份额大小、合伙协议有特别约定、合伙企业债务另有担保人，或者自己已经偿付所承担的份额的债务等理由来拒绝。当然，合伙人由于承担连带责任，所清偿数额超过其应分担的比例时，有权向其他合伙人追偿。

② 合伙人之间的债务分担和追偿。以合伙企业财产清偿合伙企业债务时，其不足的部分由各合伙人按照合伙企业分担亏损的比例，用其在合伙企业出资以外的财产承担清偿责任。关于合伙企业亏损分担的比例，合伙协议约定的，按照合伙协议约定的比例分担；合伙协议未约定或者约定不明确的，由合伙人协商决定；协商不成的，由合伙人按照实缴出资比例分配、分担；无法确定出资比例的，由合伙人平均分配、分担。

合伙人之间的分担比例对债权人没有约束力。债权人可以根据自己的清偿利益，请求全体合伙人中的任何一人或数人承担全部清偿责任，也可以按照自己确定的清偿比例向各合伙人分别追索。如果某一合伙人实际支付的清偿数额超过其依照既定比例所应承担的数额，该合伙人有权就超过部分向其他未支付或者未足额支付应承担数额的合伙人追偿。

【例 2-5】甲、乙、丙设立福州市明睿装饰设计中心（普通合伙）（以下简称"明睿合伙企业"），约定损益的分担和分配比例为 4∶3∶3。明睿合伙企业欠丁 5 万元，无力清偿。债权人丁的下列做法中，正确的有（　　　）。

A. 即使明睿合伙企业有自己的财产，丁也不能首先从该企业的全部财产中求偿

B. 请求甲清偿 5 万元

C. 请求乙或者丙清偿 5 万元

D. 请求甲、乙分别清偿 2 万元、3 万元

E. 请求甲、乙、丙分别清偿 2 万元、2 万元、1 万元

F. 请求甲、乙、丙分别清偿 2 万元、1.5 万元、1.5 万元

【解析】正确答案是 B、C、D、E、F。根据《合伙企业法》的规定，合伙企业不能清偿到期债务的，合伙人承担无限连带责任。债权人有权向普通合伙人中的任何一人、数人或全体要求清偿全部债务，被请求的合伙人有义务清偿全部债务。

（2）合伙人的债务清偿与合伙企业的关系。

为了保护合伙企业和其他合伙人的合法权益，同时也为了保护债权人的合法权益，《合伙企业法》作了以下规定。

① 合伙人发生与合伙企业无关的债务，相关债权人不得以其债权抵销其对合伙企业的债务；也不得代位行使合伙人在合伙企业中的权利。

② 合伙人的自有财产不足以清偿其与合伙企业无关的债务的，该合伙人可以以其从合伙企业中分取的收益用于清偿；债权人也可以依法请求人民法院强制执行该合伙人在合伙企业中的财产份额用于清偿。

人民法院强制执行合伙人的财产份额时，应当通知全体合伙人，其他合伙人有优先购买权；其他合伙人未购买，又不同意将该财产份额转让给他人的，依照《合伙企业法》的规定为该合伙人办理退伙结算，或者办理削减该合伙人相应财产份额的结算。

【例2-6】某合伙企业合伙人A因个人购房，向非合伙人B借款3万元，而B曾与该合伙企业签订了一份买卖合同，还欠该合伙企业货款4万元。当该合伙企业向B催要货款时，B提出因A欠其3万元，所以他只需付合伙企业1万元即可。

请问：B的说法是否正确？

【解析】《合伙企业法》规定，合伙人发生与合伙企业无关的债务，相关债权人不得以其债权抵销其对合伙企业的债务；也不得代位行使合伙人在合伙企业中的权利。因此，合伙人的债权人不得对合伙企业主张抵销权。如果允许两者抵销，就等于强迫合伙企业其他合伙人对个别合伙人的个人债务承担责任。这样做违反了合伙制度的本意，增加了合伙人的风险，不利于合伙企业这种经济组织形式的发展。所以，B的说法不正确。

（六）入伙与退伙

1. 入伙

入伙是指在合伙企业存续期间，合伙人以外的第三人加入合伙，从而取得合伙人资格。新合伙人入伙，除合伙协议另有约定外，应当经全体合伙人一致同意，并依法订立书面入伙协议。订立入伙协议时，原合伙人应当向新合伙人如实告知原合伙企业的经营状况和财务状况。入伙的新合伙人与原合伙人享有同等权利，承担同等责任。入伙协议另有约定的，从其约定。入伙的新合伙人对入伙前合伙企业的债务承担连带责任。

2. 退伙

退伙，是指合伙人退出合伙企业，从而丧失合伙人资格。合伙人退伙一般有两种原因：一是自愿退伙；二是法定退伙。

（1）自愿退伙。自愿退伙是指合伙人基于自愿的意思表示而退伙。自愿退伙可以分为协议退伙和通知退伙两种。

关于协议退伙，《合伙企业法》规定，合伙协议约定合伙期限的，在合伙企业存续期间，有下列情形之一的，合伙人可以退伙：①合伙协议约定的退伙事由出现；②经全体合伙人一致同意；③发生合伙人难以继续参加合伙企业的事由；④其他合伙人严重违反合伙协议约定的义务。合伙人违反上述规定退伙的，应当赔偿由此给合伙企业造成的损失。

关于通知退伙，《合伙企业法》规定，合伙协议未约定合伙期限的，合伙人在不给合伙企业事务执行造成不利影响的情况下，可以退伙，但应当提前30日通知其他合伙人。由此可见，法律对通知退伙有以下三个条件的限制：①必须是合伙协议未约定合伙企业的经营期限；②必须是合伙人的退伙不给合伙企业事务执行造成不利影响；③必须提前30日通知其他合伙人。这三个条件必须同时具备，缺一不可。合伙人违反上述规定退伙的，应当赔偿由此给合伙企业造成的损失。

（2）法定退伙。法定退伙是指合伙人因出现法律规定的事由而退伙。法定退伙分为当然退伙和除名两类。

关于当然退伙，《合伙企业法》规定，合伙人有下列情形之一的，当然退伙：①作为合伙人的自然人死亡或者被依法宣告死亡；②个人丧失偿债能力；③作为合伙人的法人或者其他组织依法被吊销营业执照、责令关闭、撤销，或者被宣告破产；④法律规定或者合伙协议约定合伙人必须具有相关资格而丧失该资格；⑤合伙人在合伙企业中的全部财产份额被人民法院强制执行。当然退伙以退伙事由实际发生之日为退伙生效日。

此外，合伙人被依法认定为无民事行为能力人或者限制民事行为能力人的，经其他合伙人一致同意，可以依法转为有限合伙人，普通合伙企业依法转为有限合伙企业。其他合伙人未能一致同意的，该无民事行为能力或者限制民事行为能力的合伙人退伙。

【例2-7】黄某是某普通合伙企业的合伙人，因车祸被撞成植物人，后被依法宣告为无民事行为能力人，其他合伙人也不同意将其转为有限合伙人。据此，黄某当然退伙的日期，下列说法不正确的有（　　）。

A. 全体合伙人同意其退伙之日　　　　B. 过半数合伙人同意其退伙之日

C. 发生车祸被撞成植物人之日　　　　D. 依法宣告为无民事行为能力人之日

【解析】正确答案是A、B、C。《合伙企业法》规定，当然退伙以退伙事由实际发生之日为退伙生效日。需要指出的是，是否为无民事行为能力人必须经过法院的认定，因此宣告之日为实际发生之日。

关于除名，《合伙企业法》规定，合伙人有下列情形之一的，经其他合伙人一致同意，可以决议将其除名：①未履行出资义务；②因故意或者重大过失给合伙企业造成损失；③执行合伙事务时有不正当行为；④发生合伙协议约定的事由。对合伙人的除名决议应当书面通知被除名人。被除名人接到除名通知之日起，除名生效，被除名人退伙。被除名人对除名决议有异议的，可以自接到除名通知之日起30日内，向人民法院起诉。

（3）退伙的效果。退伙的效果，是指退伙时退伙人在合伙企业中的财产份额和民事责任的归属变动。这分为两类情况：一是财产继承；二是退伙结算。

关于财产继承，《合伙企业法》规定，合伙人死亡或者被依法宣告死亡的，对该合伙人在合伙企业中的财产份额享有合法继承权的继承人，按照合伙协议的约定或者经全体合伙人一致同意，从继承开始之日起，取得该合伙企业的合伙人资格。有下列情形之一的，合伙企业应当向合伙人的继承人退还被继承合伙人的财产份额：①继承人不愿意成为合伙人；②法律规定或者合伙协议约定合伙人必须具有相关资格，而该继承人未取得该资格；③合伙协议约定不能成为合伙人的其他情形。合伙人的继承人为无民事行为能力人或者限制民事行为能力人的，经全体合伙人一致同意，可以依法成为有限合伙人，普通合伙企业依法转为有限合伙企业。全体合伙人未能一致同意的，合伙企业应当将被继承合伙人的财产份额退还该继承人。据此，合伙人死亡时，其继承人可取得该合伙企业的合伙人资格的条件为：一是有合法继承权；二是有合伙协议的约定或者全体合伙人的一致同意；三是继承人愿意。死亡的合伙人的继承人取得该合伙企业的合伙人资格，从继承开始之日起获得。

关于退伙结算，除合伙人死亡或者被依法宣告死亡的情形外，《合伙企业法》对退伙结算作了以下规定。①合伙人退伙，其他合伙人应当与该退伙人按照退伙时的合伙企业财产状况进行结算，退还退伙人的财产份额。退伙人对给合伙企业造成的损失负有赔偿责任的，相应扣减其应当赔偿的数额。退伙时有未了结的合伙企业事务的，待该事务了结后进行结算。②退伙人在合伙企业中财产份额的退还办法，由合伙协议约定或者由全体合伙人决定，可以退还货币，也可以退还实物。③合伙人退伙时，合伙企业财产少于合伙企业债务的，退伙人应当依照《合伙企业法》的规定分担亏损。

合伙人退伙以后，并不能解除对于合伙企业既往债务的连带责任。根据《合伙企业法》的规定，退伙人对基于其退伙前的原因发生的合伙企业债务，承担无限连带责任。

（七）特殊的普通合伙企业

1. 特殊的普通合伙企业的概念

特殊的普通合伙企业，是指以专业知识和专门技能为客户提供有偿服务的专业服务机构。特殊的普通合伙企业名称中应当标明"特殊普通合伙"字样，如"瑞华会计师事务所（特殊普通合伙）"。

2. 特殊的普通合伙企业的责任形式

（1）责任承担。《合伙企业法》规定，一个合伙人或者数个合伙人在执业活动中因故意或者重大过失造成合伙企业债务的，应当承担无限责任或者无限连带责任，其他合伙人以其在合伙企业中的财产份额为限承担责任。合伙人在执业活动中非因故意或者重大过失造成的合伙企业债务以及合伙企业的其他债务，由全体合伙人承担无限连带责任。

根据这一规定，特殊的普通合伙企业的责任形式分为以下两种。

① 有限责任与无限连带责任相结合。一个合伙人或者数个合伙人在执业活动中因故意或者重大过失造成合伙企业债务的，应当承担无限责任或者无限连带责任，其他合伙人以其在合伙企业中的财产份额为限承担责任。基于特殊的普通合伙企业的特殊性，为了保证其健康发展，必须对合伙人的责任形式予以改变，否则以专业知识和专门技能为客户提供服务的专业服务机构难以存续。因此，对一个合伙人或者数个合伙人在执业活动中的故意或者重大过失行为应与其他合伙人区别对待，对于负有重大责任的合伙人应当承担无限责任或者无限连带责任，其他合伙人只能以其在合伙企业中的财产份额为限承担责任。这也符合公平、公正原则，如果不分清责任，简单地归责于无限连带责任或者有限责任，不但对其他合伙人不公平，债权人的合法权益也难以得到保障。

② 无限连带责任。对合伙人在执业活动中非因故意或者重大过失造成的合伙企业债务以及合伙企业的其他债务，全体合伙人承担无限连带责任。这是在责任划分的基础上作出的合理性规定，以最大限度地实现公平、正义和保障债权人的合法权益。当然，这种责任形式的前提是合伙人在执业过程中不存在重大过错，既没有故意，也不存在重大过失。

（2）责任追偿。《合伙企业法》规定，合伙人执业活动中因故意或者重大过失造成的合伙企业债务，以合伙企业财产对外承担责任后，该合伙人应当按照合伙协议的约定对给合伙企业造成的损失承担赔偿责任。

【例2-8】甲、乙、丙三位注册会计师各出资200万元，设立了A会计师事务所（属于特殊的普通合伙企业）。甲、乙因重大过失出具了虚假的审计报告，致使合伙企业负担了1 000万元的债务。

请问：该债务该如何承担？

【解析】①甲、乙以会计师事务所的名义出具审计报告，该债务属于合伙企业的债务。应当首先以合伙企业的全部财产600万元清偿债务。②不足的400万元由当事人甲、乙承担连带责任，而丙无须承担责任，因为丙已经以其在合伙企业中的全部财产份额承担了责任。③当事人甲、乙对外承担了无限连带责任后，还应当按照合伙协议的约定对给合伙企业造成的损失承担赔偿责任。

3. 特殊的普通合伙企业的执业风险防范

特殊的普通合伙企业应当建立执业风险基金、办理职业保险。

执业风险基金，主要是指为了化解经营风险，特殊的普通合伙企业从其经营收益中提取相应比例的资金留存或者根据相关规定上缴至指定机构所形成的资金。执业风险基金用于偿付合伙人执业活动造成的债务，应当单独立户管理。

职业保险，又称职业责任保险，是指承保各种专业技术人员因工作上的过失或者疏忽大意所造成的合同一方或者他人的人身伤害或者财产损失的经济赔偿责任的保险。

三、有限合伙企业

（一）有限合伙企业的概念及法律适用

1. 有限合伙企业的概念

有限合伙企业，是指由有限合伙人和普通合伙人共同组成，普通合伙人对合伙企业债务承担无限连带责任，有限合伙人以其认缴的出资额为限对合伙企业债务承担责任的合伙组织。

有限合伙企业与普通合伙企业和有限责任公司相比较，主要区别如下。①在经营管理上，普通合伙企业的合伙人，一般均可参与合伙企业的经营管理。有限责任公司的股东有权参与公司的经营管理（含直接参与和间接参与）。而在有限合伙企业中，有限合伙人不执行合伙事务，由普通合伙人从事具体的经营管理。②在风险承担上，普通合伙企业的合伙人之间对合伙债务承担无限连带责任。有限责任公司的股东对公司债务以各自的出资额为限承担有限责任。而在有限合伙企业中，不同类型的合伙人所承担的责任则存在差异，其中有限合伙人以各自的出资额为限承担有限责任，普通合伙人之间承担无限连带责任。

2. 有限合伙企业的法律适用

在法律适用中，凡是《合伙企业法》中对有限合伙企业有特殊规定的，应当适用《合伙企业法》中对有限合伙企业的特殊规定。无特殊规定的，适用有关普通合伙企业及其合伙人的一般规定。

（二）有限合伙企业设立的特殊规定

1. 有限合伙企业人数

《合伙企业法》规定，有限合伙企业由2个以上50个以下合伙人设立；但是，法律另有规定的除外。有限合伙企业至少应当有1个普通合伙人。按照规定，自然人、法人和其他组织可以依照法律规定设立有限合伙企业，但国有独资公司、国有企业、上市公司以及公益性的事业单位、社会团体不得成为有限合伙企业的普通合伙人。

在有限合伙企业存续期间，有限合伙人的人数可能发生变化。然而，无论如何变化，有限合伙企业中必须包括有限合伙人与普通合伙人两部分，否则，有限合伙企业应当进行组织形式变化。《合伙企业法》规定，有限合伙企业仅剩有限合伙人的，应当解散；有限合伙企业仅剩普通合伙人的，应当转为普通合伙企业。

2. 有限合伙企业名称

《合伙企业法》规定，有限合伙企业名称中应当标明"有限合伙"字样。为便于社会公众以及交易相对人对有限合伙企业的了解，有限合伙企业名称中应当标明"有限合伙"字样，而不能标明"普通合伙""特殊普通合伙""有限公司""有限责任公司"等字样。

3. 有限合伙企业协议

有限合伙企业协议除符合普通合伙企业合伙协议的规定外，还应当载明下列事项：①普通合伙人和有限合伙人的姓名或者名称、住所；②执行事务合伙人应具备的条件和选择程序；③执行事务合伙人权限与违约处理办法；④执行事务合伙人的除名条件和更换程序；⑤有限合伙人入伙、退伙的条件、程序以及相关责任；⑥有限合伙人和普通合伙人相互转变程序。

4. 有限合伙人出资形式

《合伙企业法》规定，有限合伙人可以用货币、实物、知识产权、土地使用权或者其他财产权利作价出资，不得以劳务出资。

5. 有限合伙人出资义务

《合伙企业法》规定，有限合伙人应当按照合伙协议的约定按期足额缴纳出资；未按期足额缴纳的，应当承担补缴义务，并对其他合伙人承担违约责任。

6. 有限合伙企业登记事项

《合伙企业法》规定，有限合伙企业登记事项中应当载明有限合伙人的姓名或名称及认缴的出资数额。

（三）有限合伙企业事务执行的特殊规定

1. 有限合伙企业事务执行人

《合伙企业法》规定，有限合伙企业由普通合伙人执行合伙事务。执行事务合伙人可以要求在合伙协议中确定执行事务的报酬及报酬提取方式。合伙事务执行人除享有一般合伙人同等的权利外，还有接受其他合伙人的监督和检查、谨慎执行合伙事务的义务，若因自己的过错造成合伙财产损失的，应向合伙企业或其他合伙人负赔偿责任。

2. 禁止有限合伙人执行合伙事务

《合伙企业法》规定，有限合伙人不执行合伙事务，不得对外代表有限合伙企业。有限合伙人的下列行为，不视为执行合伙事务：①参与决定普通合伙人入伙、退伙；②对企业的经营管理提出建议；③参与选择承办有限合伙企业审计业务的会计师事务所；④获取经审计的有限合伙企业财务会计报告；⑤对涉及自身利益的情况，查阅有限合伙企业财务会计账簿等财务资料；⑥在有限合伙企业中的利益受到侵害时，向有责任的合伙人主张权利或者提起诉讼；⑦执行事务合伙人怠于行使权利时，督促其行使权利或者为了本企业的利益以自己的名义提起诉讼；⑧依法为本企业提供担保。

另外，《合伙企业法》规定，第三人有理由相信有限合伙人为普通合伙人并与其交易的，该有限合伙人对该笔交易承担与普通合伙人同样的责任。有限合伙人未经授权以有限合伙企业名义与他人进行交易，给有限合伙企业或者其他合伙人造成损失的，该有限合伙人应当承担赔偿责任。

3. 有限合伙企业利润分配

《合伙企业法》规定，有限合伙企业不得将全部利润分配给部分合伙人；但是，合伙协议另有约定的除外。

4. 有限合伙人的权利

（1）有限合伙人可以同本企业进行交易。《合伙企业法》规定，有限合伙人可以同本有限合伙企业进行交易；但是，合伙协议另有约定的除外。有限合伙协议可以对有限合伙人与有限合伙企业之间的交易进行限定，如果有限合伙协议另有约定，则必须按照约定的要求进行。普通合伙人如果禁止有限合伙人同本有限合伙企业进行交易，应当在合伙协议中作出约定。

（2）有限合伙人可以经营与本企业相竞争的业务。《合伙企业法》规定，有限合伙人可以自营或者同他人合作经营与本有限合伙企业相竞争的业务；但是，合伙协议另有约定的除外。与普通合伙人不同，有限合伙人一般不承担竞业禁止义务。普通合伙人如果禁止有限合伙人自营或者同他人合作经营与本有限合伙企业相竞争的业务，应当在合伙协议中作出约定。

（四）有限合伙企业财产出质与转让的特殊规定

1. 有限合伙人财产份额出质

有限合伙人将在有限合伙企业中的财产份额出质，是指有限合伙人以其在合伙企业中的财产份额对外进行权利质押。《合伙企业法》规定，有限合伙人可以将其在有限合伙企业中的财产份额出质，但是合伙协议另有约定的除外。

2. 有限合伙人财产份额转让

《合伙企业法》规定，有限合伙人可以按照合伙协议的约定向合伙人以外的人转让其在有限合伙企业中的财产份额，但应当提前 30 日通知其他合伙人。

（五）有限合伙人债务清偿的特殊规定

《合伙企业法》规定，有限合伙人的自有财产不足以清偿其与合伙企业无关的债务的，该合伙人可以以其从有限合伙企业中分取的收益用于清偿；债权人也可以依法请求人民法院强制执行该合伙人在有限合伙企业中的财产份额用于清偿。人民法院强制执行有限合伙人的财产份额时，应当通知全体合伙人。在同等条件下，其他合伙人有优先购买权。

（六）有限合伙企业入伙与退伙的特殊规定

1. 入伙

《合伙企业法》规定，新入伙的有限合伙人对入伙前有限合伙企业的债务，以其认缴的出资额为限承担责任。而在普通合伙企业中，新入伙的合伙人对入伙前合伙企业的债务承担连带责任。

2. 退伙

（1）有限合伙人当然退伙。《合伙企业法》规定，有限合伙人出现下列情形之一时当然退伙：①作为有限合伙人的自然人死亡或者被依法宣告死亡；②作为有限合伙人的法人或者其他组织依法被吊销营业执照、责令关闭、撤销，或者被宣告破产；③法律规定或者合伙协议约定有限合伙人必须具有相关资格而丧失该资格；④有限合伙人在合伙企业中的全部财产份额被人民法院强制执行。

（2）有限合伙人丧失民事行为能力的处理。《合伙企业法》规定，作为有限合伙人的自然人在有限合伙企业存续期间丧失民事行为能力的，其他合伙人不得因此要求其退伙。

（3）有限合伙人继承人的权利。《合伙企业法》规定，作为有限合伙人的自然人死亡、被依法宣告死亡或者作为有限合伙人的法人及其他组织终止时，其继承人或者权利承受人可以依法取得该有限合伙人在有限合伙企业中的资格。

（4）有限合伙人退伙后的责任承担。《合伙企业法》规定，有限合伙人退伙后，对基于其退伙前的原因发生的有限合伙企业债务，以其退伙时从有限合伙企业中取回的财产承担责任。

（七）合伙人性质转变的特殊规定

《合伙企业法》规定，除合伙协议另有约定外，普通合伙人转变为有限合伙人，或者有限合伙人转变为普通合伙人，应当经全体合伙人一致同意。有限合伙人转变为普通合伙人的，对其作为有限合伙人期间有限合伙企业发生的债务承担无限连带责任。普通合伙人转变为有限合伙人的，对其作为普通合伙人期间合伙企业发生的债务承担无限连带责任。

四、合伙企业解散和清算

（一）合伙企业解散

合伙企业解散，是指各合伙人解除合伙协议，合伙企业终止活动。根据《合伙企业法》的规定，合伙企业有下列情形之一的，应当解散：①合伙期限届满，合伙人决定不再经营；②合伙协议约定的解散事由出现；③全体合伙人决定解散；④合伙人已不具备法定人数满30天；⑤合伙协议约定的合伙目的已经实现或者无法实现；⑥依法被吊销营业执照、责令关闭或者被撤销；⑦法律、行政法规规定的其他原因。

（二）合伙企业清算

合伙企业解散的，应当进行清算。《合伙企业法》对合伙企业清算作了以下几方面的规定。

1. 确定清算人

合伙企业解散，应当由清算人进行清算。清算人由全体合伙人担任；经全体合伙人过半数同意，可以自合伙企业解散事由出现后15日内指定一个或者数个合伙人，或者委托第三人，担任清算人。自合伙企业解散事由出现之日起15日内未确定清算人的，合伙人或者其他利害关系人可以申请人民法院指定清算人。

清算人在清算期间执行下列事务：①清理合伙企业财产，分别编制资产负债表和财产清单；②处理与清算有关的合伙企业未了结事务；③清缴所欠税款；④清理债权、债务；⑤处理合伙企业清偿债务后的剩余财产；⑥代表合伙企业参加诉讼或者仲裁活动。

2. 通知和公告债权人

清算人自被确定之日起10日内将合伙企业解散事项通知债权人，并于60日内在报纸上公告。债权人应当自接到通知书之日起30日内，未接到通知书的自公告之日起45日内，向清算人申报债权。债权人申报债权时，应当说明债权的有关事项，并提供证明材料。清算人应当对债权进行登记。清算期间，合伙企业存续，但不得开展与清算无关的经营活动。

3. 财产清偿

合伙企业财产在支付清算费用后，按下列顺序清偿：①合伙企业所欠招用的职工工资、社会保险费用和法定补偿金；②合伙企业所欠税款；③合伙企业的债务；④返还合伙人的出资。

合伙企业财产按上述顺序清偿后仍有剩余的，按合伙协议约定的利润分配比例进行分配；合伙协议未约定利润分配比例的，由合伙人平均分配。合伙企业清算时，其全部财产不足清偿其债务的，由其合伙人以个人的财产，按照合伙协议约定的比例承担清偿责任；合伙协议未约定比例的，平均承担清偿责任。

4. 注销登记

清算结束，清算人应当编制清算报告，经全体合伙人签名、盖章后，在15日内向企业登记机关报送清算报告，申请办理合伙企业注销登记。合伙企业注销后，原普通合伙人对合伙企业存续期间的债务仍应承担无限连带责任。

5. 合伙企业不能清偿到期债务的处理

合伙企业不能清偿到期债务的，债权人可以依法向人民法院提出破产清算申请，也可以要求普通合伙人清偿。合伙企业依法被宣告破产的，普通合伙人对合伙企业债务仍应承担无限连带责任。

智慧助学　　同步测试

思考与探索

1. 个人独资企业的债务应该如何清偿？
2. 合伙企业应如何分配利润、分担亏损？
3. 如何理解普通合伙企业财产的构成、性质及转让？

法务实训

案例一：姬某出资 15 万元成立了一家汽车配件经销店，企业性质为个人独资企业。1 年后，姬某委托妻弟花某管理该店，自己整日沉迷于上网。几个月后，债权人相继找上门来，要求姬某归还欠债。由于姬某管理不善，该经销店财产已所剩无几。姬某宣称自己没有能力还债。债权人将其告上法庭，要求用姬某和花某的家庭共有财产抵偿债款。经法院查明，姬某在设立登记时并没有明确是以家庭共有财产出资的。

请问：

1. 姬某能否委托其妻弟花某经营管理其个人独资企业？为什么？
2. 对该企业所欠债款，法院应否支持债权人用姬某和花某的家庭共有财产抵偿债款的要求？为什么？姬某和花某各自应承担什么责任？

案例二：甲、乙、丙、丁四位合伙人签订书面协议，共同出资设立某普通合伙企业，合伙协议未约定利润分配比例，共同推举甲为合伙企业的事务执行人，对外代表合伙企业，丁为合伙企业的会计。同时协议还规定，甲代表合伙企业对外签订的合同总标的超过 100 万元的，均先由全体合伙人一致同意方可实行。

企业经营一段时间后，丙将持有的合伙企业财产份额的一部分转让给乙，并通知其他合伙人；将另一部分转让给 A，并经其他合伙人一致同意。

甲代表合伙企业与 B 公司签订一份价值 200 万元的供货合同。由 B 公司预付 30 万元的定金，合伙企业收到定金后 1 个月内发出全部货物。合同实际履行时，B 公司按期支付 30 万元的定金，但合伙企业一直未能供货，合同手续齐全，过程合法。

B 公司经过了解，发现合伙企业会计记录掩盖了严重亏损、无力履行合同的事实，从而引起纠纷，并出现以下分歧性意见。①乙认为甲与 B 公司签订合同违反了合伙企业内部的规定，该合同无效，故合伙企业不承担违约责任。②甲认为本企业不具备独立法人资格，会计记录真实与否无关紧要。③A 认为该项合同是在自己入伙之前签订的，一切损失与自己无关。④丁认为丙在向乙转让合伙企业的财产份额时，未经其他合伙人同意，合伙企业的所有损失应由丙一人承担。⑤B 公司认为因为合伙企业违约给自己造成损失 45 万元，合伙企业除应向 B 公司双倍返还定金外，还应支付赔偿金 45 万元。

请问：以上分歧性意见是否正确？请说明理由。

案例三：甲公民、乙企业、丙公司、丁公民、戊公民五位合伙人共同出资成立有限合伙企业，签订合伙协议如下。①五位合伙人中，甲以货币出资 10 万元，乙以商标权出资 8 万元，丙以厂房使用权作价出资 6 万元，丁和戊为有限合伙人，丁以专利技术和劳务出资，作价 3 万元，戊以提供配料秘方出资，作价 3 万元。②确定甲为合伙企业事务的执行人，并规定甲对外代表合伙企业签订合同时，凡是标的超过 4 万元的，均应经全体合伙人一致同意。③合伙企业名称为"珠峰户外用品销售公司"。在进行注册时，市场监督管理局指出协议有违法之处，经整改后，企业成立。该合伙企业成立经营一段时间后，乙提出将其持有的合伙企业的全部财产份额转让给杨某，经全体合伙人同意，并在如实告知企业财务状况和经营情况的条件下杨某入伙。杨某入伙前该企业资产总额 10 万元，负债总额 5 万元。杨某入伙后，企业又经营了一年，亏损严重，决定清算。清算前企业总资产 12 万元，新发生的负债为 15 万元。总资产中含对刘某的债权 2 万元。

在清算偿债过程中，出现以下争议：①甲认为自己欠刘某 2 万元，刘某欠合伙企业 2 万元，彼此可以相互抵销；②丙认为合伙企业全部负债中，欠宋某的 4 万元是因为甲违反合伙协议规定，私自签订合同标的为 60 万元的合同而形成的，虽然宋某不知道合伙企业的内部限制性规定，但甲的行为属于超越权限，该债务应由甲个人承担，与合伙企业无关；③乙认为自己已经退伙，不再承担任何责任和义务；④丁认为甲是合伙事务执行人，且出资额最大，合伙企业资产不足以偿还债务所形成的差额部分应由甲个人承担，与其他合伙人无关；⑤杨某认为自己入伙时与乙签有个人协议，自己只对入伙后的债务承担责任，对其入伙前合伙企业的债务不承担责任。

请问：

1. 合伙协议有哪些违法之处？

2. 合伙企业清算时，各位合伙人的观点是否正确？请根据所学知识分析说明。

3. 若甲个人偿还了合伙企业资产不足抵债的差额部分后，还能否向其他合伙人追索多偿还的部分？为什么？

第三章
公司法律制度

引例

目标与方法

课前测试

2021 年 4 月,原告某粮油公司与被告喜洋洋食品有限公司(以下简称"喜洋洋")发生了一笔果冻购销生意,后喜洋洋拖欠粮油公司 52 万元货款。喜洋洋的理由是公司已停止生产经营,无力偿还各项债务。后来,该粮油公司发现喜洋洋系外商投资企业,于 2010 年由谢某投资成立,法定代表人为谢某;永昌荣食品有限公司(以下简称"永昌荣")也系外商投资企业,于 2011 年 11 月由谢某投资成立,法定代表人也是谢某;这两家公司的经营地址、电话号码、组织机构、从业人员完全相同。粮油公司认为,谢某掏空喜洋洋,将财产转移到永昌荣,以此逃避债务。为此,该粮油公司将谢某、喜洋洋、永昌荣告上法庭,要求三被告共同偿还 52 万元货款及利息。

经审理后查明:永昌荣设立至今,从未实际开展生产经营活动,也无机器设备,名下的土地、厂房及两辆汽车均由喜洋洋无偿使用,日常费用则由喜洋洋支付。两公司的财务账目虽分别立册记账,但均由喜洋洋的会计人员负责制作,且永昌荣本身从未给员工发放过工资。这两家公司的唯一投资者谢某在经营期间也挪用、侵占喜洋洋的财产至少 72 万元,这部分财产全部作为谢某个人对债务的清偿和对交通肇事的赔偿。

【提问】假如你是法官,该如何处理本案?

【点评】本案中,有确凿的事实和理由认定谢某滥用其控制权,操纵并利用关联公司(永昌荣与喜洋洋)之间的财产转移来逃避债务,挪用公司资产归个人使用,致使公司与其个人之间财务、财产均发生混同。根据《公司法》的规定,应当对喜洋洋适用公司法人格否认制度,责令谢某和永昌荣承担连带责任。

第一节 公司及公司法概述

一、公司的概念和特征

《公司法》第三条规定,公司是具有独立的法人财产,享有法人财产权,并以其全部财产对其债务承担责任的企业法人。《公司法》中所称的公司仅指依照《公司法》在我国境内设立的有限责任公司和股份有限公司。公司具有以下特征。

第一,依法设立。公司成立的直接依据是法律,而不是合同;公司的成立必须符合法律规定的条件;公司的成立应依照法定程序。

第二,具有独立的法人财产,享有法人财产权。公司的财产来源于股东投资,但股东投资后对投资财产原则上不享有所有权，而只享有股权。但国家投资形成的电力设施、电信设施、铁路等基础设施，依照《民法典》第二百五十四条的规定，国家享有其所有权。因此，公司的财产虽然是股东投资聚合而成的，但独立于股东的财产，公司对该财产享有财产权。股东一旦投资完成，其投入公司的财产的所有权就转移给公司，故公司对该财产享有独立的财产权。例如，甲对 A 公司投资 50 万元后，甲就不对该 50 万元享有所有权，该 50 万元的财产所有权就由 A 公司享有，甲只对 A 公司享有 50 万元的股权。

第三，以其全部财产对其债务承担责任。公司以营利为目的，作为独立的营业主体，其必然对外发生债务，对于公司债务，公司应以其全部财产承担责任。无论是有限责任公司还是股份有限公司的股东，都不是公司债务的债务人，他们对公司债务不承担责任。例如 B 公司有甲、乙、丙三名股东，B 公司负债 500 万元，但 B 公司只有 400 万元的财产，B 公司也仅以 400 万元承担责任，甲、乙、丙三名股东不承担责任。

《公司法》第二十条第三款规定，公司股东滥用公司法人独立地位和股东有限责任，逃避债务，严重损害公司债权人利益的，应当对公司债务承担连带责任。此处提及的滥用行为，实践中常见的情形有人格混同、过度支配与控制、资本显著不足等。实践中，是否适用公司法人格否认制度应基于查明的案件事实进行综合判断，依法审慎适用。

知识拓展

公司人格否认的
法律适用

第四，公司是企业法人。依照《民法典》的规定，我国法人可分为营利法人、非营利法人和特别法人。公司作为营利法人，以营利为目的，连续不断地从事经营活动并将营利所得依法分配给其股东。

二、公司的分类

（一）公司的学理分类

（1）根据股东所承担的民事责任形式，公司可分为无限公司、两合公司、股份有限公司、股份两合公司、有限责任公司。无限公司，又称无限责任公司，指全体股东对公司债务承担无限责任的公司。大陆法系国家承认此种公司形式；英美法系国家不承认其为公司，视其为合伙。两合公司，指一部分股东对公司债务承担无限责任，另一部分股东对公司债务承担有限责任的公司。股份有限公司，指将全部资本分为等额股份，股东以其认购股份对公司承担责任，公司以其全部财产对公司债务承担责任的公司，如北京王府井百货（集团）股份有限公司。股份两合公司，指两合公司中负有限责任的股东依照股份形式认购股份的公司。有限责任公司，指股东以其认缴的投资额为限对公司承担责任，公司以其全部财产对其债务承担责任的公司，如神华集团有限责任公司。

（2）根据公司的信用基础，公司可分为人合公司、资本组合公司（以下简称"资合公司"）和人合兼资合公司。人合公司，指以股东个人信用为基础的公司。无限公司是典型的人合公司。资合公司，指以股东的投资额为基础的公司。股份有限公司是典型的资合公司。人合兼资合公司，指同时具有个人信用和资本信用的公司，如两合公司。

（3）根据公司的控制和依附关系，公司可分为母公司和子公司。母公司是指通过持有其他公司的股份而能实际控制其他公司经营活动的公司。子公司是指其一定比例的股份被其他公司持有，经营活动受其他公司控制的公司。子公司是独立的企业法人，如华润置地有限公司是华润（集团）有限公司在香港上市的地产子公司。

（4）根据公司的组织系统，公司可分为总公司和分公司。总公司，指依法首先设立或同时设立，并管辖全部组织系统的公司。分公司，指总公司的分支机构，不具有企业法人资格，如中国人寿保险股份有限公司深圳分公司。

（5）根据公司的国籍，公司可分为本国公司、外国公司和跨国公司。本国公司，指具有本国国籍，依照本国法享有权利、履行义务的公司。外国公司，指依外国法设立，不具有本国国籍的公司。跨国公司，指具有两个以上国籍，由分布在不同国家的实体组成的公司。

（6）根据公司股票能否公开转让，公司可分为封闭式公司和开放式公司。封闭式公司，指公司股票不能在交易所挂牌，不能在股票市场上自由转让的公司。开放式公司，指公司股票可以在交易所挂牌公开交易的公司。

（二）《公司法》中的分类

《公司法》中的公司仅指有限责任公司和股份有限公司。其中，有限责任公司还包括一人有限责任公司和国有独资公司。

三、公司法的概念和特征

公司法是调整公司的组织和行为及其他对内对外法律关系的法律规范的总称。公司法具有以下特征。

第一，公司法是组织法与行为法的结合。作为组织法，公司法规定了公司的设立、变更和终止，公司章程，公司内部机构的设立及其权利义务，公司与股东之间的关系及股东与股东之间的关系，公司的人格权等。作为行为法，公司法规定了公司股票的发行和交易、债券的发行和转让等内容。公司的买卖、租赁等行为不由公司法调整。

第二，公司法是强行法与任意法的结合。公司法规范中，既有强制性规范，又有任意性规范。对于涉及债权人利益的规范，主要是强制性规范。例如，公司的设立，公司章程条款，股票、债券的发行，以及公司的合并、分立、解散和法律责任等规定，呈现出强制性规范的特征，当事人不得任意变更。对于公司内部关系的规范，主要是任意性规范。

第三，公司法是兼具程序法律内容的实体法。公司法属于实体法，但是包含了大量程序法内容。公司法中关于公司设立的条件、公司资本制度、公司组织结构及其职权、股东权利义务属于实体法规范。而关于公司设立的程序、公司组织机构行使职权的方式，以及公司变更、清算、解散的程序属于程序法规范。

素养拓展

公司是重要的市场主体，在公司法律制度不断完善的过程中，公司的各项经营活动日益合规。在此进程中，公司的经营管理人员应秉持法治理念、恪守商业伦理道德、遵守社会公德、奉行诚实守信，自觉践行社会主义核心价值观，在商业创新实践中实现经济效益、社会效益的和谐统一。

四、公司的设立与成立

（一）公司的设立

公司的设立是指公司依法取得法人资格的全部活动的总称。

公司的设立行为主要有：订立发起人协议，订立公司章程，选举董事、监事，申请设立登记，募集股份，投资，认股，缴纳股款，召开公司创立大会，申请设立登记。公司设立的程序主要是：确立公司股东或发起人，订立公司章程，股东或发起人认缴或履行投资，建立公司机关，办理设立登记。

（二）公司的成立

公司的成立是指公司设立后产生的法律效果。公司的成立日期是营业执照签发日期。公司的成立在历史上经历了自由主义、特许主义、核准主义和登记主义。《公司法》将登记主义作为公司成立的原则。

五、公司的名称和住所

（一）公司的名称

公司名称是表示公司性质或特点并与其他公司相区别的标志。根据《公司法》和《企业名称登记管理规定》及实施办法，我国的公司名称由以下部分组成。

（1）公司类别。《公司法》第八条规定，公司名称中应标明"有限责任公司"或"股份有限公司"字样。

（2）公司注册机关所在地的行政区划。例如在某市市场监督管理局注册，其名称中应包含"××市"，但经国家市场监督管理总局核准，下列公司的名称可以不冠以公司注册机关所在地的行政区划：①历史悠久、字号驰名的公司；②外商投资的有限责任公司；③可以申请在企业名称中使用"中国""中华""国际"字样的全国性公司等。

（3）公司所属行业或经营特点，如"××化工××公司"。

（4）字号，即公司相互区别的文字符号，如"同仁堂"就属字号。

例如，"北京兆维科技股份有限公司"是一个完整的公司名称。其中，公司类别是股份有限公司，行政区划是北京，公司所属行业是科技产业，字号是"兆维"。

（二）公司的住所

依照《公司法》第十条的规定，公司的住所是其主要办事机构所在地。公司住所是公司注册登记的事项之一。确定公司住所的主要法律意义如下。

（1）在民事诉讼中，可根据住所地确定地域管辖，并作为确定文书送达的住所。

（2）住所可作为确定债务履行地的依据。

（3）住所是确定公司行政管辖机关的依据。

六、公司章程

公司章程是规定公司的组织和行为的基本规则的重要文件，是由公司股东或发起人依法制定的。公司章程的记载事项如下。

第一，绝对必要事项，即每个公司章程都必须记载的事项，如公司名称、营业范围、资本总额、公司所在地等。对于绝对必要事项，缺少任何一项记载都不合法，都会导致章程无效，而章程无效，会导致公司设立无效。

第二，相对必要事项，是指法律列举但由公司章程制定人选择记载于章程的事项。公司章程未记载该事项不影响章程的效力。例如记载某一事项违法，也仅导致该事项无效。

第三，任意记载事项，是指法律并未规定但与公司营业有关，公司发起人决定将其记载于章程的事项。一旦记载，该事项发生效力。例如记载违法，仅该事项无效，不导致章程无效。

公司章程应公开，公司章程的变更不得违反公司设立目的，必须经全体股东同意或者形成股东（大）会决议。公司章程变更后，必须及时办理变更登记手续；否则不得对抗善意第三人，同时，公司负责人应受处罚。

七、公司的合并与分立

（一）公司的合并

1. 合并的形式

公司合并包括新设合并和吸收合并。新设合并是指两个或两个以上的公司合并成一个新公司，参加合并的公司消灭。例如，甲、乙两公司合并成丙公司，甲、乙公司消灭。吸收合并是指两个或两个以上的公司合并，其中一个公司继续存在，其他公司均消灭。例如，甲、乙、丙三个公司合并，其中甲公司存在，乙、丙公司消灭。

2. 合并的程序

（1）合并各方协商一致，订立合并协议，编制资产负债表及财产清单。

（2）股东会决议。根据《公司法》第四十三条和第一百零三条的规定，有限责任公司的合并必须经代表 2/3 以上表决权的股东通过；股份有限责任公司的合并必须经出席会议的股东所持表决权的 2/3 以上通过。

（3）通知。根据《公司法》第一百七十三条的规定，公司应当自作出合并决议之日起 10 日内通知债权人，并于 30 日内在报纸上公告。债权人自接到通知书之日起 30 日内，未接到通知书的自公告之日起 45 日内，可以要求公司清偿债务或者提供相应的担保。

（4）注册登记。对于吸收合并，存续公司应办理变更登记，被吸收公司应办理注销登记；对于新设合并，合并后的新公司应办理设立登记，合并各方应办理注销登记。

3. 合并的法律后果

公司合并后，原公司的股东可以继续成为合并后的公司股东；原公司的债权债务由合并后的公司概括承受。

（二）公司的分立

1. 分立的形式

公司的分立主要有派生分立和新设分立。派生分立是指公司将一部分财产分离出去，设立一个或多个新公司，如甲公司中分离出乙公司，甲公司仍得以存续。新设分立是指公司将其财产全部分割，分别设立两个或两个以上新公司，如甲公司分立成乙公司和丙公司，甲公司消灭。

2. 分立的程序

根据《公司法》的规定，公司分立，其财产应作相应分割，分立时应编制资产负债表及财产清单。公司应自股东会作出分立决议之日起 10 日内通知债权人，并于 30 日内在报纸上公告。

3. 分立的法律效果

公司分立前的债务由分立后的公司承担连带责任。但是，公司分立前与债权人就债务清偿达成的书面协议另有约定的除外。例如，甲公司对丁公司负有 500 万元债务，甲公司分立成乙公司和丙公司，甲公司消灭，则乙公司和丙公司对丁公司的 500 万元债务承担连带责任；如果丁公司与乙公司和丙公司达成分别还款 200 万元和 300 万元的协议，则乙公司和丙公司分别承担 200 万元和 300 万元的债务，不承担连带责任。

八、公司的资本与资产

公司的资本包括实缴资本、注册资本、授权资本和发行资本。实缴资本是指公司股东向公司已经实际缴纳的资本，包括现金及其他财产。注册资本是指在公司登记成立时填报的财产总额。授权资本是指公司根据公司章程授权可以募集的全部资本，它不需要在公司成立时募足，股东可以在公司成立后分期缴纳。发行资本是公司发行的股份总额，是每股发行价与股份总数的乘积。

为了使公司拥有、维持其从事生产经营活动所必要的资本，公司法有一系列相关规定，学理上称为公司资本"三原则"，即资本确定原则、资本维持原则和资本不变原则。资本确定原则，又称法定资本制，是指在公司设立时，必须在章程中确定资本总额，且应认足或募足，甚至缴足，其目的是使公司成立有相当的财产基础。有限责任公司和发起设立的股份有限公司应采用分期缴付的法定资本制，但募集设立的股份有限公司仍要求于设立登记时一次缴清注册资本。资本维持原则是指公司成立后应当维持与其注册资本相当的资产，以保护债权人的利益和交易安全。例如，《公司法》第三十五条规定，公司成立后，股东不得抽逃出资。资本不变原则是指公司资本总额非经法定程序，不得任意减少或增加，以维护股东和债权人的利益。例如，《公司法》第四十三条和第一百零三条规定，增加或减少注册资本属于股东（大）会特别决议事项，必须经有限责任公司代表 2/3 以上表决权股东通过，或者必须经股份有限公司出席股东大会的股东所持表决权的 2/3 以上通过。

公司资产是公司拥有的全部财产，包括拥有的物权、无形财产权和债权。

九、公司债券

公司债券，是指公司依照法定程序发行，约定在一定期限还本付息的有价证券。

第一，以债券上是否记载持有人的姓名为标准，债券可分为记名债券与无记名债券。记名债券是指其上记载持有人姓名的债券；无记名债券是指其上不记载持有人姓名的债券。前者通过背书发生转让的效力，转让后通过办理过户手续发生对抗公司的效力；后者只要交付就发生转让的效力。

第二，以有无担保为标准，债券可分为有担保公司债券与无担保公司债券。有担保是指公司发行公司债券时，以其财产为抵押物；无担保是指公司以信用作为其清偿债务的保证。

第三，以债权能否转化为股权为标准，债券可分为可转换公司债券与非转换公司债券。可转换公司债券是指债权可以转化为股权的债券，即公司债券的债权人有权在公司发行新股和其他特定情况下选择将债券转换为公司的股份；非转换公司债券是指债权不能转化为股权的债券。

公司债券与公司债是两个既有联系又有区别的概念。一般认为，公司债是指公司通过发行债券或签订贷款合同的方式与非特定人或特定人之间所成立的一种金钱债务关系。公司债是公司必不可少的资金来源之一。公司债的形式主要分为银行贷款和公司债券两种。

公司债券与公司股票的不同是：①公司债券只能在公司成立后发行，而公司股票在公司成立前和成立后均可发行；②公司债券到期应还本付息，公司股票不存在还本付息的问题；③公司解散时，公司债券持有人一般有优于公司股东的权利。

十、公司董事、监事、高级管理人员的任职资格和义务

（一）董事、监事和高级管理人员的任职资格

依据《公司法》第一百四十六条的规定，有下列情形之一的，不得担任公司的董事、监事、高级管理人员：①无民事行为能力人或者限制民事行为能力人；②因贪污、贿赂、侵占财产、挪用财产或者破坏社会主义市场经济秩序，被判处刑罚，执行期满未逾5年，或者因犯罪被剥夺政治权利，执行期满未逾5年；③担任破产清算的公司、企业的董事或者厂长、经理，对该公司、企业的破产负有个人责任的，自该公司、企业破产清算完结之日起未逾3年；④担任因违法被吊销营业执照、责令关闭的公司或企业的法定代表人，并负有个人责任的，自该公司、企业被吊销营业执照之日起未逾3年；⑤个人所负数额较大的债务到期未清偿。

公司违反上述规定选举、委派董事、监事或者聘任高级管理人员的，该选举、委派或者聘任无效。董事、监事、高级管理人员在任职期间出现上述情形的，公司应当解除其职务。

此外，根据《公司法》第五十一条和第一百一十七条的规定，公司的董事和高级管理人员不得兼任监事。

（二）董事、监事、高级管理人员的义务

（1）忠实义务。忠实义务是指公司的董事、监事、高级管理人员应当忠实履行职责，维护公司利益。其具体要求包括：①不得利用自己的身份不当受益，如不得侵占公司财产、接受贿赂或者将他人与公司交易的佣金据为己有；②不得擅自利用或处置公司财产，如不得将公司资金以个人名义存储，未经股东会或董事会同意，不得用公司财产为他人提供担保；③自我交易的规制，如不得未经股东会同意或违反公司章程，与本公司签订合同或进行交易；④与公司间不正当竞争的规制，如不得非法谋取属于公司的商业机会或者利用职务便利为他人或自己抢占、争夺属于公司的商业机会；⑤不得泄露公司秘密。董事、监事、高级管理人员违反忠实义务所得应当归公司所有。

（2）勤勉义务。勤勉义务是指公司董事、监事、高级管理人员履行职责时，应尽与自己职责相当的合理注意义务，善意、谨慎地处理事务。

十一、股东诉讼

公司股东针对侵害自己或公司利益的行为，依法享有提起诉讼的权利。股东可通过股东直接诉讼和股东代表诉讼来维护合法权益。

股东直接诉讼，是指股东对董事、高级管理人员损害股东利益行为提起的诉讼。根据《公司法》第一百五十二条的规定，董事、高级管理人员违反法律、行政法规或者公司章程的规定，损害股东利益的，股东可以依法向人民法院提起诉讼。

股东代表诉讼（又称股东派生诉讼，也称股东间接诉讼），是指当公司的合法权益受到不法侵害而公司不能或怠于起诉时，符合法定条件的本公司股东为了公司的利益，依法以自己的名义代表公司直接向人民法院提起诉讼（请求违法行为人赔偿公司损失）的一种法律制度。股东代表诉讼的目的是保护公司利益和股东的共同利益，而不仅仅是个别股东的利益。

《公司法》第一百五十一条和《中华人民共和国证券法》（以下简称《证券法》）第四十四条、第九十四条规定了股东代表诉讼制度，并对股东代表诉讼的主体、提起诉讼的理由、诉讼前置程序及其例外等作了规定。

法条链接

《公司法》《证券法》有关股东代表诉讼的规定

课堂讨论 3-1

> A 公司主要经营低温液体储运、气体分离等设备。许某是 A 公司的董事，自 2020 年 1 月起，许某尚在任职期间，其另行申请设立了 B 公司，该公司的经营范围与 A 公司基本相同。同时，许某利用 A 公司的业务渠道和技术资料从事与该公司同类的业务活动，造成 A 公司约 54 万元人民币的经济损失。A 公司遂向人民法院提起诉讼，请求许某停止违法经营活动，返还违法经营所得，并赔偿损失。
>
> 请问：人民法院是否会支持 A 公司的请求？

十二、公司职工权益保障及其参与民主管理

（一）职工的劳动与社会保障权利

《公司法》第十七条规定，公司必须保护职工的合法权益，依法与职工签订劳动合同，参加社会保险，加强劳动保护，实现安全生产。

（二）职工依法组织工会的权利

《公司法》第十八条规定，公司职工依照《中华人民共和国工会法》组织工会，开展工会活动，维护职工合法权益。公司应当为本公司工会提供必要的活动条件。公司工会代表职工就职工的劳动报酬、工作时间、福利、保险和劳动安全等事项依法与公司签订集体合同。公司违反集体合同，侵犯职工劳动权益的，工会可依法要求公司承担责任；因履行集体合同发生争议，工会可向劳动仲裁机构提请仲裁，对仲裁不服的，可以向人民法院提起诉讼。

（三）职工参与公司民主管理的权利

《公司法》第十八条规定，公司依照宪法和有关法律的规定，通过职工代表大会或者其他形式，实行民主管理。职工代表大会虽然不是公司的权力机关，但是它是公司职工参与民主管理的有效形式之一。此外，《公司法》还规定了职工参与民主管理的其他形式：①国有独资公司董事会成员中应当有职工代表，有限责任公司和股份有限公司的董事会成员中可以有职工代表；②国有独资公司、有限责任公司和股份有限公司的监事会中职工代表的比例不得低于 1/3，具体比例由公司章程规定。

十三、公司的解散与清算

（一）公司的解散

公司的解散是指已成立的公司因法定原因丧失营业能力，停止业务活动，开始处理未结业务。依照《公司法》第一百八十条的规定，公司解散的原因有：①公司章程规定的营业期限届满或者公司章程规定的其他解散事由出现；②股东会或者股东大会决议解散；③因公司合并或分立需要解散；④依法被吊销营业执照、责令关闭或者被撤销；⑤公司经营管理发生严重困难，继续存续会使股东利益受到重大损失，通过其他途径不能解决的，持有公司全部股东表决权 10% 以上的股东，可以请求人民法院解散公司。

应该注意的是，公司的解散并非公司法人资格的消失。公司解散的清算期间，公司仍有法人资格，但只能进行与公司清算相关的活动。

（二）公司的清算

1. 公司清算的概念

公司清算是指公司解散后，处理公司未结事务，使公司法人资格消灭的程序。

2. 公司清算的种类

公司的清算可分为破产程序清算和非破产程序清算。在公司财产不足以清偿全部债务时，由债权人或债务人申请进入破产还债程序进行清算并终止公司法人资格的，为破产程序清算。破产程序清算适用《企业破产法》的规定。非破产程序清算是指公司财产能够抵偿其债务时，通过非破产清算程序终止公司法人资格。非破产程序清算适用《公司法》的规定。

3. 清算组的组成

在非破产程序清算中，根据《公司法》第一百八十三条的规定，有限责任公司的清算组由股东组成，股份有限公司的清算组由董事或股东大会确定的人员组成。逾期不成立清算组进行清算的，债权人可以申请人民法院指定有关人员组成清算组进行清算。

4. 清算组的职权

根据《公司法》第一百八十四条的规定，清算组的职权有：①清理公司财产，分别编制资产负债表和财产清单；②通知、公告债权人；③处理与清算有关的公司未了结的业务；④清缴所欠税款以及清算过程中产生的税款；⑤清理债权、债务；⑥处理公司清偿债务后的剩余财产；⑦代表公司参与民事诉讼活动。

5. 清算的程序

清算的程序如下。①依法选任清算组成员。清算组应当自成立之日起 10 日内将清算组成员、清算组负责人名单向公司登记机关备案。②通知和公告债权人。清算组应当自成立之日起 10 日内通知债权人，并于 60 日内在报纸上公告。债权人应当自接到通知书之日起 30 日内，未接到通知书的自公告之日起 45 日内，向清算组申报其债权。③制定清算方案并报股东（大）会或者人民法院确认。清算组在清理公司财产、编制资产负债表和财产清单后，应当制定清算方案。清算组制定的清算方案，有限责任公司应当报股东会确认，股份有限公司应当报股东大会确认，国有独资公司应当报国有资产监督管理机构确认。人民法院组织清算组清算的，应当报人民法院确认。④清偿债务。清算方案得到确认后，清算组应当以公司财产分别支付清算费用、职工工资、社会保险费用和法定补偿金，缴纳所欠税款，清偿公司债务。⑤向股东分配剩余财产。公司清偿债务后的剩余财产，有限责任公司按股东出资比例分配，股份有限公司按股东持有的股份比例分配。⑥清算终结。清算结束后，清算组应当制作清算报告，报股东（大）会或者人民法院确认，并报送公司登记机关，申请注销登记，公告公司终止。

第二节　有限责任公司

一、有限责任公司的设立

根据《公司法》的规定，设立有限责任公司，应当具备下列五个条件。

1. 股东符合法定人数和法定资格

《公司法》规定，有限责任公司由 50 个以下股东出资设立，允许一个法人或一个自然人投资设立一人有限责任公司，或者由国务院或地方人民政府授权的投资机构设立国有独资公司。此外，股东还应具备相应的身份和资格。

（1）有限责任公司的自然人股东。自然人股东原则上应具有完全民事行为能力，但在发生继承的情况下，无民事行为能力人和限制民事行为人也可成为有限责任公司股东。

（2）有限责任公司的法人和其他机构股东。除法律明文禁止的党政机关外，企业、事业单位、社会团体、经授权的国家机关，原则上都可以投资设立有限责任公司。

（3）有限责任公司的国有股东。国有资产投资于有限责任公司，须由具体的国有单位作为股东或出资人，同时，对该国有资产拥有管辖权的政府部门（如国务院国有资产监督管理委员会）要依法履行监督职能。

2. 有符合公司章程规定的全体股东认缴的出资额

（1）出资数额。《公司法》规定，法律、行政法规以及国务院决定对有限责任公司注册资本实缴、注册资本最低限额另有规定的，从其规定。

（2）出资方式。股东可以用货币出资，也可以用实物、知识产权、土地使用权等用货币估价并依法转让的非货币财产作价出资；但是，法律、行政法规规定不得作为出资的财产除外。

对作为出资的非货币财产应当评估作价，核实财产，不得高估或者低估作价。法律、行政法规对评估作价有规定的，从其规定。

（3）出资证明。股东缴纳出资后，公司应当签发证明股东已经缴纳出资的证明书（其正式签发应在公司成立之后），其应载明公司名称、公司成立日期、公司注册资本、股东姓名或名称、股东缴纳的出资额和出资日期、出资证明书编号和核发日期。

3. 股东共同制定公司章程

有限责任公司的章程必须经全体股东共同制定，并签名盖章。一人有限责任公司章程由股东制定并签名盖章。国有独资公司章程由国有资产管理机构制定，或者由董事会制定并报国有资产管理机构批准。

《公司法》规定，有限责任公司章程应当载明下列事项：①公司名称和住所；②公司经营范围；③公司注册资本；④股东的姓名或者名称；⑤股东的出资方式、出资额和出资时间；⑥公司的机构及其产生办法、职权、议事规则；⑦公司法定代表人；⑧股东会会议认为需要规定的其他事项。

公司章程对公司、股东、董事、监事、高级管理人员具有约束力。

4. 有公司名称，建立符合有限责任公司要求的组织机构

有限责任公司的组织机构包括股东会、董事会、监事会。由于有限责任公司的具体形式、股东人数、经营规模、资本来源不同，法律、法规要求其建立的组织机构也不尽一致。《公司法》规定，有限责任公司股东人数较少或者规模较小的，可以设 1 名执行董事，不设董事会；设 1~2 名监事，不设监事会。一人有限责任公司和国有独资公司，不设股东会。

5. 有公司住所

公司住所为公司主要办事机构所在地。有限责任公司设立时，登记机关要求提供证明公司对其住所享有使用权的文件。

【例3-1】A、B、C 拟共同出资设立一家有限责任公司，并共同制定了公司章程草案。该公司章程草案有关要点如下。公司注册资本总额为 600 万元。各方出资数额、出资方式以及缴付出资的时间分别为：A 出资 180 万元（货币出资 70 万元、计算机软件作价出资 110 万元；首次货币出资 20 万元，其余货币出资和计算机软件出资自公司成立之日起 1 年内缴足）；B 出资 150 万元（机器设备作价出资 100 万元、土地使用权出资 50 万元，自公司成立之日起 6 个月内一次缴足）；C

以货币 270 万元出资，首次货币出资 90 万元，其余出资自公司成立之日起第 2 年缴付 100 万元，第 3 年缴付剩余的 80 万元。

请问：该公司的设立是否合法？为什么？

【解析】根据《公司法》的规定，该公司的设立合法。该公司设立过程中，出资人的首次出资额、出资形式、出资时间均符合《公司法》的要求。

股东应当按期足额缴纳公司章程中规定的各自所认缴的出资额。股东出资缴纳方式随出资形式而定，以货币出资的，应当将货币出资足额存入有限责任公司在银行开设的账户；以非货币财产出资的，应当依法办理其财产权的转移手续。股东不按照规定缴纳出资的，除应当向公司足额缴纳外，还应当向已按期足额缴纳出资的股东承担违约责任。股东缴纳出资后，必须经依法设立的验资机构验资并出具证明。

股东认足公司章程规定的出资后，由全体股东指定的代表或者共同委托的代理人向公司登记机关报送公司登记申请书、公司章程等文件，申请设立登记。公司成立后，股东不得抽逃出资。

有限责任公司成立后，发现作为设立公司出资的非货币财产的实际价额显著低于公司章程所定价额的，应当由交付该出资的股东补足其差额；公司设立时的其他股东承担连带责任。发起人股东的资本充实责任是法定责任，不得以发起人协议的约定、公司章程规定或股东会决议免除。

【例 3-2】A、B、C 共同出资设立一家有限责任公司。其中，公司章程规定 C 以房产出资 30 万元。公司成立后又吸收 D 入股。后查明，C 作为出资的房产仅值 20 万元，C 现有可执行的个人财产 6 万元。下列处理方式中，不符合《公司法》规定的有（　　　）。

A．C 以现有可执行财产补交差额，不足部分由 C 在 3 年内用公司分得的利润予以补足

B．C 以现有可执行财产补交差额，不足部分由 A、B 补足

C．C 以现有可执行财产补交差额，不足部分由 A、B、D 补足

D．C 无须补交差额，A、B、D 都不承担补足出资的连带责任

【解析】根据《公司法》的规定，正确答案为 A、C、D。

有限责任公司成立后，应当向股东签发出资证明书。出资证明书是确认股东出资的凭证，应当载明下列事项：①公司名称；②公司成立日期；③公司注册资本；④股东的姓名或者名称、缴纳的出资额和出资日期；⑤出资证明书的编号和核发日期。出资证明书由公司盖章。

有限责任公司应当置备股东名册。股东名册是公司为记载股东情况及其出资事项而设置的簿册，应记载下列事项：①股东的姓名或者名称及住所；②股东的出资额；③出资证明书编号。记载于股东名册的股东，可以依股东名册主张行使股东权利。

公司应当将股东的姓名或者名称向公司登记机关登记；登记事项发生变更的，应当办理变更登记。股东未经登记或者变更登记的，不得对抗第三人。

《公司法》完善了对股东知情权的规定。股东有权查阅、复制公司章程、股东会会议记录、董事会会议决议、监事会会议决议和财务会计报告。股东可以要求查阅公司会计账簿。股东要求查阅公司会计账簿的，应当向公司提出书面请求，说明目的。公司有合理根据认为股东查阅会计账簿有不正当目的，可能损害公司合法利益的，可以拒绝提供查阅，并应当自股东提出书面请求之日起 15 日内书面答复股东并说明理由。公司拒绝提供查阅的，股东可以请求人民法院要求公司提供查阅。

《公司法》对股东的分红权利及增资时的优先认购权作了调整，更加尊重当事人的意思自由。在一般情况下，股东按照实缴的出资比例分取红利；公司新增资本时，股东有权优先按照实缴的

出资比例认缴出资。但是，全体股东可以约定不按照出资比例分取红利或者不按照出资比例优先认缴出资。

二、组织机构

公司组织机构又称公司机关，是代表公司活动、行使相应职权的自然人或自然人组成的集合体。有限责任公司的组织机构包括股东会、董事会、监事会及高级管理人员，但其设置比股份有限公司灵活，如可依法以执行董事代替董事会，以 1～2 名监事代替监事会。此外，在一人有限责任公司、国有独资公司中的组织机构设置也有所不同。

（一）股东会

有限责任公司股东会由全体股东组成。股东会是公司的权力机构，行使下列职权：①决定公司的经营方针和投资计划；②选举和更换非由职工代表担任的董事、监事，决定有关董事、监事的报酬事项；③审议批准董事会的报告；④审议批准监事会或者监事的报告；⑤审议批准公司的年度财务预算方案、决算方案；⑥审议批准公司的利润分配方案和弥补亏损方案；⑦对公司增加或者减少注册资本作出决议；⑧对发行公司债券作出决议；⑨对公司合并、分立、解散、清算或者变更公司形式作出决议；⑩修改公司章程；⑪公司章程规定的其他职权。对上述事项股东以书面形式一致表示同意的，可以不召开股东会会议，直接作出决定，并由全体股东在决定文件上签名、盖章。

股东会会议分为定期会议和临时会议。定期会议应当按照公司章程的规定按时召开。代表 1/10 以上表决权的股东，1/3 以上的董事，监事会或者不设监事会的公司的监事提议召开临时会议的，应当召开临时会议。

首次股东会会议由出资最多的股东召集和主持，依法行使职权。以后的股东会会议，公司设立董事会的，由董事会召集，董事长主持；董事长不能履行职务或者不履行职务的，由副董事长主持；副董事长不能履行职务或者不履行职务的，由半数以上董事共同推举一名董事主持。公司不设董事会的，股东会会议由执行董事召集和主持。董事会或者执行董事不能履行或者不履行召集股东会会议职责的，由监事会或者不设监事会的公司的监事召集和主持；监事会或者监事不召集和主持的，代表 1/10 以上表决权的股东可以自行召集和主持。

召开股东会会议，应当于会议召开 15 日前通知全体股东，但公司章程另有规定或者全体股东另有约定的除外。股东会应当对所议事项的决定作成会议记录，出席会议的股东应当在会议记录上签名。

股东会会议由股东按照出资比例行使表决权，但公司章程另有规定的除外。股东会的议事方式和表决程序，除《公司法》有规定的外，其余按公司章程执行。股东会会议作出修改公司章程、增加或者减少注册资本的决议，以及公司合并、分立、解散或者变更公司形式的决议，必须经代表 2/3 以上表决权的股东通过。

（二）董事会和高级管理人员

有限责任公司设董事会（依法不设董事会者除外），由 3～13 名董事（必须为奇数）组成。两个以上的国有企业或者两个以上的其他国有投资主体投资设立的有限责任公司，其董事会成员中应当有公司职工代表；其他有限责任公司董事会成员中可以有公司职工代表。董事会中的职工代表由公司职工通过职工代表大会、职工大会或者其他形式民主选举产生。董事会设董事长一人，可以设副董事长。董事长、副董事长的产生办法由公司章程规定。

董事任期由公司章程规定，但每届任期不得超过 3 年。董事任期届满，连选可以连任。董事任期届满未及时改选，或者董事在任期内辞职导致董事会成员低于法定人数的，在改选出的董事就任前，原董事仍应当依照法律、行政法规和公司章程的规定，履行董事职务。

董事会对股东会负责，行使下列职权：①召集股东会会议，并向股东会报告工作；②执行股东会的决议；③决定公司的经营计划和投资方案；④制定公司的年度财务预算方案、决算方案；⑤制定公司的利润分配方案和弥补亏损方案；⑥制定公司增加或者减少注册资本以及发行公司债券的方案；⑦制定公司合并、分立、解散或者变更公司形式的方案；⑧决定公司内部管理机构的设置；⑨决定聘任或者解聘公司经理及其报酬事项，并根据经理的提名决定聘任或者解聘公司副经理、财务负责人及其报酬事项；⑩制定公司的基本管理制度；⑪公司章程规定的其他职权。董事会会议由董事长召集和主持；董事长不能履行职务或者不履行职务的，由副董事长召集和主持；副董事长不能履行职务或者不履行职务的，由半数以上董事共同推举一名董事召集和主持。

董事会的议事方式和表决程序，除《公司法》有规定的外，由公司章程规定。董事会决议的表决，实行一人一票。董事会应当对所议事项的决定作成会议记录，出席会议的董事应当在会议记录上签名。

《公司法》第四十九条规定，有限责任公司可以设经理，由董事会决定聘任或者解聘。据此规定，在有限责任公司中，经理不再是必设机构而成为选设机构。公司章程可以规定不设经理，而设总裁、首席执行官等职务，行使公司的管理职权。《公司法》规定，在公司设经理时，经理对董事会负责，行使下列职权：①主持公司的生产经营管理工作，组织实施董事会决议；②组织实施公司年度经营计划和投资方案；③拟订公司内部管理机构设置方案；④拟订公司的基本管理制度；⑤制定公司的具体规章；⑥提请聘任或者解聘公司副经理、财务负责人；⑦决定聘任或者解聘除应由董事会决定聘任或者解聘以外的负责管理人员；⑧董事会授予的其他职权。经理列席董事会会议。公司章程对经理职权另有规定的，从其规定。

股东人数较少或者规模较小的有限责任公司，可以设一名执行董事，不设董事会。执行董事可以兼任公司经理。执行董事的职权由公司章程规定。

（三）监事会

有限责任公司设监事会，其成员不得少于 3 人。股东人数较少或者规模较小的有限责任公司，可以设 1~2 名监事，不设监事会。监事会应当包括股东代表和适当比例的公司职工代表，其中职工代表的比例不得低于1/3，具体比例由公司章程规定。监事会中的职工代表由公司职工通过职工代表大会、职工大会或者其他形式民主选举产生。监事会设主席一人，由全体监事过半数选举产生。监事会主席召集和主持监事会会议；监事会主席不能履行职务或者不履行职务的，由半数以上监事共同推举一名监事召集和主持监事会会议。董事、高级管理人员不得兼任监事。

监事的任期每届为 3 年。监事任期届满，连选可以连任。监事任期届满未及时改选，或者监事在任期内辞职导致监事会成员低于法定人数的，在改选出的监事就任前，原监事仍应当依照法律、行政法规和公司章程的规定，履行监事职务。

监事会、不设监事会的公司的监事行使下列职权：①检查公司财务；②对董事、高级管理人员执行公司职务的行为进行监督，对违反法律、行政法规、公司章程或者股东会决议的董事、高级管理人员提出罢免的建议；③当董事、高级管理人员的行为损害公司的利益时，要求董事、高级管理人员予以纠正；④提议召开临时股东会会议，在董事会不履行法律规定的召集和主持股东会会议职责时召集和主持股东会会议；⑤向股东会会议提出提案；⑥依照《公司法》第一百五十一条的规定，对董事、高级管理人员提起诉讼；⑦公司章程规定的其他职权。监事可以列席董事会会议，并对董事会决议事项提出质询或者建议。监事会、不设监事会的公司的监事行使职权所必需的费用，由公司承担。

监事会、不设监事会的公司的监事发现公司经营情况异常，可以进行调查；必要时，可以聘请会计师事务所等协助其工作，费用由公司承担。

监事会每年度至少召开一次会议，监事可以提议召开临时监事会会议。监事会的议事方式和表决程序，除《公司法》有规定的外，由公司章程规定。监事会决议应当经半数以上监事通过。监事会应当对所议事项的决定作成会议记录，出席会议的监事应当在会议记录上签名。

三、特殊的有限责任公司

（一）一人有限责任公司的特别规定

所谓一人有限责任公司，是指只有一个自然人股东或者一个法人股东的有限责任公司。为维护债权人等利害关系人的权益，维护社会经济秩序，《公司法》对一人有限责任公司的设立和组织机构作了特殊规定，以加强对其的监管，特殊规定以外的问题，则适用对有限责任公司的一般规定。

《公司法》规定，一个自然人只能投资设立一个一人有限责任公司。该一人有限责任公司不能投资设立新的一人有限责任公司。

一人有限责任公司应当在公司登记中注明自然人独资或者法人独资，并在公司营业执照中载明。一人有限责任公司章程由股东制定。

一人有限责任公司不设股东会。法律规定的股东会职权由股东行使，当股东行使相应职权作出决定时，应当采用书面形式，并由股东签字后置备于公司。一人有限责任公司应当在每一会计年度终了时编制财务会计报告，并经会计师事务所审计。

为防止一人有限责任公司的股东滥用公司法人人格与有限责任制度，将公司财产混同于个人财产，抽逃资产，损害债权人的利益，《公司法》规定，一人有限责任公司的股东不能证明公司财产独立于股东自己财产的，应当对公司债务承担连带责任。

（二）国有独资公司的特别规定

国有独资公司，是指国家单独出资，由国务院或者地方人民政府授权本级人民政府国有资产监督管理机构履行出资人职责的有限责任公司。《公司法》对国有独资公司的设立和组织机构也作了特殊规定，特殊规定以外的问题，则适用对有限责任公司的一般规定。

国有独资公司章程由国有资产监督管理机构制定，或者由董事会制定报国有资产监督管理机构批准。国有独资公司不设股东会，由国有资产监督管理机构行使股东会职权。国有资产监督管理机构可以授权公司董事会行使股东会的部分职权，决定公司的重大事项，但公司的合并、分立、解散、增加或者减少注册资本和发行公司债券，必须由国有资产监督管理机构决定；其中，国务院有关规定确定的重要的国有独资公司合并、分立、解散、申请破产的，应当由国有资产监督管理机构审核后，报本级人民政府批准。

国有独资公司设董事会，依照《公司法》对有限责任公司董事会的规定和国有资产监督管理机构的授权行使职权。董事每届任期不得超过 3 年。董事会成员中应当有公司职工代表。董事会成员由国有资产监督管理机构委派；但是，董事会成员中的职工代表由公司职工代表大会选举产生。董事会设董事长一人，可以设副董事长。董事长、副董事长由国有资产监督管理机构从董事会成员中指定。

国有独资公司设经理，由董事会聘任或者解聘。国有独资公司经理的职权与普通有限责任公司相同。经国有资产监督管理机构同意，董事会成员可以兼任经理。国有独资公司的董事长、副董事长、董事、高级管理人员，未经国有资产监督管理机构同意，不得在其他有限责任公司、股份有限公司或者其他经济组织兼职。

国有独资公司监事会成员不得少于 5 人，其中，职工代表的比例不得低于 1/3，具体比例由公司章程规定。监事会成员由国有资产监督管理机构委派；但是，监事会中的职工代表由公司职工代表大会选举产生。监事会主席由国有资产监督管理机构从监事会成员中指定。国有独资公司监事会的职权范围小于普通有限责任公司监事会，其职权包括：检查公司财务；对董事、高级管理人员执行公司职务的行为进行监督，对违反法律、行政法规、公司章程或者股东会决议的董事、高级管理人员提出罢免的建议；当董事、高级管理人员的行为损害公司的利益时，要求董事、高级管理人员予以纠正；国务院规定的其他职权。

四、有限责任公司的股权转让

（一）导致股权转让的原因

1. 因股东原因引起的股权转让

有限责任公司的股东之间可以相互转让其全部或者部分股权。股东向股东以外的人转让股权，应当经其他股东过半数同意。股东应就其股权转让事项书面通知其他股东征求同意，其他股东自接到书面通知之日起满 30 日未答复的，视为同意转让。其他股东半数以上不同意转让的，不同意的股东应当购买该转让的股权；不购买的，视为同意转让。经股东同意转让的股权，在同等条件下，其他股东有优先购买权。两个以上股东主张行使优先购买权的，协商确定各自的购买比例；协商不成的，按照转让时各自的出资比例行使优先购买权。公司章程对股权转让另有规定的，从其规定。

【例3-3】某有限责任公司的股东甲向公司股东以外的人乙转让其股权。下列关于甲转让股权的表述不符合公司法律制度规定的有（　　　）。

A. 甲可以将其股权转让给乙，无须经其他股东同意

B. 甲可以将其股权转让给乙，但须通知其他股东

C. 甲可以将其股权转让给乙，但须经其他股东的过半数同意

D. 甲可以将其股权转让给乙，但须经其他股东的 2/3 以上同意

【解析】根据《公司法》的规定，正确答案为 A、B、D。

2. 因强制执行程序引起的股权转让

人民法院依照法律规定的强制执行程序转让股东的股权，是指人民法院依照民事诉讼法等法律规定的执行程序，强制执行生效的法律文书时，以拍卖、变卖或者其他方式转让有限责任公司股东的股权。

人民法院依照法律规定的强制执行程序转让股东的股权时，应当通知公司及全体股东，其他股东在同等条件下有优先购买权。其他股东自人民法院通知之日起满 20 日不行使优先购买权的，视为放弃优先购买权。

3. 因股权回购引起的股权转让

股权回购指公司购买股东的股权，从而使股东退出公司。《公司法》第七十四条规定，有下列情形之一的，对股东会依法转让股权的决议投反对票的股东可以请求公司按照合理的价格收购其股权：①公司连续 5 年不向股东分配利润，而公司该 5 年连续盈利，并且符合《公司法》规定

的分配利润条件的；②公司合并、分立、转让主要财产的；③公司章程规定的营业期限届满或者章程规定的其他解散事由出现，股东会会议通过决议修改章程使公司存续的。

自股东会会议决议通过之日起 60 日内，股东与公司不能达成股权收购协议的，股东可以自股东会会议决议通过之日起 90 日内向人民法院提起诉讼。

4. 因继承引起的股权转让

自然人股东死亡后，其合法继承人可以继承股东资格；但是，公司章程另有规定的除外。

（二）股权转让手续

有限责任公司股东转让股权后，公司应当注销原股东的出资证明书，向新股东签发出资证明书，并相应修改公司章程和股东名册中有关股东及其出资额的记载。对公司章程的该项修改不需再由股东会表决。

第三节 股份有限公司

一、股份有限公司的设立

股份有限公司的设立，可以采取发起设立或者募集设立的方式。发起设立，是指由发起人认购公司应发行的全部股份而设立公司。募集设立，是指由发起人认购公司应发行股份的一部分，其余股份向社会公开募集或者向特定对象募集而设立公司。

《公司法》对股份有限公司的设立采取准则主义，只要符合法律规定的条件，可直接向登记机关申请登记设立。《公司法》规定，设立股份有限公司，应当具备下列条件。

（1）发起人符合法定人数，即有 2 人以上 200 人以下为发起人，其中须有半数以上的发起人在中国境内有住所。股份有限公司发起人承担公司筹办事务。发起人应当签订发起人协议，明确各自在公司设立过程中的权利和义务。

（2）有符合公司章程规定的全体发起人认购的股本总额或者募集的实收股本总额。股份有限公司采取发起设立方式设立的，注册资本为在公司登记机关登记的全体发起人认购的股本总额。在发起人认购的股份缴足前，不得向他人募集股份。股份有限公司采取募集方式设立的，注册资本为在公司登记机关登记的实收股本总额。法律、行政法规以及国务院决定对股份有限公司注册资本实缴、注册资本最低限额另有规定的，从其规定。股份有限公司发起人的出资方式与有限责任公司股东相同。根据《上市公司治理准则》的规定，控股股东投入上市公司的资产应独立完整、权属清晰。控股股东以非货币性资产出资的，应办理产权变更手续，明确界定该资产的范围。上市公司应当对该资产独立登记、建账、核算、管理。控股股东不得占用、支配该资产或干预上市公司对该资产的经营管理。

（3）股份发行、筹办事项符合法律规定。

（4）发起人制定公司章程，采用募集方式设立的须经创立大会通过。股份有限公司章程应当载明下列事项：①公司名称和住所；②公司经营范围；③公司设立方式；④公司股份总数、每股金额和注册资本；⑤发起人的姓名或者名称、认购的股份数、出资方式和出资时间；⑥董事会的组成、职权和议事规则；⑦公司法定代表人；⑧监事会的组成、职权和议事规则；⑨公司利润分配办法；⑩公司的解散事由与清算办法；⑪公司的通知和公告办法；⑫股东大会会议认为需要规定的其他事项。

此外，上市公司应在其公司章程中规定股东大会的召开和表决程序，包括通知登记，提案的审议，投票、计票、表决结果的宣布，会议决议的形成，会议记录及其签署、公告等，还应在公司章程中规定股东大会对董事会的授权原则，授权内容应明确具体。

（5）有公司名称，建立符合股份有限公司要求的组织机构。

（6）有公司住所。

以发起设立方式设立股份有限公司的，发起人应当书面认足公司章程规定其认购的股份，并按照公司章程规定缴纳出资。一次缴纳的，应即缴纳全部出资；分期缴纳的，应即缴纳首期出资。以非货币财产出资的，应当依法办理其财产权的转移手续。发起人不按照规定缴纳出资的，应当按照发起人协议承担违约责任。发起人认足公司章程规定的出资后，应当选举董事会和监事会，由董事会依法向公司登记机关申请设立登记。

以募集设立方式设立股份有限公司的，发起人认购的股份不得少于公司股份总数的35%；但是，法律、行政法规另有规定的，从其规定。发起人向社会公开募集股份，必须公告招股说明书，并制作认股书。认股书应当载明《公司法》所列事项，由认股人填写认购股数、金额、住所，并签名、盖章。认股人按照所认购股数缴纳股款。招股说明书应当附有发起人制定的公司章程，并载明下列事项：①发起人认购的股份数；②每股的票面金额和发行价格；③无记名股票的发行总数；④募集资金的用途；⑤认股人的权利、义务；⑥本次募股的起止期限及逾期未募足时认股人可以撤回所认股份的说明。

发起人向社会公开募集股份，应当由依法设立的证券公司承销，签订承销协议，并应当同银行签订代收股款协议。代收股款的银行应当按照协议代收和保存股款，向缴纳股款的认股人出具收款单据，并负有向有关部门出具收款证明的义务。

发行股份的股款缴足后，必须经依法设立的验资机构验资并出具证明。发起人应当自股款缴足之日起30日内主持召开公司创立大会。创立大会由发起人、认股人组成。发行的股份超过招股说明书规定的截止期限尚未募足的，或者发行股份的股款缴足后，发起人在30日内未召开创立大会的，认股人可以按照所缴股款并加算银行同期存款利息，要求发起人返还。

发起人应当在创立大会召开15日前将会议日期通知各认股人或者予以公告。创立大会应有代表股份总数过半数的发起人、认股人出席，方可举行。创立大会行使下列职权：①审议发起人关于公司筹办情况的报告；②通过公司章程；③选举董事会成员；④选举监事会成员；⑤对公司的设立费用进行审核；⑥对发起人用于抵作股款的财产的作价进行审核；⑦发生不可抗力或者经营条件发生重大变化直接影响公司设立的，可以作出不设立公司的决议。创立大会对上述事项作出决议，必须经出席会议的认股人所持表决权过半数通过。

发起人、认股人缴纳股款或者交付抵作股款的出资后，除未按期募足股份、发起人未按期召开创立大会或者创立大会决议不设立公司的情形外，不得抽回其股本。

董事会应于创立大会结束后30日内，依法向公司登记机关申请设立登记。股份有限公司成立后，发起人未按公司章程的规定缴足出资的，应当补缴；其他发起人承担连带责任。股份有限公司成立后，发现作为设立公司出资的非货币财产的实际价额显著低于公司章程所定价额的，应当由交付该出资的发起人补足其差额；其他发起人承担连带责任。

依据《公司法》第九十四条的规定，股份有限公司的发起人应当承担下列责任：①公司不能成立时，对设立行为所产生的债务和费用负连带责任；②公司不能成立时，对认股人已缴纳的股款，负返还股款并加算银行同期存款利息的连带责任；③在公司设立过程中，由于发起人的过失致使公司利益受到损害的，应当对公司承担赔偿责任。有限责任公司变更为股份有限公司时，折合的实收股本总额不得高于公司净资产额。有限责任公司变更为股份有限公司，为增加资本公开发行股份时，应当依法办理。

股份有限公司应当将公司章程、股东名册、公司债券存根、股东大会会议记录、董事会会议记录、监事会会议记录、财务会计报告置备于本公司。股东有权查阅这些文件，并对公司的经营提出建议或者质询。

二、组织机构

（一）股东大会

股份有限公司股东大会由全体股东组成。股东大会是公司的权力机构，依法行使职权，其职权范围与有限责任公司股东会相同。

股东大会分为年会与临时股东大会。股东大会应当每年召开一次年会。有下列情形之一的，应当在两个月内召开临时股东大会：①董事人数不足《公司法》规定人数或者公司章程所定人数的 2/3 时；②公司未弥补的亏损达实收股本总额 1/3 时；③单独或者合计持有公司 10%以上股份的股东请求时；④董事会认为必要时；⑤监事会提议召开时；⑥公司章程规定的其他情形。

股东大会会议由董事会召集，董事长主持；董事长不能履行职务或者不履行职务的，由副董事长主持；副董事长不能履行职务或者不履行职务的，由半数以上董事共同推举一名董事主持。董事会不能履行或者不履行召集股东大会会议职责的，监事会应当及时召集和主持；监事会不召集和主持的，连续 90 日以上单独或者合计持有公司 10%以上股份的股东可以自行召集和主持。

召开股东大会会议，应当将会议召开的时间、地点和审议的事项于会议召开 20 日前通知各股东；临时股东大会应当于会议召开 15 日前通知各股东；发行无记名股票的，应当于会议召开 30 日前公告会议召开的时间、地点和审议事项。

单独或者合计持有公司 3%以上股份的股东，可以在股东大会召开 10 日前提出临时提案并书面提交董事会；董事会应当在收到提案后 2 日内通知其他股东，并将该临时提案提交股东大会审议。临时提案的内容应当属于股东大会职权范围，并有明确议题和具体决议事项。股东大会不得对向股东通知中未列明的事项作出决议。无记名股票持有人出席股东大会会议的，应当于会议召开 5 日前至股东大会闭会时将股票交存于公司。

股东出席股东大会会议，所持每一股份有一表决权。股东可以委托代理人出席股东大会会议，代理人应当向公司提交股东授权委托书，并在授权范围内行使表决权。公司持有的本公司股份没有表决权。

股东大会决议的事项分为普通事项与特别事项两类。股东大会对普通事项作出决议，必须经出席会议的股东所持表决权过半数通过。股东大会对修改公司章程、增加或者减少注册资本，以及公司合并、分立、解散或者变更公司形式等特别事项作出决议，必须经出席会议的股东所持表决权的 2/3 以上通过。《公司法》和公司章程规定公司转让、受让重大资产或者对外提供担保等事项必须经股东大会作出决议的，董事会应当及时召集股东大会会议，由股东大会就上述事项进行表决。

股东大会选举董事、监事，可以根据公司章程的规定或者股东大会的决议实行累积投票制。累积投票制，是指股东大会选举董事或者监事时，每一股份拥有与应选董事或者监事人数相同的表决权，股东拥有的表决权可以集中使用。累积投票制的实施有利于中小股东按照其持股比例选举代表进入公司管理层，参与董事会的活动，保护其利益。

股东大会应当对所议事项的决定作成会议记录，主持人、出席会议的董事应当在会议记录上签名。会议记录应当与出席股东的签名册及代理出席的委托书一并保存。

（二）董事会、经理

1. 董事会

股份有限公司设董事会，其成员为5～19人。董事应根据公司和全体股东的最大利益，忠实、诚信、勤勉地履行职责。董事由股东大会选举产生。董事会成员中可以有公司职工代表。董事会中的职工代表由公司职工通过职工代表大会、职工大会或者其他形式民主选举产生。股份有限公司董事的任期、董事会的职权与有限责任公司相同。董事会设董事长一人，可以设副董事长。董事长和副董事长由董事会以全体董事的过半数选举产生。董事长召集和主持董事会会议，检查董事会决议的实施情况。副董事长协助董事长工作，董事长不能履行职务或者不履行职务的，由副董事长履行职务；副董事长不能履行职务或者不履行职务的，由半数以上董事共同推举一名董事履行职务。

董事会每年度至少召开两次会议，每次会议应当于会议召开10日前通知全体董事和监事。代表1/10以上表决权的股东、1/3以上董事或者监事会，可以提议召开董事会临时会议。董事长应当自接到提议后10日内，召集和主持董事会会议。董事会召开临时会议，可以另定召集董事会的通知方式和通知时限。

董事会会议应有过半数的董事出席方可举行。董事会作出决议，必须经全体董事的过半数通过。董事会决议的表决，实行一人一票。董事会会议，应由董事本人出席；董事因故不能出席，可以书面委托其他董事代为出席，委托书中应载明授权范围。

董事会应当对会议所议事项的决定作成会议记录，出席会议的董事应当在会议记录上签名。董事应当对董事会的决议承担责任。董事会的决议违反法律、行政法规或者公司章程、股东大会决议，致使公司遭受严重损失的，参与决议的董事对公司负赔偿责任。但经证明在表决时曾表明异议并记载于会议记录的，该董事可以免除责任。

2. 经理

股份有限公司设经理，由董事会决定聘任或者解聘，其职权与有限责任公司经理相同。公司董事会可以决定由董事会成员兼任经理。为保证上市公司与控股股东在人员、资产、财务上严格分开，上市公司的总经理须专职，总经理在集团等控股股东单位不得担任除董事以外的其他职务。

公司应当定期向股东披露董事、监事、高级管理人员从公司获得报酬的情况。公司不得直接或者通过子公司向董事、监事、高级管理人员提供借款。

（三）监事会

股份有限公司设监事会，履行监督职责，其成员不得少于3人。监事会应当包括股东代表和适当比例的公司职工代表，其中职工代表的比例不得低于1/3，具体比例由公司章程规定。监事会中的职工代表由公司职工通过职工代表大会、职工大会或者其他形式民主选举产生。董事、高级管理人员不得兼任监事。上市公司的监事应具有法律、会计等方面的专业知识或工作经验。监事会的人员和结构应确保监事会能够独立有效地行使对董事、经理和其他高级管理人员及公司财务的监督和检查。

监事会设主席一人，可以设副主席。监事会主席和副主席由全体监事过半数选举产生。监事会主席召集和主持监事会会议；监事会主席不能或者不履行职务的，由监事会副主席召集和主持监事会会议；监事会副主席不能或者不履行职务的，由半数以上监事共同推举一名监事召集和主持监事会会议。

股份有限公司监事的任期、监事会的职权与有限责任公司相同。监事会行使职权所必需的费用，由公司承担。

监事会每 6 个月至少召开一次会议。监事可以提议召开临时监事会会议。监事会的议事方式和表决程序，除《公司法》有规定的外，由公司章程规定。监事会会议应严格按规定程序进行。监事会应当对所议事项的决定作成会议记录，出席会议的监事应当在会议记录上签名。

三、上市公司

上市公司，是指其股票在证券交易所上市交易的股份有限公司。《公司法》对上市公司组织机构与活动原则的特别规定主要有以下几项。

1. 须经股东大会特别决议事项

上市公司在一年内购买、出售重大资产或者担保金额超过公司资产总额 30% 的，应当由股东大会作出决议，并经出席会议的股东所持表决权的 2/3 以上通过。

2. 上市公司的独立董事

独立董事又称外部董事，是指独立于公司的管理层、不存在与其所受聘公司有任何可能严重影响其作出独立客观判断的交易和关系的非全日制工作董事。独立董事除了应履行董事的一般职责外，主要职责在于对控股股东及其选任的上市公司的董事、高级管理人员，以及其与公司进行的关联交易等进行监督。

一般而言，独立董事应由具有法律、经济、财会等方面专业知识，社会信用良好的人士担任。与公司或者控股股东、实际控制人有利害关系，可能妨碍对公司事务进行独立客观判断的，不得担任独立董事。

独立董事每届任期与该上市公司其他董事每届任期相同，但是连任时间不得超过 6 年。独立董事在任期届满前可以提出辞职。

为了保证独立董事有效行使职权，上市公司应当为独立董事提供必要的条件，保证其享有与其他董事同等的知情权。独立董事的津贴由董事会制定预案，股东大会审议通过，并在公司年报中进行披露。除上述津贴外，独立董事不应从该上市公司及其主要股东或有利害关系的机构和人员取得额外的、未予披露的其他利益。为保障独立董事正常履行职责，上市公司可以建立必要的独立董事责任保险制度，以降低可能引致的风险。

3. 董事会秘书

董事会秘书是指掌管董事会文件并协助董事会成员处理日常事务的人员。董事会秘书是董事会设置的服务席位，既不能代表董事会，也不能代表董事长。上市公司董事会秘书是公司高级管理人员，负责公司股东大会和董事会会议的筹备、文件保管以及公司股东资料的管理，办理信息披露事务等事宜，承担法律、行政法规以及公司章程对公司高级管理人员所要求的义务，并享有相应的工作职权，获得相应的报酬。董事会秘书由董事长提名，经董事会聘任或者解聘。

4. 关联关系董事的表决权排除制度

上市公司董事与董事会会议决议事项所涉及的企业有关联关系的，不得对该项决议行使表决权，也不得代理其他董事行使表决权。该董事会会议由过半数的无关联关系董事出席即可举行，董事会会议所作决议须经无关联关系董事过半数通过。出席董事会的无关联关系董事人数不足 3 人的，应将该事项提交上市公司股东大会审议。

此外，为促进上市公司建立、健全激励与约束机制，可以由上市公司以本公司股票为标的实行股权激励计划。股权激励计划的激励对象可以包括上市公司的董事、监事、高级管理人员、核心技术（业务）人员，以及公司认为应当激励的其他员工，但不应当包括独立董事。

四、股份有限公司的股份发行和转让

（一）股份发行

股份有限公司的基本特征之一，便是注册资本划分为金额相等的股份。公司的股份采取股票的表现形式，股票是公司签发的证明股东所持股份的凭证。股份的发行，实行公平、公正的原则，同种类的每一股份应当具有同等权利。同次发行的同种类股票，每股的发行条件和价格应当相同；任何单位或者个人所认购的股份，每股应当支付相同价额。

股票发行价格可以按票面金额，也可以超过票面金额，但不得低于票面金额。这是因为低于票面金额发行股票，违背了资本充实原则，使股票发行募集的资金低于公司相应的注册资本数额，出现资本虚增，会影响交易安全，危及债权人的利益。

股票采用纸面形式或者国务院证券监督管理机构规定的其他形式。目前我国上市公司股票的发行、交易均已通过计算机采用电子信息等无纸化方式进行。股票应当载明下列主要事项：①公司名称；②公司成立日期；③股票种类、票面金额及代表的股份数；④股票的编号。股票由法定代表人签名，公司盖章。股份有限公司成立后，即向股东正式交付股票。公司成立前不得向股东交付股票。

公司发行的股票，可以为记名股票，也可以为无记名股票。国务院可以对公司发行《公司法》规定以外的其他种类的股份，另行作出规定。发起人的股票，应当标明发起人股票字样。公司向发起人、法人发行的股票为记名股票，应当记载该发起人、法人的名称或者姓名，不得另立户名或者以代表人姓名记名。

公司发行记名股票的，应当置备股东名册，记载下列事项：①股东的姓名或者名称及住所；②各股东所持股份数；③各股东所持股票的编号；④各股东取得股份的日期。发行无记名股票的，公司应当记载其股票数量、编号及发行日期。

公司发行新股，依照公司章程的规定由股东大会对下列事项作出决议：①新股种类及数额；②新股发行价格；③新股发行的起止日期；④向原有股东发行新股的种类及数额。

公司经国务院证券监督管理机构核准公开发行新股时，必须公告新股招股说明书和财务会计报告，并制作认股书。公司公开发行新股应当由依法设立的证券公司承销，签订承销协议，并同银行签订代收股款协议。公司发行新股，可以根据公司经营情况和财务状况，确定其作价方案。公司发行新股募足股款后，必须向公司登记机关办理变更登记，并公告。

（二）股份转让

股份有限公司的股份以自由转让为原则，以法律限制为例外。《公司法》规定，股东持有的股份可以依法转让。股东转让其股份，应当在依法设立的证券交易场所进行或者按照国务院规定的其他方式进行。上市公司的股票，依照有关法律、行政法规及证券交易所交易规则上市交易。

记名股票，由股东以背书方式或者法律、行政法规规定的其他方式转让；转让后由公司将受让人的姓名或者名称及住所记载于股东名册。股东大会召开前 20 日内或者公司决定分配股利的基准日前 5 日内，不得进行股东名册的变更登记。但是，法律对上市公司股东名册变更登记另有规定的，从其规定。无记名股票的转让，由股东将该股票交付给受让人后即发生转让的效力。

《公司法》规定，发起人持有的本公司股份，自公司成立之日起 1 年内不得转让。公司公开发行股份前已发行的股份，自公司股票在证券交易所上市交易之日起 1 年内不得转让。

对公司董事、监事、高级管理人员转让股份问题，《公司法》规定：①公司董事、监事、高级管理人员应当向公司申报所持有的本公司的股份及其变动情况，在任职期间每年转让的股份不得超过其所持有本公司股份总数的 25%；②所持本公司股份自公司股票上市交易之日起 1 年内不得转让；③上述人员离职后半年内，不得转让其所持有的本公司股份，但是因司法强制执行、继承、遗赠、依法分割财产等导致股份变动的除外；④公司章程可以对公司董事、监事、高级管理人员转让其所持有的本公司股份作出其他限制性规定；⑤上市公司董事、监事和高级管理人员所持股份不超过 1 000 股的，可一次全部转让，不受上述转让比例的限制。

上市公司董事、监事和高级管理人员在下列期间不得买卖本公司股票：①上市公司定期报告公告前 30 日内；②上市公司业绩预告、业绩快报公告前 10 日内；③自可能对本公司股票交易价格产生重大影响的重大事项发生之日或在决策过程中，至依法披露后 2 个交易日内；④证券交易所规定的其他期间。

公司不得收购本公司股份，但是，有下列情形之一的除外：①减少公司注册资本；②与持有本公司股份的其他公司合并；③将股份用于员工持股计划或者股权激励；④股东因对股东大会作出的公司合并、分立决议持异议，要求公司收购其股份；⑤将股份用于转换上市公司发行的可转换为股票的公司债券；⑥上市公司为维护公司价值及股东权益所必需。公司因前述第①项、第②项规定的情形收购本公司股份的，应当经股东大会决议；公司因前述第③项、第⑤项、第⑥项规定的情形收购本公司股份的，可以依照公司章程的规定或者股东大会的授权，经 2/3 以上董事出席的董事会会议决议。公司依照前述规定收购本公司股份后，属于第①项情形的，应当自收购之日起 10 日内注销；属于第②项、第④项情形的，应当在 6 个月内转让或者注销；属于第③项、第⑤项、第⑥项情形的，公司合计持有的本公司股份数不得超过本公司已发行股份总额的 10%，并应当在 3 年内转让或者注销。上市公司收购本公司股份的，应当依照《证券法》的规定履行信息披露义务。上市公司因前述第③项、第⑤项、第⑥项规定的情形收购本公司股份的，应当通过公开的集中交易方式进行。公司不得接受本公司的股票作为质押权的标的，以防止变相违规收购本公司股份。

记名股票被盗、遗失或者灭失，股东可以依照《中华人民共和国民事诉讼法》（以下简称《民事诉讼法》）规定的公示催告程序，请求人民法院宣告该股票失效。人民法院宣告该股票失效后，股东可以向公司申请补发股票。

智慧助学　　同步测试

思考与探索

1. 如何理解股东的出资形式？
2. 如何理解股东诉讼？
3. 如何理解有限责任公司和股份有限公司的区别和联系？
4. 如何理解有限责任公司股权转让的规则？
5. 如何理解股份有限公司发起人在公司设立过程中应承担的法律责任？
6. 如何理解《公司法》对股份有限公司股份转让的限制？
7. 如何理解公司债券与公司股票的区别？

法务实训

案例一： 以下是某食品有限责任公司的设立方案：股东为 15 个自然人，其中，12 人以现金入股 31 万元人民币；2 个高级技师王某、张某以自己拥有的特殊劳动技能入股，折合为 6 万元人民币；赵某用自己的一项受专利法保护的专利技术入股，折合为 11 万元人民币；新公司不设监事；新公司以食品生产为主营业务。该有限责任公司成立后，发现赵某的专利技术仅值 5 万元人民币。

请问：

1．该食品有限责任公司设立方案中有哪些内容不符合《公司法》的规定？

2．专利技术入股应办理哪些手续？

3．赵某入股的专利技术实际上仅值 5 万元人民币，应如何处理？

案例二： 2021 年 5 月，扬子药品开发有限责任公司（以下简称"扬子公司"）与其他 5 家国内企业共同筹建鼎立中药股份有限公司（以下简称"鼎立公司"），资本总额确定为 1 200 万元；6 家发起企业认购其中一部分，其余部分向社会公开募集。在发起过程中，由于扬子公司作为出资的厂房需要装修，发起人协商成立鼎立公司筹建处，并以筹建处的名义向中源装潢公司购买一批装饰材料，货款总价为 79 万元。买卖双方约定，鼎立公司一经成立即向中源装潢公司付清全部货款。一周后，中源装潢公司按约将货物运至筹建处指定的仓库。后经证监会批准，扬子公司等 6 家发起企业发布招股说明书进行公开募股，但募股期届满未募集到足够资金，公司无法成立。

请问：

1．中源装潢公司的装饰材料货款应由谁承担？

2．6 家发起企业应当承担哪些责任？

案例三： 甲公司准备与乙公司、丙公司共同投资一家生产汽车配件的有限责任公司——丁公司。三家公司经过商量，约定由甲公司、乙公司各出资 20 万元，丙公司以其专有技术折价出资 10 万元。合同签订后，甲、乙两家公司于 2020 年 2 月 3 日分别将 20 万元划入筹建公司的专用账户。2020 年 4 月 6 日登记成立丁公司，注册资本为 200 万元。2021 年 5 月 7 日，甲公司、乙公司从丁公司账户中各取出 10 万元。

请问：

1．丁公司的设立是否合法？

2．甲公司、乙公司、丙公司的行为该如何认定？是否应该承担相应的责任？

3．若在公司设立过程中，设立人向某具有资质的验资机构戊申请验资，为丁公司验资的戊是否应承担相应的法律责任？

第四章
合同法律制度

引例

2021 年 5 月 7 日上午，信科有限公司向瑞得玻璃加工厂发出要求购买其厂生产的玻璃的电子邮件，电子邮件中列有以下内容：①需要 50 厘米×50 厘米的玻璃 800 件，100 厘米×100 厘米的玻璃 12 件；②在 5 月 20 日之前将订购的玻璃送至信科有限公司；③总价 5 万元。电子邮件还对玻璃的样式、颜色作了说明，并附了样图。

目标与方法

课前测试

当天下午 4 时 30 分 16 秒，瑞得玻璃加工厂也以电子邮件回复信科有限公司，对其要求予以全部认可。为对信科有限公司负责，5 月 8 日，该厂还专门派人到信科有限公司作了确认，但双方均未签署任何书面文件。

2021 年 5 月 18 日，瑞得玻璃加工厂将上述玻璃送至信科有限公司，但信科有限公司已于 5 月 17 日以 4.8 万元的价格购买了另一家玻璃加工厂生产的玻璃，并以双方未签署书面合同为由拒收。双方协商不成，5 月 25 日，瑞得玻璃加工厂将信科有限公司起诉至法院。庭审中，双方对用电子邮件方式买卖玻璃、瑞得玻璃加工厂派人确认，以及 5 月 18 日送货上门等事项均无异议。

【提问】假如你是法官，该案应该如何处理？

【点评】根据《民法典》的规定，双方的合同已经成立并生效，信科有限公司应当履行合同义务，否则，应承担违约责任。

第一节　合同与合同法律制度概述

一、合同的概念与特征

合同也叫契约，《民法典》第四百六十四条规定："合同是民事主体之间设立、变更、终止民事法律关系的协议。婚姻、收养、监护等有关身份关系的协议，适用有关该身份关系的法律规定；没有规定的，可以根据其性质参照适用本编规定。"根据这条规定，合同具有以下法律特征。

（1）合同是平等主体之间的民事法律关系。合同是平等当事人之间从事的民事法律行为，任何一方不论其所有制性质及行政地位，都不能将自己的意志强加给对方。非平等主体之间的合同不属于《民法典》的调整对象。根据《中华人民共和国政府采购法》（以下简称《政府采购法》）第四十三条的规定，政府采购合同适用《民法典》中合同法律制度的相关规定。

（2）合同是双方或者多方法律行为。首先，合同至少需要两个当事人；其次，合同是法律行为，当事人的意思表示是合同的核心要素；最后，因为合同是双方法律行为或者多方法律行为，所以合同成立不但需要当事人有意思表示，而且要求当事人之间的意思表示一致。

（3）合同是当事人之间民事权利与义务关系的协议。首先，根据《民法典》的规定，虽然民事主体之间民事法律关系的设立、变更、终止的协议均在《民法典》合同法律制度的调整范围内，但是根据《民法典》第四百六十四条第二款的规定，婚姻、收养、监护等有关身份关系的协议，适用有关该身份关系的法律规定；没有规定的，可以根据其性质参照适用合同法律制度的规定。其次，合同作为一种法律事实，是当事人自由约定、协商一致的结果。如果当事人之间的约定合法，则在当事人之间产生相当于法律的效力。当事人必须按照约定履行合同义务。任何一方违反合同，都要依法承担违约责任。

（4）合同以设立、变更或终止民事权利义务关系为目的和宗旨。合同是一种民事行为，是以协议的方式设立、变更、终止民事权利义务关系的法律事实。因此，不是以设立、变更、终止民事权利义务关系为目的的协议不属于合同。合同有别于好意施惠行为。

【例4-1】甲、乙在火车上相识，甲怕自己到站时未醒，请求乙在A站唤醒自己，乙欣然同意。火车到达A站时，甲沉睡，乙也未醒。甲未能在A站及时下车，为此支出了额外费用。甲请求乙赔偿损失。对此，下列说法正确的是（　　）。

A. 由乙承担违约责任　　　　　　　　B. 由乙承担侵权责任

C. 由乙承担缔约过失责任　　　　　　D. 由甲自己承担损失

【解析】正确答案为D。乙基于情谊，答应到站时唤醒甲，当事人间并没有就"到站唤醒"达成契约的意思表示，仅仅是一个基于帮助意图的行为。

二、合同的相对性

合同不同于其他民事法律关系的重要特点就在于合同的相对性。所谓合同的相对性，主要是指合同关系只能发生在特定的合同当事人之间，只有合同当事人一方能够向另一方基于合同提出请求或提起诉讼，与合同当事人没有发生合同上权利义务关系的第三人，不能依据合同向合同当事人提出请求或提起诉讼，也不应承担合同的义务或责任，非依法律或合同规定，第三人不能主张合同上的权利。合同的相对性广泛体现在合同的各项制度中，主要包含合同主体的相对性、合同内容的相对性、合同责任的相对性三个方面。

合同的相对性要求在确立合同责任时必须首先明确合同关系的主体和内容，区分不同的合同关系及在这些关系中的主体，从而正确认定责任。

【例4-2】下列选项中体现合同相对性的是（　　）。

A. 租赁物在租赁期间发生所有权变动的，不影响租赁合同的效力

B. 当事人一方因第三人的原因造成违约的，应当向对方承担违约责任

C. 债务人向债权人交付的标的物被第三人毁坏时，债权人追究第三人的侵权责任

D. 债务人无偿处分其财产使债权人的债权受到侵害，债权人可请求人民法院撤销债务人的处分行为

【解析】本题涉及合同的相对性及其例外，债权的物权化、合同的保全措施（代位权和撤销权）等被视为合同相对性的例外，依据相关法律规定，正确答案是B。

课堂讨论 4-1

甲娱乐公司与乙剧院约定，甲娱乐公司的签约歌手杜娟在乙剧院举办个人演唱会，乙剧院支付给杜娟30万元，演出收益由乙剧院取得。杜娟在去往演唱会的途中，被夏志撞伤，演唱会

被取消，乙剧院遭受巨大损失。

　　请问：本案中，乙剧院可向谁索赔？

三、合同的分类

　　根据不同的标准，可将合同分为不同的种类。合同的分类有助于正确理解法律、订立和履行合同，有助于正确适用法律处理合同纠纷。通常，对合同可以作以下分类。

1. 有名合同与无名合同

　　根据《民法典》或者其他法律是否对合同规定了确定的名称与调整规则为标准，可将合同分为有名合同与无名合同。有名合同是立法上规定了确定的名称与规则的合同，又称典型合同。例如《民法典》在"典型合同"中规定的 19 类合同（买卖合同，供用电、水、气、热力合同，赠与合同，借款合同，保证合同，租赁合同，融资租赁合同，保理合同，承揽合同，建设工程合同，运输合同，技术合同，保管合同，仓储合同，委托合同，物业服务合同，行纪合同，中介合同，合伙合同）、《中华人民共和国保险法》（以下简称《保险法》）所规定的保险合同等均属于有名合同。

　　无名合同是立法上尚未规定有确定名称与规则的合同，又称非典型合同，如医疗服务合同、家教服务合同、家政服务合同、美容服务合同、法律服务合同等。无名合同如经法律确认或在形成统一的交易习惯后，可以转化为有名合同。从这个意义上说，合同法律制度的历史是非典型合同转化为典型合同的过程。在我国，旅游服务合同原为无名合同，《中华人民共和国旅游法》（以下简称《旅游法》）颁行后便转化为有名合同。

　　区分两者的法律意义在于法律适用的不同。有名合同可直接适用《民法典》"典型合同"中关于该种合同的具体规定。当事人之间依合意成立的无名合同，只要不违反法律、行政法规的强制性规定，不违背公序良俗，即属有效。基于《民法典》第四百六十七条第一款的规定，在无名合同因当事人意思表示不完备而出现纠纷时，适用《民法典》"第三编　合同"的规定，并可以参照适用《民法典》"第三编　合同"或者其他法律最相类似合同的规定。

2. 单务合同与双务合同

　　根据合同当事人是否相互负有对价义务为标准，可将合同分为单务合同与双务合同。此处的对价义务并不要求双方的给付价值相等，而只是要求双方的给付具有相互依存、相互牵连的关系。单务合同是指仅有一方当事人承担义务的合同，如赠与合同。双务合同是指双方当事人互负对价义务的合同，如买卖合同、承揽合同、租赁合同等。

　　区分两者的法律意义在于，因为双务合同中当事人之间的给付义务具有依存和牵连关系，所以双务合同中存在同时履行抗辩权和风险负担的问题，而这些情形并不存在于单务合同中。

3. 有偿合同与无偿合同

　　根据合同当事人是否因给付取得对价为标准，可将合同分为有偿合同与无偿合同。有偿合同是指合同当事人为从合同中得到利益要支付相应对价给付的合同。例如，买卖合同、租赁合同、雇佣合同、承揽合同、行纪合同等都是有偿合同。无偿合同是指只有一方当事人作出给付，或者虽然双方作出给付，但双方的给付间不具有对价意义的合同。赠与合同是典型的无偿合同，另外，委托合同、保管合同如果没有约定利息和报酬，也属于无偿合同。

　　区分两者的法律意义在于：主体要求不同，当事人的责任不同。

4. 诺成合同与实践合同

　　根据合同成立除当事人的意思表示以外，是否还要其他现实给付为标准，可以将合同分为诺成合同与实践合同。诺成合同是指当事人意思表示一致即可认定合同成立的合同。实践合同是指除当事人意思表示一致以外，尚需有实际交付标的物或者有其他现实给付行为才能成立的合同。确认某种合同属于实践合同必须法律有规定或者当事人之间有约定。常见的实践合同有保管合同、自然人之间的借贷合同、定金合同等，但赠与合同、质押合同不再是实践合同。

区分两者的法律意义在于：两种合同的成立要件和成立时间不同。

5. 要式合同与不要式合同

根据合同的成立是否必须符合一定的形式为标准，可将合同分为要式合同与不要式合同。要式合同是按照法律规定或者当事人约定必须采用特定形式订立方能成立的合同。不要式合同是对合同成立的形式没有特别要求的合同。确认某种合同属于要式合同必须法律有规定或者当事人之间有约定。

区分两者的法律意义在于：因合同成立的要求不同，产生的法律后果也不同。

6. 主合同与从合同

根据两个或者多个合同相互间的主从关系为标准，可将合同分为主合同与从合同。主合同是无须以其他合同存在为前提即可独立存在的合同。这种合同具有独立性。从合同，又称附属合同，是以其他合同的存在为其存在前提的合同。保证合同、定金合同、质押合同等相对于提供担保的借款合同即为从合同。

区分两者的法律意义在于：因为从合同的存在是以主合同的存在为前提的，所以主合同的成立与效力直接影响到从合同的成立与效力。但是，从合同的成立与效力不影响主合同的成立与效力。

7. 本合同（本约）与预约合同（预约）

根据订立合同是否有事先约定的关系，可将合同分为本合同与预约合同。当事人约定将来订立一定合同的合同是预约合同。《民法典》第四百九十五条规定，当事人约定在将来一定期限内订立合同的认购书、订购书、预订书等，构成预约合同。当事人一方不履行预约合同约定的订立合同义务的，对方可以请求其承担预约合同的违约责任。而将来应订立的合同就是本合同。如约定将来要购买房地产开发商的商品房是预约合同，而约定将来要买卖商品房就是本合同。

区分本约与预约的意义，主要体现在预约所具有的特殊功能以及预约的特殊效力方面。在实践中，预约不以本约的存在为前提，预约的目的在于成立本约，因而其具有一定的保障本约缔结的功能。

知识拓展

预约合同与本合同的区别

8. 为自己订立的合同与为第三人利益订立的合同

根据订立合同是为谁的利益，可将合同分为为自己订立的合同与为第三人利益订立的合同。仅订约当事人享有合同权利和直接取得利益的合同是为自己订立的合同。订约的一方当事人不是为了自己，而是为第三人设定权利，使其获得利益的合同是为第三人利益订立的合同。在这种合同中，第三人既不是缔约人，也不通过代理人参加订立合同，但可以直接享有合同的某些权利，可以直接基于合同取得利益，如为第三人利益订立的保险合同。

区分两者的法律意义在于：两种合同的目的及合同的效力范围不同，同时，在缔约时的要求也不同。例如，当事人在缔结为第三人利益订立的合同时，当事人事先一般无须通知或征得第三人同意；第三人不必在合同上签字；当事人只能给第三人设定权利，而不得为其设定义务。

此外，根据不同的标准，合同可分为书面合同、口头合同与其他形式合同，还可分为附条件合同与不附条件合同等。

四、合同法律制度概述

作为市场经济的基本法律制度，合同法律制度调整因合同产生的民事关系，主要规范合同的订立、合同的效力及合同的履行、保全、担保、变更、解除、违反合同的责任等问题。作为《民法典》的重要组成部分，合同法律制度主要通过任意性法律规范引导当事人的行为或补充当事人意思的不完整，强制性规范被严格限制在合理与必要的范围之内。

合同法律制度与物权法律制度均属财产法范畴，其中，物权法律制度主要调整财产归属及利用的财产关系，从静态角度为财产关系提供法律保护；合同法律制度则调整财产的流转关系，即商品交换关系，从动态角度为财产关系提供法律保护。

一般认为，作为调整平等主体之间商品交换关系的法律规范，合同法律制度不调整以下社会关系：①政府依法维护经济秩序的管理活动，适用有关行政法律；②法人、其他组织的内部管理关系，适用有关公司、企业的法律；③婚姻、收养、监护等有关身份关系的协议，适用有关该身份关系的法律规定；没有规定的，可以根据其性质参照适用《民法典》"第三编　合同"规定。

素养拓展

作为一种重要的交易规则，合同法律制度在确定交易双方的权利与义务、稳定交易预期、实现交易目的等方面起着重要的作用。良好的合同法律制度有利于鼓励交易。企业的经营管理人员应恪守契约精神、秉持法治理念、贯彻诚实信用原则，在缔约、履约、责任承担等各环节遵守合同法治，弘扬合同法律制度所体现的"仁""义""信"等中华传统美德，自觉履行合同义务，控制交易的法律风险。

第二节　合同的订立

一、概述

合同的订立又称缔约，是当事人之间为设立、变更、终止民事法律关系而进行协商、达成协议的过程。当事人订立合同应当采用法律规定的方式。订立合同只能是在特定的人或者特定范围内的人之间进行，并且当事人须以缔约为目的进行接触，当事人之间相互所为的意思表示是为订约发出的。合同订立过程结束会有两种后果：①当事人之间达成合意，合同成立；②当事人之间不能达成合意，合同不成立。

二、合同订立程序

《民法典》第四百七十一条规定："当事人订立合同，可以采取要约、承诺方式或者其他方式。"在法律上，合同订立的一般程序包括要约和承诺两个阶段。

（一）要约

1. 要约的概念和构成要件

要约，亦称发盘、报价等，是一方当事人以缔结合同为目的，向对方当事人所作的意思表示。发出要约的人称为要约人，接受要约的人称为受要约人或承诺人。一项有效的要约应具备以下要件。

（1）要约应当以明确的方式向受要约人发出。一方面，要约应采用明示的方式作出，不存在默示方式的要约。另一方面，要约应向受要约人发出。要约可以向特定的人，也可以向不特定的人发出，但要约原则上应向特定的人发出。

（2）要约应当有相对人承诺即成立合同而受其约束的确定意思。一方面，要约应明确要约人与受要约人订立合同的明确意思。另一方面，要约应当有一经受要约人承诺即成立合同并受其约束的表示。

（3）要约的内容确定，足以构成一个合同的内容。《民法典》第四百七十二条规定，要约的内容应当具体确定。但具体确定到什么程度，应根据要约人所要成立的合同的内容来确定。

（4）要约必须送达受要约人。要约是订立合同的一方当事人向受要约人发出的，要约应当送达受要约人。

2. 要约邀请

要约邀请也叫要约引诱，是一方希望他人向自己发出要约的意思表示。要约邀请是一方向另一方发出的邀请其向自己发出要约的意思表示。《民法典》第四百七十三条规定，要约邀请是希望他人向自己发出要约的表示。拍卖公告、招标公告、招股说明书、债券募集办法、基金招募说明书、商业广告和宣传、寄送的价目表等为要约邀请。商业广告和宣传的内容符合要约条件的，构成要约。要约邀请不完全具备合同内容条款，同时，要约邀请只产生对方向其发出要约的可能，对方发出要约的，还必须要约邀请人承诺才能成立合同。

在学理上，要约与要约邀请存在诸多区别，如表 4-1 所示。

表 4-1　要约与要约邀请的区别

项目	要约	要约邀请
当事人意愿	具有订约意图	希望他人向自己发出要约
订约提议的内容	应当包含合同的主要条款	不必包含合同的主要条款
意思表示针对的对象	原则上应向特定的相对人发出	大多向不特定人发出
法律规定的形式	—	拍卖公告、招标公告、招股说明书、债券募集办法、基金招募说明书、商业广告和宣传、寄送的价目表等

此外，在区分要约和要约邀请时，还应当考虑交易习惯、相对人性质等各种因素。

【例 4-3】以下选项中的表示，属于要约邀请的有（　　　　）。

A. 甲对乙说："我正考虑卖掉家中祖传的一套家具。"

B. 丙对丁说："我打算把我的汽车卖掉，你有兴趣吗？"

C. 戊给己发微信称："愿以友情价将自己的电脑转让，若有意，可于 7 日内交付。"

D. 夏天，街边卖冰棍的小贩庚为了招揽顾客，大声吆喝："冰棍，清凉解暑的冰棍。"

E. 辛在某媒体上做广告，出售一台电脑，广告中注明："本广告所载商品售与最先支付现金的人。"

F. 壬跟其朋友癸 QQ 聊天时说："我不是太喜欢我现在住的房子，如果有人开价合理，我一定会把它卖掉。"

【解析】正确答案是 A、B、C、D、F。因为这些选项中的意思表示不明确、不具体、不肯定，所以属于要约邀请。选项 E 中的意思表示属于要约。尽管辛的广告是向不特定的公众发出的，但辛在广告中明确注明了"本广告所载商品售与最先支付现金的人"。这可以视为要约人特定化的条件，表明辛发出广告是希望与公众中的某个特定人而非许多人缔结合同，故该广告属于要约，而不是要约邀请。

3. 要约生效的时间

《民法典》规定，要约以对话方式作出的，相对人知道其内容时生效。要约以非对话方式作出的，到达相对人时生效。以非对话方式作出的采用数据电文形式的要约，相对人指定特定系统接收数据电文的，该数据电文进入该特定系统时生效；未指定特定系统的，相对人知道或者应当知道该数据电文进入其系统时生效。当事人对采用数据电文形式的要约的生效时间另有约定的，按照其约定。

4．要约的法律效力

要约的法律效力表现在以下两方面。

（1）对要约人的效力。此种拘束力又称为要约的形式拘束力，是指要约一经生效，要约人即受到要约的拘束，不得随意撤销或对受要约人随意加以限制、变更和扩张。

（2）对受要约人的效力。此种拘束力又称为要约的实质拘束力，即受要约人在要约生效时即取得依其承诺而成立合同的法律地位。具体表现在：要约生效以后，只有受要约人才享有对要约人作出承诺的权利，其他第三人不能作出承诺，第三人的承诺视为对要约人发出的要约，不具有承诺的效力。承诺是受要约人享有的权利，受要约人不负有承诺义务，即使要约人在要约中明确规定承诺人不作出意思表示即为承诺，对受要约人也不产生效力。

5．要约的撤回和撤销

要约撤回是指要约人在要约生效前，取消要约的意思表示。撤回要约的通知应当在要约到达受要约人前或者与要约同时到达受要约人。可见，要约撤回权的行使时间是以要约的生效时间为分割点，在要约生效之前，或在要约生效之时，要约可以撤回；而要约一旦生效，要约人的撤回权就消灭了。

要约撤销是指要约生效后，要约人取消要约使其效力归于消灭。撤销要约的意思表示以对话方式作出的，该意思表示的内容应当在受要约人作出承诺之前为受要约人所知道；撤销要约的意思表示以非对话方式作出的，应当在受要约人作出承诺之前到达受要约人。为了保护受要约人的利益，《民法典》规定以下两种情况的要约不得撤销。

（1）要约人以确定承诺期限或者其他形式明示要约不可撤销。这里的承诺期限是受要约人作出承诺的权利期间，也是要约的有效期间；这里的其他形式可以是在要约中规定要约的不可撤销性或在特定时间内不可撤销，也可以是以其他文字表明要约具有不可撤销性。

（2）受要约人有理由认为要约是不可撤销的，并已经为履行合同作了合理准备工作。首先，受要约人有理由认为要约是不可撤销的；其次，受要约人在发出承诺之前已经为履行合同作了合理准备工作，这里只要已经着手准备即可，不管准备是否充分。

6．要约的失效

要约的失效是指要约失去法律效力，要约人不再承受承诺的约束，受要约人也不再享有通过承诺使合同得以成立的权利。《民法典》规定了要约失效的几种情形：①要约被拒绝；②要约被依法撤销；③承诺期限届满，受要约人未作出承诺；④受要约人对要约的内容作出实质性变更。如果在受要约人作出的承诺通知中，并没有更改要约的实质性内容，只是对要约的非实质性内容予以变更，而要约人又没有及时表示反对，则此种承诺不应视为对要约的拒绝。如果要约人事先声明要约的任何内容都不得改变，则受要约人更改要约的非实质性内容，也会产生拒绝要约的效果。

（二）承诺

1．承诺的概念和构成要件

承诺是指受要约人同意接受要约的条件以缔结合同的意思表示。承诺一旦生效，合同即成立。承诺必须具备以下条件，才能产生法律效力。

（1）承诺必须由受要约人向要约人作出。受要约人是要约人选择的，只有受要约人才有资格作出承诺。第三人不是受要约人，是无资格向要约人作出承诺的；第三人作出承诺的，视为发出要约。当然，在某些意外情况下，基于法律规定和要约人发出的要约规定，任何第三人可以对要约人作出承诺，则要约人应当受到承诺的拘束。承诺是对要约人发出的要约所作的答复，因此只有向要约人作出承诺，才能导致合同成立。如果向要约人以外的其他人作出承诺，则只能视为对他人发出要约，不能产生承诺效力。

（2）承诺必须在规定的期限内到达要约人。承诺只有到达要约人时才能生效，而到达也必须具有一定的期限限制。如果要约规定了了承诺期限，则应当在规定的承诺期限内到达。

要约没有确定承诺期限的，承诺应当依照下列规定到达：①要约以对话方式作出的，应当即时作出承诺，但当事人另有约定的除外；②要约以非对话方式作出的，承诺应当在合理期限内到达。所谓合理期限，是指依通常情形可期待承诺到达的期间，一般包括要约到达受要约人的期间、受要约人作出承诺的期间、承诺通知到达要约人的期间。未能在合理期限内作出承诺并到达要约人，则无效。

要约以信件或者电报作出的，承诺期限自信件载明的日期或者电报交发之日开始计算。信件未载明日期的，自投寄该信件的邮戳日期开始计算。要约以电话、传真、电子邮件等快速通信方式作出的，承诺期限自要约到达受要约人时开始计算。

如果要约已经失效，承诺人也不能作出承诺。对失效的要约作出承诺，视为向要约人发出要约，不能产生承诺效力。如果超过规定的期限作出承诺，则视为承诺迟到，或称为逾期承诺。一般而言，逾期的承诺被视为一项新的要约。

（3）承诺的内容必须与要约的内容一致。承诺的内容与要约的内容一致是指受要约人必须同意要约的实质性内容，而不得对要约的内容作出实质性更改；否则，不构成承诺，应视为对原要约的拒绝并作出一项新的要约，或称为反要约。承诺可以更改要约的非实质性内容，如要约人未及时表示反对，则承诺有效。

（4）承诺的方式符合要约的要求。受要约人必须将承诺的内容通知要约人，但受要约人应采取何种通知方式，应根据要约的要求确定。如果要约规定承诺必须以一定的方式作出，否则承诺无效，那么承诺人作出承诺时，必须符合要约人规定的承诺方式，在此情况下，承诺的方式成为承诺生效的特殊要件。如果要约没有特别规定承诺的方式，则不能将承诺的方式作为有效承诺的特殊要求。根据《民法典》第四百八十条的规定，承诺应当以通知的方式作出；但是，根据交易习惯或者要约表明可以通过行为作出承诺的除外。也就是说，如果根据交易习惯或者要约的内容并不禁止以行为作出承诺，则受要约人可通过一定的行为作出承诺。以行为作出承诺，不同于单纯的缄默或不行动。缄默或不行动都是指受要约人没有作任何意思表示，也不能确定其具有承诺的意思，因此不属于承诺。

【例4-4】乙接到甲发出的电子邮件，电子邮件称："现有1 000吨红糖，每吨售价2 500元，如有意购买，请于6月1日前到我厂提货。"乙于是给甲回了电子邮件："我厂同意按你厂提出的条件购买红糖，并将于5月30日到你厂提货。"

请问：乙给甲发出的电子邮件是否属于承诺？

【解析】乙给甲发出的电子邮件是承诺，因为乙完全同意甲的要约内容。

2. 承诺生效的时间

以通知方式作出的承诺，生效的时间适用要约生效的时间的规定。承诺不需要通知的，根据交易习惯或者要约的要求作出承诺的行为时生效。

3. 承诺的法律效力

《民法典》第四百八十三条规定，承诺生效时合同成立，但是法律另有规定或者当事人另有约定的除外。

4. 承诺的撤回

承诺撤回是指承诺人在承诺发出之后、承诺生效前，通知要约人收回承诺，以取消承诺的意思表示。《民法典》第四百八十五条规定，承诺可以撤回，但撤回承诺的通知应当在承诺到达要约人前或者与承诺同时到达要约人。

承诺撤回是承诺人阻止承诺发生法律效力的一种行为，它是《民法典》规定的承诺消灭的唯一原因。撤回承诺应以通知的形式由承诺人向要约人发出，撤回通知应明确表明撤回承诺、不愿意成立合同的意思，否则不产生撤回承诺的效力。在承诺撤回通知的时间上，撤回承诺的通知应当先于或同时于承诺到达要约人，才能发生防止承诺生效的效果。实践中，承诺撤回一般只适用于书面形式的承诺，对于口头形式的承诺，一经发出就到达要约人，根本不存在撤回的时间可能。而对于电子数据方式的承诺，同样也不存在撤回的时间可能，因为承诺一经发出，对方的电子信箱就可以收到。

5. 承诺迟延

承诺迟延是指受要约人所作承诺未在承诺期限内到达要约人，包括以下两种情况。

（1）逾期承诺，是指受要约人在承诺期限届满后发出承诺而使承诺迟延，或者在承诺期限内发出承诺，按照通常情形不能及时到达要约人的承诺。逾期承诺不符合有效承诺的全部要件，不能发生承诺的法律效力。逾期承诺有两种效力：一是要约人及时通知承诺人，承认该承诺有效的，合同成立；二是如果要约人接到逾期承诺后未及时通知承诺人该承诺有效，就只能作为一个新要约，而不能认为是承诺。

（2）承诺迟到，是指受要约人在承诺期限内发出承诺，但因其他原因而使承诺迟到。承诺迟到与逾期承诺不同，逾期承诺是在发出时就已超出承诺期限或者在承诺期限内发出承诺但按照通常情形不能及时到达要约人的承诺，而承诺迟到是在承诺期限内发出，只是在到达要约人时超出承诺期限。《民法典》第四百八十七条规定，受要约人在承诺期限内发出承诺，按照通常情形能够及时到达要约人，但是因其他原因致使承诺到达要约人时超过承诺期限的，除要约人及时通知受要约人因承诺超过期限不接受该承诺外，该承诺有效。可见，在承诺迟到的情况下，要约人负有通知不接受承诺的义务，这必须具备三个要件：①承诺在要约确定的承诺期限内发出；②承诺非因受要约人原因在承诺期限内未到达要约人；③该承诺在承诺期限后到达要约人。要约人未及时通知受要约人承诺迟到并拒绝该承诺的，应认为承诺有效，承诺到达要约人之日合同成立。

6. 承诺的变更

承诺的内容应当与要约的内容一致，但严格要求承诺与要约完全一致，会在一定程度上限制合同的成立。为了鼓励交易，承诺可以在有限的程度上对要约内容进行变更而不影响承诺的效力。承诺对要约内容的变更有限制、有扩张，同时还包括形态变更、方法变更、内容变更。一般认为，承诺对要约的变更可分为实质性变更和非实质性变更两种。

（1）实质性变更。实质性变更要约的承诺实际上是受要约人对要约的否定，其实质为新要约，不产生成立合同的法律效力。要约的实质性内容应当是合同内容的主要部分。根据《民法典》第四百八十八条的规定，实质性变更要约内容是对有关合同标的、数量、质量、价款或者报酬、履行期限、履行地点和方式、违约责任和解决争议方法等要约内容的变更。就具体合同而言，影响当事人主要权利义务的并不仅仅是这几种情形，只要是实质性改变当事人权利义务的要约内容，均应作为实质性变更。

（2）非实质性变更。何谓非实质性变更，《民法典》对此没有具体规定，一般认为，是指《民法典》规定的实质性变更之外的承诺对要约内容的变更。非实质性变更要约内容的，除要约人表示反对或者表明承诺不得对要约作出任何变更的以外，该承诺有效，合同的内容以承诺的内容为准。

课堂讨论 4-2

甲商场是一家主要经营电器的商场。2020年6月20日，某电视机厂向甲商场发函称：愿以每台电视机2 400元的价格卖给甲商场300台某型号的电视机。甲商场回函：要以每台2 100

元的价格买 200 台电视机。电视机厂收到甲商场函后又发函称：愿以每台 2 200 元的价格卖给甲商场 200 台电视机，函到即发货。甲商场因对条件不满意，故未予理睬。6 月 30 日，该电视机厂将 200 台电视机运至甲商场，甲商场拒绝接收。后该电视机厂到法院起诉甲商场。

请问：甲商场与该电视机厂是否存在买卖电视机的合同？为什么？

（三）合同成立的时间和地点

1. 合同成立的时间

（1）承诺生效时合同成立。这是大部分合同成立的时间标准。但是，法律另有规定或者当事人另有约定的除外。

（2）当事人采用合同书形式订立合同的，自当事人均签名、盖章或者按指印时合同成立。在签名、盖章或者按指印之前，当事人一方已经履行主要义务，对方接受时，该合同成立。法律、行政法规规定或者当事人约定合同应当采用书面形式订立，当事人未采用书面形式，但是一方已经履行主要义务，对方接受时，该合同成立。

（3）当事人采用信件、数据电文等形式订立合同要求签订确认书的，签订确认书时合同成立。当事人一方通过互联网等信息网络发布的商品或者服务信息符合要约条件的，对方选择该商品或者服务并提交订单成功时合同成立，但是当事人另有约定的除外。

【例 4-5】甲公司与乙公司就一批货物的买卖进行磋商，甲公司在传真中表示，如达成协议，则以最终签订售货确认书为准。乙公司在接到甲公司的最后一份传真时认为，双方已就该笔买卖的价格、期限等主要问题达成一致，遂向甲公司开出信用证，但甲公司以不能接受信用证上注明的价格条件为由拒绝发货。下列表述符合法律规定的是（　　　）。

A. 合同不成立，甲公司有权拒绝发货

B. 合同不成立，甲公司有权拒绝发货，但应补偿乙公司相应的损失

C. 买卖合同已成立，甲公司应履行合同

D. 买卖合同已成立，但因未发生实际损失，甲公司不承担法律责任

【解析】正确答案为 A。本题涉及在采用确认书的情况下合同的成立时间。《民法典》第四百九十一条规定，当事人采用信件、数据电文等形式订立合同要求签订确认书的，签订确认书时合同成立。

课堂讨论 4-3

2021 年 4 月 30 日，甲以手机短信形式向乙发出购买一台笔记本电脑的要约，乙于当日回短信同意要约。但由于系统故障，甲于 5 月 3 日才收到乙的短信，并因个人原因于 5 月 8 日才阅读乙的短信，于 5 月 9 日回复乙"短信收到"。

请问：甲、乙之间的买卖合同于何时成立？

2. 合同成立的地点

由于合同订立方式的不同，合同成立地点的确定标准也不同。

（1）承诺生效的地点为合同成立的地点。这是大部分合同成立的地点标准。

（2）采用数据电文形式订立合同的，收件人的主营业地为合同成立的地点；没有主营业地的，其住所地为合同成立的地点。当事人另有约定的，按照其约定。

（3）当事人采用合同书形式订立合同的，最后签名、盖章或者按指印的地点为合同成立的地点，但是当事人另有约定的除外。

三、合同的内容与形式

（一）合同的内容

1. 合同条款

合同的内容，就是合同当事人的权利与义务，具体体现为合同的各项条款。根据《民法典》的规定，在不违反法律强制性规定的情况下，合同条款可以由当事人自由约定，但一般包括以下条款：①当事人的姓名或者名称和住所；②标的，即合同双方当事人权利义务所共同指向的对象；③数量；④质量；⑤价款或者报酬；⑥履行期限、地点和方式；⑦违约责任；⑧解决争议的方法。

2. 合同条款的解释

当事人对合同条款的理解有争议的，应当按照合同所使用的词句，结合相关条款、行为的性质和目的、习惯，以及诚信原则，确定争议条款的含义。合同文本采用两种以上文字订立并约定具有同等效力的，对各文本使用的词句推定具有相同含义。各文本使用的词句不一致的，应当根据合同的相关条款、性质、目的以及诚信原则等予以解释。

3. 合同的法律适用

涉外合同的当事人可以协议选择合同适用的法律。当事人没有选择的，适用履行义务最能体现该合同特征的一方当事人经常居所地法律或者其他与该合同有最密切联系的法律。在中华人民共和国境内履行的中外合资经营企业合同、中外合作经营企业合同、中外合作勘探开发自然资源合同，适用中华人民共和国法律。

4. 格式条款

格式条款是指一方当事人为了与不特定多数人订立合同重复使用而单方预先拟定，并在订立合同时不允许对方协商变更的条款。格式条款的适用可以简化签约程序，提高交易速度，减少交易成本。因此，并非格式条款就是不公平的。由于格式条款由一方当事人拟定，且在合同谈判中不容对方协商修改，条款内容难免有不公平之处。所以《民法典》对格式条款的效力及解释作了特别规定，以保证合同相对人的合法权益。

（1）采用格式条款订立合同的，提供格式条款的一方应当遵循公平原则确定当事人之间的权利和义务，并采取合理的方式提示对方注意免除或者减轻其责任等与对方有重大利害关系的条款，按照对方的要求，对该条款予以说明。提供格式条款的一方未履行提示或者说明义务，致使对方没有注意或者理解与其有重大利害关系的条款，对方可以主张该条款不成为合同的内容。

（2）有下列情形之一的，该格式条款无效：①具有《民法典》规定的民事法律行为无效的情形和《民法典》第五百零六条规定的免责条款无效的情形（造成对方人身损害的，因故意或者重大过失造成对方财产损失的）；②提供格式条款一方不合理地免除或者减轻其责任、加重对方责任、限制对方主要权利；③提供格式条款一方排除对方主要权利。

（3）对格式条款的理解发生争议的，应当按照通常理解予以解释。对格式条款有两种以上解释的，应当作出不利于提供格式条款一方的解释。格式条款和非格式条款不一致的，应当采用非格式条款。

课堂讨论 4-4

2021年4月28日，某商场推出多种促销活动来增加人气，并在商场的正门口贴横幅标语："从5月1日起至6月30日止，凡在本商场购物实行买一送一。"杨女士经过商场，选购了净含量5升的"金龙鱼"牌玉米油一桶，心想自家用一桶，另一桶送给父母。谁知商场只送净含量400毫升的"金龙鱼"牌玉米油一瓶。杨女士要求商场送同样的玉米油一桶，商场认为，"买一送一"就是选送一件商品，至于送什么商品由商场决定。杨女士认为这是欺诈，第二天就到人民法院起诉，要求该商场送同样的玉米油一桶。

请问：假如你是法官，应当如何处理此案？

5. 免责条款

免责条款是指合同当事人在合同中规定的排除或限制一方当事人未来责任的条款。基于合同自由原则，对双方当事人自愿订立的免责条款，尤其是事后订立的免责条款，法律原则上不加干涉。如事先约定的免责条款明显违反诚实信用原则及损害社会公共利益，则法律规定其为无效。《民法典》第五百零六条规定，合同中的下列免责条款无效：①造成对方人身损害的；②因故意或者重大过失造成对方财产损失的。

（二）合同的形式

合同的形式，是指合同当事人意思表示一致的外在表现形式。当事人订立合同，可以采取口头形式、书面形式或者推定形式。合同形式对于固定证据、警告当事人郑重其事、区分磋商与缔约均有重要意义。

1. 口头形式

口头形式是指当事人只用语言为意思表示订立合同，而不用文字表达协议内容的合同形式。口头形式的合同虽方便易行，但缺点是发生争议时难以举证确认责任。实践中，不能即时清结的合同和标的数额较大的合同，不宜采用这种形式。

2. 书面形式

根据《民法典》第四百六十九条的规定，书面形式是合同书、信件、电报、电传、传真等可以有形地表现所载内容的形式。以电子数据交换、电子邮件等方式能够有形地表现所载内容，并可以随时调取查用的数据电文，视为书面形式。

合同书，是指载有合同内容的文书。合同书必须由文字凭据组成，但并非一切文字凭据都是合同书的组成部分。成为合同书的文字凭据须符合以下要求：有某种文字凭据，当事人或其代理人在文字凭据上签字或盖章，文字凭据上载有合同权利义务。

书面形式的合同，需要双方当事人在合同文本上签字盖章。当事人若为自然人，签字或盖其名章均可。当事人若为法人，法定代表人签字即可，即使没有盖章，也受法律保护；其他人签字的，要么在合同文本上盖章，要么签字人向相对人出示法定代表人的授权委托书，否则，原则上法律不予保护。法人的章，要么是公章，要么是合同专用章。合同文本上，如果没有法定代表人的签名，仅盖有法人的分支机构（如某公司某项目经理部）的方章，合同不产生效力。

当事人采用合同书形式订立合同的，应当签字或盖章。当事人在合同书上摁手印的，人民法院应当认定其具有与签字或盖章同等的法律效力。

合同的书面形式也可以表现为信件，如不可撤销的保函、见索即付的保函、单方允诺的函件等。

合同的书面形式还可以表现为电报、电传、电子数据交换和电子邮件等数据电文。根据《中华人民共和国电子签名法》的规定，能够有效地表现所载内容，并可以随时调取查用的数据电文，视为符合法律、法规要求的书面形式。符合下列条件的数据电文，视为满足法律、法规规定的原件形式要求：①能够有效地表现所载内容并可供随时调取查用；②能够可靠地保证自最终形成时起，内容保持完整、未被更改，但是，在数据电文上增加背书以及数据交换、储存和显示过程中发生的形式变化不影响数据电文的完整性。符合下列条件的数据电文，视为满足法律、法规规定的文件保存要求：①能够有效地表现所载内容并可供随时调取查用；②数据电文的格式与其生成、发送或者接收时的格式相同，或者格式不相同但是能够准确表现原来生成、发送或者接收的内容；③能够识别数据电文的发件人、收件人以及发送、接收的时间。

3. 推定形式

当事人未以书面形式或者口头形式订立合同，但从双方从事的民事行为能够推定双方有订立合同意愿的，人民法院可以认定是以其他形式订立的合同。但是，法律另有规定的除外。此种情形为推定形式，如某商店安装自动售货机，顾客将规定的货币投入机器内，买卖合同即成立。

实务拓展	法务点拨
合同条款法律风险的防范	合同的风险审查

四、缔约过失责任

缔约过失责任是指在合同订立过程中，一方因违背诚实信用原则所尽的义务而致另一方信赖利益损失，依法应承担的民事责任。

根据《民法典》第五百条、第五百零一条的规定，当事人承担缔约过失责任的情形主要有以下四种。

（1）假借订立合同，恶意进行磋商。例如以订立合同为名，参观生产基地，或故意拖延谈判时间以争取更好的交易机会、条件等。

（2）故意隐瞒与订立合同有关的重要事实或者提供虚假情况。例如出具虚假资信证明，夸大自己的生产能力等。

（3）泄露或者不正当地使用当事人在订立合同过程中知悉的商业秘密或者其他应当保密的信息。在订立合同时，有时相互告知一些商业秘密或者其他应当保密的信息是达成合同所必需的。无论合同是否成立，都不得泄露对方的秘密，否则，要基于缔约过失责任或者《中华人民共和国反不正当竞争法》（以下简称《反不正当竞争法》）赔偿由此给对方造成的损失。

（4）有其他违背诚信原则的行为。实践中，主要包括：一方未尽通知、协助等义务，增加对方的缔约成本而给对方造成财产损失；一方未尽告知义务，而使对方遭受损失；一方未尽照顾、保护义务，造成对方人身或财产损害等。

缔约过失责任的形式是损害赔偿。缔约过失责任的赔偿对象，仅限于受害人信赖利益（而非履行利益）损失，而不包括因合同的成立和生效所获得的各种利益未能获得的损失。一般情况下，其具体范围主要包括以下三项内容。

（1）缔约费用，即当事人为签订合同而支付的差旅费、邮寄费等必要费用。

（2）准备履约所支付的费用，包括车辆租赁费、贷款利息以及为履约已经支付的其他一切必要费用。

（3）返还费用，如合同已经履行，因无效后不仅应当返还财产，而且仍需支付相应的费用。

此外，因一方的缔约过失可能使对方丧失了与第三人另订合同的机会，丧失了可能获得的利益，此为间接损失，通常不应赔偿。

在某些特定情况下，信赖利益损失除包括所受损失外，还包括所失利益，即因缔约过失而导致的缔约机会的损失。但对于信赖利益中所失利益的赔偿，必须限定在该利益是在可预见的范围内，且该损失与缔约过失之间有相当的因果关系。此外，对于信赖利益的赔偿应以不超过履行利益为限。

课堂讨论 4-5

甲公司与乙工厂洽商成立一个新公司，双方草签了合同，甲公司要将合同带回本部加盖公章。临行前，甲公司法定代表人提出，乙工厂须先征用土地并培训工人后，甲公司方在合同上盖章。乙工厂出资 1 000 万元征用土地并培训工人，在征地和培训工人近完成时，甲公司提出因市场行情变化，无力出资设立新公司，请求终止与乙工厂的合作。乙工厂遂起诉到人民法院。

请问：该案应如何处理？

第三节　合同的效力

依法成立的合同，自成立时生效，但是法律另有规定或者当事人另有约定的除外。合同效力是指法律赋予依法成立的合同具有拘束当事人各方乃至第三人的强制力，即通常所说的合同的法律效力。有效的合同对当事人具有法律约束力，法律予以保护；无效的合同不具有法律约束力。合同的效力主要表明国家运用特定的法律价值标准对当事人之间一致的意思表示的评判。在不同的国家、同一国家的不同时期，合同效力的评判标准和类型通常不同。合同的效力异于合同的成立，根据《民法典》的规定，合同效力主要有四种类型，即有效的合同、无效的合同、可撤销的合同以及效力待定的合同，具体如表4-2所示。

表4-2　合同效力的类型

类型	有效的合同	无效的合同	可撤销的合同	效力待定的合同
具备的条件	行为人具有相应的民事行为能力	无民事行为能力人订立的合同	因重大误解订立合同	限制民事行为能力人独立订立合同
	意思表示真实	行为人与相对人以虚假的意思表示订立合同	因欺诈而订立合同	
	不违反法律、行政法规的强制性规定，不违背公序良俗	行为人与相对人恶意串通，损害他人合法权益	因胁迫而订立合同	表见代理以外的欠缺代理权（含无权代理、自己代理和双方代理）而代理订立合同
	合同须具备法律所要求的形式	违反法律、行政法规的强制性规定	在订立合同时显失公平	
		违背公序良俗		
法律后果	有效的合同对当事人具有法律效力，能产生当事人预期的法律后果，当事人违约应承担违约责任	无法律约束力。合同被确认无效之后，将产生返还财产和赔偿损失等后果	被撤销之前，合同有效；被撤销之后，合同自始无法律约束力，将产生返还财产和赔偿损失等后果	合同已成立，但是否发生效力尚未确定，有待于其他行为或事实对其确定

各效力类型合同应具备的条件、产生的法律后果请参见第一章第三节"与经济法相关的基础知识"的相关阐述，此处不赘述。

课堂讨论 4-6

> 甲公司业务员刘宾未经公司同意，利用盖有公司公章的空白合同书与不知情的乙公司订立了一份买卖钢材的合同。乙公司按合同约定向甲公司交付钢材后，未得到价款。
>
> 请问：乙公司的债务应由谁承担？

知识拓展

合同成立与合同效力的关联

第四节 合同的履行

合同履行是指合同生效后，双方当事人按照合同约定的各项条款或者法律的规定，完成各自承担的义务和实现各自的权利，使双方当事人的合同目的得以实现的行为。合同的履行是生效合同所必然发生的法律行为，是实现合同利益的根本措施，也是合同关系消灭的正常原因，因此合同的履行是整个合同法律制度的核心内容。

实务拓展

企业表见代理行为的风险及防范

一、合同履行的原则

（一）合同履行的一般原则

1. 全面履行原则

当事人应当按照约定全面履行自己的义务。全面履行原则又叫适当履行原则或正确履行原则，是指合同当事人应在适当的时间、适当的地点，以适当的方式，按照合同中约定的数量和质量履行合同中约定的义务。这项原则包括三个方面的具体内容。一是履行主体适当，即当事人一般应亲自履行合同，不能由第三人代为履行，但当事人另有约定的除外。合同生效后，当事人不得因姓名、名称的变更或者法定代表人、负责人、承办人的变动而不履行合同义务。二是标的适当，即当事人交付的标的物、提供的工作成果、提供的劳动应符合合同约定或交易惯例。三是履行方式和地点适当，即当事人应按合同约定的数量、质量、品种等全面履行。

2. 诚实信用原则

当事人应当遵循诚实信用原则，根据合同的性质、目的和交易习惯履行通知、协助、保密等义务，履行合同约定之外的附随义务。附随义务是基于诚实信用原则而产生的一项合同义务，虽然当事人在合同中可能没有约定此义务，但任何合同的当事人在履行时都必须遵守。《民法典》规定的附随义务包括：①通知义务；②协助义务；③保密义务；④提供必要的条件；⑤防止损失扩大。

3. 绿色原则

绿色原则是指当事人在履行合同过程中，应当避免浪费资源、污染环境和破坏生态。

4. 情事变更原则

根据《民法典》第五百三十三条的规定，情事变更原则是指在合同有效成立以后，尚未履行完毕之前，合同的基础条件发生了当事人在订立合同时无法预见的、不属于商业风险的重大变化，继续履行合同对于当事人一方明显不公平的，受不利影响的当事人可以与对方重新协商；在合理期限内协商不成的，当事人可以请求人民法院或者仲裁机构变更或者解除合同。这项原则是诚实信用原则在合同履行中的应用。适用情事变更原则应符合以下几个条件。

（1）具有情事变更的客观事实。情事是指作为法律行为成立基础或环境的一切客观事实；变更是指情事在客观上发生了重大异常变动。而情事变更不仅包括交易和经济情况的变化，也包括非经济事实的变化。

（2）情事变更发生在合同成立生效以后，履行完毕以前。

（3）情事变更非当事人所能预见，不属于商业风险。

（4）情事变更不可归责于双方当事人。双方当事人对于情事变更没有过错，而不可归责于当事人的事由可分为不可抗力、意外事件和其他事件三种。

（5）因情事变更而使原合同的履行显失公平。情事变更发生后通常造成当事人之间的利益失衡，如果继续履行合同，就会对当事人一方明显有失公平，违反了诚实信用原则和公平原则。

从效力上看，情事变更原则主要体现在以下两个方面：①变更合同，从而使原合同在公平基础上得以履行；②解除合同，彻底消除显失公平现象。

（二）合同内容约定不明确时的履行原则

合同生效后，当事人就质量、价款或者报酬、履行地点等内容没有约定或者约定不明确的，可以协议补充；不能达成补充协议的，按照合同相关条款或者交易习惯确定。当事人就有关合同内容约定不明确，依据前述规定仍不能确定的，适用下列规定。

（1）质量要求不明确的，按照强制性国家标准履行；没有强制性国家标准的，按照推荐性国家标准履行；没有推荐性国家标准的，按照行业标准履行；没有国家标准、行业标准的，按照通常标准或者符合合同目的的特定标准履行。

（2）价款或者报酬不明确的，按照订立合同时履行地的市场价格履行；依法应当执行政府定价或者政府指导价的，依照规定履行。

（3）履行地点不明确，给付货币的，在接受货币一方所在地履行；交付不动产的，在不动产所在地履行；其他标的，在履行义务一方所在地履行。

（4）履行期限不明确的，债务人可以随时履行，债权人也可以随时请求履行，但是应当给对方必要的准备时间。

（5）履行方式不明确的，按照有利于实现合同目的的方式履行。

（6）履行费用的负担不明确的，由履行义务一方负担；因债权人原因增加的履行费用，由债权人负担。

（三）电子合同的履行原则

根据《民法典》第五百一十二条的规定，履行通过互联网等信息网络订立的电子合同时应遵循以下原则。

（1）电子合同的标的为交付商品并采用快递物流方式交付的，收货人的签收时间为交付时间。电子合同的标的为提供服务的，生成的电子凭证或者实物凭证中载明的时间为提供服务时间；前述凭证没有载明时间或者载明时间与实际提供服务时间不一致的，以实际提供服务的时间为准。

（2）电子合同的标的物为采用在线传输方式交付的，合同标的物进入对方当事人指定的特定系统且能够检索识别的时间为交付时间。

（3）电子合同当事人对交付商品或者提供服务的方式、时间另有约定的，按照其约定。

（四）执行政府定价或政府指导价合同的履行原则

根据《民法典》第五百一十三条的规定，执行政府定价或者政府指导价的，在合同约定的交付期限内政府价格调整时，按照交付时的价格计价。逾期交付标的物的，遇价格上涨时，按照原价格执行；价格下降时，按照新价格执行。逾期提取标的物或者逾期付款的，遇价格上涨时，按照新价格执行；价格下降时，按照原价格执行。

（五）向第三人履行和由第三人履行

根据《民法典》第五百二十二条、第五百二十三条、第五百二十四条的规定，向第三人履行和由第三人履行应遵循以下原则。

（1）当事人约定由债务人向第三人履行债务，债务人未向第三人履行债务或者履行债务不符合约定的，应当向债权人承担违约责任。

（2）法律规定或者当事人约定第三人可以直接请求债务人向其履行债务，第三人未在合理期限内明确拒绝，债务人未向第三人履行债务或者履行债务不符合约定的，第三人可以请求债务人承担违约责任；债务人对债权人的抗辩，可以向第三人主张。

（3）当事人约定由第三人向债权人履行债务，第三人不履行债务或者履行债务不符合约定的，债务人应当向债权人承担违约责任。

（4）债务人不履行债务，第三人对履行该债务具有合法利益的，第三人有权向债权人代为履行；但是，根据债务性质、按照当事人约定或者依照法律规定只能由债务人履行的除外。债权人接受第三人履行后，其对债务人的债权转让给第三人，但是债务人和第三人另有约定的除外。

【例4-6】甲、乙签订了一份合同，约定由丙向甲履行债务，但丙履行债务的行为不符合合同的约定，下列有关甲请求承担违约责任的表述正确的是（　　）。

A. 请求丙承担　　B. 请求乙承担　　C. 请求丙和乙共同承担　　D. 请求丙或乙承担

【解析】正确答案为B。本题涉及第三人代为履行合同的责任承担。《民法典》第五百二十三条规定："当事人约定由第三人向债权人履行债务，第三人不履行债务或者履行债务不符合约定的，债务人应当向债权人承担违约责任。"

（六）债务人提前履行债务或部分履行债务的处理原则

债权人可以拒绝债务人提前履行债务，但是提前履行不损害债权人利益的除外。债务人提前履行债务给债权人增加的费用，由债务人负担。债权人可以拒绝债务人部分履行债务，但是部分履行不损害债权人利益的除外。债务人部分履行债务给债权人增加的费用，由债务人负担。

二、双务合同履行中的抗辩权

所谓抗辩权，是指债务人根据法定事由对抗或拒绝债权人的请求权的权利，又称异议权。双务合同履行中的抗辩权，是指双务合同的一方当事人在法定条件下对抗另一方当事人的请求权，拒绝履行债务的权利。抗辩权主要包括同时履行抗辩权、先履行抗辩权和不安抗辩权，如表 4-3 所示。

表 4-3 双务合同履行中的抗辩权类型

类型	同时履行抗辩权	先履行抗辩权	不安抗辩权
适用条件	因同一双务合同互负债务	因同一双务合同互负债务	因同一双务合同互负债务
	双方所负的债务之间具有牵连性	由一方当事人先为履行	由一方当事人先为履行
	双方互负的债务均已届清偿期		
	对方未履行或未适当履行债务	先履行的一方不履行或不适当履行合同债务	先履行的一方有确切的证据证明另一方不能或不会作出对待履行
	对方的对待履行是可能履行的		
效力	延期的抗辩权；不具有消灭对方请求权的效力，而仅产生使对方请求权延期的效果	延期的抗辩权；随时阻止对方当事人请求权的行使	暂时中止合同的履行

当事人可以根据对方违约的不同情形，选择适用不同的抗辩权，以维护自己的合法权益。

（一）同时履行抗辩权

同时履行抗辩权是指双务合同的一方当事人在对方不履行合同义务或履行不符合约定时，依法对抗对方要求或否认对方权利主张的权利。

《民法典》第五百二十五条规定，当事人互负债务，没有先后履行顺序的，应当同时履行。一方在对方履行之前有权拒绝其履行请求。一方在对方履行债务不符合约定时，有权拒绝其相应的履行请求。

课堂讨论 4-7

2021 年 6 月 20 日，甲公司与乙公司签订 2 000 双某品牌运动鞋买卖合同。合同约定：甲公司向乙公司提供某款运动鞋 2 000 双，每双 150 元，甲公司于 2021 年 7 月 20 日之前送货至乙公司，乙公司付款 30 万元。2021 年 7 月 18 日，甲公司按约定将货物送到乙公司，乙公司此时只筹到 10 万元，要求甲公司将全部货物卸车交付，甲公司拒绝卸货，并将货物拉回。

请问：甲公司拒绝卸货并将货物拉回的行为合法吗？

（二）先履行抗辩权

先履行抗辩权又称顺序履行抗辩权，是指在双务合同中，约定有先后履行顺序的，负有先履行义务的一方当事人未依照合同约定履行债务，后履行义务的一方当事人可以依据对方的不履行行为，拒绝对方当事人请求履行的抗辩权。《民法典》第五百二十六条规定，当事人互负债务，有先后履行顺序，应当先履行债务一方未履行的，后履行一方有权拒绝其履行请求。先履行一方履行债务不符合约定的，后履行一方有权拒绝其相应的履行请求。

【例 4-7】甲、乙订立一份价款为 60 万元的钾肥买卖合同，约定甲先支付书款，乙两个月后交付钾肥。甲由于资金周转困难只交付 30 万元，答应余款尽快支付，但乙不同意。两个月后甲要求乙交付钾肥，遭乙拒绝。对此，下列表述正确的是（　　）。

    A. 乙对甲享有同时履行抗辩权

    B. 乙对甲享有不安抗辩权

    C. 乙有权拒绝交付全部钾肥

    D. 乙有权拒绝交付与 30 万元书款价值相当的部分钾肥

【解析】本题涉及合同履行过程中先履行抗辩权的行使。根据《民法典》第五百二十六条的规定，正确答案为 D。

（三）不安抗辩权

不安抗辩权又叫保证履行抗辩权，是指当事人互负债务，有先后履行顺序的，先履行的一方当事人有确切证据证明另一方当事人丧失履行债务能力时，有中止合同履行的权利。《民法典》第五百二十七条规定，应当先履行债务的当事人，有确切证据证明对方有下列情形之一的，可以中止履行：①经营状况严重恶化；②转移财产、抽逃资金，以逃避债务；③丧失商业信誉；④有丧失或者可能丧失履行债务能力的其他情形。

主张不安抗辩权的当事人没有确切证据中止履行的，应当承担违约责任。

当事人依法行使不安抗辩权中止履行的，应当及时通知对方。对方提供适当担保的，应当恢复履行。中止履行后，对方在合理期限内未恢复履行能力且未提供适当担保的，视为以自己的行为表明不履行主要债务，中止履行的一方可以解除合同并可以请求对方承担违约责任。

【例 4-8】甲、乙签订了一份买卖合同，双方约定由甲向乙提供一批生产用原材料，总货款为500 万元，甲最晚于 7 月底前供货，货到付款。6 月，甲从报纸上得知：乙为逃避债务私自转移财产，被法院依法查封扣押了财产。于是甲通知乙，在乙付款或提供担保前中止履行合同。甲行使的是什么权利？

【解析】甲行使的是不安抗辩权。根据合同法律制度规定，先履行的当事人一方有确切证据证明另一方丧失履行债务能力时，在对方没有履行或者没有提供担保之前，有权中止合同的履行，即有权行使不安抗辩权。本案中甲明确得知乙丧失了履行能力，于是依法行使了不安抗辩权。

三、合同履行过程中的保全措施

合同的保全是合同的一般担保，是指为了保护一般债权人不因债务人的财产不当减少而受损害，允许债权人干预债务人处分自己财产行为的法律制度。合同保全主要有代位权与撤销权。其中，代位权是针对债务人消极不行使自己债权的行为，撤销权则是针对债务人积极侵害债权人债权实现的行为。两者或者为了实现债务人的财产权利，或者为了恢复债务人的责任财产，从而确保债权人债权的实现。

（一）代位权

代位权是指因债务人怠于行使其债权或者与该债权有关的从权利，影响债权人的到期债权实现的，债权人可以向人民法院请求以自己的名义代位行使债务人对相对人的权利。

1. 代位权行使的条件

债权人提起代位权诉讼，应符合下列条件。

（1）债权人对债务人的债权合法，并且是非专属于债务人自身的债权。专属于债务人自身的债权，是指基于扶养关系、抚养关系、赡养关系、继承关系产生的给付请求权和劳动报酬、退休金、养老金、抚恤金、安置费、人寿保险、人身伤害赔偿请求权等权利。

（2）债务人怠于行使其到期债权，或者与该债权有关的从权利并对债权人造成损害。债务人怠于行使其到期债权或者与该债权有关的从权利并对债权人造成损害的，是指债务人不履行其对债权人的到期债务，又不以诉讼方式或者仲裁方式向其债务人主张其享有的具有金钱给付内容的到期债权，致使债权人的到期债权未能实现。可见，债务人只有以诉讼或仲裁的方式向次债务人主张权利，才不会构成怠于行使，而仅仅以私力救济方式主张权利，如直接向次债务人或其代理人主张权利，或者向民间调解委员会或行政机关请求处理，都属于怠于行使。实践中，只要债务人未履行对债权人的债务，债权人的债权未能实现，就可视为债权人的债权受到损害。

（3）债务人的债权已到期。只有债务人的债权已到期，债权人才能代债务人行使代位权，否则就会侵害次债务人的合法权益。

2. 代位权诉讼中的主体及司法管辖

在代位权诉讼中，债权人是原告，次债务人是被告，债务人为第三人。债权人行使代位权的必要费用由债务人负担。代位权诉讼由被告住所地人民法院管辖。

3. 代位权行使的法律后果

债权人向次债务人提起代位权诉讼经人民法院审理后认定代位权成立的，由次债务人向债权人履行清偿义务，即债权人对代位权行使的结果有优先受偿权。债权人行使代位权的请求数额超过债务人所负债务额或者超过次债务人对债务人所负债务额的，对超出部分人民法院不予支持。在代位权诉讼中，次债务人对债务人的抗辩权可以向债权人主张。

【例4-9】在甲、乙签订的合同中，甲为债权人，乙为债务人，甲对乙的债权为100万元。乙是丙的债权人，债权为200万元，乙因怠于行使其对丙的到期债权，致使甲的到期债权得不到清偿。甲是否可以行使代位权？如何行使？数额是多少？如果甲对乙的债权为200万元，乙对丙的债权为100万元，甲行使代位权的数额是多少？

【解析】甲可以行使代位权。甲可以向人民法院请求以自己的名义代位行使乙对丙的债权，甲请求的数额应该以其保全的债权为限，即只能请求丙向其清偿100万元。

如果甲对乙的债权为200万元，乙对丙的债权为100万元，则甲请求的数额应以乙对丙的债权数额为限，即只能请求丙向其清偿100万元。

（二）撤销权

撤销权是指债务人实施了减少财产行为并危及债权人债权实现时，债权人为保障自己的债权请求人民法院撤销债务人处分行为的权利。撤销权是一种法定权利，不需要当事人进行约定。撤销权是附随于债权的权利，债权转让时它随之转让，债权消灭时它也归于消灭。

1. 撤销权行使的条件

债权人行使撤销权，应当具备以下条件。

（1）债权人对债务人存在有效的债权。撤销权中债权人的债权不一定到期，债权人在任何时候发现债务人实施了可以被撤销的行为，都可以请求撤销。

（2）债务人实施了一定的处分财产的行为。《民法典》第五百三十八条、第五百三十九将可以撤销的债务人处分财产的行为限定在以下范围：①以放弃债权、放弃债权担保、无偿转让财产等方式无偿处分财产权益，或者恶意延长其到期债权的履行期限，影响债权人的债权实现的；②以明显不合理的低价转让财产、以明显不合理的高价受让他人财产或者为他人的债务提供担保，影响债权人的债权实现，债务人的相对人知道或者应当知道该情形的。其中第②种处分行为不但要求有客观上对债权人造成损害的事实，还要求有受让人知道的主观要件。这里应注意：①成为撤销权标的的一般只能是法律上的处分行为，并且是有效的民事法律行为，如果是事实上的处分行为或无效的民事法律行为，就不适用撤销权；②撤销权的标的行为，一般仅限于债务人的债权行为。

（3）债务人的处分行为有害于债权人债权的实现。这是能否行使撤销权的一个重要判断标准。若债务人实施减少其财产的处分行为，但其资力雄厚，足以清偿全部债权，债权人就不能行使撤销权。债务人的行为是否有害于债权，可从以下两方面判断：①损害的具体状态——这种损害，不但包括实际造成损害，而且包括可能造成损害；②损害的判断标准——只有在债务人的处分行为损害到其履行债务的能力时，才会导致对债权人的损害。根据"谁主张、谁举证"的原则，债权人撤销权构成要件的存在应由债权人举证，但为了便于债权人举证，以支付不能作为认定标准比较可取。

（4）债权人行使撤销权应以其债权为限。只要行使撤销权的结果能够使债权人的债权得以保全，使债权人的债权完全实现，债权人就不能再对债务人其他处分财产的行为行使撤销权。

（5）撤销权应在法定期间内行使。《民法典》第五百四十一条规定，撤销权自债权人知道或者应当知道撤销事由之日起1年内行使。自债务人的行为发生之日起5年内没有行使撤销权的，该撤销权消灭。此处的"5年"属于除斥期间的规定，不适用时效的中止、中断、延长的规定。

当债务人的处分行为符合上述条件时，债权人可以请求人民法院撤销债务人的处分行为。撤销权的行使范围以债权人的债权为限。

2. 撤销权诉讼中的主体与管辖

撤销权必须通过诉讼程序行使。在诉讼中，债权人为原告，债务人为被告，受益人或受让人为第三人。撤销权诉讼由被告住所地人民法院管辖。债权人行使撤销权所支付的律师代理费、差旅费等必要费用，由债务人负担；第三人有过错的，应当适当分担。

3. 撤销权行使的法律后果

债权人向人民法院主张撤销权胜诉的，债务人的处分行为即归于无效，受益人应当返还从债务人处获得的财产。但债权人就撤销权行使的结果并无优先受偿权。

第五节　合同的担保

一、合同担保概述

（一）担保的概念与特征

一般认为，担保是指法律规定或者当事人约定的确保债务人履行债务，保障债权人的债权得以实现的法律措施。担保具有以下法律特征。

（1）从属性。担保合同是主债权债务合同的从合同。主债权债务合同无效，则担保合同无效，但是法律另有规定的除外。担保合同被确认无效时，债务人、担保人（保证人）、债权人有过错的，应当根据其过错各自承担相应的民事责任。所谓担保合同，是指为促使债务人履行其债务，保障债权人的债权得以实现，而在债权人（同时也是担保权人）和债务人之间，或在债权人、债务人和第三人（即担保人）之间协商形成的，当债务人不履行或无法履行债务时，以一定方式保证债权人债权得以实现的协议。担保合同旨在明确担保权人和担保人之间的权利、义务关系，保障债权人的债权得以实现。《民法典》规定："设立担保物权，应当依照本法和其他法律的规定订立担保合同。担保合同包括抵押合同、质押合同和其他具有担保功能的合同。"

（2）补充性。担保对债权人权利的实现仅具有补充作用，在主债权债务关系因适当履行而正常终止时，担保人并不实际履行担保义务。只有在主债务不能得到履行时，补充的义务才需要履行，使主债权得以实现，因此担保具有补充性，连带责任保证除外。

（二）担保的方式

传统认为，典型的担保方式包括保证、定金、抵押、质押、留置。实践中，所有权保留、融资租赁、保理也具有担保功能，作为非典型担保保障特定债权的实现。

知识拓展

非典型担保

在立法体例上，《民法典》未汇总讲述担保的内容，而是根据不同担保类型的特性，将其分布于不同章节。《民法典》"第二编　物权""第三编　合同"的相应章节分别规定了担保物权（抵押、质押、留置）、保证、定金；《民法典》"第三编　合同"的相应章节规定了具有担保功能的相关合同。本节主要阐述保证、定金和担保物权。

《民法典》规定，第三人为债务人向债权人提供担保的，可以要求债务人提供反担保。反担保适用《民法典》和其他法律的规定。所谓的反担保，是指为了换取担保人提供保证、抵押或质押等担保方式，而由债务人或第三人向该担保人提供的担保，该担保相对于原担保被称为反担保。反担保人可以是债务人，也可以是债务人之外的其他人。反担保方式可以是债务人提供的抵押或者质押，也可以是其他人提供的保证、抵押或者质押。留置和定金不能作为反担保方式。在债务人自己向原担保人提供反担保的场合，保证不得作为反担保方式。

（三）共同担保中担保责任的承担

在同一债权上既有保证又有物的担保的，属于共同担保。《民法典》第三百九十二条规定，被担保的债权既有物的担保又有人的担保的，债务人不履行到期债务或者发生当事人约定的实现担保物权的情形，债权人应当按照约定实现债权；没有约定或者约定不明确，债务人自己提供物的担保的，债权人应当先就该物的担保实现债权；第三人提供物的担保的，债权人可以就物的担保实现债权，也可以请求保证人承担保证责任。提供担保的第三人承担担保责任后，有权向债务人追偿。

据此，物的担保和保证并存时，如果债务人不履行债务，则根据下列规则确定当事人的担保责任承担。①根据当事人的约定确定承担责任的顺序。②没有约定或者约定不明确的，如果保证与债务人提供的物的担保并存，则债权人先就债务人的物的担保求偿。保证在物的担保不足清偿时承担补充清偿责任。③没有约定或者约定不明确的，如果保证与第三人提供的物的担保并存，则债权人可以就物的担保实现债权，也可以要求保证人承担保证责任。根据该规定，第三人提供物的担保的，保证与物的担保居于同一清偿顺序，债权人既可以要求保证人承担保证责任，也可以对担保物行使担保物权。④没有约定或者约定不明确的，如果保证与第三人提供的物的担保并存，其中一人承担了担保责任，则只能向债务人追偿，不能向另一个担保人追偿。

二、具体的典型合同担保方式

（一）保证

1. 保证的概念

保证是指第三人和债权人约定，当债务人不履行其债务时，该第三人按照约定履行债务或者承担责任的担保方式。第三人被称作保证人；债权人既是主债的债权人，也是保证合同中的债权人。保证是保证人与债权人之间的合同关系。

2. 保证合同

保证合同是为保障债权的实现，保证人和债权人约定，当债务人不履行到期债务或者发生当事人约定的情形时，保证人履行债务或者承担责任的合同。保证合同是一种典型的单务合同、无偿合同、诺成合同和要式合同。

保证合同的内容一般包括被保证的主债权的种类、数额，债务人履行债务的期限，保证的方式、范围和期间等条款。保证合同可以是单独订立的书面合同，也可以是主债权债务合同中的保证条款。

保证合同是主债权债务合同的从合同。主债权债务合同无效，则保证合同无效，但是法律另有规定的除外。保证合同被确认无效后，债务人、保证人、债权人有过错的，应当根据其过错各自承担相应的民事责任。

在实践中，需要注意的是：①保证人在债权人与被保证人签订的订有保证条款的主合同上，以保证人身份签字或者盖章的，保证合同成立；②第三人单方以书面形式向债权人作出保证，债权人接收且未提出异议的，保证合同成立；③主合同中虽然没有保证条款，但保证人在主合同上以保证人的身份签字或者盖章的，保证合同成立。

3. 保证人

保证合同当事人为保证人和债权人。债权人可以是一切享有债权之人，也可以是自然人、法人或非法人组织。自然人、法人或者非法人组织均可以为保证人，保证人也可以为两人以上。但法律对保证人仍有相应的限制，这些限制主要如下。

（1）主债务人不得同时为保证人。如果主债务人同时为保证人，意味着其责任财产未增加，保证落空。

（2）机关法人不得为保证人，但是经国务院批准为使用外国政府或者国际经济组织贷款进行转贷的除外。

（3）以公益为目的的非营利法人、非法人组织不得为保证人。

（4）《民法典》不禁止营利法人的分支机构及职能部门作为保证人。实践中，分支机构以自己的名义作为保证人，产生的民事责任由法人承担；也可以先以该分支机构管理的财产承担，不足以承担的，由法人承担。

（5）保证人必须有代为清偿债务的能力。不具有完全代偿能力的主体，只要以保证人身份订立保证合同后，就应当承担保证责任。

4. 保证方式

根据保证人承担责任方式的不同，可以将保证分为一般保证和连带责任保证。所谓一般保证，是指当事人在保证合同中约定，债务人不能履行债务时，由保证人承担保证责任的保证。所谓连带责任保证，是指当事人在保证合同中约定保证人和债务人对债务承担连带责任的保证。连带责任保证的债务人不履行到期债务或者发生当事人约定的情形时，债权人可以请求债务人履行债务，也可以请求保证人在其保证范围内承担保证责任。

如果当事人在保证合同中对保证方式没有约定或者约定不明确，按照一般保证承担保证责任。这两种保证之间最大的区别在于保证人是否享有先诉抗辩权，一般保证的保证人享有先诉抗辩权，连带责任保证的保证人则不享有先诉抗辩权。

所谓先诉抗辩权，是指一般保证的保证人在主合同纠纷未经审判或者仲裁，并就债务人财产依法强制执行仍不能清偿前，拒绝向债权人承担保证责任的权利。所谓不能清偿，是指对债务人的存款、现金、有价证券、成品、半成品、原材料、交通工具等可以执行的动产和其他方便执行的财产执行完毕后，债务仍未能得到清偿。但有下列情形之一的，保证人不得行使先诉抗辩权：①债务人下落不明，且无财产可供执行；②人民法院已经受理债务人破产案件；③债权人有证据证明债务人的财产不足以履行全部债务或者丧失履行债务能力；④保证人书面表示放弃先诉抗辩权的。

实践中，一般保证的保证人在主债权履行期间届满后，向债权人提供债务人可供执行财产的真实情况，债权人放弃或者怠于行使权利致使该财产不能被执行的，保证人在其提供可供执行财产的价值范围内免除保证责任。

课堂讨论 4-8

甲向乙借款 50 万元，乙请求甲提供担保，甲分别找到朋友丙、丁、戊、庚，他们各自作出以下表示，其中构成保证的是（　　）。

A. 丙在甲向乙出具的借据上签署"保证人丙"

B. 丁向乙出具字据称"如果甲到期不向乙还款，本人愿代还 3 万元"

C. 戊向乙出具字据称"如果甲到期不向乙还款，由本人负责"

D. 庚向乙出具字据称"如果甲到期不向乙还款，由本人以某处房产抵债"

5. 保证责任

（1）保证责任的范围。保证担保的责任范围包括主债权及其利息、违约金、损害赔偿金和实现债权的费用。当事人另有约定的，按照其约定。

（2）主债权债务合同变更与保证责任承担。债权人和债务人未经保证人书面同意，协商变更主债权债务合同内容，减轻债务的，保证人仍对变更后的债务承担保证责任；加重债务的，保证人对加重的部分不承担保证责任。债权人和债务人变更主债权债务合同的履行期限，未经保证人书面同意的，保证期间不受影响。

（3）主债权债务合同转让与保证责任承担。债权人转让全部或者部分债权，未通知保证人的，该转让对保证人不发生效力。保证人与债权人约定禁止债权转让，债权人未经保证人书面同意转让债权的，保证人对受让人不再承担保证责任。

债权人未经保证人书面同意，允许债务人转移全部或者部分债务，保证人对未经其同意转移的债务不再承担保证责任，但是债权人和保证人另有约定的除外。第三人加入债务的，保证人的保证责任不受影响。

（4）保证期间与保证债务的诉讼时效。保证期间是确定保证人承担保证责任的期间，性质上属于除斥期间，不发生中止、中断和延长。债权人与保证人可以约定保证期间，但是约定的保证期间早于主债务履行期限或者与主债务履行期限同时届满的，视为没有约定；没有约定或者约定不明确的，保证期间为主债务履行期限届满之日起 6 个月。债权人与债务人对主债务履行期限没有约定或者约定不明确的，保证期间自债权人请求债务人履行债务的宽限期届满之日起计算。

债权人没有在保证期间主张权利的，保证人免除保证责任。主张权利的方式在一般保证中表现为对债务人提起诉讼或者申请仲裁，在连带责任保证中表现为向保证人请求承担保证责任。

一般保证的债权人在保证期间届满前对债务人提起诉讼或者申请仲裁的，从保证人拒绝承担保证责任的权利消灭之日起，开始计算保证债务的诉讼时效。连带责任保证的债权人在保证期间届满前请求保证人承担保证责任的，从债权人请求保证人承担保证责任之日起，开始计算保证债务的诉讼时效。

（5）保证人的抗辩权与保证责任的承担。抗辩权是指债权人行使债权时，债务人根据法定事由对抗债权人行使请求权的权利。保证人可以主张债务人对债权人的抗辩。债务人放弃抗辩的，保证人仍有权向债权人主张抗辩。债务人对债权人享有抵销权或者撤销权的，保证人可以在相应范围内拒绝承担保证责任。

（6）保证责任与共同担保。在同一债权上既有保证又有物的担保的，属于共同担保。该种情形下，保证人应依据《民法典》第三百九十二条的规定承担保证责任。

（7）保证人的追偿权。保证人承担保证责任后，除当事人另有约定外，有权在其承担保证责任的范围内向债务人追偿，享有债权人对债务人的权利，但是不得损害债权人的利益。

【例4-10】甲承租乙的设备，双方就租金问题协商后，甲向乙出具欠条一张，注明于2019年10月底前还款，若逾期则由丙支付。丙也在该欠条上签字同意担保。还款期满后，甲未向乙还款，乙也未向甲主张权利。直至2020年6月，乙诉至人民法院要求丙承担保证责任。法院一审判决驳回原告的诉讼请求。

请问：（1）本案债务的保证期间是多长？自何时起至何时止？（2）法院的一审判决是否合法？

【解析】（1）根据《民法典》第六百九十二条的规定，债权人与保证人没有约定或者约定不明确的，保证期间为主债务履行期限届满之日后6个月。本案的保证期间应自2019年11月1日起至2020年4月30日止。（2）法院的一审判决合法。因为原告起诉的时间（2020年6月）超过了保证期间，原告乙也未在保证期间内请求保证人丙承担保证责任，所以丙的保证责任依法应予免除。

（二）定金

定金是指合同当事人约定一方向对方给付一定数额的货币作为债权的担保。债务人履行债务的，定金应当抵作价款或者收回。给付定金的一方不履行债务或者履行债务不符合约定，致使不能实现合同目的的，无权请求返还定金；收受定金的一方不履行债务或者履行债务不符合约定，致使不能实现合同目的的，应当双倍返还定金。实践中，当事人一方不完全履行合同的，应当按照未履行部分所占合同约定内容的比例，适用定金罚则。

定金应当以书面形式约定，当事人在定金合同中应当约定交付定金的期限。定金合同自实际交付定金时成立。定金的数额由当事人约定，但是，不得超过主合同标的额的20%，超过部分不产生定金的效力。实际交付的定金数额多于或者少于约定数额的，视为变更约定的定金数额。

当事人既约定违约金，又约定定金的，一方违约时，对方可以选择适用违约金或者定金条款。定金不足以弥补一方违约造成的损失的，对方可以请求赔偿超过定金数额的损失。

实践中，一般认为，当事人约定以交付定金作为订立合同担保的，给付定金的一方拒绝订立主合同时，无权请求返还定金；收受定金的一方拒绝订立合同时，应当双倍返还定金。当事人约定以交付定金作为主合同成立或者生效要件的，给付定金的一方未支付定金，但主合同已经履行或者已经履行主要部分的，不影响主合同的成立或者生效。

定金交付后，交付定金的一方可以按照合同的约定以丧失定金为代价而解除主合同，收受定金的一方可以以双倍返还定金为代价而解除主合同。

因不可抗力、意外事件致使主合同不能履行的，不适用定金罚则。因合同关系以外第三人的过错，致使主合同不能履行的，适用定金罚则。受定金处罚的一方当事人，可以依法向第三人追偿。

（三）抵押

1. 抵押的概念与特征

抵押是指为担保债务的履行，债务人或者第三人不转移财产的占有，将该财产抵押给债权人的，当债务人不履行到期债务或者发生当事人约定的实现抵押权的情形时，债权人有权就该财产优先受偿。抵押中提供财产担保的债务人或者第三人为抵押人，债权人为抵押权人，不转移占有、用于担保的财产为抵押财产（也称抵押物）。

作为担保物权的一种，抵押权具有以下特征。

（1）抵押权具有从属性。担保合同是主债权债务合同的从合同。主债权债务合同无效，则担保合同无效，但法律另有规定的除外。抵押权不得与债权分离而单独转让或者作为其他债权的担保。债权转让的，担保该债权的抵押权一并转让，但法律另有规定或者当事人另有约定的除外。

（2）抵押权具有不可分性。抵押权的不可分性是指其所担保的债权的债权人可以就抵押物的全部行使权利。实践中，第三人提供抵押，未经其书面同意，债权人允许债务人转移全部或者部分债务的，抵押人不再承担相应的担保责任。

（3）抵押权具有物上代位性。在担保期间，担保财产毁损、灭失或者被征收等，担保物权人可以就获得的保险金、赔偿金或者补偿金等优先受偿。被担保债权的履行期未届满的，也可以提存该保险金、赔偿金或者补偿金等。

（4）抵押权是不移转标的物占有的担保物权。是否移转标的物的占有是抵押权与质权的重要区别。抵押权的设定不适用移转的公示方法，而须以登记或其他方法进行公示。

2. 抵押权的设定

（1）抵押权设定方式。抵押权的设定应当由双方签订抵押合同。抵押合同应当采用书面形式，内容一般包括下列条款：被担保债权的种类和数额；债务人履行债务的期限；抵押财产的名称、数量等情况；担保的范围。

抵押权人在债务履行期限届满前，与抵押人约定债务人不履行到期债务时抵押财产归债权人所有的，只能依法就抵押财产优先受偿。

（2）抵押物。抵押物又称为抵押财产，它是抵押权的标的物，是指抵押人用以设定抵押权的财产。根据《民法典》的规定，可以作为抵押物的财产如下。①建筑物和其他土地附着物。地上定着物包括尚未与土地分离的农作物，但当事人以农作物和与其尚未分离的土地使用权同时抵押的，土地使用权部分的抵押无效。因为种植农作物的土地属于耕地的范畴，根据法律规定，不属于可以抵押的财产。②建设用地使用权。对于建筑物和建设用地使用权的抵押，结合《民法典》的规定，要注意以下几点。第一，以建筑物抵押的，该建筑物占用范围内的建设用地使用权同时抵押。以建设用地使用权抵押的，该土地上的建筑物一并抵押。抵押人未依据前述规定一并抵押的，未抵押的财产视为一并抵押。第二，建设用地使用权抵押后，该土地上新增的建筑物不属于抵押财产。该建设用地使用权实现抵押权时，应当将该土地上新增的建筑物与建设用地使用权一并处分。但是，新增建筑物所得的价款，抵押权人无权优先受偿。第三，乡镇、村企业的建设用地使用权不得单独抵押。以乡镇、村企业的厂房等建筑物抵押的，其占用范围内的建设用地使用权一并抵押。③海域使用权。④生产设备、原材料、半成品、产品。经当事人书面协议，企业、个体工商户、农业生产经营者可以将现有的以及将有的生产设备、原材料、半成品、产品抵押，债务人不履行到期债务或者发生当事人约定的实现抵押权的情形，债权人有权就抵押财产确定时的动产优先受偿。基于《民法典》第四百一十一条的规定，该抵押财产自下列情形之一发生时确定：债务履行期限届满，债权未实现；抵押人被宣告破产或者解散；当事人约定的实现抵押权的情形；严重影响债权实现的其他情形。⑤正在建造的建筑物、船舶、航空器。实践中，依法获准尚未建造的或者正在建造的房屋或者其他建筑物，当事人办理了抵押物登记的，也可以依法成为抵押物。⑥交通运输工具。⑦法律、行政法规未禁止抵押的其他财产。

抵押人可以将前述第①项至第⑦项所涉及的财产一并抵押。

根据《民法典》的规定，下列财产不得抵押。①土地所有权。在我国，土地归国家所有和集体所有，不能作为私人财产。土地所有权不得抵押，不能以国家或集体所有的土地抵押，否则抵押合同无效。②宅基地、自留地、自留山等集体所有土地的使用权，但是法律规定可以抵押的除外。这里的例外主要包括以下情形。第一，根据《民法典》第三百四十二条的规定，通过招标、拍卖、公开协商等方式承包农村土地，经依法登记取得权属证书的，可以依法抵押土地经营权。第二，根据《民法典》第三百九十八条的规定，乡镇、村企业的建设用地使用权不得单独抵押。以乡镇、村企业的厂房等建筑物抵押的，其占用范围内的建设用地使用权一并抵押。《民法典》第四百一十八条规定，以集体所有土地的使用权依法抵押的，实现抵押权后，未经法定程序，不得改变土地所有权的性质和土地用途。③学校、幼儿园、医疗机构等为公益目的成立的非营利法人的教育设施、医疗卫生设施和其他公益设施。实践中，如果学校、幼儿园、医疗机构等为公益目的成立的非营利法人，以其教育设施、医疗卫生设施和其他社会公益设施以外的财产为自身债务设定抵押的，人民法院可以认定抵押有效。④所有权、使用权不明或者有争议的财产。所有权、使用权不明或者有争议的财产，无法确定抵押人是否有处分权，因此不得抵押。⑤依法被查封、扣押、监管的财产。已经设定抵押的财产被采取查封、扣押等财产保全或者执行措施的，不影响抵押权的效力。⑥法律、行政法规规定不得抵押的其他财产，如以法定程序确认为违法、违章的建筑物。

（3）抵押登记。抵押登记的效力有两种情形。

第一，登记是抵押权的设立条件。《民法典》第四百零二条规定，以建筑物和其他土地附着物、建设用地使用权、海域使用权、正在建造的建筑物抵押的，应当办理抵押登记。抵押权自登记时设立。

实践中，以登记作为设立条件的抵押应当注意以下几个问题。①对上述财产进行抵押的，必须履行登记手续，才能设立抵押权。②抵押物登记记载的内容与抵押合同约定的内容不一致的，以登记记载的内容为准。③对上述财产设定抵押，如果当事人未办理登记，虽然抵押权没有设立，但是抵押合同已经生效。④以尚未办理权属证书的财产抵押的，只要当事人在一审法庭辩论终结前能够提供权利证书或者补办登记手续，法院可以认定抵押有效。

第二，登记为对抗第三人的效力。《民法典》第四百零三条规定，以动产抵押的，抵押权自抵押合同生效时设立；未经登记，不得对抗善意第三人。因此，以动产（包括但不限于生产设备、原材料、半成品、产品，正在建造的船舶、航空器，交通运输工具等）设定抵押，当事人是否进行抵押登记，不影响抵押权的设立。

同时，以动产抵押的，不得对抗正常经营活动中已经支付合理价款并取得抵押财产的买受人。

【例4-11】甲向乙借款8万元办加工厂，乙要求甲以其新购置的一辆轿车作为抵押，甲同意后，双方签订了借款合同，约定：如果甲到期无法偿还，乙可将其轿车变卖后受偿。合同签订后，双方并未到车管所办理抵押物登记。后甲因加工厂倒闭，无力偿还乙的借款，又恐乙廉价变卖轿车使其遭受更大损失，遂将其轿车卖给丙。乙得知后，向人民法院起诉，请求人民法院从丙处追回轿车变卖受偿。

请问：甲、乙双方订立的抵押合同效力如何？乙能否就甲的轿车优先受偿？

【解析】根据《民法典》第四百零三条的规定，以动产抵押的，抵押权自抵押合同生效时设立；未经登记，不得对抗善意第三人。本案中，甲乙双方没有办理车辆抵押登记，虽不影响抵押权的设立，但不得对抗善意第三人丙。因此，乙不能就甲的轿车优先受偿，也无权请求人民法院从丙处追回轿车。

3. 抵押权的效力

抵押权的效力主要体现为抵押关系当事人的权利义务。

（1）抵押人的权利。抵押人的权利主要如下。

① 抵押物的占有权。抵押设定以后，除法律和合同另有约定以外，抵押人有权继续占有抵押物，并有权取得抵押物的孳息。因此，原则上抵押权的效力不及于抵押物的孳息。但是，债务人不履行到期债务或者发生当事人约定的实现抵押权的情形，致使抵押财产被人民法院依法扣押的，自扣押之日起，抵押权人有权收取该抵押财产的天然孳息或者法定孳息，但抵押权人未通知应当清偿法定孳息的义务人的除外。

② 抵押人对抵押物的收益权。抵押权设立前，抵押财产已经出租并转移占有的，原租赁关系不受该抵押权的影响。抵押权设立以后，抵押人有权将抵押物出租。实践中，抵押人将已抵押的财产出租时，如果抵押人未书面告知承租人该财产已抵押，抵押人对出租抵押物造成承租人的损失承担赔偿责任；如果抵押人已书面告知承租人该财产已抵押，抵押权实现造成承租人的损失，由承租人自己承担。抵押人将已抵押的财产出租的，抵押权实现后，租赁合同对受让人不具有约束力。

③ 抵押人对抵押物设定多项抵押的权利。抵押人可以就同一抵押物设立多个抵押权，但不得超出余额部分。在同一抵押物设立多个抵押权时，各个抵押权人应按照法律规定的顺序行使抵押权。

④ 抵押人对抵押物的处分权。抵押设定以后，抵押人并不丧失对抵押物的所有权。抵押期间，抵押人可以依法处分（包括但不限于转让、继承、赠与等）抵押物，抵押权不受影响。实践中，应注意以下三点。第一，抵押期间，当事人对转让抵押财产另有约定的，按照其约定。第二，抵押人转让抵押财产的，应当及时通知抵押权人。抵押权人能够证明抵押财产转让可能损害抵押权的，可以请求抵押人将转让所得的价款向抵押权人提前清偿债务或者提存。转让的价款超过债权数额的部分归抵押人所有，不足部分由债务人清偿。第三，抵押权不得与债权分离而单独转让或者作为其他债权的担保。债权转让的，担保该债权的抵押权一并转让，但是法律另有规定或者当事人另有约定的除外。

（2）抵押人的义务。抵押人的主要义务是妥善保管抵押物。抵押人的行为足以使抵押财产价值减少的，抵押权人有权请求抵押人停止其行为；抵押财产价值减少的，抵押权人有权请求恢复抵押财产的价值，或者提供与减少的价值相应的担保。抵押人既不恢复抵押财产的价值也不提供担保的，抵押权人有权请求债务人提前清偿债务。

（3）抵押权人的权利。抵押权人的权利主要如下。

① 保全抵押物。在抵押期间，抵押权人虽未实际占有抵押物，但法律为了保障抵押权人的利益，赋予其保全抵押物的权利。如果抵押物受到抵押人或第三人的侵害，抵押权人有权请求停止侵害、恢复原状、赔偿损失。如果抵押人的行为使抵押物价值减少，抵押权人有权请求抵押人恢复抵押物的价值，或者提供与减少的价值相当的担保。

② 放弃抵押权或者变更抵押权的顺位。《民法典》规定，抵押权人可以放弃抵押权或者抵押权的顺位。抵押权人与抵押人可以协议变更抵押权顺位以及被担保的债权数额等内容。但是，抵押权的变更未经其他抵押权人书面同意的，不得对其他抵押权人产生不利影响。债务人以自己的财产设定抵押，抵押权人放弃该抵押权、抵押权顺位或者变更抵押权的，其他担保人在抵押权人丧失优先受偿权益的范围内免除担保责任，但是其他担保人承诺仍然提供担保的除外。

③ 优先受偿权。在债务人不履行到期债务或者发生当事人约定的实现抵押权的情形时，抵押权人可以与抵押人协议以抵押财产折价或者以拍卖、变卖该抵押财产所得的价款优先受偿。抵押期间，抵押财产毁损、灭失或者被征收等，抵押权人可以就获得的保险金、赔偿金或者补偿金等优先受偿。被担保债权的履行期限未届满的，也可以提存该保险金、赔偿金或者补偿金等。

抵押权人与抵押人未就抵押权实现方式达成协议的，抵押权人可以请求人民法院拍卖、变卖抵押财产。抵押物折价或者拍卖、变卖该抵押物的价款不足清偿债权的，不足清偿的部分由债务人按普通债权清偿。

4. 抵押权的实现

根据《民法典》的规定，担保物权的担保范围包括主债权及其利息、违约金、损害赔偿金、保管担保财产和实现担保物权的费用。当事人另有约定的，按照其约定。

债务人不履行到期债务或者发生当事人约定的实现抵押权的情形，抵押权人可以与抵押人协议以抵押财产折价或者以拍卖、变卖该抵押财产所得的价款优先受偿。协议损害其他债权人利益的，其他债权人可以请求人民法院撤销该协议。抵押权人与抵押人未就抵押权实现方式达成协议的，抵押权人可以请求人民法院拍卖、变卖抵押财产。抵押财产折价或者变卖的，应当参照市场价格。

债务人不履行到期债务或者发生当事人约定的实现抵押权的情形，致使抵押财产被人民法院依法扣押的，自扣押之日起，抵押权人有权收取该抵押财产的天然孳息或者法定孳息，但是抵押权人未通知应当清偿法定孳息义务人的除外。前述规定的孳息应当先充抵收取孳息的费用。

知识拓展

抵押权与其他权利并存时的清偿顺序

抵押财产折价或者拍卖、变卖后，其价款超过债权数额的部分归抵押人所有，不足部分由债务人清偿。

实践中，抵押物折价或者拍卖、变卖所得的价款，当事人没有约定的，清偿顺序如下：①实现抵押权的费用；②主债权的利息；③主债权。

如果在同一物上并存数个抵押权或并存数个物权（包括一项抵押权），会产生优先受偿权的位序问题。关于优先受偿权位序，采取法定主义，由法律明确规定。

【例4-12】甲以自己的一辆汽车作抵押，获得乙银行贷款20万元，办理了抵押登记。由于甲的汽车价值 40 万元，所以甲又将其抵押给丙银行，获得贷款 20 万元，办理了抵押登记。后甲又将该汽车抵押给丁，获得丁的借款 10 万元，但未办理抵押登记。后甲做生意亏本，导致无法偿还乙银行、丙银行的贷款和丁的借款。于是，三个债权人同时请求实现其抵押权。但抵押物拍卖后仅获得 41 万元，不足以清偿甲的全部债务。

请问：本案中，乙银行、丙银行、丁的债权应按什么顺序受偿？

【解析】本案中，由于乙银行和丙银行的抵押权都经过登记，而丁的抵押权没有登记，所以乙银行和丙银行的债权受偿先于丁，同时乙银行的抵押权先于丙银行的抵押权登记。因此，乙银行先受偿，其次是丙银行，最后是丁。

（四）质押

质押是指为担保债务的履行，债务人或者第三人将其动产或权利移交债权人占有，将该财产作为债的担保，当债务人不履行到期债务或者发生当事人约定的实现质权的情形时，债权人有权依法以该动产或权利优先受偿。前述债务人或者第三人为出质人，债权人为质权人，交付的动产或权利为质押财产（也称质押物）。质押分为动产质押与权利质押。

1. 动产质押

动产质押，是以动产作为标的物的质押。

（1）动产质押的设定。设定动产质押，出质人和质权人应当以书面形式订立质押合同。质押合同是诺成合同，并不以质押财产占有的移转作为合同的生效要件。质押合同的内容应当包括：被担保债权的种类和数额，债务人履行债务的期限，质押财产的名称、数量等情况，担保的范围，质押财产交付的时间、方式。

质权人在债务履行期限届满前，与出质人约定债务人不履行到期债务时质押财产归债权人所有的，只能依法就质押财产优先受偿。

质权自出质人交付质押财产时设立。因此，只有出质人将出质的动产移交给债权人占有，债权人才能取得质权。实践中，对于动产质押中标的物移转占有要注意以下几点。①标的物的占有移转是质权设立的条件，而非动产质押合同的生效条件。②债务人或者第三人未按质押合同约定的时间移交质物的，质权不成立，由此给质权人造成损失的，出质人应当根据其过错承担赔偿责任。③出质人代质权人占有质押财产的，质权没有设立。④出质人以间接占有的财产出质的，书面通知送达占有人时视为移交。占有人收到出质通知后，仍接受出质人的指示处分出质财产的，该行为无效。⑤质押合同中对质押的财产约定不明，或者约定的出质财产与实际移交的财产不一致的，以实际交付占有的财产为准。

（2）动产质押的标的物。动产质押的标的物必须具备下列条件。①可让与性。法律禁止流通的物，不能作为质押的标的物。②特定化。动产质押的标的物必须特定化，因此如果将金钱以特户、封金、保证金等形式特定化后，也可以作为动产质押的标的物。③出质人有处分权。出质人以其不具有所有权但占有的动产出质的，法律保护善意质权人的权利。善意质权人行使质权给动产所有人造成损失的，由出质人承担赔偿责任。动产质权的效力及于质押财产的从物，但是从物未随同质押财产移交质权人占有的，质权的效力不及于从物。

（3）动产质权的效力。出质人交付质押财产时设立质权。在质权存续期间，质权人享有的权利、承担的义务主要如下。①占有并妥善保管质押财产。因保管不善致使质押财产毁损、灭失的，质权人应当承担赔偿责任。质权人的行为可能使质押财产毁损、灭失的，出质人可以请求质权人将质押财产提存，或者请求提前清偿债务并返还质押财产。因不可归责于质权人的事由可能使质押财产毁损或者价值明显减少，足以危害质权人权利的，质权人有权请求出质人提供相应的担保；

出质人不提供的，质权人可以拍卖、变卖质押财产，并与出质人协议将拍卖、变卖所得的价款提前清偿债务或者提存。②收取质押财产的孳息，但是合同另有约定的除外。所收取的孳息应当先充抵收取孳息的费用。③经出质人同意使用、处分质押财产。质权人在质权存续期间，未经出质人同意，擅自使用、处分质押财产，造成出质人损害的，应当承担赔偿责任。④经出质人同意转质。质权人在质权存续期间，未经出质人同意转质，造成质押财产毁损、灭失的，应当承担赔偿责任。质权人在质权存续期间，为担保自己的债务，经出质人同意，以其所占有的质物为第三人设立质权的，应当在原质权所担保的债权范围之内，超过的部分不具有优先受偿的效力。转质权的效力优于原质权。⑤放弃质权。质权人可以放弃质权。债务人以自己的财产出质，质权人放弃该质权的，其他担保人在质权人丧失优先受偿权益的范围内免除担保责任，但是其他担保人承诺仍然提供担保的除外。⑥返还质押财产。债务人履行债务或者出质人提前清偿所担保的债权的，质权人应当返还质押财产。

（4）动产质权的实现。债务人不履行到期债务或者发生当事人约定的实现质权的情形，质权人可以与出质人协议以质押财产折价，也可以就拍卖、变卖质押财产所得的价款优先受偿。质押财产折价或者变卖的，应当参照市场价格。

出质人可以请求质权人在债务履行期限届满后及时行使质权；质权人不行使的，出质人可以请求人民法院拍卖、变卖质押财产。

质押财产折价或者拍卖、变卖后，其价款超过债权数额的部分归出质人所有，不足部分由债务人清偿。

2. 权利质押

权利质押指以可转让的权利为标的物的质权。根据《民法典》的规定，债务人或者第三人有权处分的下列权利可以出质：①汇票、支票、本票；②债券、存款单；③仓单、提单；④可以转让的基金份额、股权；⑤可以转让的注册商标专用权、专利权、著作权等知识产权中的财产权；⑥现有的以及将有的应收账款；⑦法律、行政法规规定可以出质的其他财产权利。

权利质权因为出质的权利标的不同，其设立条件也不同。

（1）有价证券的质押。以汇票、支票、本票、债券、存款单、仓单、提单出质的，质权自权利凭证交付质权人时设立；没有权利凭证的，质权自办理出质登记时设立。法律另有规定的，依照其规定。

实践中，对于这类权利质押，应注意以下几点。①必须在汇票、支票、本票上背书记载"质押"字样，否则不能对抗善意第三人。②以公司债券出质的，出质人与质权人应背书记载"质押"字样，否则不能对抗公司和第三人。③以存款单出质的，签发银行核押后又受理挂失并造成存款流失的，应当承担民事责任。④以票据、债券、存款单、仓单、提单出质的，质权人再转让或者质押的无效。⑤汇票、支票、本票、债券、存款单、仓单、提单的兑现日期或者提货日期先于主债权到期的，质权人可以兑现或者提货，并与出质人协议将兑现的价款或者提取的货物提前清偿债务或者提存。

（2）可以转让的基金份额、股权的质押。以基金份额、股权出质的，质权自办理出质登记时设立。基金份额、股权出质后，不得转让，但是出质人与质权人协商同意的除外。出质人转让基金份额、股权所得的价款，应当向质权人提前清偿债务或者提存。

（3）知识产权的质押。以注册商标专用权、专利权、著作权等知识产权中的财产权出质的，质权自办理出质登记时设立。知识产权中的财产权出质后，出质人不得转让或者许可他人使用，但是出质人与质权人协商同意的除外。出质人转让或者许可他人使用出质的知识产权中的财产权所得的价款，应当向质权人提前清偿债务或者提存。

（4）应收账款的质押。以应收账款出质的，质权自办理出质登记时设立。应收账款出质后，不得转让，但是出质人与质权人协商同意的除外。出质人转让应收账款所得的价款，应当向质权人提前清偿债务或者提存。实践中，可以以公路桥梁、公路隧道或者公路渡口等不动产收益权作为应收账款出质。

（5）依法可以质押的其他权利。

【例4-13】甲于2021年6月12日向银行借款10 000元，以其在该银行的21 000元1年期定期存单出质。2021年12月12日，10 000元借款到期，甲无力偿还，银行支取了存单金额21 000元及利息300元。

请问：甲存单上的本息是否应全部归银行所有？

【解析】本案涉及质权的实现问题。根据《民法典》第三百八十九条的规定，担保物权的担保范围包括主债权及其利息、违约金、损害赔偿金、保管担保财产和实现担保物权的费用。当事人另有约定的，按照其约定。据此，银行支取的21 000元本金和300元利息，应扣除银行的10 000元借款及其利息、违约金，如有剩余应返还给甲。

（五）留置

留置权是指债权人合法占有债务人的动产，在债务人不履行到期债务时债权人有权依法留置该动产，并有权就该动产优先受偿的担保物权。债权人为留置权人，占有的动产为留置财产。

1. 留置权的成立条件

留置权属于法定的担保物权，其成立的条件如下。①债权人占有债务人的动产。原则上动产应当属于债务人所有。法律规定或者当事人约定不得留置的动产，不得留置。留置的动产为可分物的，留置财产的价值应当相当于债务的金额。根据《民法典》的规定，留置权也可以善意取得，即如果债权人合法占有债务人交付的动产时，不知债务人无处分该动产的权利，债权人仍可以行使留置权。②占有的动产与债权属于同一法律关系，但法律另有规定的除外。《民法典》规定，债权人留置的动产，应当与债权属于同一法律关系，但是企业之间留置的除外。从《民法典》的规定来看，一方面，我国留置权的适用范围不再局限于特定的合同关系，其他的债权债务关系，如不当得利、无因管理等法律关系也可以产生留置权。另一方面，对于企业之间的留置权的行使，可以不以同一债权债务关系为要件。③债权已届清偿期且债务人未按规定期限履行义务。

2. 留置权的效力

留置权人在占有留置财产期间内，除了留置财产本身以外，留置权的效力还及于从物、孳息和代位物。留置财产为不可分物的，留置权人可以就其留置财产的全部行使留置权。在留置权存续期间，留置权人享有的权利和义务主要如下。①留置标的物。债权人在其债权没有得到清偿时，有权留置债务人的财产，并给债务人确定一个履行期限。留置权人与债务人应当约定留置财产后的债务履行期限；没有约定或者约定不明确的，留置权人应当给债务人60日以上履行债务的期限，但是鲜活易腐等不易保管的动产除外。②妥善保管留置财产。因保管不善致使留置财产毁损、灭失的，留置权人应当承担赔偿责任。留置权人对留置财产丧失占有或者留置权人接受债务人另行提供担保的，留置权消灭。③收取留置财产的孳息。所收取的孳息应当先充抵收取孳息的费用。

3. 留置权的实现

债务人逾期未履行的，留置权人可以与债务人协议以留置财产折价，也可以就拍卖、变卖留置财产所得的价款优先受偿。留置财产折价或者变卖的，应当参照市场价格。

债务人可以请求留置权人在债务履行期限届满后行使留置权；留置权人不行使的，债务人可以请求人民法院拍卖、变卖留置财产。

留置财产折价或者拍卖、变卖后，其价款超过债权数额的部分归债务人所有，不足部分由债务人清偿。

同一动产上已经设立抵押权或者质权，该动产又被留置的，留置权人优先受偿。

🛡 课堂讨论 4-9

> 甲企业向乙企业购买了一批总价款为 100 万元的建筑材料。甲企业率先支付 60 万元，约定其余的 40 万元在 3 个月内付清。后甲企业将一台价值 30 万元的施工设备交由乙企业代为保管。3 个月后，几经催告，甲企业仍未支付乙企业 40 万元货款。后来，甲企业前来提取设备，乙企业将该设备留置以担保货款债权的实现。
>
> 请问：乙企业的行为是否合法？

第六节 合同的变更、转让与终止

一、合同的变更

依法成立的合同具有法律约束力，任何一方均不得擅自变更或者解除合同。但是，在合同的履行过程中，因主客观情况的变化，需要对双方的权利义务关系进行重新调整和规定时，合同当事人可依法变更合同。

合同的变更仅指合同内容的变更，是指合同有效成立后、尚未履行完毕前，当事人双方根据客观情况的变化，依照法律规定的条件和程序，通过协商一致，对原合同内容进行修改、补充或者完善。合同的变更是在合同的主体不改变的前提下对合同内容或标的的变更。法律、行政法规规定变更合同应当办理批准、登记等手续的，办理相应手续。当事人对合同变更的内容约定不明确的，推定为未变更。

除了双方通过合意变更合同以外，还存在法定变更的情形，即一方当事人单方通知对方变更合同，如《民法典》第七百七十七条、第八百二十九条的规定。

合同的变更，仅对变更后未履行的部分有效，对已履行的部分无溯及力。

二、合同的转让

合同的转让，即合同主体的变更，指当事人将合同的权利和义务全部或者部分转让给第三人。合同的转让分为债权的转让和债务的转让，当事人一方经对方同意，也可以将自己在合同中的权利和义务一并转让给第三人，即合同的概括移转。依照法律、行政法规的规定，合同的转让应当办理批准等手续的，应当依照规定办理相应手续。

（一）合同债权的转让

1. 债权转让的概念及条件

债权转让，是指债权人将合同的权利全部或者部分转让给第三人的法律制度。其中，债权人是转让人，第三人是受让人。《民法典》规定，债权人转让债权，未通知债务人的，该转让对债务人不发生效力。债权转让的通知不得撤销，但是经受让人同意的除外。

2. 禁止债权转让的情形

《民法典》规定，有下列情形之一的债权不得转让。①根据债权性质不得转让，主要是基于当事人之间信任关系而发生的债权，如出版合同、赠与合同、委托合同、雇用合同等。②按照当事人约定不得转让。当事人约定非金钱债权不得转让的，不得对抗善意第三人。当事人约定金钱债权不得转让的，不得对抗第三人。③依照法律规定不得转让。

3. 债权转让的效力

如果在全部转让的情形下，原债权人脱离债权债务关系，受让人取代债权人地位。在部分转让情形下，原债权人就转让部分丧失债权。

债权人转让债权的，受让人取得与债权有关的从权利，如抵押权，但该从权利专属于债权人自身的除外。受让人取得从权利不因该从权利未办理转移登记手续或者未转移占有而受到影响。债权人债权的转让不得损害债务人的利益，也不应影响债务人的权利：①债务人接到债权转让通知后，债务人对让与人的抗辩可以向受让人主张，如提出债权无效、诉讼时效已过等事由的抗辩；②债务人接到债权转让通知时，债务人对让与人享有债权，且债务人的债权先于转让的债权到期或者同时到期的，债务人可以向受让人主张抵销；③债务人的债权与转让的债权是基于同一合同产生的，债务人可以向受让人主张抵销；④因债权转让增加的履行费用，由让与人负担。

（二）合同债务的转让

《民法典》规定，债务人将债务的全部或者部分转移给第三人的，应当经债权人同意。债务人或者第三人可以催告债权人在合理期限内予以同意，债权人未作表示的，视为不同意。债务人转移债务的，新债务人可以主张原债务人对债权人的抗辩；原债务人对债权人享有债权的，新债务人不得向债权人主张抵销。新债务人应当承担与主债务有关的从债务，但该从债务专属于原债务人自身的除外。

债务承担除了《民法典》规定的免责的债务承担以外，还有并存的债务承担，即第三人以担保为目的加入债的关系，而与原债务人共同承担同一债务。《民法典》第五百五十二条规定，第三人与债务人约定加入债务并通知债权人，或者第三人向债权人表示愿意加入债务，债权人未在合理期限内明确拒绝的，债权人可以请求第三人在其愿意承担的债务范围内和债务人承担连带债务。由于并存的债务承担并不使得原债务人脱离债的关系，因此原则上不以债权人的同意为必要。

（三）合同债权债务的概括移转

合同权利义务的概括移转，是指合同一方当事人将自己在合同中的权利和义务一并转让的法律制度。《民法典》规定，当事人一方经对方同意，可以将自己在合同中的权利和义务一并转让给第三人。概括移转有意定的概括移转和法定的概括移转两种情形。意定的概括移转基于转让合同的方式进行，而法定的概括移转往往是因某一法定事实的发生而导致的。最典型的就是作为法人的合同当事人发生合并或分立时，就会有法定的概括移转的发生。《民法典》第六十七条规定，法人合并的，其权利和义务由合并后的法人享有和承担。法人分立的，其权利和义务由分立后的法人享有连带债权，承担连带债务，但是债权人和债务人另有约定的除外。据此，作为法人的当事人订立合同后合并的，由合并后的法人行使合同权利，履行合同义务。作为法人的当事人订立合同后分立的，除债权人和债务人另有约定的以外，由分立的法人对合同的权利和义务享有连带债权，承担连带债务。

三、合同的终止

（一）合同终止的原因

合同的终止，是指因发生法律规定或当事人约定的情况，导致当事人之间的权利义务关系消灭，而使合同终止法律效力。

根据《民法典》第五百五十七条的规定，合同终止的原因有：①债务已经履行；②合同解除；③债务相互抵销；④债务人依法将标的物提存；⑤债权人免除债务；⑥债权债务同归于一人；⑦法律规定或者当事人约定终止的其他情形。

（二）合同的解除

合同的解除，是指合同有效成立以后，没有履行或者没有完全履行之前，双方当事人通过协商或者一方行使解除权的方式，使得合同关系终止的法律制度。合同的解除，分为约定解除和法定解除两种情况。

1. 合同解除的方式

（1）约定解除。当事人约定解除合同包括以下两种情况。

① 协商解除。协商解除是指合同生效后，未履行或未完全履行之前，当事人以解除合同为目的，经协商一致，订立一个解除原来合同的协议，使合同效力消灭的行为。

② 约定解除权。解除权可以在订立合同时约定，也可以在履行合同的过程中约定；可以约定一方解除合同的权利，也可以约定双方解除合同的权利。《民法典》规定，当事人可以约定一方解除合同的事由。解除合同的事由发生时，解除权人可以解除合同。法律规定或者当事人约定解除权行使期限，期限届满当事人不行使的，该权利消灭。法律没有规定或者当事人没有约定解除权行使期限，自解除权人知道或者应当知道解除事由之日起1年内不行使，或者经对方催告后在合理期限内不行使的，该权利消灭。

（2）法定解除。法定解除是指根据法律规定而解除合同。《民法典》规定，有下列情形之一的，当事人可以解除合同：①因不可抗力致使不能实现合同目的；②在履行期限届满前，当事人一方明确表示或者以自己的行为表明不履行主要债务；③当事人一方迟延履行主要债务，经催告后在合理期限内仍未履行；④当事人一方迟延履行债务或者有其他违约行为致使不能实现合同目的；⑤法律规定的其他情形。

以持续履行的债务为内容的不定期合同，当事人可以随时解除合同，但是应当在合理期限之前通知对方。

根据《民法典》第五百三十三条的规定，当事人基于情事变更请求人民法院或仲裁机构变更或者解除合同的，人民法院或者仲裁机构应当结合案件的实际情况，根据公平原则变更或者解除合同。

2. 合同解除的程序

当事人协商一致，可以解除合同。当事人一方依法主张解除合同的，应当通知对方。合同自通知到达对方时解除；通知载明债务人在一定期限内不履行债务则合同自动解除，债务人在该期限内未履行债务的，合同自通知载明的期限届满时解除。对方对解除合同有异议的，任何一方当事人均可以请求人民法院或者仲裁机构确认解除行为的效力。当事人一方未通知对方，直接以提起诉讼或者申请仲裁的方式依法主张解除合同，人民法院或者仲裁机构确认该主张的，合同自起诉状副本或者仲裁申请书副本送达对方时解除。

依照法律、行政法规的规定，合同的解除应当办理批准等手续的，应当依照规定办理相应手续。

3. 合同解除的后果

合同解除后，尚未履行的，终止履行；已经履行的，根据履行情况和合同性质，当事人可以请求恢复原状或者采取其他补救措施，并有权请求赔偿损失。合同因违约解除的，解除权人可以请求违约方承担违约责任，但是当事人另有约定的除外。主合同解除后，担保人对债务人应当承担的民事责任仍应当承担担保责任，但是担保合同另有约定的除外。

合同解除的，该合同的权利义务关系终止。合同的权利义务关系终止，不影响合同中有关结算和清理条款以及解决争议方法条款的效力。合同的权利义务关系终止时，债权的从权利同时消灭，但是法律另有规定或者当事人另有约定的除外。合同的权利义务关系终止后，有时当事人还负有后合同义务，应当遵循诚实信用等原则，根据交易习惯履行通知、协助、保密、旧物回收等义务。

（三）抵销

抵销是双方当事人互负债务时，一方通知对方以其债权充当债务的清偿或者双方协商以债权充当债务的清偿，使得双方的债务在对等额度内消灭的行为。抵销分为法定抵销与约定抵销。

1. 法定抵销

《民法典》规定，当事人互负到期债务，该债务的标的物种类、品质相同的，任何一方可以将自己的债务与对方的到期债务抵销；但是，根据债务性质、按照当事人约定或者依照法律规定不得抵销的除外。法定抵销中的抵销权性质上属于形成权，因此当事人主张抵销的，应当通知对方。通知自到达对方时生效。抵销不得附条件或者附期限。

2. 约定抵销

《民法典》规定，当事人互负债务，标的物种类、品质不相同的，经协商一致，也可以抵销。

（四）提存

1. 提存的概念

提存是指非因可归责于债务人的原因，导致债务人无法履行债务或者难以履行债务的情况下，债务人将标的物交由提存机关保存，以终止合同权利义务关系的行为。《民法典》第五百七十一条规定，债务人将标的物或者将标的物依法拍卖、变卖所得价款交付提存部门时，提存成立。提存成立的，视为债务人在其提存范围内已经交付标的物。

2. 提存的原因

《民法典》规定，有下列情形之一，难以履行债务的，债务人可以将标的物提存：①债权人无正当理由拒绝受领；②债权人下落不明；③债权人死亡未确定继承人、遗产管理人，或者丧失民事行为能力未确定监护人；④法律规定的其他情形。标的物不适于提存或者提存费用过高的，债务人依法可以拍卖或者变卖标的物，提存所得的价款。

3. 提存的法律后果

标的物提存后，债务人应当及时通知债权人或者债权人的继承人、遗产管理人、监护人、财产代管人。标的物提存后，毁损、灭失的风险由债权人承担。提存期间，标的物的孳息归债权人所有。提存费用由债权人负担。

债权人可以随时领取提存物。但是，债权人对债务人负有到期债务的，在债权人未履行债务或者提供担保之前，提存部门根据债务人的要求应当拒绝其领取提存物。债权人领取提存物的权利，自提存之日起 5 年内不行使而消灭，提存物扣除提存费用后归国家所有。但是，债权人未履行对债务人的到期债务，或者债权人向提存部门书面表示放弃领取提存物权利的，债务人负担提存费用后有权取回提存物。此处规定的"5 年"为不变期间，不适用诉讼时效中止、中断或者延长的规定。

【例 4-14】甲向乙定制了一套衣服，但甲迟迟不来领取，乙无法找到甲向其交货，于是半年后乙将该套衣服变卖，将所得价款扣除了报酬和保管费用后，以甲的名义存入银行。

请问：乙的行为属于什么性质？是否合法？

【解析】乙的行为属于依法将标的物提存，是合法的。

（五）免除与混同

债权人免除债务人部分或者全部债务的，债权债务部分或者全部终止，但是债务人在合理期限内拒绝的除外。债权和债务同归于一人的，债权债务终止，但是损害第三人利益的除外。

第七节　违约及其救济

一、违约行为

违约行为是指合同生效以后，合同目的尚未实现之前，合同当事人违反法定或约定义务不履行或者不完全履行合同的一种状态。

我国将违约行为分为预期违约和实际违约两种类型。预期违约可分为明示毁约与默示毁约两类，而实际违约可分为不履行、不能履行、不适当履行、加害给付及根本违约等，如图 4-1 所示。

图 4-1　违约行为形态

（一）预期违约

1．预期违约的概念

预期违约又叫先期违约，是指当事人一方在合同规定的履行期到来之前，明示或者默示其将不履行合同，由此在当事人之间发生一定的权利义务关系的一项合同法律制度。《民法典》第五百七十八条规定，当事人一方明确表示或者以自己的行为表明不履行合同义务的，对方可以在履行期限届满前请求其承担违约责任。

预期违约行为发生在合同依法成立以后、履行期到来之前，它具有以下特点。①预期违约行为表现为未来不履行义务，而不表现为现时的违反义务。②预期违约行为侵害的是期待债权，而不是现实的债权。③预期违约在补救方式上也不同于实际违约。在明示毁约中，由于合同尚未到履行期，所以债权人为了争取对方继续履行合同，可以不顾对方的毁约表示，而等履行期到来后要求对方继续履行。如果对方仍不履行，那么预期违约就已转化为实际违约，此时债权人可采取实际违约的补救方式。

2．预期违约的种类及构成要件

（1）明示毁约，是指当事人一方明确表示不履行合同义务，其构成要件如下。

第一，毁约方必须向对方作出不履行债务的明确表示。表示的方式既可以是口头的，也可以是书面的。表示的内容既可以是直接拒绝履行合同义务，也可以是以其他借口拒绝履行合同义务。

第二，毁约方必须是在合同履行期到来以前，作出拒绝履行义务的表示。如果在履行期到来后才提出毁约，就构成实际违约。毁约方所作的意思表示必须明确包括将要毁约的内容，而不能仅仅表示履行的困难和不愿意履行。

第三，毁约方必须表示不履行合同的主要义务。毁约方拒绝履行应当对对方从合同履行中获得的利益有重大影响，导致其合同落空。如果仅仅是拒绝履行合同的部分内容，并且不妨碍债权人追求的根本目的，就不能构成预期违约。

第四，明示毁约必须无正当理由。如果提出毁约有正当理由，就不能构成明示毁约。所谓正当理由，包括：债务人享有法定的解除权；债务人因合同具有显失公平的原因而享有撤销权；合同关系自始不存在，条件不成熟；因不可抗力致使合同不能履行；合同本身具有无效因素等。

（2）默示毁约，是指当事人一方以自己的行为表明不履行合同义务，其构成要件如下。

第一，一方预见另一方在履行期到来时，将不履行或不能履行合同。一方作出的预见，是因为另一方的行为产生的，如经营状况严重恶化，转移财产、抽逃资金以逃避债务，丧失商业信誉等。

第二，一方的预见有确切的证据。一方预见另一方在履行期到来时不会或不能履约，这只是一种主观臆断，为了平衡双方当事人的利益，一方必须借助一定的证据来说明自己判断的恰当性。

第三，被要求提供履行担保的一方不能在合理期间内提供充分的担保。在一方预见到另一方将不履行或不能履行合同后，必须向对方提出提供履行担保的要求，并且只有在另一方在合理期间内未提供担保后，才能构成默示毁约。

（二）实际违约

（1）不履行。不履行也叫拒绝履行，是指在合同履行期届满时，合同当事人完全不履行自己的合同义务的行为。

（2）不能履行。不能履行是指合同生效后，当事人在客观上不能履行合同，使合同目的无法实现的行为。

（3）不适当履行。不适当履行是指合同当事人虽然履行了合同，但是履行的时间、地点、方式、方法等与合同约定不符，合同目的没有实现的行为。

（4）加害给付。加害给付是指当事人不适当的履行造成对方当事人损失的一种行为。

（5）根本违约。根本违约是指当事人一方迟延履行债务或者有其他违约行为，致使不能实现合同目的。其构成要件如下。第一，违约的后果使另一方蒙受损失，以至于实际上剥夺了其根据合同规定有权期待的利益。第二，违约方预知，而且一个通常的人处于相同情况下也预知会发生根本违约的结果。如果违约方或者通常的人在此情况下不能预见违约行为的严重后果，就不构成根本违约，即采用主客观相结合的方式确定根本违约。《民法典》规定，当事人一方迟延履行债务或者有其他违约行为，致使不能实现合同目的的，就构成根本违约。

二、违约责任

需要提及的是，违约救济是一个比违约责任外延更大的概念，违约责任可纳入违约救济的范畴，但违约救济自身又包含一些无法纳入违约责任范畴的内容，如合同解除、物的返还请求权、不当得利返还请求权等。违约救济是违约责任的上位概念，二者是包容关系。本部分将阐述违约救济的重要内容之一——违约责任。

（一）违约责任的概念与特征

违约责任也称为违反合同的民事责任，是指合同当事人因违反合同义务所承担的责任。合同当事人只要存在违约行为且不存在法定和约定的免责事由，就应承担违约责任。当事人双方都违约的，应各自承担相应的责任。违约责任具有以下特点。

（1）违约责任以合同的有效存在为前提。

（2）违约责任是合同当事人不履行合同义务所产生的财产责任。如果当事人违反的不是合同义务，而是法律规定的其他义务，则应负其他责任。《民法典》第九百九十六条规定，因当事人一方的违约行为，损害对方人格权并造成严重精神损害，受损害方选择请求其承担违约责任的，不影响受损害方请求精神损害赔偿。

（3）违约责任具有相对性。违约责任只能在特定的当事人之间，即合同关系的当事人之间发生。当事人一方因第三人的原因造成违约的，应当依法向对方承担违约责任。当事人一方和第三人之间的纠纷，依照法律规定或者按照约定解决。

（4）违约责任具有任意性。合同当事人可以在法律法规规定的范围内，对一方的违约责任作出事先安排，如事先约定违约金的数额或幅度，事先确定损失赔偿的数额或计算方法。同时，为了保障合同当事人设定的违约责任的公正合理，不符合法律法规规定的违约责任，将会被宣告无效或被撤销。

（5）违约责任主要是一种损失补偿责任。法律确定违约责任的重要目的之一是弥补或补偿因违约方的违约行为所造成的损害后果，补偿受害人的损失，因此除法律另有规定外，违约责任具有补偿性而不具有惩罚性。这一般通过支付违约金、赔偿金和其他方式来体现，使受害人的实际损失得到全部补偿或部分补偿。

（二）承担违约责任的主要方式

《民法典》规定的承担违约责任的方式主要有继续履行、采取补救措施、赔偿损失、支付违约金四种方式。

1. 继续履行

继续履行又称实际履行，是指债权人在债务人不履行合同义务时，可请求人民法院或者仲裁机构强制债务人按照原合同所约定的主要条件继续完成合同义务的行为。

《民法典》规定，当事人一方未支付价款、报酬、租金、利息，或者不履行其他金钱债务的，对方可以请求其支付。

当事人一方不履行非金钱债务或者履行非金钱债务不符合约定的，对方可以请求履行，但是有下列情形之一的除外：①法律上或者事实上不能履行；②债务的标的不适于强制履行或者履行费用过高；③债权人在合理期限内未请求履行。有前述规定的除外情形之一，致使不能实现合同目的的，人民法院或者仲裁机构可以根据当事人的请求终止合同权利义务关系，但是不影响违约责任的承担。

2. 采取补救措施

补救措施是指债务人履行合同义务不符合约定，债权人在请求人民法院或者仲裁机构强制债务人实际履行合同义务的同时，可根据合同履行情况要求债务人采取的补救履行措施。《民法典》规定，当事人一方不履行债务或者履行债务不符合约定，根据债务的性质不得强制履行的，对方可以请求其负担由第三人替代履行的费用。

履行不符合约定的，应当按照当事人的约定承担违约责任。对违约责任没有约定或者约定不明确，依据《民法典》第五百一十条的规定仍不能确定的，受损害方根据标的的性质以及损失的大小，可以合理选择请求对方承担修理、重作、更换、退货、减少价款或者报酬等违约责任。

3. 赔偿损失

赔偿损失是指合同当事人不履行合同义务或者履行合同义务不符合约定，给对方造成财产上的损失时，由违约方以其财产赔偿对方所蒙受的财产损失的一种违约责任形式。实践中，适用赔偿损失时应注意以下几方面。

（1）当事人一方不履行合同义务或者履行合同义务不符合约定的，在履行义务或者采取补救措施后，对方还有其他损失的，应当赔偿损失。

（2）当事人一方不履行合同义务或者履行合同义务不符合约定，造成对方损失的，损失赔偿额应当相当于因违约所造成的损失，包括合同履行后可以获得的利益；但是，不得超过违约一方订立合同时预见到或者应当预见到的因违约可能造成的损失。

（3）当事人一方违约后，对方应当采取适当措施防止损失的扩大；没有采取适当措施致使损失扩大的，不得就扩大的损失请求赔偿。当事人因防止损失扩大而支出的合理费用，由违约方负担。

（4）当事人都违反合同的，应当各自承担相应的责任。当事人一方违约造成对方损失，对方对损失的发生有过错的，可以减少相应的损失赔偿额。

4. 支付违约金

违约金是按照当事人约定或者法律规定，当事人一方违约时应当根据违约情况向对方支付的一定数额的货币。

根据《民法典》第五百八十五条的规定，当事人可以约定一方违约时应当根据违约情况向对方支付一定数额的违约金，也可以约定因违约产生的损失赔偿额的计算方法。约定的违约金低于造成的损失的，人民法院或者仲裁机构可以根据当事人的请求予以增加；约定的违约金过分高于造成的损失的，人民法院或者仲裁机构可以根据当事人的请求予以适当减少。当事人就迟延履行约定违约金的，违约方支付违约金后，还应当履行债务。

当事人在合同中既约定违约金，又约定定金的，一方违约时，对方可以选择适用违约金或者定金条款。

（三）违约责任与侵权责任的竞合

所谓责任竞合，是指某种法律事实的出现而导致两种或两种以上的责任产生，这些责任彼此之间是相互冲突的。在民法中，责任竞合主要表现为违约责任和侵权责任的竞合。

《民法典》第一百八十六条规定，因当事人一方的违约行为，损害对方人身权益、财产权益的，受损害方有权选择请求其承担违约责任或者侵权责任。因此，在发生违约责任和侵权责任的竞合的情况下，允许受害人选择一种责任提起诉讼。实践中，违约责任和侵权责任在归责原则、诉讼管辖、责任构成要件、免责条件、举证责任、时效期限、责任形式、损失赔偿的范围、对第三人的责任等方面存在区别，受害人选择不同的责任，将影响对其利益的保护和对不法行为人的制裁。

债权人向人民法院起诉时作出选择后，在一审开庭以前又变更诉讼请求的，人民法院应当准许。但如对方当事人对变更后的诉讼请求提出管辖权异议，经审查异议成立的，人民法院应当驳回起诉。

【例 4-15】2021 年 4 月 15 日，张某从华丰市场购买了一台热水器。同年 5 月 18 日，该热水器因质量问题给张某造成了人身伤害。2021 年 6 月 18 日，张某向华丰商场提出交涉。双方协商未果，张某于 2021 年 6 月 28 日向人民法院提起诉讼。下列表述正确的是（　　　　）。

A. 张某只能请求华丰商场承担侵权责任

B. 张某只能请求华丰商场承担违约责任

C. 张某有权请求华丰商场承担侵权责任和违约责任

D. 张某可以请求华丰商场承担侵权责任或违约责任

【解析】根据我国法律规定，正确答案是 D。

三、免责事由

免责事由又称免责条件，是指法律规定或者合同中约定的当事人对其不履行或者不适当履行合同义务免于承担违约责任的条件，通常包括不可抗力、受害人过错和免责条款。

1. 不可抗力

所谓不可抗力，是指不能预见、不能避免并不能克服的客观情况。常见的不可抗力主要如下。①自然灾害，如地震、台风、洪水、海啸等。②政府行为。政府行为是指当事人在订立合同以后发生，且不能预见的情形。③社会异常形象，如罢工、骚乱等。

《民法典》第五百九十条规定，当事人一方因不可抗力不能履行合同的，根据不可抗力的影响，部分或者全部免除责任，但是法律另有规定的除外。因不可抗力不能履行合同的，应当及时通知对方，以减轻可能给对方造成的损失，并应当在合理期限内提供证明。

当事人迟延履行后发生不可抗力的，不免除其违约责任。

2. 受害人过错

受害人过错是指受害人对违约行为或者违约损害后果的发生或者扩大存在过错。违约责任虽然实行严格责任，但是受害人的过错可以成为违约方全部或者部分免除责任的依据。

3. 免责条款

免责条款是指合同当事人约定的排除或者限制其将来可能发生的违约责任的条款。一方当事人基于他方所应承担的民事责任而享有的权利属于民事权利，民事主体可以依法放弃民事权利，免除他人的民事义务、民事责任。因此，当事人在订立合同时，可以约定免责条款。只要具有免责条款规定的情形，当事人即使有违约行为，也不承担违约责任。但是，合同中的免除造成对方人身伤害、因故意或者重大过失造成对方财产损失的违约责任的免责条款无效，当事人对此类损失仍应当承担赔偿责任。

智慧助学　　　同步测试

思考与探索

1. 合同成立与合同生效有何区别与联系？
2. 有效的合同、无效的合同、可撤销的合同、效力待定的合同之间有哪些区别？
3. 缔约过失责任和违约责任有何不同？
4. 合同履行中当事人可以行使哪些抗辩权？这些抗辩权分别适用于何种情况？
5. 如何理解合同履行过程中的保全措施？
6. 典型的合同担保方式有哪些？
7. 什么是合同的变更、转让？法律对合同的变更、转让有哪些限制？
8. 合同权利义务关系终止的情形有哪些？
9. 如何理解合同的解除？其方式、程序、法律后果分别是什么？
10. 承担合同违约责任的主要方式有哪些？它们分别适用于何种情况？

法务实训

案例一： 2021 年 5 月 8 日，甲公司给乙公司发电子邮件称："本公司有一批特定货物欲出售，每吨价格为 2 000 元，如同意购买请速回复，以便进一步协商。"乙接收后回复："愿意购买 100 吨，总价 200 000 元，请在 2021 年 5 月 31 日前回电。"但甲直到 2021 年 6 月 8 日才回复称："由于该货物发生市场价格上涨的不可抗力，不能以原价卖出，本公司在 2021 年 5 月 20 日已以高于原价的价格将货物卖给了他人。"乙认为甲违反了合同的约定，应当承担违约责任及赔偿为筹集货款而支付的 10 000 元费用损失。

请问：

1. 甲第一次给乙发电子邮件属于什么行为？为什么？
2. 乙给甲的回复属于什么行为？为什么？
3. 甲第二次给乙发电子邮件中所称的不可抗力是否成立？为什么？
4. 甲是否承担违约责任？为什么？
5. 甲是否承担其他责任？若承担，应承担哪方面的责任？

案例二： 甲企业向乙企业发出传真订货，该传真列明了所需货物的种类、数量、质量，供货时间，交货方式等，并要求乙在 10 日内报价。乙接受甲传真中列明的条件并按时报价，也要求甲在 10 日内回复。甲按期复电同意其价格，并要求签订书面合同。

乙在未签订书面合同的情况下按甲提出的条件发货，甲收到后未提出异议，也未付货款。

后因市场发生变化，该货物价格下降，甲遂向乙提出由于双方未签订书面合同，买卖关系不能成立，故乙应尽快取回货物。乙不同意甲的意见，要求其偿付货款。随后，乙发现甲放弃其对关联企业的到期债权，并向其关联企业无偿转让财产致使自己的货款无法得到清偿，遂向人民法院提起诉讼。

请问：

1．甲传真订货、乙报价、甲回复报价的行为的法律性质是什么？

2．买卖合同是否成立？请说明理由。

3．对甲放弃到期债权、无偿转让财产的行为，乙可以向人民法院提出何种权利请求？对乙行使该权利的期限法律有何规定？

案例三： 2021 年 8 月 25 日，A 公司给 B 公司发电子邮件，称：求购 1 000 个 V 形芯片，单价为 1 000 元。8 月 30 日，A 公司与 C 公司签订买卖合同，约定 A 公司向 C 公司提供 1 000 个 V 形芯片，价款 120 万元，交货日期为 9 月 30 日。合同签订后，C 公司依约向 A 公司交付定金 10 万元。

2021 年 9 月 5 日，B 公司给 A 公司发来 600 个芯片，同时说明只能供应 600 个，A 公司收货并支付了 600 个芯片的货款。后 A 公司要求 B 公司交付剩余的 400 个芯片，B 公司以无此义务为由拒绝。

2021 年 9 月 20 日，A 公司将 600 个芯片交付给 C 公司，表示剩余 400 个芯片无货可供，愿意为此承担违约责任，并请 C 公司自行寻找货源，但 C 公司仍坚持要求 A 公司供货。C 公司苦等几个月无望，不得已从市场购进 400 个芯片，此时芯片价格上涨，C 公司实际支付价格比合同价款多 15 万元。

请问：

1．A 公司与 B 公司之间的买卖合同何时成立？

2．B 公司是否有权拒绝交付剩余的 400 个芯片？

3．C 公司是否有权请求 A 公司对 10 万元定金双倍返还？

4．C 公司是否有权请求 A 公司赔偿 15 万元的损失？

案例四： 甲公司因转产致使一台价值 1 000 万元的精密机床闲置。该公司董事长王昊与乙公司签订了一份机床转让合同。合同规定，精密机床作价 950 万元，甲公司于 10 月 31 日前交货，乙公司在收货后 10 天内付清款项。在交货日前，甲公司发现乙公司经营状况恶化，通知乙公司中止交货并要求乙公司提供担保，乙公司予以拒绝。又过了 1 个月，甲公司发现乙公司的经营状况进一步恶化，于是提出解除合同。乙公司遂向法院起诉。法院查明：①甲公司股东会决议规定，对精密机床等重要资产的处置应经股东会特别决议；②甲公司的精密机床原由丙公司保管，保管期限至 10 月 3 日，保管费 50 万元。11 月 5 日，甲公司将该机床提走，并约定 10 天内付保管费，如果 10 天内不付保管费，丙公司可对该机床行使留置权。现丙公司要求对该机床行使留置权。

请问：

1．甲公司与乙公司之间转让机床的合同是否有效？为什么？

2．甲公司中止履行合同的理由能否成立？为什么？

3．甲公司能否解除合同？为什么？

4．甲公司要求乙公司提供担保时，乙公司即提供了相应的担保，甲公司应负什么义务？

5．若法院查明，乙公司实际上并不存在经营状况恶化的情形，甲公司应负什么责任？

6．丙公司是否享有留置权？为什么？

7．丙公司能否行使留置权？为什么？

第五章
市场规制法律制度

引例

目标与方法

课前测试

甲、乙两厂均为生产饮料的企业，饮料上的注册商标分别为 A、B，其中甲厂是老企业，乙厂是新企业。乙厂饮料质优价廉，销路好，导致甲厂产品的市场占有率下降。甲厂为了在竞争中取胜，2019 年以来，在该市电视台加大广告宣传力度，广告称："目前本市有一些厂家生产同类产品，与本厂生产的饮料在质量上有根本差别，系本厂产品的仿制品，唯有本厂生产的 A 牌饮料不含化学成分，是正宗产品。特别提请广大消费者注意，购买该类饮料请认准 A 牌商标，谨防上当。"甲厂的广告播出后，许多经营乙厂饮料的客户退货，称其是仿制品，造成乙厂近 28 万元的经济损失。于是，乙厂向市场监督管理局反映，要求公平处理。

【提问】请你谈谈对本案的认识。

【点评】甲厂为了在竞争中取胜，采取了虚假宣传、诋毁商誉等不正当竞争行为，损害了同类经营者乙厂的合法权益，扰乱了社会经济秩序，是一种违法行为，应当承担相应的法律责任。

竞争是市场活力的来源，良好的市场秩序是市场经济健康发展的重要条件，是不可或缺的公共产品，但是不受规制的自由竞争往往会破坏市场秩序，损害经营者和消费者的利益，严重阻碍市场经济的发展。在不损害自由竞争的基础上建立良好的市场秩序是市场经济发展的客观要求。因此，竞争必须有规则。

第一节　反垄断法

一、垄断的概念和分类

（一）垄断的概念

法律上关于垄断的基本含义，是指垄断主体在市场经济运行过程中所进行的排他性控制或对市场竞争进行实质性限制、妨碍公平竞争秩序的行为或状态。法律意义上的垄断具有两个特征，即违法性和危害性。垄断行为是违反法律禁止性规定并对市场竞争过程产生实质危害的行为或状态。

（二）垄断的分类

（1）根据垄断者市场占有的情况，垄断分为独占垄断、寡头垄断和联合垄断。独占垄断也称为完全垄断，是指一家企业对整个行业的生产、销售和价格有完全的排他性的控制能力，在该行业内不存在任何竞争。寡头垄断，是指市场上只有为数不多的企业生产、销售某种特定的产品或者服务，每个企业都占有一定的市场份额，对价格实施了排他性的控制，但它们相互之间又存在一定的竞争。联合垄断，是指多个相互间有竞争关系并有相当经济实力的企业，通过限制竞争协议等形式，联合控制某一行业市场的状态。

（2）根据产生的原因，垄断分为经济性垄断、国家垄断、行政垄断和自然垄断。经济性垄断又称市场垄断，是指市场主体通过自身的力量设置市场障碍而形成的垄断，这是一般的垄断。国家垄断，是指国家出于保护目的，对某一行业市场的生产、销售等进行直接控制，不允许其他市场主体进入该市场领域的垄断。行政垄断，是指由政府行政机构违法设置市场障碍而形成的垄断，如在计划经济向市场经济转轨时期，一些地方和部门的保护主义就是典型的行政垄断。自然垄断，是指由于市场的自然条件原因而产生独占经营的垄断，即某些行业不适合竞争经营，否则将导致社会资源的浪费或市场秩序的混乱，如公用事业。

二、反垄断法概述

反垄断法是调整国家在制止市场主体以控制市场为目的的反竞争行为过程中所发生的社会关系的法律规范的总和。《中华人民共和国反垄断法》（以下简称《反垄断法》）调整的主要是具有竞争关系的经营者之间的法律关系，它是保障市场竞争公平、自由和秩序的重要部门法，被称为"经济宪法"。

《反垄断法》所禁止的并不是所有的垄断行为，而是法律规定的垄断行为。只有当企业从获取超额垄断利润或者排挤竞争对手等目的出发，占有较大的市场份额，并滥用这种市场优势实施反竞争的行为时，才被视为垄断，相关部门才须依《反垄断法》加以制止。对于农业生产者及农村经济组织在农产品生产、加工、销售、运输、储存等经营活动中实施的联合或者协同行为给予特别保护，免于《反垄断法》的规制。此外，有些垄断，如知识产权垄断，其市场进入障碍既非垄断者自身力量形成的，也不是行政力量制造的，而是由法律所赋予的权利。

素养拓展

充分、有序竞争是永葆市场活力的法宝。良好的市场环境会激发市场主体创新的热情。在我国社会主义市场经济法治不断完善的过程中，企业的经营管理人员在日常的经营活动中应秉持法治和规则理念，恪守商业伦理道德，严守"合法竞争、公正竞争、公平竞争、合规经营"底线，以实际行动共同营造良好的营商环境。

三、《反垄断法》所规制的垄断行为

《反垄断法》将各种垄断行为分为垄断协议，滥用市场支配地位，经营者集中，以及滥用行政权力排除、限制竞争四类。

（一）垄断协议

垄断协议也称联合限制竞争，是指两个或两个以上的经营者以协议、决议或者其他协同行为实施的排除、限制竞争行为。垄断协议可以表现为企业间限制竞争的合同或协议、企业团体的决议及企业间的协同行为等形式。垄断协议行为的主体为经营者、行业协会。实践中，垄断协议主要表现为：横向垄断协议，即处于产业链同一环节的两个或两个以上经营者所为的联合限制竞争行为（主要包括固定定价、划分市场、联合抵制、不当技术联合等）；纵向垄断协议，即处于同一产业链上下环节（即有交易关系或供求关系）的两个或两个以上经营者所为的联合限制竞争行为

（主要包括固定转售价格、限定转售最低价格等）。

构成垄断协议应具备的要件如下。①协议或者协同行为由多个独立主体构成。垄断协议必须发生在两个或两个以上的有竞争关系的经营者之间，具有"多个主体共同行为"的特征。同时，参加联合的主体应是在事实上具有独立性的主体，否则不能认定为垄断协议的联合主体。②经营者之间存在通谋或协同一致的行为。这种通谋或协同一致的行为，可以表现在各方签署形成的协议、合同、备忘录中，也可以表现在企业团体的决定或决议中，还可以是行为人之间协同一致的行为。

垄断协议直接损害了未参与协议的企业的利益，也侵害了消费者的权益，妨碍了竞争机制正常发挥其功能，应予以依法制止。

在实际生活中，部分垄断协议有利有弊，并且可能利大于弊，因此，经营者能够证明所达成的协议属于下列情形之一的，可以免于处罚：①为改进技术、研究开发新产品的；②为提升产品质量、降低成本、提高效率，统一产品规格、标准或者实行专业化分工的；③为提高中小经营者经营效率，增强中小经营者竞争力的；④为实现节约能源、保护环境、救灾救助等社会公共利益的；⑤因经济不景气，为缓解销售量严重下降或者生产明显过剩的；⑥为保障对外贸易和对外经济合作中的正当利益的；⑦法律和国务院规定的其他情形。

同时，经营者还应当证明所达成的协议不会严重限制相关市场的竞争，并且能够使消费者分享由此产生的利益。

【例 5-1】根据《反垄断法》的规定，下列选项不构成垄断协议的有（　　　　）。
A. 某行业协会组织本行业的企业就防止进口原材料时的恶性竞争达成保护性协议
B. 三家大型房地产公司的代表聚会，就商品房价格达成共识，随后一致采取涨价行动
C. 某品牌的奶粉含有毒物质的事实被公布后，数家大型零售公司联合声明拒绝销售该产品
D. 数家大型煤炭企业就采用一种新型矿山安全生产技术达成一致意见
【解析】根据《反垄断法》第十三条至第十五条的规定，正确答案是 A、C、D。

（二）滥用市场支配地位

滥用市场支配地位是指具有一定的市场支配地位的企业滥用市场优势地位，对其他主体进行不公平的交易或者排除竞争对手的行为。认定滥用市场支配地位的行为需要考虑两个要素：一是取得相关市场的支配地位，二是滥用市场支配地位妨碍竞争。

（1）关于取得相关市场的支配地位的认定。这里的相关市场，是指与经营者的产品和服务之间存在竞争关系的产品和服务市场。相关市场的相关性，是指与经营者的产品和服务存在相互竞争关系的特性，具体表现为在产品和服务种类上的相关性、空间上的相关性和时间上的相关性。要界定相关市场，需要运用经济学的方法，需要由会计、审计人员协助进行市场调查。市场支配地位，是指经营者在相关市场内具有能够控制商品价格、数量或者其他交易条件，或者能够阻碍、影响其他经营者进入相关市场能力的市场地位。认定市场支配地位的依据，一般以市场份额为主，兼顾市场行为及其相关因素。依据市场份额标准时，可以根据被告的市场份额，依法推定其具有市场支配地位。被推定具有市场支配地位的经营者，有证据证明不具有市场支配地位的，不应当认定其具有市场支配地位。

（2）关于滥用市场支配地位妨碍竞争的认定。其常见行为表现如下。

① 不正当地确定、维持、变更商品价格。这种行为既损害了消费者的权益，将消费者享有的部分福利转移到垄断厂商，也妨碍了其他竞争者的进入，对竞争构成实质性的限制。

② 差别对待。处于支配地位的企业在向条件相同的交易对象提供商品时，没有正当理由

却在价格或其他交易条件上给予明显的区别对待，从而限制了交易对象之间的竞争。

③ 强制交易。处于支配地位的企业采取利诱、胁迫或其他不正当的方法，迫使其他企业违背真实意愿与之交易，或者促使其他企业从事限制竞争的行为。

④ 掠夺性定价。处于市场支配地位的企业以排挤竞争对手为目的，以低于成本的价格销售商品。

⑤ 独家交易。处于市场支配地位的企业要求经销商在特定市场内只经销自己的商品，不得经销其他企业的同种或同类商品。独家交易又称排他性交易行为。

经营者违反《反垄断法》规定，滥用市场支配地位的，由反垄断执法机构责令停止违法行为，没收违法所得，并处上一年度销售额 1%以上 10%以下的罚款。经营者滥用市场支配地位行为给他人造成损失的，应依法承担民事责任。

法条链接

《反垄断法》

（三）经营者集中

经营者集中，是指经营者通过合并、收购、委托经营、联营或其他方式，集合经营者经济力，提高市场地位的行为，包括经营者合并和经营者控制。经营者集中可以形成一定的规模经济，但经济力量过度集中会使市场竞争主体数量减少，市场结构发生变化，对市场竞争产生不利影响。在认定经营者集中时，应当考虑下列因素：①参与集中的经营者在相关市场的市场份额及其对市场的控制力；②相关市场的市场集中度；③经营者集中对市场进入、技术进步的影响；④经营者集中对消费者和其他有关经营者的影响；⑤经营者集中对国民经济发展的影响。

经营者集中是市场中的常见行为，是市场资源重组的需要。导致垄断的经营者集中只是一些规模很大且妨碍市场竞争的行为。为抑制这类经营者集中，各国法律都采取了经营者集中审查申报制度。经营者集中是否构成垄断，可以根据经营者集中前后的市场份额变化及对竞争的影响情况作出判断。当经营者集中行为违反法律规定，危及市场竞争、损害社会公共利益时，应予禁止。

【例5-2】下列情形属于《反垄断法》规定的经营者集中的有（　　　　）。

A. 经营者合并

B. 经营者通过取得股权或资产的方式取得对其他经营者的控制权

C. 经营者通过合同取得对其他经营者的控制权

D. 经营者通过合同外的方式取得能够对其他经营者施加决定性影响的地位

【解析】根据《反垄断法》第二十条的规定，正确答案是 A、B、C、D。

（四）滥用行政权力排除、限制竞争

滥用行政权力排除、限制竞争亦称行政垄断或行政性垄断，是指拥有行政权力的政府机关以及其他依法具有管理公共事务职能的组织滥用行政权力，违反法律规定实施的排除、限制市场竞争的行为。行政垄断是政府违背市场规律及行政规范，参与市场竞争、干涉市场主体行为、分享市场资源、破坏经济自由的不正常状况。

判断是否构成滥用行政权力排除、限制竞争，一般应考虑以下因素。①从行为的实施者来看，必须是行政机关或者依照法律、法规授权具有管理公共事务职能的其他组织。这两类主体的特点是均拥有一定的行政权力。②行为主体实施了滥用行政权力的行为。③该行为产生了破坏市场机制、损害公平竞争秩序、排除或者限制竞争的严重后果。

滥用行政权力排除、限制竞争的行为方式多种多样，反垄断法主要规制以下几类行为。

（1）地区封锁。地方政府及其职能部门通过行政权力建立市场壁垒，禁止外地商品流入本地市场，禁止本地资源流出，对不同的地区经营者差别对待，实行地方保护主义。

（2）强制交易。这是指中央政府部门、地方政府及其他依法具有管理公共事务职能的组织，利用行政权力强制安排市场交易活动，限制和排斥竞争、妨碍公平交易的行为。

（3）强制经营者实施危害竞争的垄断行为。这是指行政管理者为了本地区或本部门的利益，违背经营者的意愿，强制其从事有利于本地区或本部门的垄断行为。

（4）制定含有限制竞争内容的行政法规、行政命令等。这是指行政机关利用行政权力，通过制定行政法规、规章或者发布具有普遍约束力的决定、命令，将有限制竞争性质的条款或内容包含其中，要求相对人执行以达到限制竞争的目的。

课堂讨论 5-1

甲市某酒厂酿造的"蓝星"系列白酒深受当地人喜爱。甲市政府办公室发文指定该酒为接待用酒，要求各机关、企事业单位、社会团体在业务用餐时，饮酒应以"蓝星"系列为主。同时，酒厂公开承诺：用餐者凭市内各酒楼出具的证明，可以取得消费100元返还10元的奖励。

请问：如何看待该事件？

第二节　反不正当竞争法

一、反不正当竞争法概述

不正当竞争有广义和狭义之分。广义的不正当竞争，泛指一切违反商业道德和善良风俗，特别是违反有关法律而从事商品生产、经营的行为，包括垄断、限制竞争和以不正当手段从事竞争三种行为。狭义的不正当竞争一般指除垄断和限制竞争以外的以不正当手段从事竞争的行为。

《反不正当竞争法》第二条规定："本法所称的不正当竞争行为，是指经营者在生产经营活动中，违反本法规定，扰乱市场竞争秩序，损害其他经营者或者消费者的合法权益的行为。"基于此，不正当竞争行为具有以下法律特征。

（1）主体的特定性。不正当竞争的行为人应为经营者，即从事商品生产、经营或者提供服务（以下所称商品包括服务）的自然人、法人和非法人组织。非经营者不构成不正当竞争的行为主体。

（2）领域的限定性。不正当竞争是经营者在从事商品生产、经营或者提供服务中实施的；在其他领域实施的同类行为，不构成不正当竞争。

（3）性质的违法性。不正当竞争的行为直接违反《反不正当竞争法》的禁止性规定，或者违背了自愿、平等、公平、诚信的原则及相关法律和商业道德。

（4）结果的有害性。不正当竞争行为的实施客观上扰乱了市场竞争秩序，损害了其他经营者或者消费者的合法权益。

不正当竞争异于正当竞争、不平等竞争、垄断。

二、不正当竞争行为的表现形式

根据《反不正当竞争法》第六条至第十二条的规定，不正当竞争行为主要有以下 7 种。

1. 仿冒混淆行为

仿冒混淆行为是指经营者冒用他人商品的标识或名义于自己的商品，足以引人误认为是他人的商品或者与他人存在特定联系，以谋取非法利益的行为。仿冒混淆行为即典型的"搭便车"，旨在诱使消费者误认、误购，牟取非法利益，既剥夺了被冒用的经营者的市场份额，损害其利益，也蒙骗消费者，损害其合法权益，破坏市场公平竞争秩序。

仿冒混淆行为主要表现为以下几个方面。

（1）经营者擅自使用与他人有一定影响的商品名称、包装、装潢等相同或近似的标识。

（2）擅自使用他人有一定影响的企业名称（包括简称、字号等）、社会组织名称（包括简称等）、姓名（包括笔名、艺名、译名等）。

（3）擅自使用他人有一定影响的域名主体部分、网站名称、网页等。

（4）其他足以引人误认为是他人商品或者与他人存在特定联系的混淆行为。

【例 5-3】根据《反不正当竞争法》的规定，下列行为属于不正当竞争行为中的仿冒混淆行为的是（　　　）。

A. 甲厂在其产品说明书中作夸大其词的不实说明

B. 乙厂的矿泉水使用"清凉"商标，而"清凉矿泉水厂"是本地一家知名矿泉水厂的企业名称

C. 丙商场在有奖销售中把所有的奖券刮奖区都印上"未中奖"字样

D. 丁酒厂将其在当地评奖会上的获奖证书复印在所有的产品包装上

【解析】根据《反不正当竞争法》第六条的规定，正确答案是 B。

课堂讨论 5-2

甲欲买"全聚德"牌的快餐包装烤鸭，上火车前误购了商标不同而外包装十分近似的显著标明名称为"全聚德"的烤鸭，遂向全聚德公司投诉。全聚德公司发现，"全聚德"烤鸭的价格仅为"全聚德"的 1/3。

请问：全聚德公司该如何维护其合法权益？

2. 商业贿赂行为

商业贿赂行为是指经营者采用财物或者其他手段贿赂相关单位或者个人，以谋取交易机会或者竞争优势的行为。

实践中，商业贿赂行为的构成要件如下。

（1）交易中附加给付，包括给付财物或通过其他手段输送利益。财物是指现金和实物，其他手段是指提供国内外各种名义的旅游、考察等给付财物以外的其他利益。

（2）给付主体为经营者或其工作人员。商业贿赂是以谋取交易机会或者竞争优势为目的而作附加给付，一般是作为交易方的经营者所为；若经营者的工作人员进行贿赂，应当认定为经营者的行为，除非经营者有证据证明该工作人员的行为与经营者谋取交易机会或者竞争优势无关。

（3）给付对象为与交易相关的单位或者个人，包括：①交易相对方的工作人员；②受交易相

对方委托办理相关事务的单位或者个人；③利用职权或者影响力影响交易的单位或者个人。

（4）给付方式为在账外暗中进行。经营者在交易活动中，允许以明示方式向交易相对方支付折扣，或者向中间人支付佣金。经营者向交易相对方支付折扣、向中间人支付佣金的，应当如实入账。接受折扣、佣金的经营者也应当如实入账。折扣和佣金在账外暗中给付的，涉嫌不正当竞争，而以明示方式、给付方与接受方均如实入账的，则属正当商业手段。

需要提及的是，折扣即让利，是指经营者在销售商品时，给予对方的价格优惠，包括支付价款时对价款总额按一定比例即时予以扣除和支付价款总额后再按一定比例予以退还两种形式。佣金是指经营者在市场交易中给予为其提供服务的具有合法经营资格的中间人的劳务报酬。

3. 虚假宣传行为

虚假宣传行为，是指经营者对其商品或帮助其他经营者作虚假或者引人误解的商业宣传，欺骗、误导消费者的行为。

《反不正当竞争法》第八条规定："经营者不得对其商品的性能、功能、质量、销售状况、用户评价、曾获荣誉等作虚假或者引人误解的商业宣传，欺骗、误导消费者。经营者不得通过组织虚假交易等方式，帮助其他经营者进行虚假或者引人误解的商业宣传。"据此，虚假宣传行为可以分为以下三类。

（1）欺骗型虚假宣传，即虚假的商业宣传，是指在商业宣传中无中生有、虚构根本不存在的事实或观点欺骗消费者。欺骗型虚假宣传的内容本身就是虚假的，其行为形式可以分为以下四种：①所宣传的商品或者服务不存在，即虚构了商品或服务本身的；②对商品的有关信息（包括商品的性能、功能、质量、销售状况、用户评价、曾获荣誉等）进行虚假宣传的；③宣传中使用虚构、伪造或者无法验证的信息（如科研成果、统计资料、调查结果、文摘、引用语等）作证明材料的；④虚构使用商品或者接受服务的效果的。

（2）误导型虚假宣传，即引人误解的商业宣传，指对商品或服务的情况作使购买者容易产生错误理解的宣传，诱使购买者对商品或服务产生不切实际的错误理解，从而影响消费者选择的虚假宣传。误导型虚假宣传的内容也许全部是真实的，也许部分是真实的，但是巧妙的措辞、隐瞒的暗示、投机的省略、断章取义的引用以及采用刁钻的表现角度等，使宣传内容表达不确切、不明白而藏有陷阱，具有极大的迷惑性和误导性。该行为形式可分为以下三种：①对商品作片面的宣传或者对比的；②将科学上未定论的观点、现象等当作定论的事实用于商品宣传的；③以歧义性语言或者其他引人误解的方式进行商品宣传的。但是，以明显的夸张方式宣传商品，不足以造成相关公众误解的，不构成误导型虚假宣传。

（3）帮他人虚假宣传，即经营者通过组织虚假交易等方式，帮助其他经营者进行虚假或者引人误解的商业宣传。例如电商利用网络平台，聘请工作人员从事网络"刷单"，在未收到货物的情况下，给商品好评，替商家虚构交易记录，为商家进行虚假宣传提供便利，欺骗、误导消费者。

课堂讨论 5-3

新星公司为了宣传其新开发的产品，虚构产品功效，委托某广告公司设计了"谁吃谁明白"的广告，聘请演员当代言人，邀请某社会团体向消费者推荐，在电视上频繁播放引人误解的不实广告。

请问：你如何看待本案？

4. 侵犯商业秘密行为

所谓商业秘密，是指不为公众所知悉、具有商业价值并经权利人采取相应保密措施的技术信息、经营信息等商业信息。商业秘密具有以下特征。①无形性，即商业秘密以技术信息和经营信息的形式表现和存在，包括设计、程序、产品配方、制作工艺、制作方法、管理诀窍、客户名单、货源情报、产销策略、物流及供应链信息、招投标中的标底及标书内容等信息。②商业性，具有确定的可应用性，能为权利人带来现实的或者潜在的经济利益或者竞争优势。③秘密性，即该信息不能从公开渠道直接获取，因而不为社会公众所知悉。④保密性，即权利人采取了相应保密措施来维持这种秘密性，包括订立保密协议、建立保密制度及采取其他合理的保密措施。

侵犯商业秘密行为是指经营者及相关非经营者非法获取和非法披露、使用或者允许他人使用权利人的商业秘密的行为。该行为应从以下两方面认定。

（1）行为主体为非权利人，可以是经营者，也可以是经营者以外的其他自然人、法人和非法人组织，还可以是与经营者相关的非经营者（如员工、前员工、第三人等）。这里所谓的权利人，是指依法对商业秘密享有所有权或者使用权的自然人、法人和非法人组织，包括商业秘密的所有权人和使用权人。

（2）行为形式表现为非法获取、非法披露与使用、非法允许他人使用权利人的商业秘密。行为形式具体包括：①以盗窃、贿赂、欺诈、胁迫、电子侵入或者其他不正当手段获取权利人的商业秘密；②披露、使用或者允许他人使用以前项手段获取的权利人的商业秘密；③违反保密义务或者违反权利人有关保守商业秘密的要求，披露、使用或者允许他人使用其所掌握的商业秘密；④教唆、引诱、帮助他人违反保密义务或者违反权利人有关保守商业秘密的要求，获取、披露、使用或者允许他人使用权利人的商业秘密。

经营者以外的其他自然人、法人和非法人组织实施前述所列违法行为的，视为侵犯商业秘密。第三人明知或者应知商业秘密权利人的员工、前员工或者其他单位、个人实施前述所列违法行为，仍获取、披露、使用或者允许他人使用该商业秘密的，视为侵犯商业秘密。

在侵犯商业秘密的民事审判程序中，商业秘密权利人提供初步证据，证明其已经对所主张的商业秘密采取保密措施，且合理表明商业秘密被侵犯，涉嫌侵权人应当证明权利人所主张的商业秘密不属于《反不正当竞争法》规定的商业秘密。商业秘密权利人提供初步证据合理表明商业秘密被侵犯，且提供以下证据之一的，涉嫌侵权人应当证明其不存在侵犯商业秘密的行为：①有证据表明涉嫌侵权人有渠道或者机会获取商业秘密，且其使用的信息与该商业秘密实质上相同；②有证据表明商业秘密已经被涉嫌侵权人披露、使用或者有被披露、使用的风险；③有其他证据表明商业秘密被涉嫌侵权人侵犯。

【例5-4】甲、乙公司均为网络公司，都在从事反病毒软件的开发和推广。甲公司向人民法院起诉，指控乙公司挖走了其研发主管及技术人员十余名，乙公司发布的2022版反病毒软件与甲公司2021版反病毒软件实质相似，甲公司已有1/3的老客户成为乙公司的新客户，请求人民法院认定乙公司侵犯了甲公司的商业秘密，构成不正当竞争，责令停止侵权并赔偿损失。关于乙公司如何证明自己不侵权，下列选项错误的有（　　　　）。

A. 证明从甲公司过来的研发主管及技术人员都是合同到期后或辞职后正常流动过来的，没有竞业禁止义务或对甲公司不再承担保密义务

B. 证明其2022版反病毒软件与甲公司的2021版反病毒软件不构成实质相似

C. 证明甲公司的2021版反病毒软件不是商业秘密

D. 证明甲公司是以诉讼手段恶意打压竞争对手

【解析】根据《反不正当竞争法》第九条的规定，正确答案是C、D。

5. 不正当有奖销售行为

不正当有奖销售行为是指经营者违反诚实公平竞争原则，利用物质、金钱或其他经济利益引诱购买者与之交易，排挤竞争对手的不正当竞争行为。这类行为包括：①所设奖的种类、兑奖条件、奖金金额或者奖品等有奖销售信息不明确，影响兑奖；②采用谎称有奖或者故意让内定人员中奖的欺骗方式进行有奖销售；③抽奖式的有奖销售（凡以抽签、摇号等带有偶然性的方法决定购买者是否中奖的，均属于抽奖方式；但经政府或者政府有关部门依法批准的有奖募捐及其他彩票发售活动不在此列），最高奖的金额超过 50 000 元。

6. 诋毁商誉行为

诋毁商誉也称商业诽谤，是指经营者通过编造、传播虚假信息或者误导性信息，损害竞争对手的商业信誉、商品声誉的行为。

构成诋毁商誉的行为如下。①行为对象是同业竞争者且行为人具有诋毁竞争对手、削弱对手竞争能力的故意行为。②行为损害了竞争对手的商业信誉和商品声誉。商业信誉是社会对经营者商业道德，商品品质、价格、服务等方面的积极评价；商品声誉是社会对特定商品品质、性能的赞誉。③行为人采用了编造、传播虚假信息或者误导性信息的手段。如果经营者所发布的对竞争对手不利的信息属于客观事实，则不构成诋毁商誉的行为。

【例 5-5】甲公司为宣传其"股神"股票交易分析软件，高价聘请记者发表文章，称该软件的分析高度准确，贬低同类软件，并称乙公司的软件是垃圾。根据《反不正当竞争法》的规定，下列选项正确的有（　　）。

A. 只有乙公司才能起诉甲公司的诋毁商誉行为

B. 甲公司的行为只有出于故意才能构成诋毁商誉行为

C. 只有证明记者拿了甲公司的钱财，才能认定其参与诋毁商誉行为

D. 只有证明甲公司捏造和散布了虚假事实，才能认定其构成不正当竞争

【解析】根据《反不正当竞争法》第十一条的规定，正确答案为 B、D。

7. 妨碍、破坏网络产品或服务正常运行的行为

妨碍、破坏网络产品或服务正常运行的行为也称网络恶意竞争行为，是指经营者利用技术手段，通过影响用户选择或者其他方式，实施妨碍、破坏其他经营者合法提供的网络产品或者服务正常运行的行为。根据《反不正当竞争法》第十二条的规定，该行为表现为：①未经其他经营者同意，在其合法提供的网络产品或者服务中，插入链接、强制进行目标跳转；②误导、欺骗、强迫用户修改、关闭、卸载其他经营者合法提供的网络产品或者服务；③恶意对其他经营者合法提供的网络产品或者服务实施不兼容；④其他妨碍、破坏其他经营者合法提供的网络产品或者服务正常运行的行为。

三、对涉嫌不正当竞争行为的监督、调查与司法救济

1. 对涉嫌不正当竞争行为的监督

国家鼓励、支持和保护一切组织和个人对不正当竞争行为进行社会监督。

对涉嫌不正当竞争行为，任何单位和个人有权向监督检查部门举报，监督检查部门接到举报后应当依法及时处理。监督检查部门应当向社会公开受理举报的电话、信箱或者电子邮件地址，并为举报人保密。对实名举报并提供相关事实和证据的，监督检查部门应当将处理结果告知举报人。

2. 对涉嫌不正当竞争行为的调查

（1）调查机构。县级以上人民政府履行市场监督管理职责的部门对不正当竞争行为进行查处；

相关法律、行政法规规定由其他部门查处的，依照其规定。

（2）调查措施。监督检查部门调查涉嫌不正当竞争行为，可以采取下列措施：①进入涉嫌不正当竞争行为的经营场所进行检查；②询问被调查的经营者、利害关系人及其他有关单位、个人，要求其说明有关情况或者提供与被调查行为有关的其他资料；③查询、复制与涉嫌不正当竞争行为有关的协议、账簿、单据、文件、记录、业务函电和其他资料；④查封、扣押与涉嫌不正当竞争行为有关的财物；⑤查询涉嫌不正当竞争行为的经营者的银行账户。

（3）调查规则。调查规则具体如下。①采取上述调查措施，应当向监督检查部门主要负责人书面报告，并经批准；采取上述第④项、第⑤项措施的，应当向设区的市级以上人民政府监督检查部门主要负责人书面报告，并经批准。②监督检查部门调查涉嫌不正当竞争行为，应当遵守《中华人民共和国行政强制法》和其他有关法律、行政法规的规定，并应当将查处结果及时向社会公开。③监督检查部门及其工作人员对调查过程中知悉的商业秘密负有保密义务。④监督检查部门调查涉嫌不正当竞争行为，被调查的经营者、利害关系人及其他有关单位、个人应当如实提供有关资料或者情况。

3. 对涉嫌不正当竞争行为的司法救济

经营者的合法权益受到不正当竞争行为损害的，可以向人民法院提起诉讼。当事人对监督检查部门作出的决定不服的，可以依法申请行政复议或者提起行政诉讼。

四、不正当竞争行为的法律责任

经营者违反《反不正当竞争法》的规定，实施不正当竞争行为，应承担相应法律责任。该法律责任包括民事责任、行政责任和刑事责任三种。

（一）民事责任

经营者实施不正当竞争行为，给他人造成损害的，应当依法承担民事责任。因不正当竞争行为受到损害的经营者的赔偿数额，按照其因被侵权所受到的实际损失确定；实际损失难以计算的，按照侵权人因侵权所获得的利益确定。经营者恶意实施侵犯商业秘密行为，情节严重的，可以在按照前述方法确定数额的 1 倍以上 5 倍以下确定赔偿数额。赔偿数额还应当包括经营者为制止侵权行为所支付的合理开支。权利人因经营者实施仿冒混淆行为、侵犯商业秘密行为被侵权所受到的实际损失、侵权人因侵权所获得的利益难以确定的，由人民法院根据侵权行为的情节判决给予权利人 500 万元以下的赔偿。

（二）行政责任

行政责任分为行政处分和行政处罚。行政处分是国家机关根据法律、法规和规章制度，给予犯有轻微违法失职行为或者内部违纪人员的一种制裁。对实施不正当竞争行为的经营者，由县级以上人民政府履行市场监督管理职责的部门或法律、行政法规规定的其他部门进行行政处罚。

经营者从事不正当竞争，有主动消除或者减轻违法行为危害后果等法定情形的，依法从轻或者减轻行政处罚；违法行为轻微并及时纠正，没有造成危害后果的，不予行政处罚。当事人对行政处罚决定不服的，可以依法申请行政复议或者提起行政诉讼。

（三）刑事责任

经营者及其他主体违反《反不正当竞争法》规定，构成犯罪的，依法追究刑事责任。在我国，能够构成犯罪的不正当竞争行为主要有仿冒混淆行为、商业贿赂行为等不正当竞争行为。

第三节 产品质量法

一、产品质量法概述

产品质量法是调整产品质量管理关系和产品质量责任关系的法律规范的总称。目前我国除有专门的产品质量法外，还制定了与产品质量相关的或特殊产品质量管理的法律。

在我国境内从事产品生产、销售活动（包括销售进口商品）的主体（生产者、销售者、用户和消费者以及监督管理机构），必须遵守《中华人民共和国产品质量法》（以下简称《产品质量法》）。产品仅限于动产，是指经过加工、制作，用于销售的产品。建设工程不属于产品，但是建设工程使用的建筑材料、建筑构配件和设备属于产品的范畴。

二、产品质量监督管理制度

国务院市场监督管理部门主管全国产品质量监督工作。国务院有关部门在各自的职责范围内负责产品质量监督工作。县级以上地方市场监督管理部门主管本行政区域内的产品质量监督工作。县级以上地方人民政府有关部门在各自的职责范围内负责产品质量监督工作。法律对产品质量的监督部门另有规定的，依照有关法律的规定执行。

产品质量监督管理的各项具体制度主要如下。

（1）产品质量检验制度。产品质量应当检验合格，不得以不合格产品冒充合格产品。

（2）产品质量标准制度。可能危及人体健康和人身、财产安全的工业产品，必须符合保障人体健康，人身、财产安全的国家标准、行业标准；未制定国家标准、行业标准的，必须符合保障人体健康，人身、财产安全的要求。国家对少量的直接涉及人身安全、健康的产品发放生产许可证。

（3）企业质量体系认证。企业质量体系认证是指通过认证机构的独立评审，对符合条件的企业颁发企业质量体系认证证书，从而证明该企业的质量体系达到相应的标准。国家根据国际通用的质量管理标准，推行企业质量体系认证制度。企业可以自愿提出申请认证。

（4）产品质量认证。产品质量认证是指通过认证机构的独立评审，对符合条件的产品颁发产品质量认证证书，准许企业在产品或者其包装上使用产品质量认证标志，从而证明某一产品达到相应标准。国家根据先进的产品标准和技术要求，推行产品质量认证制度。企业可以自愿提出申请认证。

（5）产品质量监督检查制度。国家对产品质量实行以抽查为主要方式的监督检查制度。经检查不合格的，实施监督抽查的市场监督管理部门有权依法作出处理，如警告、罚款、责令停止生产或销售。

三、产品责任

（一）产品责任制度的内涵

产品责任，又称产品缺陷责任，是指产品的生产者、销售者因其生产或销售的产品有缺陷，造成消费者、使用者或者他人人身、财产的损害而应承担的一种民事赔偿责任。产品责任是一种特殊的侵权责任，在当事人之间存在合同关系的情况下，还可能出现与违约责任的竞合。

产品责任的成立，须同时具备以下条件：①产品存在质量缺陷；②缺陷在生产或销售环节已经存在；③损害事实客观存在，即已经造成了他人人身或财产的损害；④产品缺陷是损害发生的原因。

（二）生产者、销售者的产品质量义务

1. 生产者的产品质量义务

（1）作为的义务。①产品应当符合内在质量的要求。产品不应存在危及人体健康及人身、财产安全的不合理的危险；产品已有保障人体健康和人身、财产安全的国家标准、行业标准的，应当符合该标准。产品应当具备规定的使用性能，但是，对产品存在使用性能的瑕疵作出说明的除外。产品应符合在产品或者其包装上注明采用的产品标准，符合以产品说明、实物样品等方式表明的质量状况。②产品或者其包装上的标识必须真实，并符合要求，包括有合格证明，中文标明的产品名称、生产厂厂名和厂址，产品规格，安全使用日期，警示标志等。③特殊产品的包装必须符合相应要求，具体是指危险物品以及储运中不能倒置和有其他特殊要求的产品的包装必须符合有关要求。

（2）不作为的义务。生产者不得生产国家明令淘汰的产品；不得伪造产地，伪造或者冒用他人的厂名、厂址；不得伪造或者冒用认证标志、名优标志等质量标志；生产产品，不得掺杂、掺假，以假充真、以次充好，以不合格产品冒充合格产品。

2. 销售者的产品质量义务

（1）作为的义务。销售者应当建立并执行进货检查验收制度，验明产品合格证明和其他标识；在进货之后，销售者应当采取措施，保持销售产品的质量；销售产品的标识应当符合有关的规定。

（2）不作为的义务。销售者不得销售失效、变质的产品；不得伪造产地，伪造或者冒用他人的厂名、厂址；不得伪造或者冒用认证标志、名优标志等质量标志；销售产品时不得掺杂、掺假，以假充真、以次充好，以不合格产品冒充合格产品。

（三）产品缺陷

依据《产品质量法》的规定，产品缺陷是指产品存在危及人身、他人财产安全的不合理的危险；产品有保障人体健康和人身、财产安全的国家标准、行业标准的，产品缺陷是指不符合该标准。产品缺陷一般包括设计缺陷、制造缺陷、警示缺陷三种。

（四）产品责任的责任主体

1. 生产者

因产品存在缺陷，造成人身伤害，或造成缺陷产品以外的其他财产（以下简称"他人财产"）损害的，生产者应当承担赔偿责任。

生产者能够证明有下列情形之一的，不承担赔偿责任。①未将产品投入流通的，如擅自使用尚处于产品研发阶段、试验阶段的电动椅，因电动椅漏电导致使用者死亡的，死者家属不能因此主张生产者的产品责任。②产品投入流通时，引起损害的缺陷尚不存在的。③将产品投入流通时的科学技术水平尚不能发现缺陷的存在的。

同时，使用者或者第三人的过错造成人身伤害的，生产者也不承担责任。

课堂讨论 5-4

　　刘某伙同王某从某电扇厂仓库盗窃未经检验的轮船用小型电扇两台。二人各分得一台。刘某将电扇以 60 元的价格卖给了高某。高某在使用时，被飞出的扇叶削掉半截左耳。高某以扇叶及保护网设计与制造中有瑕疵为由向电扇厂提出索赔。

　　请问：高某是否有权向电扇厂索赔？法律依据是什么？

2. 销售者

　　销售者的过错使产品存在缺陷，造成人身或他人财产损害的，销售者应当承担赔偿责任；销售者不能指明缺陷产品的生产者，也不能指明缺陷产品的供货者时，销售者应当承担赔偿责任。

　　因产品存在缺陷造成人身、他人财产损害的，受害人可以向产品的生产者要求赔偿，也可以向产品的销售者要求赔偿。属于产品的生产者的责任，产品的销售者赔偿的，产品的销售者有权向产品的生产者追偿。属于产品的销售者的责任，产品的生产者赔偿的，产品的生产者有权向产品的销售者追偿。

3. 连带责任人

　　产品质量认证机构违反《产品质量法》的规定，对不符合认证标准而使用认证标志的产品，未依法要求其改正或者取消其使用认证标志资格的，对因产品不符合认证标准给消费者造成的损失，与产品的生产者、销售者承担连带责任。

　　社会团体、社会中介机构对产品质量作出承诺、保证，而该产品又不符合其承诺、保证的质量要求，给消费者造成损失的，与产品的生产者、销售者承担连带责任。

　　在广告中对产品质量作虚假宣传，欺骗和误导消费者，使购买商品或者接受服务的消费者的合法权益受到损害的，由广告主依法承担民事责任；广告经营者、广告发布者明知或者应知广告虚假仍设计、制作、发布的，应当依法承担连带责任；广告经营者、广告发布者不能提供广告主的真实名称、地址的，应当承担全部民事责任。

　　社会团体或者其他组织，在虚假广告中向消费者推荐商品或者服务，使消费者的合法权益受到损害的，应当依法承担连带责任。

（五）产品责任的损害赔偿

1. 损害赔偿的类型

　　（1）人身损害赔偿。因产品存在缺陷造成受害人人身伤害的，侵害人应当赔偿医疗费、治疗期间的护理费、因误工减少的收入等费用；造成残疾的，还应当支付残疾者生活自助具费、生活补助费、残疾赔偿金以及由其扶养的人所必需的生活费等费用；造成受害人死亡的，并应当支付丧葬费、死亡赔偿金以及由死者生前扶养的人所必需的生活费等费用。

　　（2）财产损害赔偿。因产品存在缺陷造成受害人财产损失的，侵害人应当恢复原状或者折价赔偿。受害人因此遭受其他重大损失的，侵害人应当赔偿损失。

2. 损害赔偿请求权的行使期限

　　根据《产品质量法》的规定，因产品存在缺陷造成损害要求赔偿的诉讼时效期间为 2 年，自当事人知道或者应当知道其权益受到损害时起计算。

　　因产品存在缺陷造成损害要求赔偿的请求权，在造成损害的缺陷产品交付最初消费者满 10 年丧失；但是，尚未超过明示的安全使用期的除外。

课堂讨论 5-5

花某为其 2 岁儿子购买某品牌的奶粉，小孩喝后上吐下泻，住院 7 天才恢复健康。花某之子从此见任何奶类制品都拒食。经鉴定，该品牌奶粉属劣质品。为此，花某欲采取维权行动。

请问：花某可采取哪些措施？

第四节　消费者权益保护法

一、消费者权益保护法概述

（一）消费者

消费者是指为满足个人生活消费需要而购买、使用商品或者接受服务的人。消费者作为消费主体，其范围包括一切进行生活消费的个人和消费群体。我国的消费者具有以下特征。

（1）消费者的消费性质属于生活消费。消费者的生活消费包括两类：一是物质资料的消费，如衣、食、住、行、用等方面的物质消费；二是精神消费，如旅游、文化教育等方面的消费。

（2）消费者的消费客体是商品和服务。商品，是指与生活消费有关的并通过流通过程推出的商品，不管其是否经过加工制作，也不管其是否为动产或不动产。服务，是指与生活消费有关的，有偿提供的可供消费者利用的任何种类的服务。

（3）消费者的消费方式包括购买、使用（商品）和接受（服务）。关于商品的消费，即购买和使用商品，既包括消费者购买商品用于自身的消费，也包括购买商品供他人使用或使用他人购买的商品。关于服务的消费，不仅包括自己付费自己接受服务，而且包括他人付费自己接受服务。

（4）消费者的主体包括公民个人和进行生活消费的单位。生活消费主要是公民个人（含家庭）的消费，而且公民个人的生活消费是保护的重点。但是，生活消费还包括单位的生活消费，因为在一般情况下，单位购买的生活资料最后都由个人使用，有些单位还为个人进行生活消费而购买商品和接受服务。

（二）消费者权益保护法的适用范围

消费者权益保护法是调整国家机关、经营者、消费者相互之间因保护消费者合法权益而产生的各种社会关系的法律规范的总称。为保护消费者的合法权益，维护社会经济秩序，促进社会主义市场经济健康发展，我国制定了《中华人民共和国消费者权益保护法》（以下简称《消费者权益保护法》）。该法是我国保护消费者权益的基本法。广义上的消费者权益保护法包括所有有关保护消费者合法权益的法律、法规，如《产品质量法》《反不正当竞争法》《旅游法》等。

在我国境内，消费者为生活消费需要购买、使用商品或者接受服务，经营者为消费者提供其生产、销售的商品或者提供服务，应适用《消费者权益保护法》；农民购买、使用直接用于农业生产的生产资料，参照适用《消费者权益保护法》的相关规定。

二、消费者的权利

消费者的权利是指消费者在购买、使用商品或者接受服务的一定时间内，依法应享有的各种权利。根据《消费者权益保护法》的规定，消费者享有以下 11 项权利。

1. 安全保障权

消费者在购买、使用商品和接受服务时享有人身、财产安全不受损害的权利；消费者有权要求经营者提供的商品和服务，符合保障人身、财产安全的要求。安全保障权包括人身安全权和财产安全权两个方面，这是消费者最重要的权利。

【例 5-6】郭某与 10 岁的儿子到饭馆用餐，如厕时将手提包留在座位上嘱咐儿子看管，回来后发现手提包丢失。郭某要求饭馆赔偿被拒绝，遂提起民事诉讼。根据消费者安全保障权，下列说法正确的是（　　）。

  A. 饭馆应保障顾客在接受服务时的财产安全，并承担顾客随身物品遗失的风险

  B. 饭馆应保证其提供的饮食服务符合保障人身、财产安全的要求，但并不承担对顾客随身物品的保管义务，也不承担顾客随身物品遗失的风险

  C. 饭馆应对顾客妥善保管随身物品作出明显提示，否则应当对顾客的物品丢失承担赔偿责任

  D. 饭馆应确保其服务环境绝对安全，应当对顾客在饭馆内遭受的一切损失承担赔偿责任

【解析】根据《消费者权益保护法》第十八条的规定，正确答案是 B。

2. 知悉真情权

知悉真情权，是指消费者享有的知悉其购买、使用商品或者接受服务真实情况的权利。对消费者来说，知情是消费活动中必不可少的，它是消费者决定购买商品、接受服务的前提。消费者有权根据商品或者服务的不同情况，要求经营者提供商品的价格、产地、生产者、用途、性能、规格、等级、主要成分、生产日期、有效期限、检验合格证明、使用方法说明书、售后服务，或者服务的内容、规格、费用等有关情况。

3. 自主选择权

自主选择权是指消费者有权根据自己的消费需求、意向和兴趣，自主选择自己满意的商品或服务。这项权利主要包括：①自主选择商品或者服务的经营者；②自主选择商品的品种或者服务的方式；③自主决定是否购买商品或者接受服务；④自主比较、鉴别和挑选商品或服务。

案例链接

消费者的知情权不容侵犯

法眼观察

餐馆不能乱收这样的"小费"

4. 公平交易权

公平交易权是指消费者在购买商品或者接受服务时所享有的，获得质量保障和价格合理、计量准确等公平交易条件，拒绝经营者的强制交易行为的权利。其核心是消费者以一定数量的货币换取同等价值的商品或者服务。

5. 依法求偿权

依法求偿权是指消费者因购买、使用商品或者接受服务受到人身、财产损害的，享有依法获得赔偿的权利。它是弥补消费者所受损害的必不可少的救济权。享有依法求偿权的主体包括购买、使用商品或者接受服务的消费者和使用他人购买的商品、服务而受到损害的消费者，以及在别人购买、使用商品或接受服务时，因在场而受到商品或者服务的伤害，致使人身、财产受损害的第三者。前者按契约关系求偿，后二者因与经营者之间没有契约关系，一般按侵权处理，求偿的范围包括人身损害和财产损害两方面。

课堂讨论 5-6

消费者甲在某商场购买了一台 25 英寸（1 英寸≈2.54 厘米）彩色电视机送给乙，一个星期

左右，彩色电视机发生爆炸，正巧邻居丙在场，邻居丙被炸伤左眼，乙脸部被炸伤。

请问：本案受害人应该如何索赔？

6. 依法结社权

依法结社权是指消费者享有依法成立维护自身合法权益的社会团体的权利，如消费者协会。消费者成立社会团体的目的在于通过集体力量来改变自身的弱小地位，从而维护自身的合法权益。

7. 获得知识权

获得知识权是指消费者享有获得有关消费和消费者合法权益保护方面的知识的权利。消费者应当努力掌握所需商品或者服务的知识和使用技能，正确使用商品，提高自我保护意识。

8. 维护尊严权

维护尊严权是指消费者在购买、使用商品和接受服务时，享有其人格尊严、民族风俗习惯得到尊重的权利。它包括人格尊严和民族风俗习惯得到尊重两方面。消费者在消费过程中不得受非法搜查、检查、侮辱、诽谤。

9. 个人信息保护权

个人信息保护权是指消费者在购买、使用商品和接受服务时，享有个人信息依法得到保护的权利。一般认为，个人信息是指可以直接或间接识别本人的信息的总和，包括一个人生理的、心理的、智力的、个体的、社会的、经济的、文化的、家庭的信息。

10. 冷却期退货权

冷却期退货权是指通过特定销售方式购买的商品，消费者在法定期限内享有无理由退货的权利。特定销售方式是指采用网络、电视、电话、邮购等销售方式，法定期限是指自消费者收到货物之日起7日内。无理由退货的商品不包括：消费者定做的；鲜活易腐的；在线下载或者消费者拆封的音像制品、计算机软件等数字化商品；交付的报纸、期刊。除前述商品外，其他根据商品性质并经消费者在购买时确认不宜退货的商品，不适用无理由退货。

11. 监督批评权

监督批评权是指消费者享有对商品和服务以及保护消费者合法权益工作进行监督的权利。消费者有权检举、控告侵害消费者合法权益的行为和国家机关及其工作人员在保护消费者合法权益工作中的违法失职行为，有权对保护消费者合法权益工作提出批评、建议。

三、经营者的义务

根据《消费者权益保护法》规定，经营者应当履行以下11项义务。

1. 履行法定或约定的义务

经营者向消费者提供商品或者服务，应当依照法律、法规的规定履行义务。经营者和消费者有约定的，应当按照约定履行义务，但双方的约定不得违背法律、法规的规定。经营者向消费者提供商品或者服务，应当恪守社会公德，诚信经营，保障消费者的合法权益；不得设定不公平、不合理的交易条件，不得强制交易。

2. 接受监督的义务

经营者应当听取消费者对其提供的商品或者服务的意见，接受消费者的监督。

3. 保障安全的义务

经营者应当保证其提供的商品或者服务符合保障人身、财产安全的要求。对可能危及人身、财产安全的商品和服务，应当向消费者作出真实的说明和明确的警示，并说明和标明正确使用商品或者接受服务的方法以及防止危害发生的方法。宾馆、商场、餐馆、银行、机场、车站、港口、影剧院等经营场所的经营者，应当对消费者尽到安全保障义务。经营者发现其提供的商品或者服务存在缺陷，有危及人身、财产安全危险的，应当立即向有关行政部门报告和告知消费者，并采取停止销售、警示、召回、无害化处理、销毁、停止生产或者服务等措施。采取召回措施的，经营者应当承担消费者因商品被召回支出的必要费用。经营者对消费者未尽到安全保障义务，造成消费者损害的，应当承担侵权责任。

因第三人侵权导致损害结果发生的，由实施侵权行为的第三人承担赔偿责任。安全保障义务人有过错的，应当在其能够防止或者制止损害的范围内承担相应的补充责任。安全保障义务人承担责任后，可以向第三人追偿。

4. 提供真实信息的义务

经营者向消费者提供有关商品或者服务的质量、性能、用途、有效期限等信息，应当真实、全面，不得作虚假或者引人误解的宣传。经营者对消费者就其提供的商品或者服务的质量和使用方法等问题提出的询问，应当作出真实、明确的答复。经营者提供商品或者服务应当明码标价。

采用网络、电视、电话、邮购等方式提供商品或者服务的经营者，以及提供证券、保险、银行等金融服务的经营者，应当向消费者提供经营地址、联系方式、商品或者服务的数量和质量、价款或者费用、履行期限和方式、安全注意事项和风险警示、售后服务、民事责任等信息。

5. 标明经营者真实名称和标记的义务

经营者应当标明其真实名称和标记。租赁他人柜台或者场地的经营者，应当标明其真实名称和标记。例如，展销会举办者、场地和柜台提供者应当加强管理，督促参展者和场地、柜台的使用者悬挂营业执照并标明其真实名称和标记。

6. 签发凭证或单据的义务

经营者提供商品或者服务，应当按照国家有关规定或者商业惯例向消费者出具发票等购货凭证或者服务单据；消费者索要发票等购货凭证或者服务单据的，经营者必须出具。

7. 保障产品质量的义务

经营者应当保证在正常使用商品或者接受服务的情况下其提供的商品或者服务应当具有的质量、性能、用途和有效期限；但消费者在购买该商品或者接受该服务前已经知道其存在瑕疵，且存在该瑕疵不违反法律强制性规定的除外。经营者以广告、产品说明、实物样品或者其他方式表明商品或者服务的质量状况的，应当保证其提供的商品或者服务的实际质量与表明的质量状况相符。经营者提供的机动车、计算机、电视机、电冰箱、空调器、洗衣机等耐用商品或者装饰装修等服务，消费者自接受商品或者服务之日起6个月内发现瑕疵，发生争议的，由经营者承担有关瑕疵的举证责任。

8. 质量补救义务

经营者提供的商品或者服务不符合质量要求的，消费者可以依照国家规定、当事人约定退货，或者要求经营者履行更换、修理等义务。没有国家规定和当事人约定的，消费者可以自收到商品之日起7日内退货；7日后符合法定解除合同条件的，消费者可以及时退货，不符合法定解除合同条件的，可以要求经营者履行更换、修理等义务。依照前述规定进行退货、更换、修理的，经营者应当承担运输等必要费用。

消费者退货的商品应当完好。经营者应当自收到退回商品之日起7日内返还消费者支付的商品价款。退回商品的运费由消费者承担；经营者和消费者另有约定的，按照约定。

9. 严格遵守公平交易的义务

经营者在经营活动中使用格式条款的，应当以显著方式提请消费者注意商品或者服务的数量和质量、价款或者费用、履行期限和方式、安全注意事项和风险警示、售后服务、民事责任等与消费者有重大利害关系的内容，并按照消费者的要求予以说明。经营者不得以格式条款、通知、声明、店堂告示等方式，作出排除或者限制消费者权利、减轻或者免除经营者责任、加重消费者责任等对消费者不公平、不合理的规定，不得利用格式条款并借助技术手段强制交易。格式条款、通知、声明、店堂告示等含有前款所列内容的，其内容无效。

10. 尊重消费者人格尊严的义务

消费者依法享有人身权，经营者不得以任何理由侵犯消费者的人身权利，不得对消费者进行侮辱、诽谤，不得搜查消费者的身体及其携带的物品，不得侵犯消费者的人身自由。

11. 保护消费者信息安全的义务

经营者收集、使用消费者的个人信息，应当遵循合法、正当、必要的原则，明示收集、使用信息的目的、方式和范围，并经消费者同意。经营者收集、使用消费者个人信息，应当公开其收集、使用规则，不得违反法律、法规的规定和双方的约定收集、使用信息。经营者及其工作人员对收集的消费者个人信息必须严格保密，不得泄露、出售或者非法向他人提供。经营者应当采取技术措施和其他必要措施，确保信息安全，防止消费者个人信息泄露、丢失。在发生或者可能发生信息泄露、丢失的情况时，应当立即采取补救措施。经营者未经消费者同意或者请求，或者消费者明确表示拒绝的，不得向其发送商业性信息。

【例5-7】经营者的下列行为中，违反了《消费者权益保护法》规定的有（   ）。
A. 商家在商场内多处设置监控录像设备，其中包括服装销售区的试衣间
B. 商场的出租柜台更换了承租商户，新商户进场后，未更换原商户设置的名称标牌
C. 顾客以所购商品的价格高于同城其他商店的同类商品的售价为由要求退货，商家予以拒绝
D. 餐馆规定，顾客用餐结账时，餐费低于5元的不予开发票
【解析】根据《消费者权益保护法》第二十一条、第二十二条、第二十七条的规定，正确答案是A、B、D。

【例5-8】某大型商场在商场内各醒目处张贴海报：本商场正以3折的价格处理一批因火灾而被水浸过的商品。消费者葛某见后，以433元购买了一件原价1800元的皮衣。穿后不久，该皮衣表面出现严重的泛碱现象。葛某要求商场退货被拒。下列说法正确的有（   ）。
A. 商场不承担退货责任
B. 商场应当承担退货责任
C. 商场可以不退货，但应当允许葛某用该皮衣调换一件价值433元的其他商品
D. 商场可以对该皮衣进行修复处理并收取适当的费用
【解析】根据《消费者权益保护法》第二十条、第二十三条的规定，正确答案是A、D。

四、消费者合法权益的保护

（一）消费者合法权益的国家保护

1. 立法保护

国家通过制定、修改、颁布有关消费者权益保护法的立法活动来保护消费者的合法权益。我国制定和颁布的《反不正当竞争法》《产品质量法》《中华人民共和国食品安全法》等都体现了对

消费者合法权益的保护。为更好地保护消费者的合法权益，国家在制定有关法律、法规和政策时，应当听取消费者的意见和要求。

2. 行政保护

行政机关通过行政执法和监督活动对消费者的合法权益进行保护，包括行政管理和行政监督。各级人民政府应当加强领导，组织、协调和督促有关行政部门做好保护消费者合法权益的工作。

3. 司法保护

国家司法机关通过司法程序对消费者的合法权益予以保护。国家司法机关应通过侦查、起诉、审判的活动，惩处经营者在提供商品和服务中侵害消费者合法权益的违法犯罪行为；人民法院应当采取措施方便消费者提起诉讼，对符合民事诉讼法起诉条件的消费者权益争议，应当受理并及时审理。

（二）消费者合法权益的社会保护

国家鼓励、支持一切组织和个人对损害消费者合法权益的行为进行社会监督，消费者协会和依法成立的其他消费组织，在保护消费者合法权益方面起着极为重要的作用；广播、电视、报刊等大众传播媒介应当为维护消费者合法权益做好宣传，对损害消费者合法权益的行为进行舆论监督。

（三）消费者合法权益保护机构

1. 各级人民政府

国家和地方各级市场监督管理机关，是实施消费者合法权益保护的基本职能机构，其主要职能包括：拟订和组织实施有关法律、法规和政策，协调各部门共同做好保护消费者合法权益的工作，在市场监督管理机关职权范围内查处侵犯消费者利益的行为。

有关行政部门应当听取消费者和消费者协会等组织对经营者交易行为、商品和服务质量问题的意见，及时调查处理。有关行政部门在各自的职责范围内，应当定期或者不定期对经营者提供的商品和服务进行抽查检验，并及时向社会公布抽查检验结果。有关行政部门发现并认定经营者提供的商品或者服务存在缺陷，有危及人身、财产安全危险的，应当立即责令经营者采取停止销售、警示、召回、无害化处理、销毁、停止生产或者服务等措施。

2. 公安、司法机关

经营者的违法行为构成犯罪的，应由公安机关和人民检察院依法立案、侦查，起诉到人民法院追究相关责任人员的刑事责任。

人民法院依法受理消费者权益争议案件，及时审理，通过公正的审理保护消费者的合法权益。

3. 消费者组织

消费者协会和其他消费者组织是依法成立的对商品和服务进行社会监督的保护消费者合法权益的社会组织。消费者协会履行下列公益性职责：①向消费者提供消费信息和咨询服务，提高消费者维护自身合法权益的能力，引导文明、健康、节约资源和保护环境的消费方式；②参与制定有关消费者权益的法律、法规、规章和强制性标准；③参与有关行政部门对商品和服务的监督、检查；④就有关消费者合法权益的问题，向有关部门反映、查询，提出建议；⑤受理消费者的投诉，并对投诉事项进行调查、调解；⑥投诉事项涉及商品和服务质量问题的，可以委托具备资格的鉴定人鉴定，鉴定人应当告知鉴定意见；⑦就损害消费者合法权益的行为，支持受损害的消费者提起诉讼或者依照《消费者权益保护法》提起诉讼；⑧对损害消费者合法权益的行为，通过大众传播媒介予以揭露、批评。

对侵害众多消费者合法权益的行为，中国消费者协会以及在省、自治区、直辖市设立的消费者协会，可以向人民法院提起诉讼。

各级人民政府对消费者协会履行职责应当予以必要的经费等支持。消费者协会应当认真履行保护消费者合法权益的职责，听取消费者的意见和建议，接受社会监督。依法成立的其他消费者组织依照法律、法规及其章程的规定，开展保护消费者合法权益的活动。

消费者组织不得从事商品经营和营利性服务，不得以收取费用或者其他牟取利益的方式向消费者推荐商品和服务。

（四）消费者权益争议的解决途径

消费者和经营者发生消费者权益争议的，可以通过下列途径解决：①与经营者协商和解；②请求消费者协会或者依法成立的其他调解组织调解；③向有关行政部门投诉；④根据与经营者达成的仲裁协议提请仲裁机构仲裁；⑤向人民法院提起诉讼。

五、违反《消费者权益保护法》的法律责任

（一）赔偿责任主体的确定

（1）消费者在购买、使用商品时，其合法权益受到损害的，可以向销售者要求赔偿。销售者赔偿后，属于生产者的责任或者属于向销售者提供商品的其他销售者的责任的，销售者有权向生产者或者其他销售者追偿。

（2）消费者或者其他受害人因商品缺陷造成人身、财产损害的，可以向销售者要求赔偿，也可以向生产者要求赔偿。属于生产者责任的，销售者赔偿后，有权向生产者追偿。属于销售者责任的，生产者赔偿后，有权向销售者追偿。

（3）消费者在接受服务时，其合法权益受到损害的，可以向服务者要求赔偿。

（4）消费者在购买、使用商品或者接受服务时，其合法权益受到损害，因原企业分立、合并的，可以向变更后承受其权利义务的企业要求赔偿。

（5）使用他人营业执照的违法经营者提供商品或者服务，损害消费者合法权益的，消费者可以向其要求赔偿，也可以向营业执照的持有人要求赔偿。

（6）消费者在展销会、租赁柜台购买商品或者接受服务，其合法权益受到损害的，可以向销售者或者服务者要求赔偿。展销会结束或者柜台租赁期满后，也可以向展销会的举办者、柜台的出租者要求赔偿。展销会的举办者、柜台的出租者赔偿后，有权向销售者或者服务者追偿。

（7）消费者通过网络交易平台购买商品或者接受服务，其合法权益受到损害的，可以向销售者或者服务者要求赔偿。网络交易平台提供者不能提供销售者或者服务者的真实名称、地址和有效联系方式的，消费者也可以向网络交易平台提供者要求赔偿；网络交易平台提供者作出更有利于消费者的承诺的，应当履行承诺。网络交易平台提供者赔偿后，有权向销售者或者服务者追偿。网络交易平台提供者明知或者应知销售者或者服务者利用其平台侵害消费者合法权益，未采取必要措施的，依法与该销售者或者服务者承担连带责任。

（8）消费者因经营者利用虚假广告或者其他虚假宣传方式提供商品或者服务，其合法权益受到损害的，可以向经营者要求赔偿。广告经营者、发布者发布虚假广告的，消费者可以请求行政主管部门予以惩处。广告经营者、发布者不能提供经营者的真实名称、地址和有效联系方式的，应当承担赔偿责任。广告经营者、发布者设计、制作、发布关系消费者生命健康的商品或者服务的虚假广告，造成消费者损害的，应当与提供该商品或者服务的经营者承担连带责任。社会团体或者其他组织、个人在关系消费者生命健康商品或者服务的虚假广告或者其他虚假宣传中向消费

者推荐商品或者服务，造成消费者损害的，应当与提供该商品或者服务的经营者承担连带责任。

（二）法律责任

违反《消费者权益保护法》的法律责任形式以民事责任为核心，同时还包括行政责任和刑事责任。

1. 民事责任

民事责任包括侵害消费者人身权利和财产权利两个方面的责任。

（1）侵害消费者人身权利的民事责任。经营者提供商品或者服务，造成消费者或者其他受害人人身伤害的，应当赔偿医疗费、护理费、交通费等为治疗和康复支出的合理费用，以及因误工减少的收入。造成残疾的，还应当赔偿残疾生活辅助具费和残疾赔偿金。造成死亡的，还应当赔偿丧葬费和死亡赔偿金。经营者侵害消费者的人格尊严、侵犯消费者人身自由或者侵害消费者个人信息依法得到保护的权利的，应当停止侵害、恢复名誉、消除影响、赔礼道歉，并赔偿损失。经营者有侮辱诽谤、搜查身体、侵犯人身自由等侵害消费者或者其他受害人人身权益的行为，造成严重精神损害的，受害人可以要求精神损害赔偿。

（2）侵害消费者财产权利的民事责任。经营者提供的商品或服务不符合国家规定或者约定、不履行法定或者约定的义务造成消费者财产损害的，或者产品被认定为不合格以及有欺诈行为的，都应承担民事责任，具体如下。

① 经营者提供商品或者服务，造成消费者财产损害的，应当依照法律规定或者当事人约定承担修理、重作、更换、退货、补足商品数量、退还货款和服务费用或者赔偿损失等民事责任。

② 经营者以预收款方式提供商品或者服务的，应当按照约定提供。未按照约定提供的，应当按照消费者的要求履行约定或者退回预付款；并应当承担预付款的利息、消费者必须支付的合理费用。

③ 依法经有关行政部门认定为不合格的商品，消费者要求退货的，经营者应当负责退货。

④ 经营者提供商品或者服务有欺诈行为的，应当按照消费者的要求增加赔偿其受到的损失，增加赔偿的金额为消费者购买商品的价款或者接受服务的费用的 3 倍；增加赔偿的金额不足 500 元的，为 500 元。法律另有规定的，依照其规定。

经营者明知商品或者服务存在缺陷，仍然向消费者提供，造成消费者或者其他受害人死亡或者健康严重损害的，受害人有权要求经营者依照《消费者权益保护法》第四十九条、第五十一条等法律规定赔偿损失，并有权要求所受损失 2 倍以下的惩罚性赔偿。

【例 5-9】经营者的下列行为，消费者可依法要求经营者承担惩罚性赔偿责任的有（   ）。
A. 将已过有效期的商品上的日期涂覆而销售该商品
B. 谎称某家用电器为"进口原装"进行销售
C. 销售未标明中文产品名称、生产厂名和厂址的商品
D. 向消费者出售国家明令淘汰且未标明生产日期的商品
E. 某海鲜饭馆有一厨师叫鲍鱼，饭馆将该厨师炒的饭命名为"鲍鱼炒饭"并高价出售，而消费者并没有在炒饭中发现鲍鱼

【解析】根据《消费者权益保护法》第五十五条的规定，正确答案是 A、B、E。

2. 行政责任

经营者违反《消费者权益保护法》的规定，侵害消费者合法权益的，除承担相应的民事责任外，其他有关法律、法规对处罚机关和处罚方式有规定的，依照法律、法规的规定执行；法律、法规未作规定的，由工商行政管理部门或者其他有关行政部门责令改正，可以根据情节单处或者并处警告、没收违法所得、处以违法所得 1 倍以上 10 倍以下的罚款，没有违法所得的，处以 50 万元以下的罚款；情节严重的，责令停业整顿、吊销营业执照。

经营者有违反《消费者权益保护法》规定情形的，除依照法律、法规规定予以处罚外，处罚机关应当记入信用档案，向社会公布。

课堂讨论 5-7

2021 年 3 月 18 日，黄某两眼干涩并且头晕，在沈阳市康惠医药有限公司第八零售店店长张某的极力推荐下花费 150 元购买了一瓶由演员 Y 代言的某品牌保健品——鱼油。张某打开该鱼油的说明书，声称该保健品可对症治疗黄某的疾病。黄某在服用该鱼油的过程中觉得自己的症状在加重。经鉴定，该品牌的鱼油并不具有其说明书上所称的治疗眼睛干涩和头晕的功能。2021 年 5 月 8 日，黄某向康惠医药有限公司交涉要求赔偿，未果。2021 年 5 月 19 日，黄某向有管辖权的人民法院提起诉讼。下列表述正确的是（　　　）。
   A. 黄某可要求演员 Y 承担法律责任
   B. 黄某可要求康惠医药有限公司承担法律责任
   C. 黄某可要求康惠医药有限公司退还 150 元，并增加赔偿金 500 元
   D. 市场监督管理部门应对康惠医药有限公司实施相应的行政处罚并记入信用档案

3. 刑事责任

经营者违反《消费者权益保护法》的规定提供商品或者服务，侵害消费者合法权益，构成犯罪的，依法追究刑事责任。以暴力、威胁等方法阻碍有关行政部门工作人员依法执行职务的，依法追究刑事责任；拒绝、阻碍有关行政部门工作人员依法执行职务，未使用暴力、威胁方法的，由公安机关依照《中华人民共和国治安管理处罚法》的规定处罚。国家机关工作人员玩忽职守或者包庇经营者侵害消费者合法权益的行为的，由其所在单位或者上级机关给予行政处分；情节严重，构成犯罪的，依法追究刑事责任。

智慧助学　　　　同步测试

思考与探索

1. 如何对经营者集中行为进行法律规制？
2. 不正当竞争行为有哪些，具有哪些特征？
3. 消费者权益争议的解决途径有哪些？
4. 产品生产者在何种情况下不承担产品责任？

法务实训

案例一：某地区的 A 企业生产的"飞亚"牌啤酒十分畅销，但另一地区生产同类产品的小企业 B 生产的产品则销路不佳。于是，B 企业决定采取以下措施：①将本企业产品的包装改为与 A

企业产品近似的包装；②散发小册子，宣传自己的产品，在宣传中加上自己产品没有的多种疗效功能；③以获得 A 企业的营销策略和客户为目的，买通或高薪聘请 A 企业的销售人员。同时，B 企业还请求当地人民政府给予保护性支持。为了支持本地区企业的发展，当地人民政府决定制定一个啤酒质量标准，限制 A 企业的产品进入本地。以上措施实施后，A 企业的产品滞销，企业效益直线下滑。

请问：

1．B 企业采取的措施是否合法？属于什么性质的行为？

2．当地人民政府对 B 企业的支持性做法是否合法？属于什么性质的行为？

3．B 企业应承担何种法律责任？

案例二： 2021 年 5 月 30 日，孙某从商场购得某品牌果汁饮料 1 瓶，当天并没有一次喝完。8 月 1 日中午，她拧开瓶盖准备再喝时，饮料瓶突然爆炸，瓶盖冲击到右眼，伤情鉴定为轻微伤，共花掉医药费 1 500 余元并为此休病假一周。为此，孙某向某市市场监督管理局投诉。该市场监督管理局经调查查明以下事实。①爆炸原因鉴定为果汁饮料开启后，有细菌侵入，在高温天气下发酵产生大量气体，所以发生爆炸。②该饮料瓶身标签最下端标有一行小字（注：标签上最小号字体）"开启后请尽快饮用"。市场上同类气体饮料标签均以饮用须知或注意事项的方式明确说明"开启后请低温保存并于 24 小时内饮用完毕""开启后请 5℃以下冷藏并于 48 小时内饮用完毕"。

请问：孙某可要求该商场对自己的哪些损失予以赔偿？

案例三： 2021 年 1 月初，张某从某商厦购买了一条甲厂生产的电热毯，回家后按说明书的要求使用。使用中电热毯发生漏电，导致房间着火，烧毁价值 8 000 元的财产，张某本人也被烧伤致残。事后，张某与该商厦协商赔偿未果，遂起诉到人民法院。

请问：

1．张某最迟该在什么时间提起诉讼？为什么？

2．张某可要求谁来承担赔偿责任？为什么？

3．张某可能获得哪些赔偿？

第六章
知识产权法律制度

引例

目标与方法　　　　课前测试

大磨坊公司于 2019 年 1 月由国家知识产权局（以下简称"知识产权局"）核准注册取得了"大磨坊"注册商标专用权，核定使用的商品为面包。2020 年 10 月大磨坊公司与太阳城商场签订了为期 3 年的代销协议，约定由太阳城商场设专柜出售面包，由大磨坊公司提供名、优、特、新的注册商标商品。自 2021 年 4 月起，大磨坊公司停止向太阳城商场供货。

同年 6 月，大磨坊公司发现太阳城商场在大磨坊专柜上销售与其类似的面包，商品价签上注明产地大磨坊。大磨坊公司以太阳城商场侵害其商标专用权为由诉至法院。

【提问】请你谈谈对本案的认识。

【点评】根据《中华人民共和国商标法》（以下简称《商标法》）的规定，被告太阳城商场侵犯了大磨坊公司的商标专用权，大磨坊公司停止供货的行为构成违约，双方均应承担相应的法律责任。

第一节　知识产权法概述

一、知识产权概述

（一）知识产权的概念

知识产权是指智力成果的创造人对所创造的智力成果和工商活动的行为人对所拥有的标记依法享有的权利的总称。

（二）知识产权的特征

知识产权是一种与物权、债权并列的独立的民事权利，具有以下特征。

（1）知识产权的无形性。知识产权的客体是智力成果或具有财产价值的标记，是一种没有形体的财富。知识产权客体的无形性，是知识产权的本质属性，是其与其他有形财产所有权最根本的区别。

（2）知识产权的法定性。知识产权的法定性是指知识产权的范围和产生由法律规定。知识产权的法定性是由无形性决定的。由于其没有形体，可以同时为多个主体所共同占有，很难为拥有者完全控制，因此，知识产权必须通过法律加以确认。

（3）知识产权的专有性。专有性即排他性。知识产权的专有性主要体现在两个方面：一是知识产权为权利人所独占，权利人垄断这种专有权并受到严格保护，没有法律规定或未经权利人许可，任何人不得使用权利人的知识产品；二是对同一项知识产品，不允许有两个或两个以上的主体同时对同一属性的知识产品享有权利。

（4）知识产权的地域性。知识产权作为专有权在空间上的效力并不是无限的，而要受到地域的限制，其效力仅限于本国境内。按照一国法律获得承认和保护的知识产权，只能在该国发生法律效力。

（5）知识产权的时间性。知识产权作为一种民事权利，有时间上的限制，即知识产权只有在法律规定的期限内受到保护，一旦超过法律规定的有效期限，这一权利就自行消灭，其客体就会成为整个社会的共同财富，为全人类所共同使用。

（三）知识产权的分类

1. 著作权和工业产权

这里的著作权是广义的，包括著作权和邻接权，其保护对象是满足人类精神需要和审美要求的知识类型，包括文学、艺术和科学作品，表演艺术家的演出，录音制品和广播电视节目等。

工业产权是指著作权以外的知识产权。其保护对象的内容已超出工业的范围，主要是指以实现人类的衣、食、住、行等生产、生活的功能，满足以物质消费为目的的知识类型，以及以实现规范市场经济秩序功能为目的的符号、标记类型的知识，如工商业标记等。

2. 创造性智力成果权和工商业标记权

创造性智力成果权的价值直接来源于对该成果的商业性利用；工商业标记本身不是其财产价值的源泉，工商业标记权的价值来源于所标记的商品或服务，来源于它所标记的工商业主体的商业信誉。

二、知识产权法的概念和体系

知识产权法是指由国家制定或认可的，用以调整自然人、法人及其他社会组织和国家因知识产权的归属、利用和保护而产生的社会关系的法律规范的总称。

从体系范围而言，知识产权法有广义、狭义之分。狭义的知识产权法，即传统意义上的知识产权法，包括著作权（含邻接权）、专利权、商标权三个主要组成部分。广义的知识产权法包括涉及著作权、邻接权、商标权、商号权、商业秘密权、产地标记权、专利权、集成电路布图设计权等各种权利的法律规范的总称。

现代知识产权法体系可由以下权利构成：著作权、专利权、商标权、反不正当竞争权等。本章主要介绍著作权法、专利法、商标法等法律法规的内容，反不正当竞争法已在第五章阐述，本章不赘述。

素养拓展

尊重并保护知识产权是现代社会文明的重要标志。企业的经营管理人员应秉持"尊重知识产权、保护知识产权"的理念，践行知识产权法治，坚决抵制各种侵犯知识产权的违法行为，营造良好的知识产权法治环境。

第二节　著作权法

著作权是我国民事主体享有的一项基本权利。著作权法是指调整因文学、艺术和科学作品的创作及使用而产生的人身关系和财产关系的法律规范的总称。为了保护著作权，我国制定并修改了《著作权法》。

一、著作权的概念

著作权亦称版权，是指作者及其他著作权人对其创作的文学、艺术和科学作品依法享有的权利。著作权包括人身权和财产权两个方面的内容。人身权是指作者享有的与其人身密不可分的权利，又称精神权利，它表现为作者对其作品拥有发表权、署名权、修改权和保护作品完整权。财产权是指作者及其他著作权人依法对其作品享有的使用和获得报酬的权利，它表现为著作权人以复制、出租、表演、播放、信息网络传播、展览、发行、摄制电影和电视或者改编、翻译、注释、汇编等方式使用作品，并由此获得报酬的权利。著作权人可以全部或部分转让上述财产权，并依照约定或《著作权法》的规定获得报酬。

著作权属于民事权利，是知识产权重要的组成部分。著作权除了具有知识产权所共有的特征，即具有专有性、地域性、时间性等特征外，还具有以下特征。

（1）著作权因作品的创作完成而自动产生。专利权、商标权的取得必须经过申请、审批、登记和公告，即必须通过行政确认程序来确认权利的取得和归属。而著作权因作品的创作完成而自动产生，一般不必履行任何形式的登记或注册手续，也不论其是否已经发表。

（2）著作权突出对人身权的保护。著作权与作品的创作者密切相关，因此，在著作权中，保护作者对作品的人身权利是其重要的内容。著作权中作者的发表权、署名权、修改权、保护作品完整权等人身权利，永远归作者享有，不能转让，也不受著作权保护期限的限制。

二、著作权的主体与归属

（一）著作权的主体

著作权的主体又称著作权人，是指依法对文学、艺术和科学作品享有著作权的人。根据《著作权法》的规定，著作权人包括作者以及其他依法享有著作权的自然人、法人或者非法人组织。

1. 作者

作者是指文学、艺术和科学作品的创作人。《著作权法》规定，作者按照以下标准进行认定。

（1）创作作品的自然人是作者。这是作者最基本的认定原则。创作是指直接产生文学、艺术和科学作品的智力活动。为他人创作进行组织工作，提供咨询意见、物质条件，或者进行其他辅助工作，均不视为创作。

（2）由法人或者非法人组织主持，代表法人或者非法人组织意志创作，并由法人或者非法人组织承担责任的作品，法人或者非法人组织视为作者。

（3）在作品上署名的自然人、法人或者非法人组织为作者，且该作品上存在相应权利，但有相反证明的除外。如无相反证明，在作品上署名的自然人、法人或者非法人组织为作者。相反证明的主张者可以是作品的真实作者，也可以是有利害关系或者无利害关系的第三人。相反证明的主张者应就其相反证明主张提供与作品署名事实相反的证据。

2. 其他依法享有著作权的自然人、法人或者非法人组织

其他依法享有著作权的自然人、法人或者非法人组织，简称其他著作权人。其他著作权人取得著作权主要有以下两种情况。

（1）因合同而取得著作权。一是因委托合同取得著作权。《著作权法》规定，受委托创作的

作品，著作权的归属由委托人和受托人通过合同约定。合同未作明确约定或者没有订立合同的，著作权属于受托人。如合同约定著作权由委托人享有，委托人即成为著作权的主体。二是因转让合同取得著作权。著作权人可以将其享有的著作权中的财产权的全部或者部分转让给他人，著作财产权的受让人取得著作权后，即成为著作权主体。三是依许可使用合同取得著作权。著作权人许可作者以外的他人行使著作权中的财产权的，该接受许可的人在著作权许可使用合同的有效期内，依照约定取得著作权中的部分或者全部财产权，即成为著作权的主体。

（2）因继受而取得著作权。一是因继承或者接受遗赠而取得著作权。《著作权法》规定，著作权属于自然人的，自然人死亡后，其作品著作权中的财产权在《著作权法》规定的保护期内，依照《民法典》继承法律制度的相关规定转移，由该自然人的法定继承人或者遗嘱继承人或者受遗赠人享有。据此，因继承或者接受遗赠而取得著作权中财产权的人，即成为著作权的主体。二是因承受而取得著作权。《著作权法》规定，著作权属于法人或者非法人组织的，法人或者非法人组织变更、终止后，其作品著作权中的财产权在《著作权法》规定的保护期内，由承受其权利义务的法人或者非法人组织享有。没有承受其权利义务的法人或者非法人组织的，由国家享有。据此，因承受权利义务而取得著作权中财产权的法人或者非法人组织或者国家，即成为著作权的主体。

（二）著作权的归属

《著作权法》规定，著作权属于作者，法律另有规定的除外。

（1）演绎作品著作权的归属。演绎作品是指改编、翻译、注释、整理已有作品而产生的作品。演绎作品的著作权由改编、翻译、注释、整理人享有，但其行使著作权时不得侵犯原作品的著作权。演绎作品的作者仅对演绎部分享有著作权，对被演绎的作品不享有著作权，并且无权阻止他人对同一原作进行演绎。

（2）合作作品著作权的归属。合作作品是指两人以上合作创作的作品。合作作品的著作权由合作作者共同享有，没有参加创作的人不能成为合作作者。合作作品的著作权由合作作者通过协商一致行使；不能协商一致，又无正当理由的，任何一方不得阻止他方行使除转让、许可他人专有使用、出质以外的其他权利，但是所得收益应当合理分配给所有合作作者。

合作作品可以分割使用的，作者对各自创作的部分可以单独享有著作权，但行使著作权时不得侵犯合作作品整体的著作权。合作作品不可以分割使用的，其著作权由各合作作者共同享有，通过协商一致行使；合作作者对著作权的行使如果不能协商一致，任何一方无正当理由不得阻止他方行使除转让以外的其他权利，但是所得收益应当合理分配给所有合作作者。

（3）汇编作品著作权的归属。汇编作品是指汇编若干作品、作品的片段或者不构成作品的数据或者其他材料，对其内容的选择或者编排体现独创性的作品。汇编作品的著作权由汇编人享有，但行使著作权时，不得侵犯原作品的著作权。由法人或者非法人单位组织人员进行创作，提供资金或者资料等创作条件，并承担责任的百科全书、辞书、教材、大型摄影画册等编辑作品，其整体著作权归法人或者非法人单位所有。

（4）视听作品著作权的归属。视听作品是指电影、电视、录像作品和以类似摄制电影的方法创作的作品。视听作品中的电影作品、电视剧作品的著作权由制作者享有，但编剧、导演、摄影、作词、作曲等作者享有署名权，并有权按照与制作者签订的合同获得报酬。前述规定以外的视听作品的著作权归属由当事人约定；没有约定或者约定不明确的，由制作者享有，但作者享有署名权和获得报酬的权利。视听作品中的剧本、音乐等可以单独使用的作品的作者有权单独行使其著作权。著作权人许可他人将其作品摄制成电影、电视、录像作品的，视为已同意对其作品进行必要的改动，但是这种改动不得歪曲篡改原作品。

（5）职务作品著作权的归属。职务作品是指自然人为完成法人或者非法人组织工作任务所创作的作品。职务作品的著作权由作者享有，但法人或者非法人组织有权在其业务范围内优先使用。作品完成 2 年内，未经单位同意，作者不得许可第三人以与单位使用的相同方式使用该作品。作品完成 2 年内，如单位在其业务范围内不使用，作者可以请求单位同意由第三人以与单位使用的相同方式使用，单位没有正当理由不得拒绝。在作品完成 2 年内，经单位同意，作者许可第三人以与单位使用的相同方式使用作品所获报酬，由作者与单位按约定的比例分配。作品完成 2 年后，单位可以在其业务范围内继续使用。上述作品完成 2 年的期限，自作者向单位交付作品之日起计算。

《著作权法》规定，有下列情形之一的职务作品，作者享有署名权，著作权的其他权利由法人或者非法人组织享有，法人或者非法人组织可以给予作者奖励：①主要是利用法人或者非法人组织的物质技术条件创作，并由法人或者非法人组织承担责任的工程设计图、产品设计图、地图、示意图、计算机软件等职务作品；②报社、期刊社、通讯社、广播电台、电视台的工作人员创作的职务作品；③法律、行政法规规定或者合同约定著作权由法人或者非法人组织享有的职务作品。

（6）委托作品著作权的归属。委托作品是指受他人委托而创作的作品。委托作品著作权的归属由委托人和受托人通过合同约定。合同未作明确约定或者没有订立合同的，著作权属于受托人。对于委托作品著作权属于受托人的情形，委托人在约定的使用范围内享有使用作品的权利；双方没有约定使用作品范围的，委托人可以在委托创作的特定目的范围内免费使用该作品。

（7）美术作品著作权的归属。美术作品包括绘画、书法、雕塑、建筑等作品。美术作品原件所有权的转移，不改变作品著作权的归属，不视为作品著作权的转移，但美术、摄影作品原件的展览权由原件所有人享有。作者将未发表的美术、摄影作品的原件所有权转让给他人，受让人展览该原件不构成对作者发表权的侵犯。

（8）作者身份不明的作品著作权的归属。作者身份不明的作品，由作品原件的合法持有人行使除署名权以外的著作权。作者身份确定后，由作者或者其继承人行使著作权。

三、著作权的客体

著作权的客体是指《著作权法》保护的对象，即作品，是指文学、艺术和科学领域内具有独创性并能以一定形式表现的智力成果。其构成要件如下。

（1）作品必须是一种智力创作成果。首先，作品是一种智力成果，是自然人智力劳动的结果。其次，作品是一种创作成果。

（2）具有独创性。独创性亦称原创性，是指作品由作者独立构思和创作而成，而不是抄袭、剽窃、篡改他人作品。其含义为：①作品系独立创作完成，而非剽窃之作；②作品必须体现作者的个性，属于作者智力劳动创作结果。独创性存在于作品的表达之中，作品中所包含的思想并不要求必须具有独创性。作品的表达是作品形式和作品内容的有机整体。

（3）具有可复制性。作品必须可以通过某种有形形式复制，从而被他人感知。

《著作权法》所称的作品，包括下列形式的作品：文字作品，口述作品，音乐、戏剧、曲艺、舞蹈、杂技艺术作品，美术、建筑作品，摄影作品，视听作品，工程设计图、产品设计图、地图、示意图等图形作品和模型作品，计算机软件，符合作品特征的其他智力成果。

著作权人应依法行使著作权，国家对作品的出版、传播依法进行监督管理。不受《著作权法》保护的对象主要包括：法律、法规，国家机关的决议、决定、命令和其他具有立法、行政、司法性质的文件，及其官方正式译文；单纯事实消息；历法、通用数表、通用表格和公式。

四、著作权的内容

著作权的内容是指著作权人享有的权利和承担的义务。根据《著作权法》的规定，著作权包括两个方面的内容，即著作人身权和著作财产权。

（一）著作人身权

著作人身权又称精神权利，是指作者基于作品的创作而依法享有的以精神利益为内容的权利。著作人身权具有永久性、不可分割性和不可剥夺性的特征。

根据《著作权法》的规定，著作人身权包括以下内容。

（1）发表权，即决定作品是否公之于众的权利。

（2）署名权，即表明作者身份，在作品上署名的权利。

（3）修改权，即修改或者授权他人修改作品的权利。

（4）保护作品完整权，即保护作品不受歪曲、篡改的权利。

（二）著作财产权

著作财产权，是指著作权人自己使用或者授权他人以一定方式使用作品并获取财产利益的权利。其主要表现为使用权、许可使用权、转让权和获得报酬权。著作财产权可以转让、继承或放弃。

1. 使用权

使用权是指著作权人以复制、发行、出租、展览、表演、放映、广播、信息网络传播、摄制、改编、翻译、汇编等方式使用自己作品的权利。

2. 许可使用权

许可使用权是指著作权人依法享有的许可他人使用作品并获得报酬的权利。使用他人作品，应当同著作权人订立许可使用合同，但属于法定使用许可情形的除外。许可使用合同未明确许可的权利，未经著作权人同意，另一方当事人不得行使。

知识拓展

使用权的内涵

3. 转让权

转让权是指著作权人依法享有的转让使用权中一项或多项权利并获得报酬的权利。转让的标的不能是著作人身权，只能是著作财产权中的使用权。转让作品使用权的，应当订立书面合同。转让合同中未明确约定转让的权利，未经著作权人同意，另一方当事人不得行使。

4. 获得报酬权

获得报酬权是指著作权人依法享有的因作品的使用或转让而获得报酬的权利。获得报酬权通常是从使用权、许可使用权或转让权中派生出来的财产权，但获得报酬权有时又具有独立存在的价值。如在法定许可使用的情况下，他人使用作品可以不经著作权人同意，但必须按规定支付报酬，此时著作权人享有的获得报酬权就是独立存在的。

五、著作权的保护期和限制

（一）著作权的保护期

著作权保护期是指著作权受法律保护的时间界限。著作权人依法取得的著作权的有效期限在保护期内，著作权人的著作权受法律保护；超过保护期，该作品即进入公有领域，作者或者其他著作权人不再享有专有使用权。

1. 著作人身权的保护期

作者的署名权、修改权、保护作品完整权的保护期不受限制。发表权的保护期与著作财产权的保护期相同。

2. 著作财产权的保护期

（1）自然人的作品，其发表权、著作权中的财产权的保护期为作者终生及其死亡后 50 年，截止于作者死亡后第 50 年的 12 月 31 日；如果是合作作品，截止于最后死亡的作者死亡后第 50 年的 12 月 31 日。

（2）法人或者非法人组织的作品、著作权（署名权除外）由法人或者非法人组织享有的职务作品，其发表权的保护期为 50 年，截止于作品创作完成后第 50 年的 12 月 31 日；著作权中的财产权的保护期为 50 年，截止于作品首次发表后第 50 年的 12 月 31 日，但作品自创作完成后 50 年内未发表的，《著作权法》不再保护。

（3）视听作品，其发表权的保护期为 50 年，截止于作品创作完成后第 50 年的 12 月 31 日；著作权中的财产权的保护期为 50 年，截止于作品首次发表后第 50 年的 12 月 31 日，但作品自创作完成后 50 年内未发表的，《著作权法》不再保护。

（二）著作权的限制

著作权的限制主要是针对著作权人所享有的财产权利的限制。著作权人依法享有的人身权利不受任何限制。根据《著作权法》的规定，著作权的限制主要体现在以下两个方面。

1. 合理使用

合理使用是指根据法律规定，不必征得著作权人同意而无偿使用他人已发表作品的行为。合理使用一般只限于为个人消费或公益性使用等目的少量使用他人作品的行为，使用时可以不经著作权人许可，不向其支付报酬，但应当指明作者姓名或者名称、作品名称，并且不得影响该作品的正常使用，也不得不合理地损害著作权人的合法权益。

2. 法定许可使用

法定许可使用是指依照法律规定，不经著作权人同意有偿使用他人已经发表作品的行为。

法定许可使用的情形主要包括：为实施义务教育和国家教育规划而编写出版教科书，可以不经著作权人许可，在教科书中汇编已经发表的作品片段或者短小的文字作品、音乐作品或者单幅的美术作品、摄影作品、图形作品，但应当按照规定向著作权人支付报酬，指明作者姓名或者名称、作品名称，并且不得侵犯著作权人依照《著作权法》享有的其他权利。前述规定适用于对与著作权有关的权利的限制。

①为实施义务教育和国家教育规划而编写出版教科书，除作者事先声明不许使用的外，可以不经著作权人许可，在教科书中汇编已经发表的作品。②作品在报刊上刊登后，除著作权人声明不得转载、摘编的外，其他报刊可以转载或者作为文摘、资料刊登；提供者受著作权人的委托声明不得转载、摘编的以外，网站可以转载、摘编。③录音制作者使用他人已经合法录制为录音制品的音乐作品制作录音制品，著作权人声明不许使用的除外。④广播电台、电视台播放他人已发表的作品。⑤广播电台、电视台播放已经出版的录音制品。

【例 6-1】甲创作的一篇杂文，发表后引起较大轰动。该杂文被多家报刊、网站无偿转载。乙将该杂文译成法文，丙将之译成维吾尔文，均在国内出版，未征得甲的同意，也未支付报酬。下列观点正确的是（　　　）。

    A. 报刊和网站转载该杂文的行为不构成侵权

    B. 乙和丙的行为均不构成侵权

    C. 乙的行为不构成侵权，丙的行为构成侵权

    D. 乙的行为构成侵权，丙的行为不构成侵权

【解析】根据《著作权法》的规定，正确答案是 D。

六、邻接权

邻接权是指作品的传播者所享有的权利。邻接权与作品的著作权不同，两者的区别主要表现在以下三个方面。一是权利主体不同。著作权的主体为创作作品的作者和作者以外依法取得著作权的自然人、法人或者非法人组织；邻接权的主体则是作品的传播者。二是权利内容不同。著作权的内容包括著作人身权和著作财产权；邻接权的内容包括作品传播者对其传播劳动及传播作品的过程中投入资金的回报所享有的权利。三是权利对象不同。著作权的对象是作品；邻接权的对象则是作品的传播行为。

根据《著作权法》的规定，邻接权主要包括：出版者对其出版的图书和报刊享有的权利，表演者对其表演享有的权利，录音录像制作者对其制作的录音录像制品享有的权利，广播电台、电视台对其制作的广播、电视节目享有的权利。

第三节　专利法

专利权是指专利权人在法定期限内对其发明创造所享有的独占权。为了鼓励发明创造、促进科学技术的发展，我国制定并修改了《中华人民共和国专利法》（以下简称《专利法》）。专利法是指调整因确认发明创造的所有权和因发明创造的实施而产生的各种社会关系的法律规范的总称。

一、专利权的主体

专利权的主体是指具体参加特定的专利权法律关系并享有专利权的人。根据《专利法》的规定，发明人或者设计人，职务发明创造的单位，外国人、外国企业或者外国其他组织都可以成为专利权的主体。

（一）发明人或者设计人

《专利法》所称的发明人或者设计人，是指对发明创造的实质性特点作出创造性贡献的人。在完成发明创造过程中，只负责组织工作的人、为物质技术条件的利用提供方便的人或者从事其他辅助工作的人，不能称为发明人或者设计人。

发明人或者设计人一般具有以下特征。

（1）发明人或者设计人为自然人。

（2）发明人或者设计人的认定不受其民事行为能力的限制。

（3）发明人或者设计人必须是对发明创造的实质性特点作出创造性贡献的人。

（二）职务发明创造的单位

职务发明创造是指发明人或者设计人执行本单位的任务，或者利用本单位的物质技术条件所完成的发明创造。凡是不能被证明为职务发明创造的，为非职务发明创造。根据《专利法》及其实施细则的规定，发明人或者设计人的发明创造，凡符合下列条件之一的，均属于职务发明创造。

（1）在本职工作中作出的发明创造。

（2）履行本单位交付的本职工作之外的任务所作出的发明创造。

（3）退职、退休或者调动工作后1年内作出的，与其在原单位承担的本职工作或者原单位分配的任务有关的发明创造。

（4）主要利用本单位的物质技术条件完成的发明创造。

对于非职务发明创造，申请专利的权利属于发明人或者设计人，申请被批准后，该发明人或者设计人为专利权人。利用本单位的物质技术条件所完成的发明创造，单位与发明人或者设计人订有合同，对申请专利的权利和专利权的归属作出约定的，从其约定。

对于职务发明创造，申请专利的权利属于该单位，申请被批准后，该单位为专利权人。该单位可以依法处置其职务发明创造申请专利的权利和专利权，促进相关发明创造的实施和运用。

【例6-2】李某是甲公司的研究人员，承担了一种冷藏机的研制任务，但在研制成功前辞职开办乙公司。辞职近1年时，李某研制成功了该冷藏机，以乙公司的名义申请并获得了专利。丙公司在李某研制成功之前已经研制出该冷藏机并开始生产产品。下列选项正确的是（   ）。

A. 该专利权应归甲公司享有，李某享有在专利文件中署名的权利

B. 该专利权应归甲公司享有，乙公司享有免费使用权

C. 该专利权应归乙公司享有，甲公司享有免费使用权

D. 在该专利授权后，丙公司应停止生产该冷藏机

【解析】根据《专利法》第六条的规定，正确答案是A。

（三）外国人、外国企业或者外国其他组织

外国人、外国企业或者外国其他组织在我国申请和取得专利权，依照有关规定，应按照以下情况办理。

（1）在中国有经常居所或者营业所的外国人、外国企业或者外国其他组织在中国申请专利的，根据《保护工业产权巴黎公约》的规定和国际惯例，享有与我国国民同等的待遇。

（2）在中国没有经常居所或者营业所的外国人、外国企业或者外国其他组织在中国申请专利的，依照其所属国同中国签订的协议或者共同参加的国际条约，或者依照互惠原则，根据《专利法》的规定处理。

（3）在中国没有经常居所或者营业所的外国人、外国企业或者外国其他组织在中国申请专利和办理其他专利事务的，应当委托依法设立的专利代理机构办理。

二、专利权的客体

专利权的客体，是指可以获得专利法保护的发明创造。《专利法》规定的发明创造是指发明、实用新型和外观设计。

（一）发明

发明是指对产品、方法或者其改进所提出的新的技术方案。发明必须是一种技术方案，是

发明人将自然规律在特定技术领域进行运用和结合的结果，而不是自然规律本身。同时，发明通常是自然科学领域的智力成果，文学、艺术和社会科学领域的成果不能构成专利法意义上的发明。发明分为产品发明、方法发明和改进发明三种形式。发明专利的保护期限为 20 年，自申请日起计算。

（二）实用新型

实用新型是指对产品的形状、构造或者其结合所提出的适于实用的新的技术方案。实用新型具有以下特征：①实用新型实质上是一种技术方案，也是发明的一部分；②实用新型仅限于产品，不包括方法；③实用新型要求产品必须是具有固定的形状、构造的产品，气态、液态、凝胶状或颗粒粉末状的物质或者材料，不属于实用新型的产品范围。

实用新型专利的保护期限为 10 年，自申请日起计算。

（三）外观设计

外观设计是指对产品的整体或者局部的形状、图案或者其结合以及色彩与形状、图案的结合所作出的富有美感并适于工业应用的新设计。外观设计具有以下特征：①外观设计必须与产品相结合；②外观设计必须能够用于生产经营目的的制造或生产；③外观设计富有美感。外观设计包含的是美术思想，即解决产品的视觉效果问题，而不是技术思想。这一点与实用新型相区别。

外观设计专利的保护期限为 15 年，自申请日起计算。

根据《专利法》的规定，下列情况不授予专利权：违反法律、社会公德或妨害公共利益的发明创造；违反法律、行政法规的规定获取或者利用遗传资源，并依赖该遗传资源完成的发明创造；科学发现；智力活动的规则和方法；疾病的诊断和治疗方法；动物和植物品种，但是对于动物和植物品种的生产方法可以依法授予专利权；原子核变换方法以及用原子核变换方法获得的物质；对平面印刷品的图案、色彩或者二者的结合作出的主要起标识作用的设计。

三、授予专利权的条件

授予专利权的发明和实用新型，应当具备新颖性、创造性和实用性。授予专利权的外观设计，应当同申请日以前在国内外出版物上公开发表过或者国内公开使用过的外观设计不相同和不相近似，并不得与他人在先取得的合法权利相冲突。

1. 新颖性

新颖性，是指在申请日以前没有同样的发明或者实用新型在国内外出版物上公开发表过、在国内公开使用过或者以其他方式为公众所知，也没有同样的发明或者实用新型由他人向国务院专利行政部门提出过申请，并且记载在申请日以后公布的专利申请文件中。但申请专利的发明创造在申请日以前 6 个月内，有下列情形之一的，不丧失新颖性：①在国家出现紧急状态或者非常情况时，为公共利益目的首次公开的；②在中国政府主办或者承认的国际展览会上首次展出的；③在规定的学术会议或者技术会议上首次发表的；④他人未经申请人同意而泄露其内容的。

2. 创造性

创造性，是指同申请日以前已有的技术相比，该发明有突出的实质性特点和显著的进步，该实用新型有实质性特点和进步。

3. 实用性

实用性，是指该发明或者实用新型能够制造或者使用，并且能够产生积极效果。

四、专利权的内容和限制

（一）专利权人的权利

专利权可以分为专利人身权利和专利财产权利两大类。专利人身权利主要是指发明人、设计人的署名权；专利财产权利主要包括制造权、使用权、许诺销售权、销售权、进口权、许可权等。

基于此，专利权人的权利如下。

1. 标示权

标示权是指专利权人享有的在其专利产品或者该产品的包装上标明专利标记和专利号的权利。

2. 独占实施权

发明和实用新型专利权被授予后，除《专利法》另有规定的以外，任何单位或者个人未经专利权人许可，都不得实施其专利，即不得为生产经营目的制造、使用、许诺销售、销售、进口其专利产品，或者使用其专利方法以及使用、许诺销售、销售、进口依照专利方法直接获得的产品。

外观设计专利权被授予后，任何单位或者个人未经专利权人许可，都不得实施其专利，即不得为生产经营目的制造、许诺销售、销售、进口其外观设计专利产品。

3. 实施许可权

实施许可权是指专利权人可以许可他人实施其专利技术并收取专利使用费。专利权人自愿以书面方式向国务院专利行政部门声明愿意许可任何单位或者个人实施其专利，并明确许可使用费支付方式、标准的，由国务院专利行政部门予以公告，实行开放许可。开放许可声明被公告撤回的，不影响在先给予的开放许可的效力。实行开放许可的专利权人可以与被许可人就许可使用费进行协商后给予普通许可，但不得就该专利给予独占或者排他许可。许可他人实施专利的，当事人应当订立书面合同。

4. 转让权

专利权可以转让。转让专利权的，当事人应当订立书面合同并依法办理相应的登记手续。

案例链接

专利产品不容侵权

（二）专利权人的义务

专利权人的义务主要是指缴纳专利年费。未按规定缴纳年费的，可能导致专利权终止。同时，申请专利和行使专利权应当遵循诚实信用原则。不得滥用专利权损害公共利益或者他人合法权益。滥用专利权，排除或者限制竞争，构成垄断行为的，依照《反垄断法》处理。

（三）专利权的限制

1. 指定许可

国有企业事业单位的发明专利，对国家利益或者公共利益具有重大意义的，国务院有关主管部门和省、自治区、直辖市人民政府报经国务院批准，可以决定在批准的范围内推广应用，允许指定的单位实施，由实施单位按照国家规定向专利权人支付使用费。

2. 强制许可

强制许可亦称非自愿许可，是指国务院专利行政部门依照法律规定，不经专利权人的同意，直接许可具备实施条件的申请者实施发明专利或实用新型专利的一种行政措施。其目的是促进获得专利的发明创造得以实施，防止专利权人滥用专利权，维护国家利益和社会公共利益。《专利法》将强制许可分为三类：不实施时的强制许可、根据公共利益需要的强制许可、从属专利的强制许可。

3. 不视为侵犯专利权的行为

根据《专利法》的规定，有下列情形之一的，不视为侵犯专利权。

（1）专利产品或者依照专利方法直接获得的产品，由专利权人或者经其许可的单位、个人售出后，使用、许诺销售、销售、进口该产品的。

（2）在专利申请日前已经制造相同产品、使用相同方法或者已经做好制造使用的必要准备，并且仅在原有范围内继续制造、使用的。

（3）临时通过中国领陆、领水、领空的外国运输工具，依照其所属国同中国签订的协议或者共同参加的国际条约，或者依照互惠原则，为运输工具自身需要而在其装置和设备中使用有关专利的。

（4）专为科学研究和实验而使用有关专利的。

（5）为提供行政审批所需要的信息，制造、使用、进口专利药品或者专利医疗器械的，以及专门为其制造、进口专利药品或者专利医疗器械的。

【例 6-3】甲公司获得了某医用镊子的实用新型专利，不久后乙公司自行研制出相同的镊子，并通过丙公司销售给丁医院使用。乙、丙、丁都不知道甲已经获得该专利。下列选项正确的是（　　　）。

A. 乙的制造行为不构成侵权

B. 丙的销售行为不构成侵权

C. 丁的使用行为不构成侵权

D. 丙和丁能证明其产品的合法来源，不承担赔偿责任

【解析】根据《专利法》的规定，正确答案是 D。

第四节　商标法

商标权是指商标所有人对法律确认并给予保护的商标享有的权利。为加强商标管理，保护商标专用权，促使生产者、经营者保证商品质量和服务质量，维护商标信誉，我国制定并修改了《商标法》。商标法是指调整商标的组成、注册、使用、管理和商标专用权的保护等的法律规范的总称。

一、商标

（一）商标的概念及其特征

商标是商品的生产者、经营者或者服务的提供者为了表明自己、区别他人在其商品或者服务项目上使用的显著标记，即由文字、图形、字母、数字、三维标志、颜色组合和声音等，以及上述要素的组合所构成的标志。商标应具有显著特征，便于识别商品或服务，并不得与他人在先取得的合法权利相冲突。在先取得的合法权利是指在申请商标注册之前的合法权利，其内容具体包括但不限于下列权利：著作权、地理标志权、商号权、外观设计专利权、姓名权、肖像权、商品化权。

商标具有以下特征。

（1）商标主要是由文字、图形或文字与图形结合而组成的标记。商标的构成具有多样性，凡能够将一企业的商品或者服务与另一企业的商品或者服务加以区别的任何标志或者标志的组合，均能构成一项商标。

（2）商标是使用于商品或者服务上的显著标记。商标依附于商品或者服务而存在，其使用具有商业意义和商业价值。

（3）商标是代表特定商品生产者、经销者或者服务提供者的专用符号。商标具有识别性和表彰性特征。

（4）商标是附于商品表面或包装，或标于与所提供的服务相关的物品上的具有显著特征的简洁符号。

（二）商标的分类

根据不同的划分标准，可以将商标分成不同的种类。

（1）根据商标是否登记注册，可将商标划分为注册商标和未注册商标。注册商标是指已经在商标注册主管机关获准注册的商标。未注册商标是指已经使用但未经商标注册主管机关获准注册的商标。

国际上对商标的保护有两种做法，一种是注册保护，另一种是使用保护。在实行注册保护制度的国家，只有注册商标方可取得商标权，未注册商标不能取得商标权，但这并不意味着未注册商标不受法律保护。在我国，未注册商标中除驰名商标受法律特别保护外，其他商标使用人不享有法律赋予的商标权，但受相关民事法律、反不正当竞争法的保护。对未注册商标，使用人所享有的利益仍被承认。实践中，未注册商标的所有者可以反对他人抢注，如果抢注人以不正当手段抢先注册，先用人可以通过商标异议或者撤销程序维护自己的利益，但是不能根据《商标法》禁止他人模仿、仿冒其商标。在采用使用原则取得商标权的国家，相关人仅凭使用商标的事实即可取得商标权。

（2）根据商标标示对象的不同，可将商标分为商品商标和服务商标。商品商标是使用于商品上，用于区别不同经营者所提供的商品的商标。服务商标是提供服务的经营者为将自己提供的服务与他人提供的服务相区别而使用的商标。

（3）根据商标的构成要素，可将商标分为文字商标、图形商标、字母商标、数字商标、三维标志商标、颜色组合商标、组合商标、声音商标。

① 文字商标是由纯文字构成的商标，既可以是中文，也可以是外文。中文包括汉字、汉语拼音和少数民族文字。

② 图形商标是由纯图形构成的商标。

③ 字母商标是由纯字母构成的商标。

④ 数字商标是由纯数字构成的商标。

⑤ 三维标志商标，即立体商标，是指由长、宽、高三维组成的商标。三维标志往往表现为商品的外形或商品包装特有的形状，如某酒瓶的包装。

⑥ 颜色组合商标是指由几种不同的颜色按照一定的规则组合而成的商标，但单一颜色不得作为商标。

⑦ 组合商标是指由各种符号要素组合而成的商标。此类商标往往图文并茂，表形表意结合。

⑧ 声音商标是指由足以使相关消费者区别商品或服务来源的声音构成的商标。声音商标是以听觉而非视觉的方法作为区别商品或服务的交易来源。该商标须足以使消费者认识，彰显商品或服务来源，并借以与他人的商品或服务相区别，方可准予注册。实践中，以声音标志申请商标注册的，应当在申请书中予以声明，提交符合要求的声音样本，对申请注册的声音商标进行描述，

说明商标的使用方式。对声音商标进行描述，应当以五线谱或者简谱对申请用作商标的声音加以描述并附加文字说明；无法以五线谱或者简谱描述的，应当以文字加以描述；商标描述与声音样本应当一致。

（4）根据商标具有的特殊作用，可将商标分为证明商标和集体商标。证明商标是指由对某种商品或者服务具有监督能力的组织所控制，而由该组织以外的单位或者个人使用其商品或者服务，用以证明该商品或者服务的原产地、原料、制造方法、质量或者其他特定品质的标志。集体商标是指以团体、协会或者其他组织名义注册，专供该组织成员在商事活动中使用，以表明使用者在该组织中的成员资格的标志。

（5）根据商标的目的和功能的不同，可将商标分为等级商标和防卫商标。等级商标是指同一经营者对同类商品因规格、质量不同而使用的系列商标，其作用在于区别同一经营者的不同规格、不同质量的同类商品。等级商标可以一并申请注册，一并转让或许可他人使用，其中某一个商标被注销或撤销，不影响其他商标的存在，因而等级商标中的系列商标具有相对的独立性。防卫商标是指为了防止他人的使用或注册而注册自己的核心商标，包括联合商标和防御商标两种形式。联合商标是指注册人在同一商品上注册的若干个近似商标，包括正商标和其余的联合商标。其主要目的在于保护正商标，防止他人影射和"搭便车"。防御商标是指为了防止他人注册，驰名商标的所有权人在不同类别的商品或服务上注册的商标。最早注册的是正商标，以后注册在不同类别的商品上的商标为防御商标。其目的在于保护驰名商标的声誉，防止商标被淡化、弱化。

（6）根据商标在相关市场上的知名度，可将商标分为驰名商标、著名商标和知名商标。驰名商标是指由知识产权局认定的在市场上享有较高声誉并为相关公众所熟知的商标。知识产权局、市场监管综合执法机构依据当事人申请，结合处理案件的需要，负责在商标注册审查、商标争议处理和查处商标违法案件过程中认定和保护驰名商标。认定驰名商标，应当考虑下列因素：①相关公众对该商标的知晓程度；②该商标使用的持续时间；③该商标的任何宣传工作的持续时间、程度和地理范围；④该商标作为驰名商标受保护的记录；⑤该商标驰名的其他因素。知识产权局认定驰名商标后，应当将认定结果通知有关部门及申请人，并予以公告。

《商标法》第十三条规定："为相关公众所熟知的商标，持有人认为其权利受到侵害时，可以依照本法规定请求驰名商标保护。"在商标注册审查、市场监督管理部门查处商标违法案件过程中，当事人依照《商标法》第十三条规定主张权利的，知识产权局根据审查、处理案件的需要，可以对商标驰名情况作出认定。在商标争议处理过程中，当事人依照《商标法》第十三条规定主张权利的，商标评审委员会根据处理案件的需要，可以对商标驰名情况作出认定。在商标民事、行政案件审理过程中，当事人依照《商标法》第十三条规定主张权利的，最高人民法院指定的人民法院根据审理案件的需要，可以对商标驰名情况作出认定。生产者、经营者不得将"驰名商标"字样用于商品、商品包装或者容器上，或者用于广告宣传、展览以及其他商业活动中。

著名商标是指由省级知识产权管理部门认可的，在该行政区划范围内具有较高声誉和市场知名度的商标。知名商标是指由市一级知识产权管理部门认可的，在该行政区划范围内具有较高声誉和市场知名度的商标。

二、商标权

（一）商标权的概念

商标权是指商标所有人对其商标拥有的独占的、排他的权利。由于我国在商标权的取得方面实行注册原则，因此，商标权实际上是因商标所有人申请，经政府主管部门确认的专有权利，即因商标注册而产生的权利。从权利的性质上看，商标权与所有权一样，属于绝对权的范围，即权利主体对其注册商标享有完全的使用权和排他的权利。从权利的特征上看，商标权与一般知识产权一样，具有无形性、法定性、专有性、地域性和时间性的特征。

（二）商标权的主体

商标权的主体是指通过法定程序，在自己生产、制造、加工、拣选、经销的商品或者提供的服务上享有商标专用权的人。根据《商标法》的规定，商标权的主体范围包括：自然人、法人或者其他组织。两个以上自然人、法人或者其他组织可以共同向知识产权局申请注册同一商标，共同享有和行使该商标专用权。

（三）商标权的客体

商标权的客体是指经知识产权局核准注册的商标，即注册商标。申请注册的商标应当具备以下条件。

（1）商标应当具备显著性。《商标法》规定，申请注册的商标，应当有显著特征，便于识别，并不得与他人在先取得的合法权利相冲突。商标具备的这种显著性，可以通过两种方式产生：一是商标本身具有显著性；二是通过长期的使用获得商标的显著性。

（2）商标应当符合规定的要求。《商标法》规定，任何能够将自然人、法人或者其他组织的商品与他人的商品区别开的标志，包括文字、图形、字母、数字、三维标志、颜色组合和声音等，以及上述要素的组合，均可以作为商标申请注册。由此可见，气味标志不能成为注册商标。

根据《商标法》的规定，下列标志不得作为商标使用。

（1）同中华人民共和国的国家名称、国旗、国徽、国歌、军旗、军徽、军歌、勋章等相同或者近似的，以及同中央国家机关的名称、标志、所在地特定地点的名称或者标志性建筑物的名称、图形相同的。

（2）同外国的国家名称、国旗、国徽、军旗等相同或者近似的，但经该国政府同意的除外。

（3）同政府间国际组织的名称、旗帜、徽记等相同或者近似的，但经该组织同意或者不易误导公众的除外。

（4）与表明实施控制、予以保证的官方标志、检验印记相同或者近似的，但经授权的除外。

（5）同"红十字""红新月"的名称、标志相同或者近似的。

（6）带有民族歧视性的。

（7）带有欺骗性，容易使公众对商品的质量等特点或者产地产生误认的。

（8）有害于社会主义道德风尚或者有其他不良影响的。

县级以上行政区划的地名或者公众知晓的外国地名，不得作为商标。但是，地名具有其他含义或者作为集体商标、证明商标组成部分的除外；已经注册的使用地名的商标继续有效。

【例6-4】某企业在其生产的人用药品上使用"病必治"商标，但未进行注册。下列说法正确的是（　　）。

A. 该企业使用"病必治"商标违法，因人用药品商标必须注册

B. 该商标夸大宣传并具有欺骗性，不得使用

C. 该商标可以使用，但不得注册

D. 该商标通过使用获得显著性后，可以注册

【解析】根据《商标法》的规定，正确答案是B。

下列标志不得作为商标注册：仅有本商品的通用名称、图形、型号的，仅直接表示商品的质量、主要原料、功能、用途、重量、数量及其他特点的，其他缺乏显著特征的。

同时，根据《商标法》的规定，申请注册商标时，还应注意以下几点。

（1）以三维标志申请注册商标的，仅由商品自身的性质产生的形状、为获得技术效果而需有的商品形状或者使商品具有实质性价值的形状，不得注册。

（2）就相同或者类似商品申请注册的商标是复制、摹仿或者翻译他人未在中国注册的驰名商标，容易导致混淆的，不予注册并禁止使用。

（3）就不相同或者不相类似商品申请注册的商标是复制、摹仿或者翻译他人已经在中国注册的驰名商标，误导公众，致使该驰名商标注册人的利益可能受到损害的，不予注册并禁止使用。

（4）未经授权，代理人或者代表人以自己的名义将被代理人或者被代表人的商标进行注册，被代理人或者被代表人提出异议的，不予注册并禁止使用。就同一种商品或者类似商品申请注册的商标与他人在先使用的未注册商标相同或者近似，申请人与该他人具有前述规定以外的合同、业务往来关系或者其他关系而明知该他人商标存在，该他人提出异议的，不予注册。

（5）商标中有商品的地理标志（标示某商品来源于某地区，该商品的特定质量、信誉或者其他特征，主要由该地区的自然因素或者人文因素所决定的标志），而该商品并非来源于该标志所标示的地区，误导公众的，不予注册并禁止使用。但是，已经善意取得注册的继续有效。

课堂讨论 6-1

成都福兰德公司（以下称"原告"）于 2016 年向国家知识产权局申请注册的商标"PDA"，核定使用范围为第九类。为了拓展网络市场，原告准备将 PDA 注册为域名的时候，发现弥天业经贸有限公司（以下称"被告"）于 2017 年 10 月注册了该域名。原告以商标侵权和不正当竞争为由向法院起诉。被告在诉讼中辩称，原告的注册商标是与其核准使用商品，即电子记事簿类产品的通用名称，不符合注册条件。被告向商标管理机关申请裁定原告注册商标无效。在裁定前，法院中止本案审理。

请问：该案该如何处理？

（四）商标权取得的原则及程序

1. 商标权取得的原则

（1）注册原则。如果商标所有人不向知识产权局提出注册申请，即使其商标经过长期使用，也同样不能获得商标权。未注册商标虽然被法律允许使用，但大多处于无法律保障的状态，只有在被他人以不正当手段抢先注册，且自己的商标已经使用并有一定影响时，商标所有人才可依据商标法的规定对抗抢注者。

（2）自愿注册原则。商标所有人自行决定是否申请商标注册，不注册的商标也可以使用，但商标所有人不享有商标权。对涉及人们健康的极少数商品实行强制注册，如烟草制品（主要指卷烟、雪茄烟、有包装的烟丝）。

（3）以使用在先为补充的申请在先原则。对于两个或两个以上的申请人，在同一种或类似商品上申请注册相同或近似的商标时，准予先申请人的注册，驳回后申请人的申请。同一天申请的，初步审定并公告使用在先的商标。对于无法确定先使用人的，由各申请人自行协商，不愿协商或协商不成的，知识产权局通知各申请人以抽签方式确定一个申请人，驳回其他人的注册申请。

（4）优先权原则。商标注册申请人自其商标在外国第一次提出商标注册申请之日起 6 个月内，又在中国就相同商品以同一商标提出商标注册申请的，依照该国同中国签订的协议或者共同参加的国际条约，或者按照相互承认的优先权原则，可以享有优先权。商标在中国政府主办的或承认的国际展览会展出的商品上首次使用的，自该商品展出之日起 6 个月内，该商标的注册申请人可以享有优先权。

2. 商标权取得的程序

商标权的取得可分为原始取得和继受取得。商标权的原始取得应按照商标注册程序办理。首次申请商标注册，申请人应当提交申请书、商标图样、证明文件并缴纳申请费。知识产权局对受理的商标注册申请，依法进行审查，对符合规定的，予以初步审定并予以公告；对不符合规定的，予以驳回并书面通知申请人。对初步审定公告的商标，自公告之日起 3 个月内，任何人均可提出异议。公告期满无异议的，予以核准注册，发给商标注册证，并予公告。

继受取得应按合同转让和继承注册商标的程序办理。

（五）商标权的内容

商标权，是指商标所有人依法对其注册商标所享有的占有、使用、收益和处分的权利。商标权主要包括以下内容。

1. 专用权

专用权是指商标权主体对其注册商标依法享有的，自己在指定商品或服务项目上独占使用的权利。注册商标的专用权以核准注册的商标和核定使用的商品为限。

2. 使用许可权

使用许可权指注册商标所有人有权将其对注册商标的专用权许可他人行使。商标使用许可的类型主要有独占使用许可、排他使用许可、普通使用许可等。许可他人使用商标要订立合同。被许可人必须具备使用注册商标的主体资格。许可他人使用注册商标的，许可人应当自商标使用许可合同签订之日起 3 个月内将合同副本报送知识产权局备案。被许可人必须在商标上标明自己的名称和商品产地，保证与许可人的商品质量一致，接受许可人的监督。

3. 转让权

转让权是指商标权人依法享有的，将其注册商标依法定程序和条件转让给他人的权利。转让注册商标的，转让人和受让人应当签订转让协议，并共同向知识产权局提出申请。转让注册商标经核准后，予以公告，受让人自公告之日起享有商标专用权。受让人应当保证使用该注册商标的商品质量。注册商标的转让不影响转让前已经生效的商标使用许可合同的效力，但商标使用许可合同另有约定的除外。

4. 续展权

续展权是指商标权人在其注册商标有效期届满前，依法享有申请续展注册，从而延长其注册商标保护期的权利。注册商标的有效期为 10 年，自核准注册之日起计算。注册商标有效期满，应当在期满前 12 个月内申请办理续展手续；在此期间未能办理的，可以给予 6 个月的宽展期。每次续展注册的有效期为 10 年，自该商标上一届有效期满次日起计算。宽展期满仍未办理的，注销其注册商标。

5. 标示权

商标注册人使用注册商标，有权标明"注册商标"字样或者注册标记。在商品上不便标明的，可以在商品包装或者说明书以及其他附着物上标明。

6. 禁止权

禁止权是指商标权人依法享有的禁止他人不经过自己的许可而使用注册商标和与之相近似的商标的权利。

同时，根据《商标法》的规定，商标注册人在使用商标时应承担以下义务：不得擅自改变注册商标，需要改变其标志的，应当重新提出注册申请；不得自行改变注册商标的注册人名义、地址或者其他注册事项，否则由知识产权局责令限期改正或撤销其注册商标；不得自行转让注册商标，转让注册商标应通过商标主管机关核准；注册商标必须使用，没有正当理由连续 3 年不使用的，可以向知识产权局申请撤销其商标注册。

三、商标权的法律保护

注册商标专用权是指注册商标的所有人对其所有的注册商标享有独占的使用权，未经其许可，任何人都不得在同一种商品或者类似商品上使用与其注册商品相同或者近似的商标。注册商标的专用权以核准注册的商标和核定使用的商品或服务为限。当他人侵害了注册商标专用权时，注册商标专用权人有权采取措施。

实践中，侵犯注册商标专用权的行为（商标侵权行为）主要表现形式如下。

（1）未经商标注册人的许可，在同一种商品上使用与其注册商标相同的商标的。

（2）未经商标注册人的许可，在同一种商品上使用与其注册商标近似的商标，或者在类似商品上使用与其注册商标相同或者近似的商标，容易导致混淆的。

（3）销售侵犯注册商标专用权的商品的。

（4）伪造、擅自制造他人注册商标标识或者销售伪造、擅自制造的注册商标标识的。

（5）未经商标注册人同意，更换其注册商标并将该更换商标的商品投入市场的（反向假冒）。

（6）故意为侵犯他人商标专用权行为提供便利条件，帮助他人实施侵犯商标专用权行为的。

（7）给他人的注册商标专用权造成其他损害的。其主要包括：①在同一种或者类似商品上，将与他人注册商标相同或者近似的标志作为商品名称或者商品装潢使用，误导公众的；②故意为侵犯他人注册商标专用权行为提供仓储、运输、邮寄、隐匿等便利条件的；③将与他人注册商标相同或者近似的文字作为企业的字号在相同或者类似商品上突出使用，容易使相关公众产生误认的；④复制、摹仿或者翻译他人注册的驰名商标或其主要部分在不相同或者不相类似商品上作为商标使用，误导公众，致使该驰名商标注册人的利益可能受到损害的；⑤将与他人注册商标相同或者相近似的文字注册为域名，并且通过该域名进行相关商品交易的电子商务，容易使相关公众产生误认的。

行为人侵犯他人注册商标专用权的，应当视其情节依法承担相应的法律责任，包括民事责任、行政责任甚至刑事责任。

智慧助学　　同步测试

思考与探索

1. 何谓知识产权？
2. 如何理解著作权的内容及其限制？
3. 何谓专利侵权行为？如何防范专利侵权行为？
4. 何谓驰名商标保护？如何保护驰名商标？

法务实训

甲公司为国内一家生产数控机床的公司，拥有与数控机床有关的多项发明专利技术。2020 年 2 月，甲公司与外国乙公司分别签订了商标使用许可合同和著作权使用许可合同。根据商标使用许可合同，甲公司获得乙公司的 A 注册商标的独占使用权，核准使用的商品为数控机床。根据著作权许可使用合同，甲公司获得乙公司的 B 软件在国内的专有使用权，但合同没有约定甲公司是否可以许可第三人使用该软件。

2020 年 5 月，甲公司与丙公司签订代销合同，约定丙公司以自己的名义试销 10 台贴有 A 注册商标的数控机床，销售价格为每台 15 万元，每销售一台收取代销费 2 万元。

2021 年 1 月，丙公司以每台 15 万元的价格向丁公司销售了 3 台数控机床。丁公司收到 3 台数控机床后，自己使用一台，将其余两台出租给其他公司。

2021 年 6 月，丙公司未经甲公司同意，将其余 7 台数控机床的 A 注册商标清除，更换为自己的 C 注册商标，并以每台 15 万元的价格卖出了 5 台。

请问：

1. 丁公司出租数控机床的行为是否侵犯甲公司的专利权？并说明理由。
2. 丁公司出租数控机床的行为是否侵犯乙公司的著作权？并说明理由。
3. 根据甲公司、乙公司之间的著作权许可使用合同，乙公司是否可以在甲公司所在国使用 B 软件？并说明理由。
4. 甲公司是否可以许可第三人在甲公司所在国使用 B 软件？并说明理由。
5. 丙公司清除 A 注册商标的行为是否侵犯乙公司的商标权？并说明理由。

第七章
金融法律制度

目标与方法

课前测试

引例

张某为某证券公司公关部负责人，由于工作关系，经常能够获取一些内幕消息。按照公司规定，工作人员掌握的信息不得向外泄露或用于牟利。一次偶然的机会，张某获悉公司证券分析师对某股票的走势预测。张某将预测结果告诉其丈夫何某，于是何某购买了 5 000 股股票。数月后，该股票价格大幅度上涨，何某卖出股票，得到股利 80 000 余元。不久，此事东窗事发，张某受到审查。主管机关调查后，认为张某的行为已构成内幕交易行为，应没收非法所得并罚款。

【提问】请你谈谈对本案的认识。

【点评】张某利用其作为证券公司公关部负责人的便利条件，利用内幕信息，为自己牟取不当利益，已经构成内幕交易行为。主管机关对其处以罚款和没收非法所得，符合法律的规定。

知识拓展

何谓金融法

素养拓展

没有法治就没有现代金融，更没有市场经济的稳健运行。企业的经营管理人员应在日常的经营活动中秉持合法依规理念，审慎交易，降低金融活动中的法律风险。

第一节　银行法律制度

一、概述

银行是指通过存款、贷款、汇兑、储蓄等业务，承担信用中介的金融机构。银行可分为中央银行、银行监管机构、银行自律组织、银行业金融机构。

我国的中央银行即中国人民银行。银行监管机构即中国银行保险监督管理委员会。银行自律组织即中国银行业协会。银行业金融机构，包括政策性银行、商业银行、农村合作金融机构、邮政储蓄银行、非银行金融机构、外资银行等。

银行法是指有关银行组织和银行业务活动的法律规范的总称。银行法调整银行组织关系、银行经营业务关系、银行管理关系。

二、中央银行

中央银行是指由政府组建的，依法制定和执行货币金融政策，实施金融调控的特殊国家机关。

我国的中央银行是中国人民银行。

中国人民银行是发行的银行、银行的银行、政府的银行、调控的银行。同时，中国人民银行是国务院职能部门。

根据法律规定，中国人民银行履行下列职责：发布与履行与其职责有关的命令和规章；依法制定和执行货币政策；发行人民币，管理人民币流通；监督管理银行间同业拆借市场和银行间债券市场；实施外汇管理，监督管理银行间外汇市场；监督管理黄金市场；持有、管理、经营国家外汇储备、黄金储备；经营国库；维护支付、清算系统的正常运行；指导、部署金融业反洗钱工作，负责反洗钱的资金监测；负责金融业的统计、调查、分析和预测；作为国家的中央银行，从事有关的国际金融活动；国务院规定的其他职责。

中国人民银行的业务范围包括：为执行货币政策而经营的业务，为加强对金融业的监督管理而经营的业务，为对金融机构、政府部门和其他机构提供服务而经营的业务。

中国人民银行可以运用法定存款准备金、中央银行贷款、再贴现利率、公开市场操作、中央银行外汇操作、贷款限额、中央银行贷款利率等货币政策工具实现调控目标。

三、政策性银行

政策性银行是指服务于国家经济和社会政策，专门经营政策性货币信用业务的特殊银行机构。

政策性银行的资本金多由政府财政拨付；经营时主要考虑国家的整体利益、社会效益，不以营利为目标；有特定的资金来源，主要为发行金融债券或向中央银行举债，一般不面向公众吸收存款；有特定的业务领域，不与商业银行竞争。

我国的政策性银行是国务院全资设立的、直属于国务院领导的政策性金融机构，目前主要有国家开发银行、中国进出口银行、中国农业发展银行。

国家开发银行成立的主要目的是为国家的基础设施、基础产业和支柱产业建设项目提供资金支持。中国进出口银行主要为国内的企业进口国家扶持行业的关键设备提供抵押贷款业务，或者在出口业务中扮演风险承担者的角色。中国农业发展银行的主要业务是依法筹集农业政策性信贷资金，承担国家规定的农业政策性和经批准开办的涉农商业性金融业务，代理财政性支农资金的拨付，为农业和农村经济发展服务。

四、商业银行

（一）概述

商业银行是指依法设立的，以吸收公众存款、发放贷款和办理结算为基本业务的企业法人。

设立商业银行，应当具备下列条件。①有符合《中华人民共和国商业银行法》（以下简称《商业银行法》）和《公司法》规定的章程。②有符合《商业银行法》规定的注册资本最低限额。设立全国性商业银行的注册资本最低限额为10亿元人民币。设立城市商业银行的注册资本最低限额为1亿元人民币，设立农村商业银行的注册资本最低限额为5 000万元人民币。注册资本应当是实缴资本。国务院银行业监督管理机构根据审慎监管的要求可以调整注册资本最低限额，但不得少于前述的限额。③有具备任职专业知识和业务工作经验的董事、高级管理人员。④有健全的组织机构和管理制度。⑤有符合要求的营业场所、安全防范措施和与业务有关的其他设施。

商业银行的设立、分立、合并，适用《公司法》的规定，应当经国务院银行业监督管理机构审查批准。

商业银行有下列变更事项之一的，应当经银行监督管理机构批准：①变更名称；②变更注册资本；③变更总行或者分支行所在地；④调整业务范围；⑤变更持有资本总额或者股份总额 5%以上的股东；⑥修改章程；⑦国务院银行业监督管理机构规定的其他变更事项。此外，更换董事、高级管理人员时，应当报经国务院银行业监督管理机构审查其任职资格。

商业银行应当依照法律、行政法规的规定使用经营许可证，禁止伪造、变造、转让、出租、出借经营许可证。

商业银行因解散、被撤销和被宣告破产而终止。

（二）商业银行的业务范围和业务基本规则

商业银行可以经营下列部分或者全部业务：吸收公众存款；发放短期、中期和长期贷款；办理国内外结算；办理票据承兑与贴现；发行金融债券；代理发行、代理兑付、承销政府债券；买卖政府债券、金融债券；从事同业拆借；买卖、代理买卖外汇；从事银行卡业务；提供信用证服务及担保；代理收付款项及代理保险业务；提供保管箱服务；经国务院银行业监督管理机构批准的其他业务。经营范围按商业银行章程规定，报国务院银行业监督管理机构批准。商业银行经中国人民银行批准，可以经营结汇、售汇业务。

商业银行业务的基本规则如下。

（1）存款业务的基本规则。商业银行办理个人储蓄存款业务，应当遵循存款自愿、取款自由、存款有息和为存款人保密的原则。

（2）贷款业务的基本规则。①严格资格审查。商业银行贷款，应当对借款人的借款用途、偿还能力、还款方式等情况进行严格审查。商业银行贷款，应当实行审贷分离、分级审批的制度。②担保规则。商业银行贷款，借款人应当提供担保。商业银行应当对保证人的偿还能力，抵押物、质物的权属和价值，以及实现抵押权、质权的可行性进行严格审查。经商业银行审查、评估，确认借款人资信良好，确能偿还贷款的，可以不提供担保。③合同规则。商业银行贷款，应当与借款人订立书面合同。合同应当约定贷款种类、借款用途、金额、利率、还款期限、还款方式、违约责任和双方认为需要约定的其他事项。④利率规则。商业银行应当按照中国人民银行规定的贷款利率的上下限，确定贷款利率。⑤禁止向关系人贷款规则。商业银行不得向关系人发放信用贷款；向关系人发放担保贷款的条件不得优于其他借款人同类贷款的条件。关系人是指商业银行的董事、监事、管理人员、信贷业务人员及其近亲属，上述人员投资或者担任高级管理职务的公司、企业和其他经济组织。

（3）资产负债比例规则。商业银行开展各种业务，包括贷款业务，都应当遵守下列资产负债比例管理的规定：①资本充足率不得低于 8%；②流动性资产余额与流动性负债余额的比例不得低于25%；③对同一借款人的贷款余额与商业银行资本余额的比例不得超过10%；④中国银行保险监督管理机构对资产负债比例管理的其他规定。

（4）同一借款人贷款规则。为了使商业银行分散风险，《商业银行法》规定，商业银行对同一借款人的贷款余额与商业银行资本余额的比例不得超过10%。这里的同一借款人指同一个自然人或者同一个法人。

（5）同业拆借规则。同业拆借是银行之间利用资金融通过程中的时间差、空间差和行际差来调剂资金头寸的一种短期借贷行为。同业拆借是商业银行支持资金正常周转、实现流动性的一种重要的借款业务。

同业拆借，应当遵守中国人民银行的规定。禁止利用拆入资金发放固定资产贷款或者用于投资。拆出资金限于交足存款准备金、留足备付金和归还中国人民银行到期贷款之后的闲置资金。

拆入资金用于弥补票据结算、联行汇差头寸的不足和解决临时性周转资金的需要。

（6）工作人员行为规则。商业银行工作人员应遵守法律、行政法规和其他各项业务管理的规定，不得有下列行为：①利用职务上的便利，索取、收受贿赂或者违反国家规定收受各种名义的回扣、手续费；②利用职务上的便利，贪污、挪用、侵占本行或者客户的资金；③违反规定徇私向亲属、朋友发放贷款或者提供担保；④在其他经济组织兼职；⑤违反法律、行政法规和业务管理规定的其他行为。

知识拓展

商业银行的监督管理

商业银行依法接受中国银行保险监督管理机构的监督管理，但法律规定其有关业务接受其他监督管理部门或者机构监督管理的，依照其规定。

【例7-1】A公司因经营房地产业务急需资金，向其开户银行Y银行申请贷款。Y银行由于信贷规模有限，无法满足A公司的要求。A公司经理李某与Y银行行长王某有近亲属关系。李某提议王某向X银行办理同业拆借，用同业拆借拆入的钱贷给A公司。Y银行于是就从X银行拆入为期3个月的资金。Y银行又将拆入的资金贷给A公司用于房地产开发，且未要求A公司提供担保。

请问：Y银行在给A公司的贷款中有哪些行为违反了《商业银行法》的规定？

【解析】Y银行利用拆入资金给A公司发放信用贷款的行为违反了《商业银行法》的相应规定。

第二节　证券法律制度

一、概述

证券是指记载并代表特定民事权利的书面凭证。证券是具有投资属性的凭证，是证明持券人拥有某种财产权利的凭证，是一种可以流通的权利凭证。

《证券法》中的证券是指股票、债券、证券投资基金份额、存托凭证等资本证券。股票是指股份有限公司签发的证明股东权利义务的要式有价证券。股票具有权利性、非返还性、风险性和流通性等特点。债券是指企业、金融机构或政府为募集资金向社会公众发行的、保证在规定的时间内向债券持有人还本付息的有价证券。债券具有风险性低和流通性强的特点。证券投资基金份额是指证券投资基金发起人向社会公众发行的，表明持有人对其基金享有收益分配权和其他相关权利的有价证券。投资者按其所持基金份额在基金中所占的比例来分享基金盈利，同时分担基金亏损。存托凭证，又称存券收据或存股证，是指在一国证券市场流通的代表外国公司有价证券的可转让凭证，由存托人签发，以境外证券为基础在境内发行，代表境外基础证券权益的证券。

证券市场是证券发行与交易活动场所的总称。它由金融工具、交易场所以及市场参与主体等要素构成，是现代金融市场极其重要的组成部分。证券市场分为发行市场和流通市场。证券发行市场又称一级市场，是指通过发行证券进行筹资活动的市场。证券发行市场主要由证券发行人、认购人和中介人组成。其中，证券发行人包括政府、金融机构、公司和公共机构（如基金会等）；认购人即投资者，包括机构和个人两类；中介人指综合类证券公司和为证券发行服务的注册会计师机构、律师机构和资产评估机构。证券流通市场又称为二级市场，是指对已发行的证券进行买卖、转让和流通的市场。证券流通市场的交易形式主要有两种，即证券交易所和场外交易市场。证券交易所在我国特指上海证券交易所和深圳证券交易所。场外交易市场是指依法设立的非上市证券进行交易的市场。在场外交易市场交易的股票，一般为未上市股票，其交易价格不是通过集中竞价方式产生的，而是通过交易双方协商产生的。

我国境内的证券发行、交易活动应符合《证券法》的规定。在我国境外的证券发行和交易活动，扰乱我国境内市场秩序，损害境内投资者合法权益的，依照《证券法》有关规定处理并追究法律责任。

二、证券市场主体

证券市场主体是证券市场的参与者，除证券发行人之外，主要指提供集中交易场所的证券交易所和为证券活动提供各种服务的证券机构或中介机构，包括证券公司、证券交易场所、证券登记结算机构、证券服务机构、证券业协会等。它们是筹资者与投资者之间的桥梁，对证券市场的发展具有举足轻重的作用。本部分主要阐述证券公司、证券交易所、证券登记结算机构和证券服务机构。

（一）证券公司

证券公司指依照《公司法》和《证券法》规定，经国务院证券监督管理机构批准设立的从事证券经营业务的营利法人。

我国证券公司主要分为两类。①经纪类证券公司。这类公司是指接受客户的委托，以自己的名义从事证券买卖，收取一定佣金的经济组织，通常提供交易的基本条件和服务。②综合类证券公司。这类公司既可从事经纪业务，又可开展自营、承销及其他业务，是同时为本人或客户从事证券买卖、为客户提供服务的经济组织。

设立证券公司应经国务院证券监督管理机构批准。未经国务院证券监督管理机构批准，任何单位和个人不得以证券公司名义开展证券业务活动。

为防范风险、保障投资者的合法权益，《证券法》对证券公司的净资本和其他风险控制指标作出了规定；同时，《证券法》对证券公司的交易风险准备金、内部控制制度、经营行为等进行了相应的规范。

法条链接

《证券法》关于证券公司设立及业务管理的规定

（二）证券交易所

证券交易所是依法设立的，以股票、公司债券等证券作为交易对象，以提供集中竞价的有形交易市场为目的的法人组织。根据组织形态的不同，证券交易所可以分为会员制证券交易所和公司制证券交易所。会员制证券交易所是由证券公司依法自愿设立的，旨在提供证券集中交易服务的非营利法人，证券交易所的会员是证券自营商和证券经纪商。会员按章程规定出资，除依章程规定分担经费外，对证券交易所承担责任，以出资额为限。公司制证券交易所是依照公司法和其他相关特别法规设立的，由股东出资设立，并以其出资额为限对外承担有限责任，以公司命名的证券交易服务机构。我国的证券交易采用会员制。

我国证券交易所应遵循以下交易规则。①交易账户的开立。投资人在证券交易所开展证券交易，必须委托拥有证券交易所交易席位的会员进行。②证券交易的委托。证券交易所会员所从事的经纪业务是代客买卖业务，因此只有在接受客户的委托指令之后才能入场交易。客户买卖证券要向会员发出委托，会员按照客户的指令在证券交易所的交易平台上买卖证券。③会员的申报、竞价与成交。会员在接受客户的有效委托指令之后，应当按照接受客户委托的先后顺序向交易主机申报。证券交易所内的证券买卖系竞争性买卖，会员的申报须经集中竞价之后方可成交。④清算交收。买卖证券的交易经计算机自动撮合完成后，即进入清算交收阶段。⑤证券交易所的交易信息发布。证券交易所设有完善、快捷的即时行情发布系统，每日发布即时行情、股价指数等信息。

（三）证券登记结算机构

证券登记结算机构是为证券交易提供集中登记、存管与结算服务，不以营利为目的的法人。证券登记结算机构一般具有登记、存管和结算三项职能。登记职能是指证券登记结算机构具有记录并确定当事人证券账户、证券持有情况及相关权益的职责与功能；存管职能是指证券登记结算机构具有接受证券商或投资者委托，代为保管证券并提供相应服务的职责与功能；结算职能是指证券登记结算机构具有协助证券交易的双方相互交付证券与价款的职责与功能。

（四）证券服务机构

证券服务机构是指依法设立的从事证券服务业务的法人机构，主要包括证券投资咨询公司、信用评级机构、会计师事务所、资产评估机构、律师事务所、证券信息公司等。《证券法》规定，会计师事务所、律师事务所以及从事证券投资咨询、资产评估、资信评级、财务顾问、信息技术系统服务的证券服务机构，应当勤勉尽责、恪尽职守，按照相关业务规则为证券的交易及相关活动提供服务，同时应遵守以下规则。

（1）从事证券投资咨询服务业务，应当经国务院证券监督管理机构核准；未经核准，不得为证券的交易及相关活动提供服务。从事其他证券服务业务，应当报国务院证券监督管理机构和国务院有关主管部门备案。

（2）证券投资咨询机构及其从业人员从事证券服务业务不得有下列行为：①代理委托人从事证券投资；②与委托人约定分享证券投资收益或者分担证券投资损失；③买卖本证券投资咨询机构提供服务的证券；④法律、行政法规禁止的其他行为。有前述所列行为之一，给投资者造成损失的，应当依法承担赔偿责任。

（3）证券服务机构应当妥善保存客户委托文件、核查和验证资料、工作底稿以及与质量控制、内部管理、业务经营有关的信息和资料，任何人不得泄露、隐匿、伪造、篡改或者毁损。上述信息和资料的保存期限不得少于10年，自业务委托结束之日起算。

（4）证券服务机构为证券的发行、上市、交易等证券业务活动制作、出具审计报告及其他鉴证报告、资产评估报告、财务顾问报告、资信评级报告或者法律意见书等文件，应当勤勉尽责，对所依据的文件资料内容的真实性、准确性、完整性进行核查和验证。其制作、出具的文件有虚假记载、误导性陈述或者重大遗漏，给他人造成损失的，应当与委托人承担连带赔偿责任，但是能够证明自己没有过错的除外。

三、证券发行

（一）概述

公开发行证券，必须符合法律、行政法规规定的条件，并依法报经国务院证券监督管理机构或者国务院授权的部门注册。未经依法注册，任何单位和个人不得公开发行证券。

有下列情形之一的，为公开发行：①向不特定对象发行证券；②向特定对象发行证券累计超过200人，但依法实施员工持股计划的员工人数不计算在内；③法律、行政法规规定的其他发行行为。非公开发行证券，不得采用广告、公开劝诱和变相公开方式。

发行人申请公开发行股票、可转换为股票的公司债券，依法采取承销方式的，或者公开发行法律、行政法规规定实行保荐制度的其他证券的，应当聘请证券公司担任保荐人。保荐人应当遵守业务规则和行业规范，诚实守信，勤勉尽责，对发行人的申请文件和信息披露资料进行审慎核查，督导发行人规范运作。

（二）股票发行的概述、种类和基本条件

1. 股票发行的概念和种类

股票发行是指符合发行条件的股份有限公司，以筹集资金为目的，依法定程序，以同一条件向特定或不特定的公众招募或出售股票的行为。股票发行是股份发行的表现形式。

股票发行人必须是具有股票发行资格的股份有限公司，包括已成立的股份有限公司和经核准拟设立的股份有限公司。股票发行一般有两种：①为设立新公司而首次发行股票，即设立发行；②为扩大已有的公司规模而发行新股，即增资发行。

2. 股票发行的条件

（1）首次发行股票的条件。首次发行，是指发起人通过发行公司股票来募集经营资本，成立股份有限公司的行为。设立股份有限公司公开发行股票，应当符合《公司法》规定的条件和经国务院批准的国务院证券监督管理机构规定的其他条件，向国务院证券监督管理机构报送募股申请和下列文件：①公司章程；②发起人协议；③发起人姓名或者名称，发起人认购的股份数、出资种类及验资证明；④招股说明书；⑤代收股款银行的名称及地址；⑥承销机构名称及有关的协议。依照《证券法》规定聘请保荐人的，还应当报送保荐人出具的发行保荐书。法律、行政法规规定设立公司必须报经批准的，还应当提交相应的批准文件。

（2）发行新股的条件。股份有限公司成立后，基于增资目的而再次申请公开发行股票。公司首次公开发行新股，应当符合下列条件：①具备健全且运行良好的组织机构；②具有持续经营能力；③最近 3 年财务会计报告被出具无保留意见审计报告；④发行人及其控股股东、实际控制人最近 3 年不存在贪污、贿赂、侵占财产、挪用财产或者破坏社会主义市场经济秩序的刑事犯罪；⑤经国务院批准的国务院证券监督管理机构规定的其他条件。

上市公司发行新股，应当符合经国务院批准的国务院证券监督管理机构规定的条件，具体管理办法由国务院证券监督管理机构规定。公开发行存托凭证的，应当符合首次公开发行新股的条件以及国务院证券监督管理机构规定的其他条件。

公司公开发行新股，应当报送募股申请和下列文件：①公司营业执照；②公司章程；③股东大会决议；④招股说明书或者其他公开发行募集文件；⑤财务会计报告；⑥代收股款银行的名称及地址。依照《证券法》规定聘请保荐人的，还应当报送保荐人出具的发行保荐书。依照《证券法》规定实行承销的，还应当报送承销机构名称及有关的协议。

公司对公开发行股票所募集资金，必须按照招股说明书或者其他公开发行募集文件所列资金用途使用；改变资金用途，必须经股东大会作出决议。擅自改变用途，未作纠正的，或者未经股东大会认可的，不得公开发行新股。

（三）公司债券发行的基本条件

公司债券是指公司依照法定程序发行的、约定在一定期限内还本付息的有价证券。公开发行公司债券，应当符合下列条件：①具备健全且运行良好的组织机构；②最近 3 年平均可分配利润足以支付公司债券 1 年的利息；③国务院规定的其他条件。

公开发行公司债券筹集的资金，必须按照公司债券募集办法所列资金用途使用；改变资金用途，必须经债券持有人会议作出决议。公开发行公司债券筹集的资金，不得用于弥补亏损和非生产性支出。

上市公司发行可转换为股票的公司债券，除应当符合上述规定的条件外，还应当遵守《证券法》规定的关于公开发行新股的条件。但是，按照公司债券募集办法，上市公司通过收购本公司

股份的方式进行公司债券转换的除外。

申请公开发行公司债券，应当向国务院授权的部门或者国务院证券监督管理机构报送下列文件：①公司营业执照；②公司章程；③公司债券募集办法；④国务院授权的部门或者国务院证券监督管理机构规定的其他文件。依照《证券法》规定聘请保荐人的，还应当报送保荐人出具的发行保荐书。

有下列情形之一的，不得再次公开发行公司债券：①对已公开发行的公司债券或者其他债务有违约或者延迟支付本息的事实，仍处于继续状态；②违反《证券法》规定，改变公开发行公司债券所募资金的用途。

（四）发行公告

发行公告是指发行人在证券发行前必须依法进行向社会公众公告其招股说明书等募集文件的活动。发行人报送的证券发行申请文件，应当充分披露投资者作出价值判断和投资决策所必需的信息，内容应当真实、准确、完整。为证券发行出具有关文件的证券服务机构和人员，必须严格履行法定职责，保证所出具文件的真实性、准确性和完整性。发行人依法申请公开发行证券所报送的申请文件的格式、报送方式，由依法负责注册的机构或者部门规定。国务院证券监督管理机构或者国务院授权的部门依照法定条件负责证券发行申请的注册。

发行人申请首次公开发行股票的，在提交申请文件后，应当按照国务院证券监督管理机构的规定预先披露有关申请文件。

按照国务院的规定，证券交易所等可以审核公开发行证券申请，判断发行人是否符合发行条件、信息披露要求，督促发行人完善信息披露内容。依照前述规定参与证券发行申请注册的人员，不得与发行申请人有利害关系，不得直接或者间接接受发行申请人的馈赠，不得持有所注册的发行申请的证券，不得私下与发行申请人进行接触。

国务院证券监督管理机构或者国务院授权的部门应当自受理证券发行申请文件之日起3个月内，依照法定条件和法定程序作出予以注册或者不予注册的决定，发行人根据要求补充、修改发行申请文件的时间不计算在内。不予注册的，应当说明理由。

证券发行申请经注册后，发行人应当依照法律、行政法规的规定，在证券公开发行前公告公开发行募集文件，并将该文件置备于指定场所供公众查阅。发行证券的信息依法公开前，任何知情人不得公开或者泄露该信息。发行人不得在公告公开发行募集文件前发行证券。

国务院证券监督管理机构或者国务院授权的部门对已作出的证券发行注册的决定，发现不符合法定条件或者法定程序，尚未发行证券的，应当予以撤销，停止发行。已经发行尚未上市的，撤销发行注册决定，发行人应当按照发行价并加算银行同期存款利息返还证券持有人；发行人的控股股东、实际控制人以及保荐人，应当与发行人承担连带责任，但是能够证明自己没有过错的除外。

股票的发行人在招股说明书等证券发行文件中隐瞒重要事实或者编造重大虚假内容，已经发行并上市的，国务院证券监督管理机构可以责令发行人回购证券，或者责令负有责任的控股股东、实际控制人买回证券。

（五）证券承销

证券承销业务采取代销或者包销方式。证券代销是指证券公司代发行人发售证券，在承销期结束时，将未售出的证券全部退还给发行人的承销方式。证券包销分两种情况。一是证券公司将发行人的证券按照协议全部购入，然后再向投资者销售，当卖出价高于购入价时，其差价归证券公司所有；当卖出价低于购入价时，其损失由证券公司承担。二是证券公司在承销期结束时将售后剩余证券全部自行购入。在这种承销方式下，证券公司要与发行人签订合同，在承销期内，是一种代销行为；在承销期满后，是一种包销行为。股票发行采取溢价发行的，其发行价格由发行人与承销的证券公司协商确定。股票依法发行后，发行人经营与收益的变化，由发行人自行负责；由此变化引致的投资风险，由投资者自行负责。

证券公司承销证券，应当对公开发行募集文件的真实性、准确性、完整性进行核查。发现有虚假记载、误导性陈述或者重大遗漏的，不得进行销售活动；已经销售的，必须立即停止销售活动，并采取纠正措施。证券公司承销证券，不得有下列行为：①进行虚假的或者误导投资者的广告宣传或者其他宣传推介活动；②以不正当竞争手段招揽承销业务；③其他违反证券承销业务规定的行为。证券公司有前述所列行为，给其他证券承销机构或者投资者造成损失的，应当依法承担赔偿责任。

向不特定对象发行证券聘请承销团承销的，承销团应当由主承销和参与承销的证券公司组成。

证券的代销、包销期限最长不得超过 90 日。证券公司在代销、包销期内，对所代销、包销的证券应当保证先行出售给认购人，证券公司不得为本公司预留所代销的证券和预先购入并留存所包销的证券。股票发行采用代销方式，代销期限届满，向投资者出售的股票数量未达到拟公开发行股票数量70%的，为发行失败。发行人应当按照发行价并加算银行同期存款利息返还股票认购人。公开发行股票，代销、包销期限届满，发行人应当在规定的期限内将股票发行情况报国务院证券监督管理机构备案。

四、证券交易

（一）概述

1. 证券交易的概念

证券交易，主要指证券买卖，即证券持有人依照证券交易规则，将已依法发行的证券转让给其他证券投资者的行为。证券交易具有流动性、收益性和风险性等特征。证券交易的方式可以分为集中交易和非集中交易两种，分别适用于证券交易所和场外交易市场。

2. 证券交易的一般规定

（1）证券交易的标的与主体必须合法。①交易的证券必须是依法发行并交付的证券。非法发行的证券不得买卖。证券交易当事人买卖的证券，可以采用纸面形式，也可以采用国务院证券监督管理机构规定的其他形式。②依法发行的证券，法律对其转让期限有限制性规定的，在限定的期限内不得转让。

（2）在合法的证券交易场所交易。公开发行的证券，应当在依法设立的证券交易所上市交易或者在国务院批准的其他全国性证券交易场所交易。非公开发行的证券，可以在证券交易所、国务院批准的其他全国性证券交易场所、按照国务院规定设立的区域性股权市场转让。

（3）以合法方式交易。证券在证券交易所上市交易，应当采用公开的集中交易方式或者国务院证券监督管理机构批准的其他方式。

知识拓展

证券转让依法
受限的情形

（4）规范交易服务。首先，证券交易场所、证券公司、证券登记结算机构、证券服务机构及其工作人员应当依法为投资者的信息保密，不得非法买卖、提供或者公开投资者的信息。证券交易场所、证券公司、证券登记结算机构、证券服务机构及其工作人员不得泄露所知悉的商业秘密。其次，证券交易的收费必须合理，并公开收费项目、收费标准和管理办法。

（5）规范程序化交易。通过计算机程序自动生成或者下达交易指令进行程序化交易的，应当符合国务院证券监督管理机构的规定，并向证券交易所报告，不得影响证券交易所系统安全或者正常交易秩序。

（二）证券上市

申请证券上市交易，应当向证券交易所提出申请，由证券交易所依法审核同意，并由双方签订上市协议。证券交易所根据国务院授权的部门的决定安排政府债券上市交易。

申请证券上市交易，应当符合证券交易所上市规则规定的上市条件。证券交易所上市规则规定的上市条件，应当对发行人的经营年限、财务状况、最低公开发行比例和公司治理、诚信记录等提出要求。

上市交易的证券，有证券交易所规定的终止上市情形的，由证券交易所按照业务规则终止其上市交易。证券交易所决定终止证券上市交易的，应当及时公告，并报国务院证券监督管理机构备案。

对证券交易所作出的不予上市交易、终止上市交易决定不服的，可以向证券交易所设立的复核机构申请复核。

（三）信息披露

信息披露亦称信息公开，是指发行人及法律、行政法规和国务院证券监督管理机构规定的其他信息披露义务人，为保障投资者利益和接受社会公众的监督，而依照法律规定公开或公布或自愿公开其有关信息和资料的行为。实行信息披露，可以了解上市公司的经营状况、财务状况及其发展趋势，从而有利于证券主管机关对证券市场的管理，引导证券市场健康、稳定地发展；有利于社会公众依据所获得的信息，及时采取措施，作出正确的投资选择；也有利于上市公司的广大股东及社会公众对上市公司进行监督。

信息披露的基本要求是真实性、准确性、完整性和及时性。信息披露义务人，应当及时依法履行信息披露义务。信息披露义务人披露的信息，应当真实、准确、完整，简明清晰，通俗易懂，不得有虚假记载、误导性陈述或者重大遗漏。证券同时在境内境外公开发行、交易的，其信息披露义务人在境外披露的信息，应当在境内同时披露。除依法需要披露的信息之外，信息披露义务人可以自愿披露与投资者作出价值判断和投资决策有关的信息，但不得与依法披露的信息相冲突，不得误导投资者。发行人及其控股股东、实际控制人、董事、监事、高级管理人员等作出公开承诺的，应当披露。不履行承诺给投资者造成损失的，应当依法承担赔偿责任。

信息披露义务人披露的信息应当同时向所有投资者披露，不得提前向任何单位和个人泄露。法律、行政法规另有规定的除外。任何单位和个人不得非法要求信息披露义务人提供依法需要披露但尚未披露的信息。任何单位和个人提前获知的前述信息，在依法披露前应当保密。

依法披露的信息，应当在证券交易场所的网站和符合国务院证券监督管理机构规定条件的媒体发布，同时将其置备于公司住所、证券交易场所，供社会公众查阅。

国务院证券监督管理机构对信息披露义务人的信息披露行为进行监督管理。证券交易场所应当对其组织交易的证券的信息披露义务人的信息披露行为进行监督，督促其依法及时、准确地披露信息。

1. 公开发行申请文件

发行人报送的证券发行申请文件，应当充分披露投资者作出价值判断和投资决策所必需的信息，内容应当真实、准确、完整。为证券发行出具有关文件的证券服务机构和人员，必须严格履行法定职责，保证所出具文件的真实性、准确性和完整性。

2. 公开报告

（1）定期报告。

上市公司、公司债券上市交易的公司、股票在国务院批准的其他全国性证券交易场所交易的公司，应当按照国务院证券监督管理机构和证券交易场所规定的内容和格式编制定期报告，并按照以下规定报送和公告：①在每一会计年度结束之日起4个月内，报送并公告年度报告，其中的年度财务会计报告应当经符合《证券法》规定的会计师事务所审计；②在每一会计年度的上半年结束之日起2个月内，报送并公告中期报告。

发行人的董事、高级管理人员应当对证券发行文件和定期报告签署书面确认意见。发行人的监事会应当对董事会编制的证券发行文件和定期报告进行审核并提出书面审核意见。监事应当签署书面确认意见。

发行人的董事、监事和高级管理人员应当保证发行人及时、公平地披露信息，所披露的信息真实、准确、完整。董事、监事和高级管理人员无法保证证券发行文件和定期报告内容的真实性、准确性、完整性或者有异议的，应当在书面确认意见中发表意见并陈述理由，发行人应当披露。发行人不予披露的，董事、监事和高级管理人员可以直接申请披露。

（2）临时报告。

当发生可能对上市公司、股票在国务院批准的其他全国性证券交易场所交易的公司的股票交易价格、上市交易公司债券的交易价格产生较大影响，而投资者尚未得知的重大事件时，公司应当立即将有关该重大事件的情况向国务院证券监督管理机构和证券交易场所报送临时报告，并予公告，说明事件的起因、目前的状态和可能产生的法律后果。

公司的控股股东或者实际控制人对重大事件的发生、进展产生较大影响的，应当及时将其知悉的有关情况书面告知公司，并配合公司履行信息披露义务。

知识拓展

重大事件

3. 违规信息披露的法律后果

信息披露义务人未按照规定披露信息，或者公告的证券发行文件、定期报告、临时报告及其他信息披露资料存在虚假记载、误导性陈述或者重大遗漏，致使投资者在证券交易中遭受损失的，信息披露义务人应当承担赔偿责任；发行人的控股股东、实际控制人、董事、监事、高级管理人员和其他直接责任人员以及保荐人、承销的证券公司及其直接责任人员，应当与发行人承担连带赔偿责任，但是能够证明自己没有过错的除外。

【例7-2】某上市公司董事长授意有关员工采用签订虚假销售合同、转移费用支出和违规进行资产评估等手段，虚增当年营业利润和资本公积等指标误导投资者，致使投资者遭受重大损失。案发后，该上市公司的董事长以自己并未直接参与财务造假过程为由拒绝承担连带赔偿责任。

请问：该董事长是否应当承担连带赔偿责任？

【解析】根据《证券法》的规定，上市公司的年度报告中存在虚假记载、误导性陈述或者重大遗漏，致使投资者在证券交易中遭受损失的，上市公司的董事应当承担连带赔偿责任，但是能够证明自己没有过错的除外。本案例中，该上市公司的董事长显然有过错，并涉嫌犯罪，应当承担连带赔偿责任。

（四）禁止的交易行为

根据《证券法》的规定，禁止的交易行为主要包括内幕交易行为、利用未公开信息交易行为、操纵证券市场行为、编造传播虚假信息或者误导性信息行为、损害客户利益行为和其他禁止的交易行为。证券交易场所、证券公司、证券登记结算机构、证券服务机构及其从业人员对证券交易中发现的禁止的交易行为，应当及时向证券监督管理机构报告。

1. 内幕交易行为

内幕交易行为是指知悉证券交易内幕信息的知情人和非法获取内幕信息的人，利用内幕信息进行证券交易活动的行为。

证券交易内幕信息的知情人包括：①发行人及其董事、监事、高级管理人员；②持有公司5%以上股份的股东及其董事、监事、高级管理人员，公司的实际控制人及其董事、监事、高级管理人员；③发行人控股或者实际控制的公司及其董事、监事、高级管理人员；④由于所任公司职务或者因与公司业务往来可以获取公司有关内幕信息的人员；⑤上市公司收购人或者重大资产交易方及其控股股东、实际控制人、董事、监事和高级管理人员；⑥因职务、工作可以获取内幕信息的证券交易场所、证券公司、证券登记结算机构、证券服务机构的有关人员；⑦因职责、工作可以获取内幕信息的证券监督管理机构工作人员；⑧因法定职责对证券的发行、交易或者对上市公司及其收购、重大资产交易进行管理可以获取内幕信息的有关主管部门、监管机构的工作人员；⑨国务院证券监督管理机构规定的可以获取内幕信息的其他人员。

证券交易活动中，涉及发行人的经营、财务或者对该发行人证券的市场价格有重大影响的尚未公开的信息，为内幕信息。《证券法》规定的，应当公开，可能对上市公司、股票在国务院批准的其他全国性证券交易场所交易的公司的股票交易价格、上市交易公司债券的交易价格产生较大影响而投资者尚未得知的重大事件属于内幕信息。

知识拓展

非法获取证券交易内幕信息的人员

证券交易内幕信息的知情人和非法获取内幕信息的人，在内幕信息公开前，不得买卖该公司的证券，或者泄露该信息，或者建议他人买卖该证券。持有或者通过协议、其他安排与他人共同持有公司5%以上股份的自然人、法人、非法人组织收购上市公司的股份，《证券法》另有规定的，适用其规定。

内幕交易行为给投资者造成损失的，应当依法承担赔偿责任。利用未公开信息进行交易给投资者造成损失的，应当依法承担赔偿责任。

【例7-3】戴某在担任甲上市公司董事期间，利用甲公司与乙上市公司进行资产重组、乙公司主营业务将要发生重大变化这一信息，于某年11月18日至20日，在某证券公司营业部投入资金350万元，以平均6元的价格买入乙公司股票80万股，信息公开后以每股7元的价格全部卖出，共计获利80万元。同年12月，甲公司与乙公司相继公告进行了资产重组的信息。

请问：戴某的行为是否合法？

【解析】不合法。戴某的行为属于利用内部信息进行证券交易、非法获利的行为。根据《证券法》的规定，证券交易内幕信息的知情人，在内幕信息公开前，不得买入和卖出该公司的证券。

课堂讨论 7-1

2021年4月1日，甲上市公司董事长向其朋友李某透露该公司将发行新股的信息，李某便以每股6元的价格买入甲公司股票1万股；持有甲公司法人股2%的A公司认为甲公司具有潜在的投资价值，便以每股6.2元的价格买入8万股；受托为甲公司发行股票出具审计报告的某会计师事务所张某，在审计期间也以6.2元的价格买入3万股。2021年6月1日，信息公开后，甲公司股票价格连续攀升，同年7月，涨幅达50%左右。李某、A公司、张某分别以11.30元、11.70元、11.90元卖出其持有的甲公司股票。

请问：李某、A公司、张某买卖甲公司股票的行为是否符合法律规定？

2. 利用未公开信息交易行为

根据《证券法》规定，利用未公开信息交易行为是指特定主体利用因职务便利获取的内幕信息以外的其他未公开的信息，违反规定，从事与该信息相关的证券交易活动，或者明示、暗示他人从事相关交易活动的行为。特定主体是指证券交易场所、证券公司、证券登记结算机构、证券服务机构和其他金融机构的从业人员、有关监管部门或者行业协会的工作人员。

利用未公开信息进行交易给投资者造成损失的，应当依法承担赔偿责任。

3. 操纵证券市场行为

操纵证券市场行为，是指单位或者个人以获取利益或减少损失为目的，利用其资金、信息等优势或者采取其他手段影响证券市场价格，制造证券市场假象，诱导或者致使投资者在不了解事实真相的情况下做出买卖证券的决定，扰乱证券市场秩序的行为。实践中，操纵证券市场的行为人以为自己牟取不正当利益或者转嫁风险为目的，背离市场自由竞价和供求关系原则，以各种不正当手段，影响证券市场价格或者证券交易量，制造证券市场假象，以引诱他人参与证券交易。

《证券法》规定，禁止任何人以下列手段操纵证券市场，影响或者意图影响证券交易价格或者证券交易量：①单独或者通过合谋，集中资金优势、持股优势或者利用信息优势联合或者连续买卖；②与他人串通，以事先约定的时间、价格和方式相互进行证券交易；③在自己实际控制的账户之间进行证券交易；④不以成交为目的，频繁或者大量申报并撤销申报；⑤利用虚假或者不确定的重大信息，诱导投资者进行证券交易；⑥对证券、发行人公开作出评价、预测或者投资建议，并进行反向证券交易；⑦利用在其他相关市场的活动操纵证券市场；⑧操纵证券市场的其他手段。

操纵证券市场行为给投资者造成损失的，应当依法承担赔偿责任。

【例7-4】某证券公司利用资金优势，在3个交易日内对某一上市公司的股票进行连续买卖，使该股票从每股20元迅速上升至每股26元，然后在此价位大量卖出以获利。

请问：该证券公司的行为是否违法？

【解析】该证券公司的行为违法。根据《证券法》的规定，该证券公司的行为属于操纵证券市场行为。

4. 编造传播虚假信息或者误导性信息行为

编造传播虚假信息或者误导性信息行为是指在证券交易活动中编造、传播虚假信息或误导性信息，扰乱证券市场的行为。《证券法》第五十六条规定如下。

（1）禁止任何单位和个人编造、传播虚假信息或者误导性信息，扰乱证券市场。

（2）禁止证券交易场所、证券公司、证券登记结算机构、证券服务机构及其从业人员，证券业协会、证券监督管理机构及其工作人员，在证券交易活动中作出虚假陈述或者信息误导。

（3）各种传播媒介传播证券市场信息必须真实、客观，禁止误导。传播媒介及其从事证券市场信息报道的工作人员不得从事与其工作职责发生利益冲突的证券买卖。

（4）编造、传播虚假信息或者误导性信息，扰乱证券市场，给投资者造成损失的，应当依法承担赔偿责任。

5. 损害客户利益行为

损害客户利益行为是指证券公司及其从业人员在证券交易及相关活动中，诱骗投资者买卖证券以及其他违背投资者真实意愿、损害其利益的行为。《证券法》第五十七条规定，禁止证券公司及其从业人员从事下列损害客户利益的行为：①违背客户的委托为其买卖证券；②不在规定时间内向客户提供交易的确认文件；③未经客户的委托，擅自为客户买卖证券，或者假借客户的名义买卖证券；④为牟取佣金收入，诱使客户进行不必要的证券买卖；⑤其他违背客户真实意思表示，损害客户利益的行为。违反前述规定给客户造成损失的，应当依法承担赔偿责任。

【例7-5】某证券公司挪用客户账户上的资金用于股票买卖，但在获利后及时、足额地归还到客户账户中。

请问：该证券公司的行为是否合法？属于何种行为？

【解析】不合法。根据《证券法》的规定，该证券公司的行为属于损害客户利益的行为。

6. 其他禁止的交易行为

任何单位和个人不得违反规定，出借自己的证券账户或者借用他人的证券账户从事证券交易。禁止投资者违规利用财政资金、银行信贷资金买卖证券。

国有独资企业、国有独资公司、国有资本控股公司买卖上市交易的股票，必须遵守国家有关规定。

五、短线交易与上市公司归入权

短线交易是指上市公司的董事、监事、高级管理人员及大股东，在法定期间内，对公司上市股票买入后再行卖出或者卖出后再行买入，以谋取不正当利益的行为。归入权是指公司取得短线交易者所得收益的权利。《证券法》第四十四条规定了短线交易与上市公司归入权，具体规定如下。

上市公司、股票在国务院批准的其他全国性证券交易场所交易的公司持有 5%以上股份的股东、董事、监事、高级管理人员，将其持有的该公司的股票或者其他具有股权性质的证券在买入后 6 个月内卖出，或者在卖出后 6 个月内又买入，由此所得收益归该公司所有，公司董事会应当收回其所得收益。但是，证券公司因购入包销售后剩余股票而持有 5%以上股份，以及有国务院证券监督管理机构规定的其他情形的除外。

前述所称董事、监事、高级管理人员、自然人股东持有的股票或者其他具有股权性质的证券，包括其配偶、父母、子女持有的及利用他人账户持有的股票或者其他具有股权性质的证券。

公司董事会不按照前述规定执行的，股东有权要求董事会在 30 日内执行。公司董事会未在上述期限内执行的，股东有权为了公司的利益以自己的名义直接向人民法院提起诉讼。

公司董事会不按照前述的规定执行的，负有责任的董事依法承担连带责任。

课堂讨论 7-2

某上市公司董事吴某持有该公司 6%的股份。其将持有的该公司股票在买入后的第 5 个月卖出，获利 600 万元。关于此收益，下列选项正确的是（　　　）。

A. 该收益应当全部归公司所有

B. 该收益应由公司董事会负责收回

C. 董事会不收回该收益的，股东有权要求董事会限期收回

D. 董事会未在规定期限内执行股东关于收回吴某收益要求的，股东有权代替董事会以公司名义直接向法院提起收回该收益的诉讼

六、上市公司收购

（一）概述

1. 上市公司收购的概念

上市公司收购是指收购人通过在证券交易所的股份转让活动，持有一个上市公司的已发行的表决权股份达到一定比例，或通过证券交易所股份转让活动以外的其他合法方式控制一个上市公

司的表决权股份达到一定程度，导致其获得或者可能获得对该公司的实际控制权的行为。

上市公司收购的对象是上市公司；收购的标的是上市公司的股份；收购的主体是收购人，包括投资者及其一致行动人；收购的目的是获得或者巩固对上市公司的控制权。不以拥有对上市公司实际控制权而受让上市公司股票的行为，不能称为收购。

2. 上市公司收购人

收购人包括投资者及与其一致行动的他人。一致行动，是指投资者通过协议、其他安排，与其他投资者共同扩大其所能够支配的一个上市公司股份表决权数量的行为或者事实。在上市公司收购及相关股份权益变动活动中有一致行动情形的投资者互为一致行动人。上市公司收购人在收购活动中应履行公告、禁售、锁定等义务。

3. 上市公司收购的支付方式

收购人可以采用现金、依法可以转让的证券、现金与证券相结合等合法方式支付收购上市公司的价款。收购人为终止上市公司的上市地位而发出全面要约的，或者按照国务院证券监督管理机构的规定不能免除要约收购而发出全面要约的，应当以现金支付收购价款；以依法可以转让的证券支付收购价款的，应当同时提供现金方式供被收购公司股东选择。

4. 上市公司收购的权益披露

权益披露是指投资者及其一致行动人对其拥有上市公司的股份权益及权益变动情况进行的披露。投资者收购上市公司，在持股达到一定限度时，要依法披露其在上市公司中拥有的权益，包括登记在其名下的股份和虽未登记在其名下但该投资者可以实际支配表决权的股份。投资者及其一致行动人在一个上市公司中拥有的权益应当合并计算。权益披露的义务人是投资者及其一致行动人。

进行权益披露的情形与时间如下。

① 场内交易受让股份。通过证券交易所的证券交易，投资者及其一致行动人持有一个上市公司已发行的有表决权股份达到 5%时，应当在该事实发生之日起 3 日内编制权益变动报告书，向国务院证券监督管理机构、证券交易所作出书面报告，通知该上市公司，并予公告，在上述期限内不得再行买卖该上市公司的股票，但国务院证券监督管理机构规定的情形除外。

投资者及其一致行动人持有一个上市公司已发行的有表决权股份达到 5%后，其所持该上市公司已发行的有表决权股份比例每增加或者减少 5%，应当依照前述规定进行报告和公告，在该事实发生之日起至公告后 3 日内，不得再行买卖该上市公司的股票，但国务院证券监督管理机构规定的情形除外。投资者及其一致行动人持有一个上市公司已发行的有表决权股份达到 5%后，其所持该上市公司已发行的有表决权股份比例每增加或者减少 1%，应当在该事实发生的次日通知该上市公司，并予公告。

违反前述规定买入上市公司有表决权的股份的，在买入后的 36 个月内，对该超过规定比例部分的股份不得行使表决权。

依照前述规定所作的持股权益变动公告，应当包括下列内容：持股人的名称、住所，持有的股票的名称、数额，持股达到法定比例或者持股增减变化达到法定比例的日期、增持股份的资金来源，在上市公司中拥有有表决权的股份变动的时间及方式。

② 协议转让受让股份。通过协议转让方式，投资者及其一致行动人在一个上市公司中拥有有表决权的股份拟达到或者超过 5%时，应当在该事实发生之日起 3 日内编制权益变动报告书，向国务院证券监督管理机构、证券交易所提交书面报告，通知该上市公司，并予公告。

投资者及其一致行动人拥有有表决权的股份达到 5%后，其拥有有表决权的股份比例每增加或者减少达到或者超过 5%的，应当依照前述规定履行报告、公告义务。投资者及其一致行动人在作出报告、公告前，不得再行买卖该上市公司的股票。

③ 被动受让股份。投资者及其一致行动人通过行政划转或者变更、执行法院裁定、继承、赠与等方式拥有有表决权的股份变动达到5%时，同样应当按照协议转让的规定履行报告、公告义务。

（二）上市公司收购的方式

《证券法》规定，投资者可以采取要约收购、协议收购及其他合法方式收购上市公司。

1. 要约收购

（1）要约收购的概念。

要约收购是指通过证券交易所的证券交易，投资者持有或者通过协议、其他安排与他人共同持有一个上市公司已发行的有表决权股份达到30%时，继续增持股份的，应当采取向被收购公司的所有股东发出收购要约的方式进行的收购。

投资者选择向被收购公司的所有股东发出收购其所持有的全部股份要约的，称为全面要约；投资者选择向被收购公司所有股东发出收购其所持有的部分股份要约的，称为部分要约。

（2）要约收购的适用条件。

① 持股比例达到30%。投资者通过证券交易所的证券交易，或者协议、其他安排持有或与他人共同持有（含直接持有和间接持有）一个上市公司的已发行的有表决权股份达到30%。

② 继续增持股份。在前一个条件下，投资者继续增持表决权股份时，即触发依法向上市公司所有股东发出收购上市公司全部或者部分股份的要约的义务。

只有同时具备上述两个条件时，才适用要约收购。

收购人应当公平对待被收购公司的所有股东。持有同一种类股份的股东应当得到同等对待。上市公司发行不同种类股份的，收购人可以针对不同种类股份提出不同的收购条件。

（3）收购要约的期限。

收购要约约定的收购期限不得少于30日，并不得超过60日，但是出现竞争要约的除外。

（4）收购要约的撤销。

在收购要约确定的承诺期限内，收购人不得撤销其收购要约。投资者持有或者通过协议、其他安排与他人共同持有该上市公司30%以上的有表决权股份，其发出收购要约已经将收购的有关信息进行披露，这些经披露的信息对该上市公司的股票交易将发生重要影响。如果收购人撤销收购要约，会对该上市公司的股票交易产生新的影响，有可能损害中小股东的利益。因此，《证券法》规定在收购要约确定的承诺期限内，收购人不得撤销其收购要约。

（5）收购要约的变更。

收购人需要变更收购要约的，应当及时公告，载明具体变更事项。收购要约的变更不得存在下列情形：降低收购价格、减少预定收购股份数额、缩短收购期限、国务院证券监督管理机构规定的其他情形。

收购要约期限届满前15日内，收购人不得变更收购要约，但是出现竞争要约的除外。在要约收购期间，被收购公司的董事不得辞职。

2. 协议收购

协议收购是指收购人在证券交易所之外，通过与被收购公司的股东协商一致达成协议，受让其持有的上市公司的股份而进行的收购。以协议方式收购上市公司时，收购协议的各方应当获得相应的内部（如股东大会、董事会等）批准。收购协议达成后，收购人必须在3日内将该收购协议向国务院证券监督管理机构及证券交易所作出书面报告，并予公告。在公告前不得履行收购协议。

采取协议收购方式的，协议双方可以临时委托证券登记结算机构保管协议转让的股票，并将资金存放于指定的银行。

采取协议收购方式的，收购人收购或者通过协议、其他安排与他人共同收购一个上市公司已发行的有表决权股份达到30%时，继续进行收购的，应当依法向该上市公司所有股东发出收购上市公司全部或者部分股份的要约，转而进行要约收购。但是，按照国务院证券监督管理机构的规定免除发出要约的除外。如果收购人依照前述规定触发以要约方式收购上市公司股份，应当能够遵守前述有关要约收购的规定。

【例7-6】甲在证券市场上陆续买入戊公司的有表决权股份，持股达6%时才公告，被证券监督管理机构以信息披露违法为由实施处罚。之后甲欲继续买入戊公司股票，戊公司的股东乙、丙反对，持股4%的股东丁同意。对此，下列说法正确的有（　　　）。

A. 甲的行为已违法，故无权再买入戊公司股票
B. 乙可邀请其他公司对戊公司展开要约收购
C. 丙可主张甲已违法，故应撤销其先前购买股票的行为
D. 丁可与甲签订股权转让协议，将自己所持全部股份卖给甲

【解析】正确答案是B、D。根据规定，甲违反信息披露的规定，但不影响交易行为的有效，也不影响甲依法继续买入股票。乙反对甲收购，可以独自或者邀请其他投资者发起收购，甲持股未触及强制要约收购的触发点，可以与丁进行协议收购。

3. 其他合法方式收购

其他合法方式收购是指要约收购与协议收购之外的各种收购上市公司的方式，如认购股份收购、集中竞价收购等。认购股份收购是指收购人经上市公司非关联股东批准，通过认购上市公司发行的新股使其在公司持有的有表决权股份能够达到控制权的获得与巩固；集中竞价收购是指收购人在场内交易市场上，通过证券交易所集中竞价交易的方式对目标上市公司进行的收购。随着证券市场的不断成熟，上市公司收购方式不断完善、不断创新。

依据《上市公司收购管理办法》的规定，其他合法方式还包括国有股权的行政划转或变更、执行法院裁定、继承、赠与等方式。需要说明的是，在国有股权的行政划转或变更、执行法院裁定等方式构成的上市公司收购中，收购人（即行政划转或变更的受让方和司法裁决的胜诉方）可能没有取得上市公司控制权的主观动机，但如果上述行为的结果使收购人获得了或可能获得上市公司的控制权，即收购，收购人就应履行相关义务。

（三）上市公司收购的法律后果

上市公司收购完成后，将产生一系列的法律后果。

（1）终止上市与余额股东强制性出售权。收购期限届满，被收购公司股权分布不符合证券交易所规定的上市交易要求的，该上市公司的股票应当由证券交易所依法终止上市交易；其余仍持有被收购公司股票的股东，有权向收购人以收购要约的同等条件出售其股票，收购人应当收购。

（2）变更企业形式。收购行为完成后，被收购公司不再具备股份有限公司条件的，应当依法变更企业形式。

（3）限期禁止转让股份。在上市公司收购中，收购人持有的被收购的上市公司的股票，在收购行为完成后的18个月内不得转让。

（4）更换股票。收购行为完成后，收购人与被收购公司合并，并将该公司解散的，被解散公司的原有股票由收购人依法更换。

收购行为完成后，收购人应当在15日内将收购情况报告国务院证券监督管理机构和证券交易所，并予以公告。

课堂讨论 7-3

> ABC 股份有限公司于 2013 年 7 月上市，从事软件研发与经营业务，近年来企业效益持续增长。甲公司从事机械制造业，近几年连续亏损，为扭转局面，决定涉足软件行业。于是，甲公司于 2021 年 1 月至 6 月，悄悄大量购买 ABC 股份有限公司的股票，截至 2021 年 7 月 5 日，已持有 ABC 股份有限公司 51% 的股份。
>
> 请问：甲公司的收购行为是否合法？

第三节　保险法律制度

一、保险合同概述

（一）保险合同的概念和特征

保险是指投保人根据合同约定，向保险人支付保险费，保险人对于合同约定的可能发生的事故因其发生所造成的财产损失承担赔偿保险金责任，或者当被保险人死亡、伤残、疾病，或者达到合同约定的年龄、期限等条件时承担给付保险金责任的商业保险行为。

保险合同是投保人与保险人约定保险权利义务关系的协议。保险合同是射幸合同、附合合同、双务有偿合同、诺成合同。

（二）保险合同的主要分类

根据保险标的的不同，保险合同可分为财产保险合同和人身保险合同。保险标的是指作为保险对象的财产及其利益或者人的寿命和身体。财产保险合同是以财产及其有关利益为保险标的的保险合同。人身保险合同是以人的寿命和身体为保险标的的保险合同。

根据保险人承担责任的次序不同，保险合同可分为原保险合同和再保险合同。原保险是指由保险人直接承保业务并与投保人签订保险合同，对于被保险人因保险事故所造成的损失，承担直接的原始赔偿责任的保险。再保险是指对原保险的保险责任再予以承保的保险。再保险与原保险之间的关系为：①再保险以原保险的存在为前提，再保险又具有独立性，再保险有自己独立的当事人和保险标的；②再保险的保险责任以原保险的保险责任为限，原保险合同终止时，再保险合同也相应终止。

根据保险的次数不同，保险合同可分为单保险合同和重复保险合同。单保险是指投保人对同一保险标的、同一保险利益、同一保险事故，与一个保险人订立保险合同的保险。重复保险是指投保人对同一保险标的、同一保险利益、同一保险事故，分别与两个或两个以上保险人订立保险合同，且保险金额总和超过保险价值的保险。重复保险的各保险人赔偿保险金额总和不得超过保险价值。除合同另有约定外，各保险人按照其保险金额与保险金额总和的比例承担赔偿保险金的责任。重复保险的投保人可以就保险金额总和超过保险价值的部分，请求各保险人按比例返还保险费。由两个或两个以上的保险人同时联合直接承保同一保险标的、同一保险利益、同一保险事故，且保险金额之和不超过保险价值的保险是共同保险，简称共保。

根据保险金额与保险价值的关系，保险合同可分为足额保险合同、不足额保险合同、超额保险合同。足额保险是指保险金额等于保险价值的保险。保险事故发生时，如果保险标的全部损失，保险人按保险金额全部赔偿；如果部分损失，保险人按实际损失金额赔偿。不足额保险是指保险金额低于保险价值的保险。出现不足额保险时，保险人对被保险人损失的赔偿责任仅以保险金额为限；超出保险金额的部分，保险人不负赔偿责任，视作被保险人自保。在不足额保险合同中，除合同另有约定外，保险人按保险金额与保险价值之间的比例负赔偿责任。超额保险合同是指保险金额大于财产价值的保险合同。《保险法》规定：保险金额不得超过保险价值；超过保险价值的，超过部分无效。

（三）保险合同的主体

保险合同的当事人包括投保人和保险人。前者即与保险人订立保险合同，并按照保险合同负有支付保险费义务的人。后者即与投保人订立保险合同，并根据保险合同收取保险费，在保险事故发生时承担赔偿或者给付保险金责任的人。

保险合同的关系人包括被保险人和受益人。前者是其财产或者人身受保险合同保障，享有保险金请求权的人。后者是由被保险人或投保人在保险合同中指定的享有保险金请求权的人。

保险合同的辅助人包括保险代理人、保险经纪人和保险公估人。保险代理人即根据保险代理合同或授权书，向保险人收取保险代理手续费，并以保险人的名义代为办理保险业务的人。保险经纪人即基于投保人的利益，为投保人与保险人订立保险合同提供中介服务，并依法收取佣金的人。保险公估人即专门从事保险标的的查验、评估及保险事故的认定、估损、理算等业务，并据此向当事人委托方收取合理费用的机构或个人。

（四）保险合同的订立、变更、解除和终止

1. 保险合同应遵循的基本原则

（1）最大诚信原则。最大诚信原则的内容包括当事人的告知和保证。最大诚信原则初期主要是保险人约束投保人的工具。当投保人违反该原则时，保险人可以解除合同或者请求确认合同无效，但不能强制对方履行某项义务或者要求对方赔偿损失。

（2）保险利益原则。保险利益又称可保利益，是指投保人对保险标的具有法律上承认的利益。保险利益具有以下特征。①保险利益是为法律所认可的利益。②保险利益是能够确定的利益。③保险利益一般是经济上的利益。

（3）近因原则。近因是指直接促成结果的原因。适用近因原则，一方面可以克服对保险人滥施责任；另一方面可以有效避免保险人推卸责任。

（4）损失补偿原则。损失补偿是指当保险事故发生使投保人或被保险人遭受损失时，保险人必须在责任范围内对投保人或被保险人所受的实际损失进行补偿。损失补偿原则的适用受到下列限制。①损失补偿原则不适用于人身保险。②法律和保险合同对赔偿金额有限制的，适用该限制。③有比例承保、定值保险和重置成本保险的约定的，适用该约定。

【例7-7】下列选项适用保险利益原则的有（　　　　）。
A. 甲经同事乙同意，为其购买一份人寿险
B. 丙为自己刚出生1个月的孩子购买一份人身险
C. 丁公司为其经营管理的风景区内的一颗巨型钟乳石投保一份财产险
D. 戊公司为其一个已经投保的仓库再投保一份财产险
【解析】根据《保险法》的规定，正确答案是A、B、C、D。

2. 保险合同的订立

保险合同的订立程序依次为：①投保，即投保人提出保险请求；②承保，即保险人承诺投保人的保险要约。

保险合同的形式有：①投保单；②保险单；③保险凭证；④暂保单；⑤批单。

订立保险合同，保险人就保险标的或者被保险人的有关情况提出询问的，投保人应当如实告知。投保人故意或者因重大过失未履行前述规定的如实告知义务，足以影响保险人决定是否同意承保或者提高保险费率的，保险人有权解除合同。该合同解除权，自保险人知道有解除事由之日起，超过30日不行使而消灭。自合同成立之日起超过2年的，保险人不得解除合同；发生保险事故的，保险人应当承担赔偿或者给付保险金的责任。

投保人故意不履行如实告知义务的，保险人对于合同解除前发生的保险事故，不承担赔偿或者给付保险金的责任，并不退还保险费。

投保人因重大过失未履行如实告知义务，对保险事故的发生有严重影响的，保险人对于合同解除前发生的保险事故，不承担赔偿或者给付保险金的责任，但应当退还保险费。

保险人在合同订立时已经知道投保人未如实告知的情况的，保险人不得解除合同；发生保险事故的，保险人应当承担赔偿或者给付保险金的责任。

保险合同采用保险人提供的格式条款而订立的，其中下列条款无效：①免除保险人依法应承担的义务或者加重投保人、被保险人责任的；②排除投保人、被保险人或者受益人依法享有的权利的。

3. 保险合同中的索赔和理赔

保险索赔应遵循下列程序。①向保险人发出出险通知和提出索赔申请。②提供索赔单证。③领取赔偿金或保险金。

权利人应在法律规定的期限内行使索赔权，人寿保险以外的其他保险的被保险人或者受益人，向保险人请求赔偿或者给付保险金的权利，自其知道保险事故发生之日起2年不行使而消灭；人寿保险的被保险人或者受益人向保险人请求给付保险金的权利，自其知道保险事故发生之日起5年不行使而消灭。

保险人收到被保险人或者受益人的赔偿或者给付保险金的请求后，应当及时作出核定；情形复杂的，应当在30日内作出核定，但合同另有约定的除外。保险人应当将核定结果通知被保险人或者受益人；对属于保险责任的，在与被保险人或者受益人达成有关赔偿或者给付保险金额的协议后10日内，履行赔偿或者给付保险金义务。保险合同对赔偿或者给付保险金的期限有约定的，保险人应当按照约定履行赔偿或者给付保险金义务。保险人未及时履行前述规定义务的，除支付保险金外，应当赔偿被保险人或者受益人因此受到的损失。对不属于保险责任的，保险人应当自作出核定之日起3日内向被保险人或者受益人发出拒绝赔偿或者拒绝给付保险金通知书，并说明理由。保险人自收到赔偿或者给付保险金的请求和有关证明、资料之日起60日内，对其赔偿或者给付保险金的数额不能确定的，应当根据已有证明和资料可以确定的数额先予支付；保险人最终确定赔偿或者给付保险金的数额后，应当支付相应的差额。

保险理赔应遵循下列程序。①立案检验。②核定责任。③计算并支付赔偿金或保险金。④进行损余处理和行使代位求偿权。

4. 保险合同的变更、解除和终止

在保险合同有效期内，投保人和保险人经协商同意，可以变更保险合同的有关内容。变更保险合同的，应当由保险人在原保险单或者其他保险凭证上批注或者附贴批单，或者由投保人和保险人订立变更的书面协议。

保险合同的解除是指保险合同成立后，当事人因一定事由解除双方的权利义务关系，使保险合同自始无效的法律行为。保险合同成立后，除法律规定或保险合同约定不许解除外，投保人可以解除合同。保险人只能在法律规定或保险合同约定的情况下才可解除保险合同。

保险合同的终止是指某种法定或约定事由的出现，致使保险合同当事人权利义务归于消灭。保险合同终止的原因有以下三个方面。①因期限届满而终止。②因履行而终止。③因解除而终止。《保险法》规定：保险标的发生部分损失的，自保险人赔偿之日起 30 日内，投保人可以解除合同；除合同另有约定外，保险人也可以解除合同，但应当提前 15 日通知投保人，并将保险标的未受损失部分的保险费，按照合同约定扣除自保险责任开始之日起至合同解除之日止应收的部分后，退还投保人。

二、人身保险合同

（一）人身保险合同的概念和种类

人身保险合同，是指当事人以人的寿命和身体作为保险标的而订立的保险合同。除具有保险合同的一般特征外，人身保险合同还具有保险标的的不可估价、保险金一般实行定额给付、保险期限较长、当事人可以指定受益人、人身保险具有储蓄功能等特征。

人身保险合同主要分为人寿保险合同、健康保险合同和意外伤害保险合同三种类型。

（二）人身保险合同的效力

保险人应依法或依约定向被保险人或受益人给付保险金，该义务应当在保险事故发生时或保险期限届满时履行。

投保人应向保险人缴纳保险费。投保人应当按照合同约定的方式和时间履行该义务。

在人身保险合同成立生效后，如投保人不愿缴纳或拒绝缴纳保险费，保险人不得以诉讼方式要求投保人履行义务。

在合同没有规定受益人的情况下，被保险人享有保险金给付请求权。在保险合同的有效期内，被保险人的行为对保险合同的效力有重大影响。在以死亡为给付条件的合同中，自合同成立之日起 2 年内，被保险人如自杀，保险人可以不承担保险责任。被保险人故意犯罪导致自身伤残或死亡的，保险人也不承担保险责任。

受益人根据保险合同可以享有受益权。当合同指定多数人为受益人时，各受益人按照合同规定的份额享有受益权，如果多数受益人之间存在顺位差异，只有顺位在前的全部受益人放弃或丧失受益权或死亡时，后顺位的受益人才可行使受益权。但受益人如果故意造成被保险人死亡、伤残、疾病的，或者故意杀害被保险人未遂的，丧失受益权。

此外，根据《保险法》的规定，下列人身保险合同无效。①订立合同时，投保人对被保险人不具有保险利益的。②投保人为无民事行为能力人投保以死亡为给付保险金条件的。父母为其未成年子女投保的人身保险，不受此规定限制。③以死亡为给付保险金条件的合同，未经被保险人同意并认可保险金额的。父母为其未成年子女投保的人身保险，不受此规定限制。

【例 7-8】杜某与其妻陈某经法院判决于 2019 年离婚，其女随陈某生活。2020 年杜某为其母购买了一份人寿保险，并经其母同意指定自己为受益人。杜某无其他亲属。一日，杜某与其母外出旅游时遭遇车祸，其母当场死亡，杜某受重伤，住院两天后亦死亡。对于人寿保险金，下列选项正确的是（　　　）。

A．因已无受益人，应归国家所有　　　　B．应当支付给杜某的前妻陈某和女儿

C．应当支付给杜某的女儿　　　　　　　D．因已无受益人，应归保险公司所有

【解析】根据《保险法》的规定，正确答案是 C。

（三）人身保险合同的中止、终止和解除

人身保险合同约定分期支付保险费，投保人支付首期保险费后，除合同另有约定外，投保人

自保险人催告之日起超过 30 日未支付当期保险费，或者超过约定的期限 60 日未支付当期保险费的，合同效力中止，或者由保险人按照合同约定的条件减少保险金额。被保险人在上述规定期限内发生保险事故的，保险人应当按照合同约定给付保险金，但可以扣减欠交的保险费。合同效力中止的，经保险人与投保人协商并达成协议，在投保人补交保险费后，合同效力恢复。

人身保险合同终止有以下三个事由：①合同已经履行；②保险期限届满；③合同被解除。

除法律另有规定或者保险合同另有约定外，保险合同成立后，投保人可以解除合同。投保人解除合同的，保险人应当自收到解除合同通知之日起 30 日内，按照合同约定退还保险单的现金价值。

人身保险合同效力自中止之日起满 2 年双方未达成协议的，保险人有权解除合同。保险人依照前述规定解除合同的，应当按照合同约定退还保险单的现金价值。

投保人申报的被保险人年龄不真实，并且其真实年龄不符合合同约定的年龄限制的，保险人可以解除合同，并按照合同约定退还保险单的现金价值。投保人故意或者因重大过失未履行如实告知义务，足以影响保险人决定是否同意承保或者提高保险费率的，保险人有权解除合同。保险人在合同订立时已经知道投保人未如实告知的情况的，保险人不得解除合同。

合同解除权，自保险人知道有解除事由之日起，超过 30 日不行使而消灭。自合同成立之日起超过 2 年的，保险人不得解除合同；发生保险事故的，保险人应当承担赔偿或者给付保险金的责任。

（四）人身保险金的给付

被保险人死亡后，有下列情形之一的，保险金作为被保险人的遗产，由保险人依照《民法典》的规定履行给付保险金的义务：①没有指定受益人，或者受益人指定不明无法确定的；②受益人先于被保险人死亡，没有其他受益人的；③受益人依法丧失受益权或者放弃受益权，没有其他受益人的。

受益人与被保险人在同一事件中死亡，且不能确定死亡先后顺序的，推定受益人死亡在先。

出现以下情形时，保险人免除给付保险金的责任。①投保人故意造成被保险人死亡、伤残或者疾病的，保险人不承担给付保险金的责任。投保人已交足 2 年以上保险费的，保险人应当按照合同约定向其他权利人退还保险单的现金价值。受益人故意造成被保险人死亡、伤残、疾病的，或者故意杀害被保险人未遂的，该受益人丧失受益权。②以被保险人死亡为给付保险金条件的合同，自合同成立或者合同效力恢复之日起 2 年内，被保险人自杀的，保险人不承担给付保险金的责任，但被保险人自杀时为无民事行为能力人的除外。③因被保险人故意犯罪或者抗拒依法采取的刑事强制措施导致其伤残或者死亡的，保险人不承担给付保险金的责任。

【例 7-9】李某为其子投保了以死亡为给付保险金条件的人身保险，期限 5 年，保费已一次缴清。2 年后其子因抢劫罪被判处死刑并已执行。李某要求保险公司履行赔付义务。对此，保险公司的下列处理方法中，正确的是（　　　）。

A. 依照合同规定给付保险金
B. 根据李某已付保费，按照保单的现金价值予以退还
C. 可以不承担给付保险金的义务，也不返还保险费
D. 可以解除合同，但应全额返还保险费

【解析】根据《保险法》规定，正确答案是 B。

三、财产保险合同

（一）财产保险合同的概念和种类

财产保险合同是以投保人或被保险人对某项财产及其有关利益为标的而订立的保险合同。

财产保险合同分为有形财产保险合同和无形财产保险合同两大类,具体可分为财产损失保险合同、责任保险合同、信用保险合同、保证保险合同。

(二)财产保险合同的主要内容

财产保险合同的主要内容涉及保险标的、保险金额、保险责任与除外责任。

财产保险合同的保险标的主要包括可保财产、预期利益、消极利益。

财产保险合同的保险金额,是指投保人对保险标的的实际投保金额,是保险人承担赔偿责任的最高限额和计算保险费的依据。财产保险合同的保险金额是按保险标的的实际价值确定的,保险金额一般不得高于保险财产的实际价值。

财产保险合同的保险责任,主要包括因自然灾害造成的损失、因意外事件造成的损失。在财产保险合同中,除了明确规定的保险责任以外,还须将保险人不承保的以下危险事故作为除外责任明列于合同之中。①投保人或被保险人的故意行为。《保险法》规定,投保人、被保险人故意制造保险事故的,保险人有权解除保险合同,不承担赔偿或者给付保险金的责任,除本法另有规定外,也不退还保险费。但如果保险事故的发生,是因投保人或被保险人以外的人故意造成的,保险人仍需负赔偿责任。②因财产本身缺陷、保管不善而致损失,变质、霉烂、受潮、虫咬以及自然磨损与按规定的正常消耗。③堆放在露天或在罩棚下的保险财产,以及有芦席、布、草、纸板、塑料布作棚顶的罩棚,暴风、暴雨等造成的损失。④战争、军事行动或暴力行为。⑤核子辐射和污染。⑥因遭受保险责任内的灾害或事故造成停工、停业等的一切间接损失,主要指工资、利润、收益等。

(三)财产保险合同的效力

投保人、被保险人依约承担以下义务:①依约支付保险费;②维护保险标的的安全;③及时发出危险增加的通知;④采取补救措施避免损失扩大;⑤及时发出保险事故通知;⑥协助;⑦不得放弃对第三人的索赔权。

保险人的义务具体如下。保险人收到被保险人或者受益人的赔偿或者给付保险金的请求后,应当及时作出核定,并将核定结果通知被保险人或者受益人;对属于保险责任的,在与被保险人或者受益人达成有关赔偿或者给付保险金额的协议后 10 日内,履行赔偿或者给付保险金义务。保险合同对保险金额及赔偿或者给付期限有约定的,保险人应当依照保险合同的约定,履行赔偿或者给付保险金义务。保险人未及时履行前述规定义务的,除支付保险金外,应当赔偿被保险人或者受益人因此受到的损失。

保险人自收到赔偿或者给付保险金的请求和有关证明、资料之日起 60 日内,对其赔偿或者给付保险金的数额不能确定的,应当根据已有证明和资料可以确定的最低数额先予支付;保险人最终确定赔偿或者给付保险金的数额后,应当支付相应的差额。

保险人的赔偿责任范围为保险金额限度内保险事故所发生的实际损失。实际损失不包括施救费用、查明保险事故原因的费用、因第三人提起仲裁或诉讼而发生的仲裁或诉讼费用等。

【例 7-10】刁某将自有轿车向保险公司投保,其保险合同中含有自燃险险种。一日,该车在行驶中起火,刁某情急之下将一农户晾在公路旁的棉被打湿灭火,但车辆仍有部分损失,棉被也被烧坏。保险公司对下列费用应承担赔付责任的有(   )。

A. 车辆修理费 500 元
B. 刁某误工费 400 元
C. 农户的棉被损失 200 元
D. 刁某乘坐其他车辆返回的交通费 30 元

【解析】根据《保险法》的规定,正确答案是 A、C。

（四）财产保险合同中的代位求偿权

代位求偿权是指在财产保险中，因第三者导致保险标的发生保险责任范围内的损失，保险人向被保险人赔付后，可以以自己的名义代位行使被保险人对第三者的请求权的制度。

保险代位求偿权的成立要件如下：①第三者与保险人同时对被保险人因保险事故的发生而遭受的损失负有赔偿责任；②被保险人没有放弃对第三者的赔偿请求权；③保险人已经向被保险人支付了保险赔偿金。

保险代位求偿权的效力为：①保险人可直接向第三者请求赔偿；②被保险人放弃对第三者的赔偿请求权的行为无效；③被保险人负辅助保险人行使求偿权的义务；④被保险人就未从保险人取得赔偿的损失部分对第三者仍享有赔偿请求权。

为防止保险代位求偿权滥用，应注意以下内容。①除被保险人的家庭成员或者组成人员作为第三者故意造成保险事故外，保险人不得对被保险人的家庭成员或其组成人员行使代位求偿权。②保险人取得保险标的的权利。保险事故发生后，保险人已向被保险人支付了全部保险金额，并且保险金额与保险价值相等的，保险人取得保险标的的全部权利；如保险金额低于保险价值，保险人可以按照保险金额与保险价值的比例取得保险标的的部分权利。

（五）财产保险合同的转让、变更和终止

一般财产保险合同的转让应当取得保险人的同意，经批改保单或其他保险凭证后才能发生转让的效力。例外情形如下：①因作为保险标的的运输途中的货物所有权转移而导致的保险合同的转让，投保人可以直接以背书方式转让保单，或直接交付无记名保单，不必经保险人同意；②保险合同当事人之间有保险合同转让不必经保险人同意的特约。

财产保险合同的变更分为协议变更和法定变更两种。协议变更是指当事人协商变更合同的内容。法定变更是指在发生法定事由时，当事人一方变更合同内容。保险人单方变更保险合同的法定事由有：投保人、被保险人不履行对保险标的的安全保障义务而致使保险危险程度增加；在合同有效期内，保险标的的危险程度增加。投保人变更保险合同的法定事由有：保险标的的保险价值明显减少；据以确定保险费率的有关情况发生变化，保险标的的危险程度减少。

财产保险合同终止的原因有：①保险合同的有效期届满；②保险合同已经全部履行；③出现法定事由时当事人依法终止合同；④保险合同被依法解除。

第四节　票据法律制度

一、票据法基本理论

（一）票据的概念与特征

票据是指出票人签发的，委托付款人或者由出票人自身向收款人或持票人支付一定金额，并可依法流通转让的有价证券。其特征如下。

1. 票据是债权证券和金钱证券

持票人可以就票据上所载的金额向特定票据债务人行使请求权，其性质是债权，所以票据是债权证券。就债权的标的而言，持票人享有的权利是请求债务人给付一定的金钱，所以票据是一种金钱证券。

2. 票据是设权证券

所谓设权证券，是指权利的发生必须首先作成证券。票据上所表示的权利，是由出票这种票据行为创设的。没有票据，就没有票据上的权利。因此，票据是一种设权证券。

3. 票据是文义证券

票据上的一切权利义务，都严格依照票据上记载的文义而定，文义之外的任何理由、事项都不得作为根据。也就是说，票据上记载的文义即使有错，通常也不得依据票据之外的其他证据变更或者补充。票据的这个特征，主要是为了保护善意持票人，以维护交易安全。

4. 票据是要式证券

作为一种要式法律行为，票据行为必须满足特定的形式要件才能成立和生效，因此票据常被称为要式证券。实践中，票据必须依法定形式制作才能具有法律效力。

5. 票据是无因证券

票据是一种单纯的金钱支付凭证，票据关系具有独立性和无因性。其效力原则上不受其基础关系，即原因关系和资金关系效力的影响。票据上各票据行为具有相对独立性，在形式合法的票据上，后手票据行为效力不受前手票据行为效力的影响。这一点是票据与单据的最大区别。如果票据被盗，尽管盗窃者对该票据无合法权利，不知情且支付了相当对价的第三人对该票据享有无瑕疵的权利。如果提单被盗，在失主发现或发货人察觉的情形下，即使持单人是不知情且支付了相当对价的第三人，也将完全丧失提单上的权利。

6. 票据为流通证券

票据具有可流通性，可以通过背书或交付方式转让。

（二）票据的作用

在现代票据法制条件下，票据的主要作用如下。

1. 支付作用

票据具有代表定额货币，可以代替现金支付的基本功能。票据代替货币不仅便利、安全，而且可大大提高货币的流通效率。在国际贸易结算中，票据的此种作用尤其突出。

2. 汇兑作用

票据具有异地兑换或转移货币资金的作用，这是各国早期票据制度下，票据通常具有的基本功能。分处异地的交易人以票据代替现金来清偿债务，克服了现金结算在空间上的障碍，减少了运送风险，简便迅速。

3. 信用作用

票据具有使出票人在将来取得资金的能力转变为当前支付能力的作用。此作用主要体现在远期票据规则上，它克服了现金结算在时间上的障碍。

4. 融资作用

票据当事人可通过票据转让和贴现来融通资金。此作用实际上是将远期票据的信用力短期贴现为货币资金。

（三）票据关系的概念和特点

票据关系是指票据当事人之间基于票据行为所发生的票据权利义务关系。它具有以下特点。

1. 票据关系是票据权利义务关系

票据关系当事人为享有和承担票据权利义务而实施票据行为，票据权利义务成为票据关系的内容，因此，票据关系是票据权利义务关系。

2. 票据关系是票据行为所产生的权利义务关系

票据行为是能够发生票据关系的法律行为。票据行为之外的行为，无论其是否合法，都不能产生票据权利义务，不是发生票据关系的法律事实。

3. 票据关系具有无因性

票据关系中，票据债务人负担无条件支付票面金额的义务，自有其原因或基础，如买方为支付价款而向卖方出票，买卖关系就是票据关系的基础关系。只要票据关系无瑕疵，基础关系纵然无效，票据权利仍然有效。

（四）票据权利

1. 票据权利的概念和特点

票据权利，是指持票人享有的请求票据债务人支付票据金额的权利，包括付款请求权和追索权。持票人取得票据应善意、合法且支付相应对价。

票据权利的特点主要有：①票据权利享有者是合法持票人；②票据权利是票据金额给付请求权；③票据权利是请求票据债务人支付票据金额的权利；④票据权利是二次性权利，即持票人享有付款请求权和当付款请求权不能实现时的追索权。

2. 票据权利的行使和保全

票据权利的行使即票据权利人行使付款请求权请求付款和行使追索权进行追索。

票据权利的保全即票据权利人为防止票据权利因时效期间届满而消灭所采取的必要行为。保全行为有提示票据、作成拒绝证明、起诉、中断时效等。其中，作成拒绝证明是指持票人向票据上记载的承兑人或付款人提示票据请求承兑或请求付款，遭到拒绝时，请求拒绝的人出具拒绝承兑或拒绝付款的书面证明。

《中华人民共和国票据法》（以下简称《票据法》）第十六条规定，持票人对票据债务人行使票据权利，或者保全票据权利，应当在票据当事人的营业场所和营业时间内进行，票据当事人无营业场所的，应当在其住所进行。

3. 票据权利的消灭

票据权利的消灭包括付款请求权消灭和追索权消灭。票据权利可基于付款人的付款、被追索人清偿票据债务及追索费用、票据时效期间届满、保全手续欠缺、票据灭失等原因而消灭，同时，抵销、混同、提存、免除等一般债权的消灭事由也可使票据权利消灭。

【例7-11】根据票据法律制度的相关规定，下列有关票据权利的表述正确的有（　　）。
A. 因税收、继承、赠与可以依法无偿取得票据的，不受给付对价的限制，但所享有的票据权利不得优于其前手的权利
B. 以欺诈、偷盗或者胁迫等手段取得票据的，不得享有票据权利
C. 持票人因重大过失取得不符合法律规定的票据的，不得享有票据权利
D. 票据债务人无论如何不得以自己与出票人或者与持票人的前手之间的抗辩事由对抗持票人
【解析】根据《票据法》的规定，正确答案为A、B、C。

（五）票据行为

1. 票据行为的概念和特点

票据行为，是指票据当事人以发生票据权利义务关系为目的而依照《票据法》所实施的法律行为。它具有以下特点。

（1）要式性。票据行为的要式性主要表现在三个方面：一是必须以书面形式进行；二是行为人必须签章，票据当事人可以委托其代理人在票据上签章，并应当在票据上表明其代理关系；三是必须遵循法定的款式。

行为人违反票据行为的要式性规定，除法律有特殊规定外，一律无效；符合法定形式的才发生票据行为的效力。

（2）文义性。票据行为的内容，仅依票据文义确定。即使该记载与行为人的真意或者实质情形不符，也依该记载来确定，不允许当事人以票据之外的证明方法对票据文义予以变更或补充。

（3）无因性。票据行为仅以签名加交付为成立要件，实施票据行为的原因对票据行为毫无影响。

（4）独立性。票据上有数个票据行为的，各个票据行为独立生效，互不影响，一行为的无效，不致使其他有效行为变为无效，有效行为的行为人仍须就票据文义负责任。

2. 票据行为的种类

票据行为包括出票、背书、承兑、参加承兑、保证。出票、背书是各种票据都适用的行为；承兑、参加承兑是汇票特有的行为；保证是汇票、本票都适用的行为。

根据《票据法》，出票是指出票人签发票据并将其交付给收款人的票据行为。背书是指在票据背面或者粘单上记载有关事项并签章的票据行为。承兑是指汇票付款人承诺在汇票到期日支付汇票金额的票据行为。保证是票据债务人之外的人为担保债务的履行而在票据上记载担保文字并签名的票据行为。

3. 票据伪造、变造、更改与涂销

票据伪造指假冒或虚构他人名义实施票据行为并在票据上签章。被伪造人不承担任何票据责任，伪造人亦不承担票据义务但须承担其他法律责任。伪造的签章不影响真实签章的效力。

票据变造指无合法变更权限的人，对除签章外的票据记载事项加以变更。变造人在票据上没有签章，则不承担票据义务，但应承担相应刑事、民事及行政责任；若变造人在票据上有签章，则按其变造以后的票据记载事项承担票据义务，并承担相应刑事、民事及行政责任；在变造之前签章的其他人对原记载事项负责；在变造之后签章的其他人对变造后的记载事项负责；不能辨别在变造之前签章或变造之后签章的，视为在变造之前签章。

票据更改指依《票据法》有更改权限的人，以法定方式对票据上的可更改记载事项加以更改。票据更改应在原记载人交付票据之前进行，交付之后进行更改的，须征得相关票据当事人同意，并由同意人在改写处签章。

票据涂销指有涂销权之人故意将票据记载事项涂抹或消除。被涂销部分的记载事项失去票据记载效力，被涂销部分的票据权利消灭。

【例7-12】甲签发一张本票交收款人乙，金额为2万元，乙背书转让给丙，丙取得本票后将金额改为5万元，然后转让给丁，丁又背书转让给戊。因甲、乙签章在变造之前，故应就2万元负责；丙为变造人，应对其所变造的文义负责，即对5万元负责；丁签章在变造之后，应对5万元负责。如果戊向甲请求付款，甲只负责付给2万元。戊已付给丁5万元，其所受损失3万元应向丁和丙请求赔偿。

请问：上述有关甲、乙、丙、丁承担责任的表述是否正确？

【解析】正确。《票据法》规定，票据上其他记载事项被变造的，在变造之前签章的人，对原记载事项负责；在变造之后签章的人，对变造之后的记载事项负责。

（六）票据抗辩与补救

1. 票据抗辩的概念与种类

票据抗辩，是指票据债务人依照《票据法》享有的、因法定事由的存在而对抗持票人，拒绝

履行票据债务的权利。票据抗辩包括对物的抗辩与对人的抗辩。

（1）对物抗辩，又称绝对抗辩、客观抗辩，是指基于票据本身存在的事由而发生的抗辩。这一抗辩可以对任何持票人提出。其主要包括以下情形：①票据行为不成立而为的抗辩，如票据应记载的内容有欠缺；票据债务人无行为能力；无权代理或超越代理权进行票据行为；票据上有禁止记载的事项（如付款附有条件，记载到期日不合法）；背书不连续；持票人的票据权利有瑕疵（如因欺诈、偷盗、胁迫、恶意、重大过失取得票据）等。②依票据记载不能提出请求而为的抗辩，如票据未到期、付款地不符等。③票据载明的权利已消灭或已失效而为的抗辩，如票据债权因付款、抵销、提存、免除、除权判决、时效届满而消灭等。④票据权利的保全手续欠缺而为的抗辩，如应作成拒绝证书而未作等。⑤票据上有伪造、变造情形而为的抗辩。

（2）对人的抗辩，即基于票据义务人与特定票据权利人之间的一定关系发生的抗辩，抗辩只能对特定票据权利人主张，主要有：①在原因关系不存在、无效或消灭的情形下，票据债务人可对有直接原因关系的票据权利人进行抗辩；②票据债务人可对有直接债权债务关系且未履行约定的持票人进行抗辩；③持票人以欺诈、偷盗、胁迫等非法手段取得票据，或明知有此类情形仍恶意取得票据；④持票人明知票据债务人与出票人或与持票人前手之间存在抗辩事由而取得票据；⑤持票人因重大过失取得票据。

若存在上述情形，票据纠纷案件的当事人可以提供担保、申请法院采取保全或执行措施。

2. 票据抗辩的补救

票据抗辩的补救即票据抗辩权的限制，指依照《票据法》对票据债务人不得对特定票据权利人行使抗辩权。《票据法》第十三条规定，票据债务人不得以自己与出票人或者与持票人的前手之间的抗辩事由，对抗持票人。但是，持票人明知存在抗辩事由而取得票据的除外。

票据抗辩限制主要指对人抗辩的限制，有以下两种情形。

（1）对出票人抗辩的切断。票据债务人不得以自己与出票人之间的抗辩事由对抗持票人。

（2）对持票人前手抗辩的切断。票据债务人不得以自己与持票人前手（任何前手）之间的抗辩事由对抗持票人。

持票人在取得票据时，明知票据债务人与出票人或自己前手之间存在抗辩事由，则不受抗辩切断的保护。

二、汇票、本票与支票

（一）汇票

1. 汇票的概念

《票据法》规定，汇票是出票人签发的，委托付款人在见票时或者在指定日期无条件支付确定的金额给收款人或者持票人的票据。

在汇票法律关系中享有票据权利和承担票据责任者，称为汇票当事人。汇票的基本当事人是指基于最初的汇票行为而明确的当事人，包括出票人、收款人和（受托）付款人，其名称或商号均记载于汇票的正面。汇票的非基本当事人包括被背书人和保证人。

我国现行的汇票均由商业银行总行统一印制，票面上印有"银行汇票""银行承兑汇票""商业承兑汇票"的字样。

2. 汇票的种类

（1）即期汇票和远期汇票。即期汇票是指以持票人提示日为到期日，持票人持票到银行或其他委托付款人的营业点，后者见票必须付款的一种汇票。即期汇票权利人可以随时行使自己的票据权利，在此之前无须提前通知付款人准备履行义务。远期汇票是指约定一定的到期日付款的汇票，可分为定日付款汇票、出票后定期付款汇票、见票后定期付款汇票三种形式。

（2）记名汇票与无记名汇票。记名汇票是指在票据上记载收款人的姓名或商号的汇票。无记名汇票是指在票据上不记载收款人的姓名，凡持票人都可以享有票据权利，直接向付款人请求承兑和付款的汇票。

（3）银行汇票与商业汇票。银行汇票是指汇款人将确定的款项交存所选定的银行，由银行签发给汇款人持往异地办理转账结算或提取现金的票据。商业汇票是由出票人签发的，委托付款人在指定日期无条件支付确定的金额给收款人或者持票人的票据。商业汇票按承兑人的不同，分为商业承兑汇票和银行承兑汇票。

3. 汇票的票据行为

（1）汇票出票。汇票出票是指出票人签发汇票并将其交付于收款人的票据行为。

汇票出票包括两个方面的内容：其一，出票人以法定格式签发汇票；其二，出票人将作成的汇票交付于收款人。可见，出票不能脱离制作和交付行为。

根据出票时汇票上的记载事项对出票行为效力的影响，可以将其分为绝对必要记载事项、相对必要记载事项和任意记载事项，此外还有禁止记载事项。绝对必要记载事项，是《票据法》规定票据上必须记载，否则就不能使票据生效的事项，包括表明"汇票"的字样、无条件支付的委托、确定的金额、付款人名称、收款人名称、出票日期、出票人签章。相对必要记载事项，是指《票据法》规定应当记载，但如果不记载时，法律另行拟制，推定效果，不致票据无效的事项。例如，《票据法》规定，未记载付款日期的汇票，付款日期为见票即付。汇票上未记载付款地的，付款人的营业场所、住所或者经常居住地为付款地。汇票上未记载出票地的，出票人的营业场所、住所或者经常居住地为出票地。任意记载事项是指《票据法》允许当事人按其意思记载或者不记载，但一经记载亦发生票据效力的事项。禁止记载事项，是指《票据法》禁止记载于票据上，如果记载了也不发生票据效力或者使票据无效的事项。

（2）背书。背书是指在票据背面或者粘单上记载有关事项并签章的票据行为。

《票据法》规定，持票人可以将汇票权利转让给他人或者将一定的汇票权利授予他人行使，此种行为应当背书并交付汇票。被背书人可以以背书的连续证明自己是合法的票据持有人，从而享有完整的票据权利。背书附有条件的，所附条件不具有汇票效力，背书有效。转让汇票金额的一部分的背书或将汇票金额分别转让给数人的背书无效。

背书记载"委托收款"字样的，被背书人有权代背书人行使被委托的汇票权利。汇票可以设定质押，质押时应当以背书记载"质押"字样。被背书人依法实现其质权时，可以行使汇票权利。

（3）承兑。承兑是指汇票付款人承诺在汇票到期日支付汇票金额的票据行为。《票据法》规定的三种票据中只有商业汇票才有承兑制度，承兑后，承兑人就成为该汇票的主债务人。

付款人承兑汇票，不得附有条件，附有条件的，视为拒绝承兑。

定日付款或者出票后定期付款的汇票，持票人应当在汇票到期日前向付款人提示承兑。

见票后定期付款的汇票，持票人应当自出票日起1个月内向付款人提示承兑。汇票未按照规定期限提示承兑的，持票人丧失对其前手的追索权。

（4）保证。汇票保证是指汇票除主债务人及连带债务人以外的第三人以承担无条件付款为目的，在汇票上签章及记载必要事项的票据行为。保证不得附有条件，附有条件的，不影响对汇票的保证责任。

保证人在汇票上签章即构成保证责任，保证人应当与被保证人对持票人承担连带责任。

汇票到期后，被保证人为主债务人的不能付款时，持票人有权向保证人请求付款，保证人应当无条件付款；当汇票被付款人拒付，持票人向连带债务人追索，为被追索的连带债务人担保的保证人承担连带无条件付款责任。保证人清偿汇票债务后，代替被追索的债务人取得汇票权利，可以行使持票人对被保证人及其前手的追索权。

（5）付款。《票据法》第五十三条规定，持票人应当按照下列期限提示付款：①见票即付的汇票，自出票日起1个月内向付款人提示付款；②定日付款、出票后定期付款或者见票后定期付款的汇票，自到期日起10日内向承兑人提示付款。

4. 汇票的追索权

（1）汇票追索的原因。汇票追索的原因主要包括拒绝付款或附加条件、汇票被拒绝承兑，承兑人或付款人死亡、逃匿，承兑人或付款人被依法宣告破产或因违法被责令终止业务活动。

（2）追索权的行使。追索权的行使是持票人承兑汇票或请求付款受到拒绝时，以及具有其他不能行使请求付款权的情形时，在行使追索权前，将不能行使请求付款权的事实书面告诉其前手及所有汇票债务人的一种票据行为，其内容应当记明汇票的主要记载事项，并说明该汇票已经不能得到付款的情况。持票人行使追索权时，应当提供被拒绝承兑或者被拒绝付款的有关证明。

（3）追索对象。《票据法》第六十八条第一款规定："汇票的出票人、背书人、承兑人和保证人对持票人承担连带责任。"上述人员对持票人受到拒绝承兑或拒绝付款承担无条件给付汇票全部金额的责任，持票人可以按《票据法》第六十八条第二款、第三款的规定，自由选择对自己有利的追索对象。

（4）再追索。再追索是指当被追索人清偿债务时，应收取持票人提示的汇票原件和有关拒绝证明，并让持票人出具已收到利息和费用的收据。被追索者清偿债务后，与持票人享有同一（追索）权利，如果其还有前手，依法再向前手债务人行使追索权。依此顺序，直至该汇票的债权债务关系因履行或其他法定原因而消灭。但是，持票人为出票人的，对其前手无追索权；持票人为背书人的，对其后手无追索权。

再追索的内容包括已清偿的全部金额，该金额自清偿日起至再追索清偿日止，按照中国人民银行规定的同期贷款利率计算的利息和发出通知书的费用，以及其他必要的费用。

【例7-13】根据《票据法》的有关规定，下列有关汇票的表述正确的是（   ）。
A. 汇票金额中文大写与阿拉伯数码记载不一致的，以中文大写金额为准
B. 汇票保证中，被保证人的名称属于绝对应记载事项
C. 见票即付的汇票，无须提示承兑
D. 汇票承兑后，承兑人如果没有出票人的资金，则可对抗持票人
【解析】根据《票据法》的规定，正确答案为C。

（二）本票

1. 本票的概念和特点

本票是出票人签发的，承诺自己在见票时无条件支付确定金额给收款人或持票人的票据。本票具有以下两大特点。

（1）本票是自付证券，只有两个当事人：出票人和收款人或持票人。

（2）本票无须承兑。

实践中，我国的本票限于见票即付，不承认远期本票；限于银行本票，不承认商业本票；限于记名本票，不承认无记名本票。

2. 本票的法律适用

本票与汇票同为票据，有很多相同之处。因此，各国的票据法律均是详细规定汇票的各项制

度，对本票通常只设特别规定，其他规则准用汇票的规定。

《票据法》规定，本票的出票行为、背书、保证、付款行为和追索权的行使，除适用本票的相关规定外，适用有关汇票的规定。

关于本票，《票据法》明确规定了以下主要事项。

（1）出票人资格。本票的出票人必须具有支付本票金额的可靠资金来源，并保证支付。

（2）本票的绝对应记载事项。本票必须记载下列事项：表明"本票"的字样；无条件支付的承诺；确定的金额；收款人名称；出票日期；出票人签章。本票上未记载前述规定事项之一的，本票无效。

（3）本票的相对应记载事项。本票上记载付款地、出票地等事项的，应当清楚、明确。本票上未记载付款地的，出票人的营业场所为付款地。本票上未记载出票地的，出票人的营业场所为出票地。

（4）见票的效力。本票的出票人在持票人提示见票时，必须承担付款的责任。

（5）付款期限。本票自出票日起，付款期限最长不得超过 2 个月。

（6）逾期提示见票的法律后果。本票的持票人未按照规定期限提示见票的，丧失对出票人以外的前手的追索权。

（三）支票

1. 支票的概念与特点

支票是出票人签发的，委托办理支票存款业务的银行或其他金融机构在见票时无条件支付确定的金额给收款人或持票人的票据。作为见票即付、无须保证、无须承兑或见票的票据，支票与汇票、本票相比较，具有下列特点。

（1）付款人资格有限制。支票的付款人，限于出票人开立存款账户的银行和其他金融机构。

（2）支票的出票人与付款人之间须有资金关系。汇票的出票人与付款人之间，不必先有资金关系。本票是出票人付款，无资金关系。

（3）支票的出票人与付款人之间先有支付委托合同。只有在银行开户，与开户行订有支付委托合同的存款人，才能从开户行或信用社买得空白支票凭证，在使用支票时签发。

（4）支票可为空白授权出票。依《票据法》第八十五条、第八十六条规定，支票出票时，金额、收款人名称，均可空白，由出票人授权持票人补记。汇票和本票则不得签发空白票据。

（5）支票有无记名式。《票据法》不允许汇票和本票用无记名式，却认可支票为无记名。在《统一汇票本票法公约》和《统一支票法公约》中，亦如此规定。

（6）支票有划线制度。在《统一支票法公约》中，有划线支票的规定，划线支票的收款人仅限于银行或付款人的客户，安全性较高。汇票和本票均不得划线。

（7）支票信用功能弱，支付功能强。支票为见票即付票据，提示付款的期限极短。按照《票据法》第九十一条的规定，除异地使用的支票由中国人民银行另定外，同城使用的支票，提示付款的期限为自出票日起 10 日内。由于付款提示期限短，出票人自收款人处得到信用的时间就很短，支票的信用功能就很弱。

（8）支票仅限一份，不得有复本和誊本。外国票据法律规定，汇票可有复本与誊本，本票可有誊本，支票却仅限一份，不准使用复本和誊本。我国《票据法》未认可复本与誊本制度，支票也仅有一式一份。支票有存根，存根只供出票人留存备查和记账使用，不是支票的复本或誊本。

2. 支票的法律适用

《票据法》规定，支票的出票行为、背书、付款行为和追索权的行使，除适用支票的相关规定外，适用有关汇票的规定。

关于支票，《票据法》明确规定了以下主要事项。

（1）支票存款账户的开立。开立支票存款账户，申请人必须使用其本名，并提交证明其身份的合法证件。开立支票存款账户和领用支票，应当有可靠的资信，并存入一定的资金。开立支票存款账户，申请人应当预留其本名的签名式样和印鉴。

（2）支票的绝对应记载事项。支票必须记载下列事项：表明"支票"的字样；无条件支付的委托；确定的金额；付款人名称；出票日期；出票人签章。支票上未记载前述规定事项之一的，支票无效。

（3）支票资金关系与空头支票的禁止。支票的出票人所签发的支票金额不得超过其付款时在付款人处实有的存款金额。出票人签发的支票金额超过其付款时在付款人处实有的存款金额的，为空头支票。禁止签发空头支票。

（4）支票出票的效力。出票人必须按照签发的支票金额承担保证向该持票人付款的责任。出票人在付款人处的存款足以支付支票金额时，付款人应当在当日足额付款。

（5）支票的付款日期。支票限于见票即付，不得另行记载付款日期。另行记载付款日期的，该记载无效。

（6）支票的提示付款期限。支票的持票人应当自出票日起 10 日内提示付款；异地使用的支票，其提示付款的期限由中国人民银行另行规定。超过提示付款期限的，付款人可以不予付款；付款人不予付款的，出票人仍应当对持票人承担票据责任。

（7）支票付款的效力。付款人依法支付支票金额的，对出票人不再承担受委托付款的责任，对持票人不再承担付款的责任。但是，付款人以恶意或者有重大过失付款的除外。

智慧助学　　同步测试

思考与探索

1. 如何理解商业银行的业务范围？
2. 股票交易有哪些限制性规定？
3.《证券法》规定的禁止交易行为有哪些？
4. 如何理解保险合同应遵循的基本原则？
5. 导致保险合同终止的原因有哪些？
6. 如何理解票据抗辩？

法务实训

案例一：刘某为甲公司的董事。甲公司与乙公司签订一购销合同，甲公司在预先支付了数额巨大的货款后得知，乙公司已经严重亏损，资不抵债，没有任何履约能力，且甲公司的预付款已被当地银行划走抵充银行欠款。刘某得知这一消息，认为此次公司损失巨大，必定会影响本公司股票价格。他首先将自己手中的本公司股票抛售，还建议好友王某等人也抛售该股票。半月后，甲公司和乙公司购销合同事宜通过媒体向社会公布，消息一出，甲公司股价跌落 50%。

请问：

1. 刘某的行为是什么违法行为？

2. 我国法律规定的该违法行为的主体包括哪些？

3. 依据《证券法》，应对刘某如何处理？

案例二：某厂王某于 2012 年 6 月 22 日为贺某投保（贺某与王某为婆媳关系）。经贺某同意后购买 10 年期简易人身保险 15 份，指定受益人为贺某之孙、王某之子 A，时年 3 岁。保险费按月从王某的工资中扣交。交费一年零八个月后，王某与被保险人之子 B 离婚，法院判决 A 随 B 共同生活。离婚后王某仍自愿按月从自己工资中扣缴这笔保险费，从未间断。2015 年 2 月 20 日，被保险人贺某病故，4 月王某向保险公司申请给付保险金。与此同时，B 提出被保险人是其母亲，指定受益人 A 又随自己生活，应由他作为监护人领取这笔保险金。

王某则认为投保人是她，交费人也是她，而且她是受益人 A 的母亲，也是 A 的合法监护人，这笔保险金由她领取。保险公司则以王某因离婚而对贺某无保险利益为由拒绝给付保险金。

请问：

1. 王某要求给付保险金的请求是否合理？为什么？

2. B 要求给付保险金的请求是否合理？为什么？

3. 保险公司拒付理由是否成立？为什么？

4. 本案应当如何处理？为什么？

案例三：2021 年 1 月 15 日，M 公司和 B 公司签订买卖合同，合同约定：M 公司向 B 公司开出 30 万元的银行承兑汇票作为预付款，其余货款待货物交付验收后结算；票据不得转让；承兑银行为 A 银行；到期日为 2021 年 4 月 1 日。2021 年 1 月 20 日，M 公司开出汇票，A 银行作了承兑。同年 2 月 1 日，C 公司向 B 公司催要欠款，B 公司将该汇票背书转让给 C 公司，C 公司随后将汇票向 F 银行贴现。随后 M 公司发现 B 公司产品存在质量问题而拒绝提货，至 2021 年 3 月 29 日双方协商未果，M 公司行使单方解除权解除合同，并通知 A 银行不得支付该汇票金额。2021 年 4 月 1 日汇票到期，F 银行向 A 银行提示付款，A 银行以 M 公司通知银行止付为由拒绝支付。

请问：

1. B 公司背书转让汇票给 C 公司的行为是否有效？为什么？

2. A 银行的拒付理由是否成立？A 银行是否存在抗辩事由？

3. 在 A 银行拒付的情况下，F 银行应如何根据《票据法》的规定维护自己的利益？

第八章
会计法律制度

引例

某国有公司总经理李某，在 2021 年通过篡改会计凭证、隐匿销售事项等活动偷逃税款，被该单位会计张某发现，张某将李某的行为向税务机关进行报告。为此，李某对张某怀恨在心。此后，在没有任何理由的情况下，李某将张某调离会计岗位，让其从事仓库保管工作。随后，李某又借口张某年龄较大，不能胜任仓库保管工作，强行解聘了张某。

目标与方法　　课前测试

【提问】请你谈谈对本案的认识。

【点评】在会计活动过程中，各会计单位应依法设置会计账簿、依法办理各项会计事务，确保会计信息的真实性，否则应承担相应的法律责任。李某的行为违反了《中华人民共和国会计法》（以下简称《会计法》）的规定，应当承担相应的法律责任。

素养拓展

依法保障会计信息的真实、可靠，关乎市场经济的发展。企业经营管理人员应秉持法治理念、恪守合规经营底线，强化会计核算和会计监督，控制法律风险。

第一节　会计核算与会计监督

一、会计核算的法律规定

（一）会计核算的内容

会计的基本职能是会计核算和会计监督。会计核算的内容，包括实行独立核算的单位在其生产经营或者执行业务过程中所发生的一切可以利用货币计价反映的经济活动。《会计法》规定，下列经济业务事项，应当办理会计手续，进行会计核算：①款项和有价证券的收付；②财物的收发、增减和使用；③债权债务的发生和结算；④资本、基金的增减；⑤收入、支出、费用、成本的计算；⑥财务成果的计算和处理；⑦需要办理会计手续、进行会计核算的其他事项。

（二）会计年度及记账本位币

我国会计年度采用公历制，自公历 1 月 1 日起至 12 月 31 日止。记账本位币为人民币。业务收支以人民币以外的货币为主的单位，可以选定其中一种货币作为记账本位币，但是编报的财务会计报告应当折算为人民币。

（三）会计核算的方法、程序和要求

1. 会计核算的方法

会计机构、会计人员依照法律规定进行会计核算，实行会计监督。各单位必须根据实际发生的经济业务事项进行会计核算，填制会计凭证，登记会计账簿，编制财务会计报告。任何单位不得以虚假的经济业务事项或者资料进行会计核算。

2. 会计核算的程序

会计核算的基本程序如下。①凡符合应当办理会计手续、进行会计核算的事项，必须填制或者取得原始凭证，并及时送交会计机构。会计机构必须对原始凭证进行审核，并根据审核过的原始凭证编制记账凭证。②会计机构根据经过审核的原始凭证和记账凭证，按照会计制度关于记账规则的规定记账。③各单位应当建立财产清查制度，保证账簿记录与实物、款项相符。④各单位按照国家统一的会计制度的规定，根据账簿记录编制财务会计报告，报送财政部门和有关部门。财务会计报告必须及时、准确。各单位应当按照国家规定，按季、按月编制和报送财务会计报告。⑤财务会计报告由单位领导人和主管会计工作的负责人、会计机构负责人（会计主管人员）签名并盖章，设置总会计师的单位，还必须由总会计师签名并盖章。

3. 会计核算的要求

（1）对会计凭证的要求。会计凭证包括原始凭证和记账凭证。会计凭证、会计账簿、财务会计报告和其他会计资料，必须符合国家统一的会计制度的规定。使用电子计算机进行会计核算的，其软件及其生成的会计凭证、会计账簿、财务会计报告和其他会计资料，也必须符合国家统一的会计制度的规定。任何单位和个人不得伪造、变造会计凭证、会计账簿及其他会计资料，不得提供虚假的财务会计报告。会计机构、会计人员必须按照国家统一的会计制度的规定对原始凭证进行审核，对不真实、不合法的原始凭证有权不予接受，并向单位负责人报告；对记载不准确、不完整的原始凭证予以退回，并要求按照有关国家统一的会计制度的规定更正、补充。原始凭证记载的各项内容均不得涂改；原始凭证有错误的，应当由出具单位重开或者更正，更正处应当加盖出具单位印章。原始凭证金额有错误的，应当由出具单位重开，不得在原始凭证上更正。记账凭证应当根据经过审核的原始凭证及有关资料编制。

【例8-1】某公司从外地购买了一批原材料，收到发票后，在与实际支付款项进行核对时发现发票金额错误。经办人员因急于休假、交接工作，又一时找不到销售方有关人员了解情况，所以自行在原始凭证上进行更改，写明情况并加盖自己的印章，拟作为原始凭证据此入账。

请问：上述做法是否合规？

【解析】公司经办人员自行更改原始凭证金额的做法不符合规定。原始凭证金额有错误的，应当由出具单位重开，不得在原始凭证上更正。

（2）对会计登记账簿的要求。会计账簿登记，必须以经过审核的会计凭证为依据，并符合有关法律、行政法规和国家统一的会计制度的规定。会计账簿应当按照连续编号的页码顺序登记。会计账簿记录发生错误或者隔页、缺号、跳行的，应当按照国家统一的会计制度规定的方法更正，并由会计人员和会计机构负责人（会计主管人员）在更正处盖章。使用电子计算机进行会计核算的，其会计账簿的登记、更正，应当符合国家统一的会计制度的规定。各单位发生的各项经济业务事项应当在依法设置的会计账簿上统一登记、核算，不得违反《会计法》和国家统一的会计制度的规定私设会计账簿登记、核算。各单位应当定期将会计账簿记录与实物、款项及有关资料相互核对，保证会计账簿记录与实物及款项的实有数额相符、会计账簿记录与会计凭证的有关内容相符、会计账簿之间相对应的记录相符、会计账簿记录与会计报表的有关内容相符。各单位采用

的会计处理方法，前后各期应当一致，不得随意变更；确有必要变更的，应当按照国家统一的会计制度的规定变更，并将变更的原因、情况及影响在财务会计报告中说明。

（3）对财务会计报告的要求。财务会计报告应当根据经过审核的会计账簿记录和有关资料编制，并符合《会计法》和国家统一的会计制度关于财务会计报告的编制要求、提供对象和提供期限的规定；其他法律、行政法规另有规定的，从其规定。财务会计报告由会计报表、会计报表附注和财务情况说明书组成。向不同的会计资料使用者提供的财务会计报告，其编制依据应当一致。有关法律、行政法规规定会计报表、会计报表附注和财务情况说明书须经注册会计师审计的，注册会计师及其所在的会计师事务所出具的审计报告应当随同财务会计报告一并提供。财务会计报告应当由单位负责人和主管会计工作的负责人、会计机构负责人（会计主管人员）签名并盖章；设置总会计师的单位，还须由总会计师签名并盖章。单位负责人应当保证财务会计报告真实、完整。

（4）对会计记录的文字和会计档案的要求。会计记录的文字应当使用中文。在民族自治地方，会计记录可以同时使用当地通用的一种民族文字。在中华人民共和国境内的外商投资企业、外国企业和其他外国组织的会计记录可以同时使用一种外国文字。各单位对会计凭证、会计账簿、财务会计报告和其他会计资料应当建立档案，妥善保管。

（四）公司、企业会计核算的特别规定

1. 公司、企业会计核算必须遵循的基本行为准则

公司、企业必须根据实际发生的经济业务事项，按照国家统一的会计制度的规定确认、计量和记录资产、负债、所有者权益、收入、费用、成本和利润。

2. 公司、企业会计核算不得实施的行为

公司、企业进行会计核算不得有下列行为：①随意改变资产、负债、所有者权益的确认标准或者计量方法，虚列、多列、不列或者少列资产、负债、所有者权益；②虚列或者隐瞒收入，推迟或者提前确认收入；③随意改变费用、成本的确认标准或者计量方法，虚列、多列、不列或者少列费用、成本；④随意调整利润的计算、分配方法，编造虚假利润或者隐瞒利润；⑤违反国家统一的会计制度规定的其他行为。

二、会计监督

（一）单位内部的会计监督

各单位应当建立、健全本单位内部会计监督制度。单位内部会计监督制度应当符合下列要求：①记账人员与经济业务事项和会计事项的审批人员、经办人员、财物保管人员的职责权限应当明确，并相互分离、相互制约；②重大对外投资、资产处置、资金调度和其他重要经济业务事项的决策和执行的相互监督、相互制约程序应当明确；③财产清查的范围、期限和组织程序应当明确；④对会计资料定期进行内部审计的办法和程序应当明确。

单位负责人应当保证会计机构、会计人员依法履行职责，不得授意、指使、强令会计机构和会计人员违法办理会计事项。

会计机构、会计人员在会计监督方面的职权主要是：发现会计账簿记录与实物、款项及有关资料不相符的，按照国家统一的会计制度的规定有权自行处理的，应当及时处理；无权处理的，应当立即向单位负责人报告，请求查明原因，作出处理。具体的监督职权包括以下内容。

（1）对原始凭证进行审核和监督。对不真实、不合法的原始凭证，不予受理；对弄虚作假、

严重违法的原始凭证，在不予受理的同时，应当予以扣留，并及时向单位领导人报告，请求查明原因，追究当事人的责任；对记载不准确、不完整的原始凭证予以退回，要求经办人员更正、补充。

（2）对伪造、变造、故意毁灭会计账簿或者账外设账行为，应当制止和纠正；制止和纠正无效的，应当向上级主管单位报告，请求作出处理。

（3）对实物、款项进行监督，督促建立并严格执行财产清查制度。发现账簿记录与实物、款项不符时，应当按照国家有关规定进行处理。超出会计机构、会计人员职权范围的，应当立即向本单位领导报告，请求查明原因，作出处理。

（4）对指使、强令编造、篡改财务会计报告的行为，应当制止和纠正；制止和纠正无效的，应当向上级主管单位报告，请求处理。

（5）对财务收支进行监督。对审批手续不全的财务收支，应当退回，要求其补充、更正；对违反规定不纳入单位统一会计核算的财务收支，应当制止和纠正；对违反国家统一的财政、财务、会计制度规定的财务收支，不予办理；对认为是违反国家规定的财务收支，应当制止和纠正；制止和纠正无效的，应当向单位领导人提出书面意见请求处理。单位领导人应当在接到书面意见起10日内作出书面决定，并对决定承担责任；对违反国家规定的财务收支，不予制止和纠正，又不向单位领导人提出书面意见的，也应当承担责任；对严重违反国家利益和社会公众利益的财务收支，应当向主管单位或者财政、审计、税务机关报告。

（6）对违反单位内部会计管理制度的经济活动，应当制止和纠正；制止和纠正无效的，向单位领导人报告，请求处理。

（7）对单位制订的预算、财务计划、经济计划、业务计划的执行情况进行监督。

（8）各单位必须依照有关法律、行政法规的规定，接受财政、审计、税务等机关的监督，如实提供会计凭证、会计账簿、财务会计报告和其他会计资料以及有关情况，不得拒绝、隐匿和谎报。

（9）按照法律规定应当委托注册会计师进行审计的单位，应当委托注册会计师进行审计，并配合注册会计师的工作，如实提供会计凭证、会计账簿、会计报表和其他会计资料以及有关情况。不得拒绝、隐匿和谎报，不得示意注册会计师出具不当的审计报告。

（二）国家监督

根据《会计法》及相关规定，财政部门对各单位的会计工作实施监督主要包括以下几个方面。

（1）监督各单位是否依法设置会计账簿。各单位应当按照国家统一的会计制度的规定和会计业务的需要设置会计账簿。会计账簿包括总账、明细账、日记账和其他辅助性账簿。现金日记账和银行存款日记账必须采用订本式账簿，不得用银行对账单或者其他方法代替日记账。实行会计电算化的单位，用计算机打印的会计账簿必须连续编号，经审核无误后装订成册，并由记账人员和会计机构负责人、会计主管人员签字或者盖章。启用会计账簿时，应当在账簿封面上写明单位名称和账簿名称。在账簿扉页上应当附启用表，内容包括：启用日期、账簿页数、记账人员和会计机构负责人（会计主管人员）姓名，并加盖名章和单位公章。记账人员或者会计机构负责人（会计主管人员）调动工作时，应当注明交接日期、接办人员或者监交人员姓名，并由交接双方人员签名或者盖章。启用订本式账簿，应当从第一页到最后一页顺序编写页数，不得跳页、缺号。使用活页式账页，应当按账户顺序编号，并须定期装订成册。装订后再按实际使用的账页顺序编写页码，并另加目录，记明每个账户的名称和页次。

财政部门依法对各单位设置会计账簿实施监督检查的内容包括：应当设置会计账簿的是否按

规定设置会计账簿；是否存在账外账行为；是否存在伪造、变造会计账簿的行为；设置会计账簿是否存在其他违反法律、行政法规和国家统一的会计制度的行为。

（2）监督各单位的会计凭证、会计账簿、财务会计报告和其他会计资料是否真实、完整。各单位必须依法保证其会计凭证、会计账簿、财务会计报告和其他会计资料真实、完整。在监督时发现重大违法嫌疑，国务院财政部门及其派出机构可以向与被监督单位有经济业务往来的单位和被监督单位开立账户的金融机构查询有关情况，有关单位和金融机构应当给予支持。

财政部门依法对各单位会计凭证、会计账簿、财务会计报告和其他会计资料的真实性、完整性实施监督检查的内容包括：《会计法》第十条规定的应当办理会计手续、进行会计核算的经济业务事项是否如实在会计资料上反映；填制的会计凭证、登记的会计账簿、编制的财务会计报告与实际发生的经济业务事项是否相符；财务会计报告的内容是否符合有关法律、行政法规和国家统一的会计制度的规定；其他会计资料是否真实、完整。

（3）监督各单位的会计核算是否符合《会计法》和国家统一的会计制度的规定。会计核算是全部会计工作的核心，各单位的会计核算必须符合《会计法》和国家统一的会计制度的规定。各单位必须根据实际发生的经济业务事项进行会计核算，填制会计凭证，登记会计账簿，编制财务会计报告。任何单位不得以虚假的经济业务事项或者资料进行会计核算。

各单位办理《会计法》规定的事项，必须填制或者取得原始凭证，并及时送交会计机构。会计机构必须对原始凭证进行审核，并根据经过审核的原始凭证编制记账凭证。原始凭证是指证明经济业务已经发生，并用作记账的原始依据，是用来明确经济责任的一种凭证。原始凭证按其来源的不同，可分为外来原始凭证和自制原始凭证两种。前者是指经济业务发生时从外单位取得的原始凭证，如购货时取得的发票、付款时取得的收据等；后者则是指由本单位经办人员填制的原始凭证，如入库单、领料单等。原始凭证是会计核算工作的基本依据，取得原始凭证并及时送交会计机构，是保证会计核算工作正常运行的前提条件。对原始凭证进行审核，主要包括以下内容。

① 审核凭证所记载的经济业务是否真实、可靠，判断是否正常，涉及业务发生的日期、季节，经办负责人员，数量和单价，业务的程序和手续等是否符合要求。

② 合法性、合规性、合理性审核，主要审核经济业务的内容是否符合有关政策、法令、制度、计划、预算和合同等的规定，是否符合审批权限和手续，以及是否符合节约原则等。

③ 完整性审核，主要审核原始凭证的手续是否完备，应填项目是否填写齐全，有关经办人员是否都已签名或盖章，主管人员是否审批同意等。

④ 正确性审核，主要审核原始凭证的摘要和数字是否填写清楚、正确，数量、单价、金额的计算有无差错，大写与小写金额是否相符等。

会计机构在对原始凭证审核之后，应根据审核无误的原始凭证编制记账凭证。记账凭证是一种用来确定经济业务性质和分类——会计分录的凭证，主要包括收款凭证、付款凭证和转账凭证三种类型。记账凭证必须附有原始凭证，以供备查。

各单位按照国家统一的会计制度的规定，根据账簿记录编制会计报表，报送财政部门和有关部门。会计报表由单位负责人和主管会计工作的负责人、会计机构负责人（会计主管人员）签名并盖章，设置总会计师的单位并由总会计师签名并盖章。会计报表是根据会计账簿的日常核算资料，按照规定的报表格式，总括反映一定期间的经济活动和财务收支情况及其结果的一种报告文件。

《会计法》中所指的会计报表主要是单位对外提供的会计报表，一些单位根据管理需要编制的仅供内部管理使用的会计报表不在此限。对会计报表中诸项数据的基本要求是合法、真实、准确、完整。单位负责人、会计机构负责人（会计主管人员）及总会计师在会计报表上签名并盖章后，应对会计报表中数据的合法性、真实性、准确性、完整性承担相应的责任。

财政部门依法对各单位会计核算实施监督检查的内容主要包括：采用会计年度、使用记账本位币和会计记录文字是否符合法律、行政法规和国家统一的会计制度的规定；填制或者取得原始凭证、编制记账凭证、登记会计账簿是否符合法律、行政法规和国家统一的会计制度的规定；财务会计报告的编制程序、报送对象和报送期限是否符合法律、行政法规和国家统一的会计制度的规定；会计处理方法的采用和变更是否符合法律、行政法规和国家统一的会计制度的规定；使用的会计软件及其生成的会计核算资料是否符合法律、行政法规和国家统一的会计制度的规定；是否按照法律、行政法规和国家统一的会计制度的规定建立并实施内部会计监督制度；会计核算是否有其他违法会计行为。

（4）监督各单位是否依法管理会计档案。会计凭证、会计账簿、会计报表和其他会计资料，应当按照国家有关规定建立档案，妥善保管。会计档案是指会计凭证、会计账簿和会计报表等会计核算资料，它是记录与反映经济业务的重要史料和证据。各单位必须严格按照要求管理会计档案。财政部门依法对各单位会计档案的建立、保管与销毁是否符合法律、行政法规和国家统一的会计制度的规定实施监督检查。

（5）从事会计工作的人员是否具备专业能力、遵守职业道德。根据《会计法》的规定，会计人员应当具备从事会计工作所需要的专业能力。担任单位会计机构负责人（会计主管人员）的，应当具备会计师以上专业技术职务资格或者从事会计工作 3 年以上经历。

财政、审计、税务、人民银行、证券监管、保险监管等部门应当依照有关法律、行政法规规定的职责，对有关单位的会计资料实施监督检查。

（三）社会监督

有关法律、行政法规规定，须经注册会计师进行审计的单位，应当向受委托的会计师事务所如实提供会计凭证、会计账簿、财务会计报告和其他会计资料以及有关情况。任何单位或者个人不得以任何方式要求或者示意注册会计师及其所在的会计师事务所出具不实或者不当的审计报告。财政部门有权对会计师事务所出具审计报告的程序和内容进行监督。

第二节　会计机构和会计人员

一、会计机构

（一）会计机构和会计人员的设置

各单位应当根据会计业务的需要配备会计人员，并确保其具备从事会计工作所需要的专业能力；设置会计机构，或者在有关机构中设置会计人员并指定会计主管人员。设置会计机构，应当配备会计机构负责人；在有关机构中配备专职会计人员，应当在专职会计人员中指定会计主管人员。会计机构负责人（会计主管人员）应当具备下列五项基本条件：①坚持原则，廉洁奉公；②具备会计师以上专业技术职务资格或者从事会计工作 3 年以上经历；③熟悉国家财经法律、法规、规章和方针、政策，掌握本行业业务管理的有关知识；④有较强的组织能力；⑤身体状况能够适应本职工作的要求。

没有设置会计机构和配备会计人员的单位，应当根据《代理记账管理办法》委托会计师事务所或者持有代理记账许可证书的其他代理记账机构进行代理记账。

国有的和国有资产占控股地位或者主导地位的大、中型企业必须设置总会计师。国务院颁布的《总会计师条例》规定，总会计师由具有会计师以上专业技术资格的人员担任。总会计师是单位行政领导成员，协助单位主要行政领导人工作，直接对单位主要行政领导人负责。总会计师组织领导本单位的财务管理、成本管理、预算管理、会计核算和会计监督等方面的工作，参与本单位重要经济问题的分析和决策。总会计师具体组织本单位执行国家有关财经法律、法规、方针、政策和制度，保护国家财产。

总会计师负责对本单位财会机构的设置和会计人员的配备、会计专业职务的设置和人员的聘任提出方案，组织会计人员的业务培训和考核，支持会计人员依法行使职权。

【例8-2】振兴公司是一家国有大型企业。2021年5月，公司召开董事会，董事长兼总经理胡某说："财务会计报告专业性很强，我也看不懂，以前我在财务会计报告上签字盖章，也只是履行程序而已，意义不大。从今以后公司对外报送的财务会计报告一律改由公司总会计师范某一人签字盖章后报出。"

请问：振兴公司董事长兼总经理胡某的观点是否合法？

【解析】胡某的观点不符合《会计法》的规定。董事长胡某作为企业法人代表，应当依法对本企业的会计工作和会计资料的真实性、完整性负责，也应当依法在本单位对外出具的财务会计报告上签名并盖章。

（二）会计机构内部应当建立稽核制度

会计机构内部稽核制度是会计机构自身对会计核算工作进行的一种自我检查、自我审核的制度，其主要内容包括：稽核工作的组织形式和具体分工，稽核工作的职责、权限，审核会计凭证和复核会计账簿、会计报表的方法。建立会计机构内部稽核制度的目的在于防止会计核算工作出现差错和有关人员舞弊，提升会计核算工作的质量。

根据《会计基础工作规范》的规定，各单位应当根据会计业务需要设置会计工作岗位。会计工作岗位，可以一人一岗、一人多岗或者一岗多人。但出纳人员不得兼管稽核、会计档案保管和收入、支出、费用、债权债务账目的登记工作。

二、会计人员

（一）会计人员的任职资格

会计人员应当具备从事会计工作所需的专业能力。担任单位会计机构负责人（会计主管人员）的，应当具备会计师以上专业技术职务资格或者从事会计工作3年以上经历。

因有提供虚假财务会计报告，做假账，隐匿或者故意销毁会计凭证、会计账簿、财务会计报告，贪污，挪用公款，职务侵占等与会计职务的有关违法行为而被依法追究刑事责任的人员，不得再从事会计工作。

会计人员有下列行为之一，情节严重，5年内不得从事会计工作：①不依法设置会计账簿的；②私设会计账簿的；③未按照规定填制、取得原始凭证或者填制、取得的原始凭证不符合规定的；④以未经审核的会计凭证为依据登记会计账簿或者登记会计账簿不符合规定的；⑤随意变更会计处理方法的；⑥向不同的会计资料使用者提供的财务会计报告编制依据不一致的；⑦未按照规定使用会计记录文字或者记账本位币的；⑧未按照规定保管会计资料，致

知识拓展

违反《会计法》应承担的法律责任

使会计资料毁损、灭失的；⑨未按照规定建立并实施单位内部会计监督制度或者拒绝依法实施监督或者不如实提供有关会计资料及有关情况的；⑩任用会计人员不符合《会计法》规定的。

会计人员有下列情形之一，5 年内不得从事会计工作：①伪造、变造会计凭证、会计账簿，编制虚假财务会计报告，尚未构成犯罪的；②隐匿或者故意销毁依法应当保存的会计凭证、会计账簿、财务会计报告，尚未构成犯罪的。

课堂讨论

请结合新时期会计工作的特点，谈谈会计人员在从事会计工作过程中的法律风险，以及如何有效应对这些风险。

（二）会计人员调动或离职时应当办理交接手续

会计人员调动工作或者离职，必须与接管人员办理交接手续。一般会计人员办理交接手续，由会计机构负责人（会计主管人员）监交；会计机构负责人（会计主管人员）办理交接手续，由单位负责人监交，必要时主管单位可以派人会同监交。会计人员工作调动或者因故离职，必须将本人所从事的会计工作全部移交给接替人员。没有办理交接手续的，不得调动或者离职。接替人员应当认真接管移交工作，并继续办理移交的未了事项。会计人员办理移交手续前，必须及时做好以下工作：①已经受理的经济业务尚未填制会计凭证的，应当填制完毕；②尚未登记的账目，应当登记完毕，并在最后一笔余额后加盖经办人员印章；③整理应该移交的各项资料，对未了事项写出书面材料；④编制移交清册，列明应当移交的会计凭证、会计账簿、会计报表、印章、现金、有价证券、支票簿、发票、文件、其他会计资料和物品等内容，实行会计电算化的单位，从事该项工作的移交人员还应当在移交清册中列明会计软件及密码、会计软件数据磁盘（磁带等）及有关资料、实物等内容。

移交人员在办理移交时，要按移交清册逐项移交，接替人员要逐项核对点收。①现金、有价证券要根据会计账簿有关记录进行点交。库存现金、有价证券必须与会计账簿记录保持一致。如不一致，移交人员必须限期查清。②会计凭证、会计账簿、会计报表和其他会计资料必须完整无缺。如有短缺，必须查清原因，并在移交清册中注明，由移交人员负责。③银行存款账户余额要与银行对账单核对，如不一致，应当编制银行存款余额调节表调节相符，各种财产物资和债权债务的明细账户余额要与总账有关账户余额核对相符；必要时，要抽查个别账户的余额，与实物核对相符，或者与往来单位、个人核对清楚。④移交人员经管的票据、印章和其他实物等，必须交接清楚；移交人员从事会计电算化工作的，要在实际操作状态下对有关电子数据进行交接。

会计人员临时离职或者因病不能工作且需要接替或者代理的，会计机构负责人（会计主管人员）或者单位负责人必须指定有关人员接替或者代理，并办理交接手续。临时离职或者因病不能工作的会计人员恢复工作的，应当与接替或者代理人员办理交接手续。移交人员因病或者其他特殊原因不能亲自办理移交的，经单位负责人批准，可由移交人员委托他人代办移交，但委托人应当承担相应的责任。单位撤销时，必须留有必要的会计人员，会同有关人员办理清理工作，编制决算。未移交前，不得离职。接收单位和移交日期由主管部门确定。单位合并、分立的，其会计工作交接手续比照上述有关规定办理。移交人员对所移交的会计凭证、会计账簿、会计报表和其他有关资料的合法性、真实性承担法律责任。

会计机构负责人（会计主管人员）移交时，还必须将全部财务会计工作、重大财务收支和会计人员的情况等，向接替人员详细介绍。对需要移交的遗留问题，应当写出书面材料。交接完毕后，交接双方和监交人员要在移交清册上签名或者盖章，并应在移交清册上注明：单位名称，交接日期，交接双方和监交人员的职务、姓名，移交清册页数以及需要说明的问题和意见等。移交清册一般应当填制一式三份，交接双方各执一份，存档一份。接替人员应当继续使用移交的会计账簿，不得自行另立新账，以保持会计记录的连续性。

（三）会计人员应遵守职业道德

会计人员在会计工作中应当遵守职业道德，树立良好的职业品质，保持严谨的工作作风，严守工作纪律，努力提高工作效率和提升工作质量。财政部门、业务主管部门和各单位应当定期检查会计人员遵守职业道德的情况，并作为会计人员晋升、晋级、聘任专业职务、表彰奖励的重要考核依据。

（四）会计人员的教育和培训

会计专业技术人员应当按照国家有关规定参加会计业务的教育和培训。具有会计专业技术资格的人员应当自取得会计专业技术资格的次年起开始参加继续教育，并在规定时间内取得规定学分。不具有会计专业技术资格但从事会计工作的人员应当自从事会计工作的次年起开始参加继续教育，并在规定时间内取得规定学分。会计专业技术人员可以自愿选择参加继续教育的形式。会计专业技术人员参加继续教育实行学分制管理，每年参加继续教育取得的学分不少于90学分。会计专业技术人员参加继续教育取得的学分，在全国范围内当年度有效，不得结转以后年度。

对会计专业技术人员参加继续教育情况实行登记管理。用人单位应当建立本单位会计专业技术人员继续教育与使用、晋升相衔接的激励机制，将参加继续教育情况作为会计专业技术人员考核评价、岗位聘用的重要依据。会计专业技术人员参加继续教育情况，应当作为聘任会计专业技术职务或者申报评定上一级资格的重要条件。

继续教育管理部门应当加强对会计专业技术人员参加继续教育情况的考核与评价，并将考核、评价结果作为参加会计专业技术资格考试或评审、先进会计工作者评选、高端会计人才选拔等的依据之一，并纳入其信用信息档案。对未按规定参加继续教育或者参加继续教育未取得规定学分的会计专业技术人员，继续教育管理部门应当责令其限期改正。

智慧助学　　　　同步练习

思考与探索

1. 《会计法》如何实现对会计人员的法律保护？
2. 如何理解会计核算的内容和要求？

法务实训

太合公司是一家大型国有控股企业，该公司发生以下行为。

（1）2020年3月，公司董事长胡某主持召开董事会会议，研究进一步加强会计工作。根据公司经理的提名，会议决定增设1名副经理主管财会工作，现任总会计师配合其工作。

（2）2020年5月，公司会计科负责收入、费用账目登记工作的会计张某提出休产假。因会计科长出差在外，主管财会工作的副经理指定没有会计从业资格证的出纳员李某兼管会计张某的工作，并让李某与张某自行办理会计工作交接手续。

（3）2021年2月，公司财务会计报告经主管财会工作的副经理、总会计师、会计科长签名并盖章后报出，公司董事长胡某未在财务会计报告上签章。

请问：

1．该公司增设主管财会工作的副经理的做法是否符合法律规定？简要说明理由。

2．该公司指定出纳员李某兼管会计张某的工作并让李某与张某自行办理会计工作交接手续是否符合法律规定？分别简要说明理由。

3．该公司是否还存在其他会计违法行为？

第九章
税收法律制度

引例

目标与方法　　课前测试

何某 2019 年大学毕业后到上海工作，目前每月工资收入大约 8 800 元。2021 年 6 月，其支出情况如下：①购置 1 800 元高档化妆品一套；②购买 1 050 元西服一件；③购买 300 元书籍；④支付水、电、煤气费用，合计 250 元；⑤在餐馆请客吃饭，花费 1 000 元。

【提问】你认为何某 2021 年 6 月要缴纳哪些税？

【点评】根据我国税收法律制度的规定，何某要依法纳税，缴纳的税种主要包括个人所得税、消费税、增值税等。

第一节　税法概述

一、税收的概念和特点

税收是国家为实现其职能，凭借政治权力参与社会产品和国民收入分配，按照法定的标准和程序无偿、强制取得财政收入的分配关系。这种分配关系的主体是国家，客体是劳动人民创造的国民收入和积累的社会财富，目的是实现国家的职能。

税收与其他财政收入相比，具有强制性、无偿性、固定性的特点。

第一，税收在征收上具有强制性。国家税务机关依照法律规定直接向纳税人征税，法律的强制力是导致税收的强制性特征的最直接原因。税收的征收以国家强制力为后盾，不以纳税人的意志为征税的要件，纳税人必须依法纳税，否则国家通过法律强制力迫使纳税人履行纳税义务，并追究其相应的法律责任。

第二，税收在缴纳性质上具有无偿性。国家的征税过程，就是把纳税人所有的这部分财产转移给国家所有，形成国家财政收入，不再返还纳税人，也不向纳税人支付任何报酬。

第三，税收在征税对象和标准上具有固定性。税收的法定性来源于税收法定原则，国家以法律的形式明确规定税收的纳税主体、征收对象和税率等基本要素，即通过税法把对什么征税、对谁征税和征多少税预先固定下来，不仅纳税人必须严格依法按时足额申报纳税，而且国家也要依法定程序和标准征税。

素养拓展

税收关涉国计民生，依法纳税是纳税人的义务。企业的经营管理人员应秉持法治理念，依法进行税务筹划，积极履行纳税义务。

二、税法的概念及调整对象

税法是调整国家税收关系的所有法律规范的总称。税法的调整对象是税收关系。税收关系是指税收利益在各个相关主体之间进行分配时所产生的各种关系的总称，其核心内容是税收利益的分配。税收关系包括国家与税收机关之间的授权关系、税收机关与纳税人之间的征纳关系及它们的衍生关系。例如中央人民政府与地方人民政府之间的税收归属关系，税务机关与委托代征人的行政委托关系，其他行政机关或机构与税务机关的行政协助关系，代扣代缴义务人与纳税人之间的代扣代缴关系等。

三、税法的构成要素

税法构成要素，又称课税要素，是指各种单行税法具有的共同的基本要素的总称。这一概念包含以下基本含义：一是税法要素既包括实体性的，也包括程序性的；二是税法要素是所有完善的单行税法共同具备的，仅为某一税法所单独具有而非普遍性的内容不构成税法要素，如扣缴义务人。

具体而言，税法要素主要包括以下内容。

1. 纳税主体

纳税主体又称纳税人或纳税义务人，是指税法规定的直接负有纳税义务的自然人、法人或其他组织。纳税人应当与负税人进行区别，负税人是经济学中的概念，即税款的实际负担者，而纳税人是法律用语，即依法缴纳税款的人。税法只规定纳税人，不规定负税人。二者有时相同，有时不尽相同，如个人所得税的纳税人与负税人是相同的，而增值税的纳税人与负税人就不一定一致。

2. 征税对象

征税对象又称征税客体，是指税法规定对什么征税，它是征税的标的，具体分为流转额、所得额、财产和行为四个因素。征税对象是各个税种之间相互区别的根本标志。

3. 税目

税目是征税对象的具体化，它反映具体的征税范围，代表征税的广度。有些税种的征税对象简单、明确，如房产税等，但对大多数税种来说，征税对象都比较复杂，在具体征税时，对这些征税对象还必须进一步划分并作出具体规定，这些规定的界限范围就是税目。

4. 税率

税率是应纳税额与课税对象之间的数量关系或比例，是计算税额的尺度。税率的高低直接关系到纳税人的税负和国家税收收入的多少，是国家在一定时期内的税收政策的主要表现形式，是税收制度的核心要素。税率主要有比例税率、累进税率和定额税率三种基本形式。

（1）比例税率。比例税率是指对同一课税对象不论数额大小，都按同一比例征税，税额占课税对象数额的比例总是相同的税率。比例税率是最常见的税率之一，应用广泛。比例税率具有横向公平性，其主要优点是计算简便，便于征收和缴纳。

（2）累进税率。累进税率是指按课税对象数额的大小规定不同的等级，税额随着课税数额增大而提高的税率。具体做法是按课税对象数额的大小划分若干等级，规定最低税率、最高税率和若干等级的中间税率，不同等级的课税数额分别适用不同的税率，课税数额越大，适用税率越高。累进税率一般在所得税中使用，可以充分体现对纳税人收入多的多征、收入少的少征、无收入不征的税收原则，从而有效调节纳税人的收入，正确处理税收负担的纵向公平问题。

（3）定额税率。定额税率又称固定税率，是按课税对象的计量单位直接规定应纳税额的税率，课税对象的计量单位主要有吨、升、平方米、千克每立方米、辆等。定额税率一般适用于从量定额计征的某些课税对象，实际是从量比例税率。

5. 纳税环节

纳税环节是指商品在整个流转过程中按照税法规定应当缴纳税款的阶段。

6. 纳税期限

纳税期限是税法规定的纳税主体向税务机关缴纳税款的具体时间。纳税期限是衡量征纳双方是否按时行使征税权力和履行纳税义务的尺度。纳税期限一般分为按次征收和按期征收两种。在现代税制中，一般将纳税期限分为缴税期限和申报期限两段，也可以将申报期限内含于缴税期限之中。

7. 税收优惠

税收优惠是指税法对某些特定的纳税人或征税对象给予的一种免除规定，它包括减免税、税收抵免等多种形式。税收优惠按照优惠目的可以分为照顾性和鼓励性两种，按照优惠范围可以分为区域性和产业性两种。

8. 违章处理和税务纠纷处理

违章处理是指纳税主体如果有欠税、偷税、抗税等违法行为，依法对其采取相应行政处罚，情节严重的，应依法承担刑事责任。税务纠纷是指税务机关因实施税务管理采取行政措施，作出税务行政处理而与纳税人、代征人、代缴义务人、直接责任人之间引起的争议。解决税务纠纷的手段为税务行政复议和税务行政诉讼。

第二节 流转税法

一、流转税法的概念

流转税法是调整以商品流转额和非商品流转额为征税对象的一系列税收关系的法律规范的总称。所谓商品流转额，是指在商品流转中因销售或购进商品而发生的货币收入或支出金额。所谓非商品流转额，是指各种劳务或服务性业务的收入金额。流转税包括增值税、消费税、关税等，是我国税收收入的主要来源。流转税法律制度在我国整个税法体系中占有重要地位。

二、增值税

增值税是以商品（含应税劳务）在流转过程中产生的增值额为征税对象的一种税。我国现行增值税的基本规范是国务院于2017年11月19日公布的《中华人民共和国增值税暂行条例》（以下简称《增值税暂行条例》）以及财政部和国家税务总局发布的《中华人民共和国增值税暂行条例实施细则》（以下简称《增值税暂行条例实施细则》）。

根据规定，增值税是对在我国境内销售货物，提供加工、修理修配劳务（以下简称"应税劳务"），销售服务、无形资产或者不动产（以下简称"应税行为"），以及进口货物的单位和个人，就其实现的增值额作为征税对象而课征的一种流转税。所谓增值额，是指企业或者其他经营者从事生产、服务、销售无形资产、不动产和提供劳务，在购入的货物、劳务、服务、无形资产和不动产的价值基础上新增加的价值额，是从事生产、经营、服务过程中新创造的那部分价值。

1. 增值税的纳税人

增值税的纳税人是指在我国境内销售或者进口货物，提供应税劳务和应税行为的单位及个人。其中，单位是指企业、行政单位、事业单位、军事单位、社会团体及其他单位；个人是指个体工商户和其他个人。

我国将增值税的纳税人划分为小规模纳税人和一般纳税人。

小规模纳税人是指年应征增值税销售额（以下简称"年应税销售额"，是指纳税人在连续不超过 12 个月的经营期内累计应征增值税销售额，包括纳税申报销售额、稽查查补销售额、纳税评估调整销售额、税务机关代开发票销售额和免税销售额）在规定标准以下，会计核算不健全，不能按规定报送有关税务资料的增值税纳税人。会计核算不健全是指不能正确核算增值税的销项税额、进项税额和应纳税额。一般纳税人是指年应税销售额达到规定标准的增值税纳税人，或年应税销售额未达到规定标准但会计核算健全、能够提供准确税务资料，并向主管税务机关办理一般纳税人资格登记的增值税纳税人。

2. 增值税的征税范围

根据我国现行相关规定，在一般情况下，增值税的征税范围如下。

（1）销售货物。货物是指有形动产，包括电力、热力、气体等。销售货物是指有偿转让货物的所有权，其中，有偿不仅指从购买方取得货币，还包括取得货物或其他经济利益。

（2）进口货物。进口货物指申报进入我国境内的有形动产。进口货物包括境外产制和我国已出口又转内销的货物、境外捐赠的货物、进口者自行采购的货物、用于贸易行为的货物，以及自用或用于其他方面的货物。

（3）提供应税劳务。提供应税劳务是指有偿提供加工、修理修配劳务（不包含单位或者个体工商户聘用的员工为本单位或者雇主提供加工、修理修配劳务）。加工是指受托加工货物，即委托方提供原料及主要材料，受托方按照委托方的要求，制造货物并收取加工费的业务。修理修配是指受托方对损伤和丧失功能的货物进行修复，使其恢复原状和功能的业务。

（4）提供应税行为。提供应税行为是指销售服务、无形资产或者不动产。销售服务是指提供交通运输服务、邮政服务、电信服务、建筑服务、金融服务、现代服务、生活服务。销售无形资产是指转让无形资产所有权或者使用权的业务活动，其中，无形资产是指不具实物形态，但能带来经济利益的资产，包括技术、商标、著作权、商誉、自然资源使用权和其他权益性无形资产。销售不动产是指转让不动产所有权的业务活动，其中，不动产是指不能移动或者移动后会引起性质、形状改变的财产，包括建筑物、构筑物等。

在经济实务中，某些特殊项目或行为也属于增值税的征税范围。

3. 增值税的税率

（1）基本税率。纳税人销售或进口货物（另有列举的货物除外）、提供应税劳务、提供有形动产租赁服务的，税率为 13%。这一税率即增值税的基本税率。

（2）低税率。①纳税人销售或者进口下列货物，税率为 9%：粮食等农产品、食用植物油、食用盐；自来水、暖气、冷气、热水、煤气、石油液化气、天然气、二甲醚、沼气、居民用煤炭制品；图书、报纸、杂志、音像制品、电子出版物；饲料、化肥、农药、农机、农膜；国务院规定的其他货物。②提供交通运输服务、邮政服务、基础电信服务、建筑服务、不动产租赁服务，销售不动产，转让土地使用权，税率为 9%。③提供现代服务、增值电信服务、金融服务、生活服务、销售无形资产（转让土地使用权除外），税率为 6%。

（3）零税率。零税率适用于出口货物（国务院另有规定的除外）和符合条件的服务、无形资产。符合条件的服务、无形资产是指境内的单位和个人销售的下列服务和无形资产：①国际运输服务；②航天运输服务；③向境外单位提供的完全在境外消费的研发服务、合同能源管理服务、设计服务、广播影视节目（作品）的制作和发行服务、软件服务、电路设计及测试服务、信息系统服务、业务流程管理服务、离岸服务外包业务、转让技术；④财政部和国家税务总局规定的其他服务。

4. 增值税的征收率

依据我国现行增值税的相关规定，对小规模纳税人和一般纳税人适用的征收率不尽相同，具体由财政部和国家税务总局规定。

5. 增值税的计算方法

一般纳税人的计税方法为：应纳税额=当期销项税额-当期进项税额。

其中：当期销项税额=当期销售额×税率。

小规模纳税人的计税方法为：应纳税额=销售额×征收率。

【例9-1】爱菊面粉厂（一般纳税人）向超市销售一批面粉，开具的普通发票注明价款12 000元，请计算该业务的销项税额。

【解析】不含税销售额=12 000÷（1+9%）≈11 009.17（元）。

销项税额=11 009.17×9%≈990.83（元）。

【例9-2】某餐饮连锁企业属于增值税一般纳税人，2022年6月营业额为200万元，该企业该月购买适用9%税率的面粉、油、自来水等原材料17.699万元，增值税税额为1.59万元；购买适用13%税率的酒水、饮料等原材料8.547万元，增值税税额为1.11万元，均取得增值税专用发票。

请计算该企业2022年6月的增值税应纳税额。

【解析】销项税额=200÷（1+6%）×6%≈11.32（万元）。

进项税额=1.59+1.11=2.70（万元）。

增值税应纳税额=11.32-2.70=8.62（万元）。

三、消费税

消费税是对应税消费品和特定的消费行为按消费流转额征收的一种流转税。现行消费税的基本规范是国务院于2008年11月5日修订通过的《中华人民共和国消费税暂行条例》。

消费税的征收范围是有选择性的，这种选择性能够更好地体现国家的产业政策、消费政策，对调整产业结构、引导消费起到积极作用。

消费税与增值税有密切关联。

1. 消费税的纳税人

消费税的纳税人，是指在我国境内生产、委托加工和进口应税消费品的单位及个人。

2. 消费税的税目和税率

税目是征税对象的具体化。我国的消费税共有15个税目，分别是烟、酒、高档化妆品（包括高档美容、修饰类化妆品、高档护肤类化妆品和成套化妆品）、贵重首饰及珠宝玉石、鞭炮和焰火、成品油（包括汽油、柴油、石脑油、溶剂油、航空煤油、润滑油、燃料油，需要说明的是航空煤油暂缓征收消费税）、小汽车、摩托车、游艇、高尔夫球及球具、高档手表、木制一次性筷子、实木地板、电池、涂料。

消费税税率有两种形式：一种是比例税率；另一种是定额税率，即单位税额。根据不同的应税消费品，分别实行从价定率、从量定额和从量定额与从价定率相结合的复合计税方法。

3. 消费税的计算

从价征收消费税的，其计算公式为：应纳税额=销售额（不含增值税额）×比例税率。

从量征收消费税的，其计算公式为：应纳税额=销售数量×单位税额。

适用复合计税法的，其计算公式为：应纳税额=销售数量×单位税额+销售额（或组成计税价格）×比例税率。

【例9-3】丽妍化妆品厂为增值税一般纳税人，2021年6月销售一批化妆品，取得不含税销售额100万元，并负责运输，收取运费2万元。

请计算该笔业务消费税应纳税额和增值税销项税额。

【解析】消费税应纳税额=[100+2÷（1+13%）]×15%≈15.27（万元）。

增值税销项税额=[100+2÷（1+13%）]×13%≈13.23（万元）。

第三节 所得税法

一、企业所得税

企业所得税是指对内资企业的生产经营所得和其他所得征收的一种税。根据《中华人民共和国企业所得税法》（以下简称《企业所得税法》）的规定，我国内资企业和外商投资企业、外国企业统一适用的《企业所得税法》的主要内容如下。

1. 纳税主体

在中国境内，企业和其他取得收入的组织为企业所得税的纳税人，依照《企业所得税法》的规定缴纳企业所得税。个人独资企业、合伙企业不适用《企业所得税法》的规定缴纳企业所得税。企业分为居民企业和非居民企业。居民企业是指依法在中国境内成立或者依照外国法律成立但实际管理机构在中国境内的企业。非居民企业是指依照外国法律成立且实际管理机构不在中国境内，但在中国境内设立机构、场所的，或者在中国境内未设立机构、场所，但有来源于中国境内所得的企业。

2. 征税对象

企业所得税的征税对象也根据居民企业和非居民企业而有所不同。居民企业应当就其来源于中国境内、境外的所得缴纳企业所得税。非居民企业的征税对象根据该企业在中国境内是否设立机构、场所进行区分：在中国境内设立机构、场所的，应当就其所设机构、场所取得的来源于中国境内的所得，以及发生在中国境外但与其所设机构、场所有实际联系的所得，缴纳企业所得税；在中国境内未设立机构、场所的，或者虽设立机构、场所但取得的所得与其所设机构、场所没有实际联系的，应当就其来源于中国境内的所得，缴纳企业所得税。

3. 税率

企业所得税的基本税率为25%，适用于居民企业和在中国境内设有机构、场所且所得与机构、场所有关联的非居民企业。

企业所得税的低税率为20%，适用于在中国境内未设立机构、场所的，或虽设立机构、场所但取得的所得与其所设机构、场所没有实际联系的非居民企业，但实际征税时适用10%的税率。

4. 企业所得税应纳税额的计算

企业所得税的计算公式为：

应纳税额=应纳税所得额×适用税率-减免税额-抵免税额。

应纳税所得额=每一纳税年度收入总额-不征税收入-免税收入-按税法规定的各项扣除-允许弥补的以前年度亏损。

5. 税收抵免

企业取得的下列所得已在中国境外缴纳的所得税税额，可以从其当期应纳税额中抵免，抵免限额为该项所得依照《企业所得税法》的规定计算的应纳税额；超过抵免限额的部分，可以在以后 5 个年度内，用每年度抵免限额抵免当年应抵税额后的余额进行抵补。

（1）居民企业来源于中国境外的应税所得。

（2）非居民企业在中国境内设立机构、场所，取得发生在中国境外但与该机构、场所有实际联系的应税所得。

居民企业从其直接或者间接控制的外国企业分得的来源于中国境外的股息、红利等权益性投资收益，外国企业在境外实际缴纳的所得税税额中属于该项所得负担的部分，可以作为该居民企业的可抵免境外所得税税额，在《企业所得税法》第二十三条规定的抵免限额内抵免。

二、个人所得税

个人所得税是对居民个人和非居民个人应税所得征收的一种税。根据《中华人民共和国个人所得税法》（以下简称《个人所得税法》）及其实施条例，个人所得税的内容主要包括以下几方面。

1. 纳税主体

个人所得税以所得人为纳税人，以支付所得的单位或者个人为扣缴义务人。纳税人为居民个人（在中国境内有住所，或者无住所而一个纳税年度内在中国境内居住累计满 183 天的个人）、非居民个人（在中国境内无住所又不居住，或者无住所而一个纳税年度内在中国境内居住累计不满 183 天的个人）。纳税年度自公历 1 月 1 日起至 12 月 31 日止。

2. 征税范围

居民个人从中国境内和境外取得的所得、非居民个人从中国境内取得的所得，应依照《个人所得税法》规定缴纳个人所得税。

居民个人从中国境外取得的所得，可以从其应纳税额中抵免已在境外缴纳的个人所得税税额，但抵免额不得超过该纳税人境外所得依照《个人所得税法》规定计算的应纳税额。

3. 征税对象

根据《个人所得税法》第二条的规定，应缴纳个人所得税的个人所得包括：①工资、薪金所得；②劳务报酬所得；③稿酬所得；④特许权使用费所得；⑤经营所得；⑥利息、股息、红利所得；⑦财产租赁所得；⑧财产转让所得；⑨偶然所得。

居民个人取得前述第①项至第④项所得（以下称"综合所得"），按纳税年度合并计算个人所得税；非居民个人取得前述第①项至第④项所得，按月或者按次分项计算个人所得税。纳税人取得前述第⑤项至第⑨项所得，依照《个人所得税法》规定分别计算个人所得税。

4. 税率

个人所得税实行超额累进税率与比例税率相结合的税率体系。

（1）综合所得，适用 3%～45%的超额累进税率，如表 9-1 所示。

表 9-1 个人所得税税率表（一）

（综合所得适用）

级数	全年应纳税所得额	税率/%	速算扣除数
1	不超过 36 000 元的	3	0
2	超过 36 000 元至 144 000 元的部分	10	2 520
3	超过 144 000 元至 300 000 元的部分	20	16 920
4	超过 300 000 元至 420 000 元的部分	25	31 920
5	超过 420 000 元至 660 000 元的部分	30	52 920
6	超过 660 000 元至 960 000 元的部分	35	85 920
7	超过 960 000 元的部分	45	181 920

注：① 本表所称全年应纳税所得额是指依照《个人所得税法》第六条的规定，居民个人取得综合所得以每一纳税年度收入额减除费用6万元以及专项扣除、专项附加扣除和依法确定的其他扣除后的余额。

② 非居民个人取得工资、薪金所得，劳务报酬所得，稿酬所得和特许权使用费所得，依照本表按月换算后计算应纳税额。

（2）经营所得，适用 5%～35% 的超额累进税率，如表 9-2 所示。

表 9-2 个人所得税税率表（二）

（经营所得适用）

级数	全年应纳税所得额	税率/%	速算扣除数
1	不超过 30 000 元的	5	0
2	超过 30 000 元至 90 000 元的部分	10	1 500
3	超过 90 000 元至 300 000 元的部分	20	10 500
4	超过 300 000 元至 500 000 元的部分	30	40 500
5	超过 500 000 元的部分	35	65 500

注：本表所称全年应纳税所得额是指依照《个人所得税法》第六条的规定，以每一纳税年度的收入总额减除成本、费用以及损失后的余额。

（3）利息、股息、红利所得，财产租赁所得，财产转让所得和偶然所得，适用比例税率，税率为20%。

5. 应纳税所得额的计算

（1）居民个人的综合所得，以每一纳税年度的收入额减除费用 6 万元以及专项扣除、专项附加扣除和依法确定的其他扣除后的余额，为应纳税所得额。

专项扣除，包括居民个人按照国家规定的范围和标准缴纳的基本养老保险、基本医疗保险、失业保险等社会保险费和住房公积金等；专项附加扣除，包括婴幼儿照护、子女教育、继续教育、大病医疗、住房贷款利息或者住房租金、赡养老人等支出，具体范围、标准和实施步骤由国务院确定，并报全国人民代表大会常务委员会备案。

（2）非居民个人的工资、薪金所得，以每月收入额减除费用 5 000 元后的余额为应纳税所得额；劳务报酬所得、稿酬所得、特许权使用费所得，以每次收入额为应纳税所得额。

（3）经营所得，以每一纳税年度的收入总额减除成本、费用以及损失后的余额，为应纳税所得额。

（4）财产租赁所得，每次收入不超过 4 000 元的，减除费用 800 元；4 000 元以上的，减除 20% 的费用，其余额为应纳税所得额。

（5）财产转让所得，以转让财产的收入额减除财产原值和合理费用后的余额，为应纳税所得额。

（6）利息、股息、红利所得和偶然所得，以每次收入额为应纳税所得额。劳务报酬所得、稿酬所得、特许权使用费所得以收入减除20%的费用后的余额为收入额。稿酬所得的收入额减按70%计算。个人将其所得对教育、扶贫、济困等公益慈善事业进行捐赠，捐赠额未超过纳税人申报的应纳税所得额30%的部分，可以从其应纳税所得额中扣除；国务院规定对公益慈善事业捐赠实行全额税前扣除的，从其规定。

6. 免税、减税及纳税调整

（1）免税。根据《个人所得税法》第四条的规定，下列各项个人所得，免征个人所得税：①省级人民政府、国务院部委和中国人民解放军军以上单位，以及外国组织、国际组织颁发的科学、教育、技术、文化、卫生、体育、环境保护等方面的奖金；②国债和国家发行的金融债券利息；③按照国家统一规定发给的补贴、津贴；④福利费、抚恤金、救济金；⑤保险赔款；⑥军人的转业费、复员费、退役金；⑦按照国家统一规定发给干部、职工的安家费、退职费、基本养老金或者退休费、离休费、离休生活补助费；⑧依照有关法律规定应予免税的各国驻华使馆、领事馆的外交代表、领事官员和其他人员的所得；⑨中国政府参加的国际公约、签订的协议中规定免税的所得；⑩国务院规定的其他免税所得。

（2）减税。根据《个人所得税法》第五条的规定，有下列情形之一的，可以减征个人所得税，具体幅度和期限，由省、自治区、直辖市人民政府规定，并报同级人民代表大会常务委员会备案：①残疾、孤老人员和烈属的所得；②因自然灾害遭受重大损失的。国务院可以规定其他减税情形，报全国人民代表大会常务委员会备案。

（3）纳税调整。税务机关有权基于《个人所得税法》规定，按照合理方法进行纳税调整。税务机关依照法定情形[1]作出纳税调整，需要补征税款的，应当补征税款并依法加收利息。

【例9-4】某民警在一次执行公务中牺牲，被公安部授予"一级英模"称号，并奖励奖金1万元，奖金由该民警家属代领，同时其家属还收到全国各地捐款共达12万元。对该民警家属的13万元所得应否纳税存在下列几种意见，正确的是（   ）。

A. 对13万元全额征收个人所得税

B. 对13万元全部免纳个人所得税

C. 对1万元的奖金免纳个人所得税，对12万元的受赠金可减纳个人所得税

D. 对13万元减纳个人所得税

【解析】根据《个人所得税法》第四条、第五条的规定，正确答案是C。

【例9-5】根据法律规定，下列个人所得可以免征个人所得税的有（   ）。

A. 甲存入某商业银行存款而获得的利息收入500元

B. 乙向保险公司投保获得的保险赔款200元

C. 丙因工负伤获得的抚恤金3 000元

D. 丁获得县人民政府颁发的教育奖金5 000元

【解析】根据《个人所得税法》第四条的规定，正确答案是B、C。

---

1 这里提及的法定情形具体包括：个人与其关联方之间的业务往来不符合独立交易原则而减少本人或者其关联方应纳税额，且无正当理由；居民个人控制的，或者居民个人和居民企业共同控制的设立在实际税负明显偏低的国家（地区）的企业，无合理经营需要，对应当归属于居民个人的利润不作分配或者减少分配；个人实施其他不具有合理商业目的的安排而获取不当税收利益。

第四节 税收征收管理法

税收征收管理，是税收机关对纳税人依法征收税款和进行税务监督的管理的总称。税收征收管理机关是税务机关。税收征收管理机关的职权包括税务管理，税款征收，税务行政处罚、行政复议和行政诉讼。

一、税务管理

税务管理包括税务登记管理，账簿、凭证管理，发票管理和纳税申报管理四个部分的内容。

（一）税务登记管理

税务登记又称纳税登记，是税务机关对纳税人的开业、变动、歇业以及生产经营范围变化实行法定登记的一项制度，是确定纳税人履行纳税义务的法定手续，也是税务机关切实控制税源和对纳税人进行纳税监督的一种手段。税务登记包括开业登记，变更登记，停业、复业登记，注销登记，外出经营报验登记等。

从事生产、经营的纳税人，应当自领取营业执照之日起，或依法成为纳税人之日起30日内，向所在地税务机关申请办理开业税务登记。纳税人税务登记的内容发生变化的，应当自市场监督管理部门办理变更登记之日起30日内，到原税务登记机关申报办理变更税务登记。

（二）账簿、凭证管理

从事生产经营的纳税人、扣缴义务人按照国务院财政、税务主管部门的规定设置账簿，根据合法、有效凭证记账，进行核算。纳税人、扣缴义务人应当自领取营业执照之日起15日内设置账簿。扣缴义务人应当在法定扣缴义务发生之日起10日内，按照所代扣、代收的税种，分别设置代扣代缴、代收代缴税款账簿。

（三）发票管理

根据国家有关发票管理的法律规定，在全国范围内统一式样的发票，由国家税务总局确定；在省、自治区、直辖市范围内统一式样的发票，由省级税务机关确定。增值税专用发票由国务院税务部门指定的企业印制；其他发票按照国务院税务主管部门的规定，分别由省、自治区、直辖市税务机关指定的企业印制。

（四）纳税申报管理

纳税人、扣缴义务人必须按照法定的或税务机关确定的申报期限、申报内容如实办理纳税申报和代扣代缴、代收代缴税款的申报手续，报送纳税申报表、财务会计报表及税务机关要求纳税人报送的其他纳税资料。

二、税款征收

税款征收是税务机关依照税收法律、法规的规定，将纳税人依法应纳的税款以及扣缴义务人代扣代缴的税款通过不同的方式组织征收入库的活动。

（一）税款征收方式

我国税款征收主要有以下几种方式。

（1）查账征收，适用于掌握税收法律法规，账簿、凭证、财务会计制度比较健全，能够如实反映生产经营成果，正确计算应纳税额的纳税人。

（2）查定征收，适用于生产规模较小、账册不健全、财务管理和会计核算水平较低、产品零星、税源分散的纳税人。

（3）查验征收，适用于生产某些零星、分散的高税率工业产品的纳税人。

（4）定期定额征收，适用于生产经营规模小，又确无建账能力，经主管税务机关审核，县级以上（含县级）税务机关批准可以不设置账簿或暂缓建账的小型纳税人。

（5）其他征收方式，主要包括代扣代缴、代收代缴、委托代征、邮寄申报纳税等。

（二）税收征收措施

税收征收措施是指为保证税款即时征收入库，税收征收管理机关所采取的特殊措施，主要有加收滞纳金、税收保全措施、税收强制执行措施、出境清税、税款追征等。

（1）加收滞纳金。纳税人、扣缴义务人未按期缴纳或解缴税款的，税务机关除责令限期缴纳外，从滞纳税款之日起，按日加收滞纳税款 0.5‰的滞纳金。纳税人确有特殊困难，不能按期缴纳税款的，经县以上税务局（分局）批准，可以延期缴纳税款，但最长不得超过 3 个月。

（2）税收保全措施。纳税人在纳税期限到来前，有逃避纳税义务行为，可能导致征税决定不能执行，并且不能提供担保的，税务机关可以按照法定的程序通知银行暂停支付，或者扣押查封其财产。

（3）税收强制执行措施。纳税期限已经届满，纳税人不仅未缴纳税款，而且在税务机关责令限期缴纳或扣押查封财产后仍未缴纳的，税务机关可以按照法定的程序通知银行扣缴税款，或者扣押、查封、拍卖纳税人的财产抵缴税款。

（4）出境清税。欠税人应当在出境前结清税款或提供担保，否则税务机关可以阻止其出境。

（5）税款追征。因纳税人、扣缴义务人计算错误等失误，未缴或者少缴税款的，税务机关在 3 年内可以追征税款、滞纳金；有特殊情况的，追征期可以延长到 5 年。对于偷税、抗税、骗税的行为，实行无限期追征。因税务机关责任，致使纳税人、扣缴义务人未缴或者少缴税款的，税务机关在 3 年内可以要求他们补缴税款，但不得加收滞纳金。

三、税务行政处罚、行政复议和行政诉讼

（一）税务行政处罚

税务行政处罚，是指公民、法人或者其他经济组织有违反税收征收管理秩序的违法行为，尚未构成犯罪，依法应当承担行政责任的，由税务机关给予行政处罚。税务行政处罚的种类有罚款、没收非法所得、停止出口退税权。

（二）税务行政复议

税务行政复议是指纳税人和其他税务当事人对税务机关的具体行政行为不服，依法向该税务机关的上一级税务机关（复议机关）提出申诉，由上一级税务机关对引起争议的具体行政行为依法作出维持、变更、撤销等决定的活动。

（三）税务行政诉讼

税务行政诉讼是指公民、法人和其他组织认为税务机关及其工作人员的具体税务行政行为违法或不当，侵犯了其合法权益，依法向人民法院提出行政诉讼，由人民法院对具体税务行政行为的合法性和适当性进行审理并作出裁决的司法活动。

（四）税务行政处罚、行政复议和行政诉讼的关系

纳税人、扣缴义务人、纳税担保人同税务机关在纳税上发生争议时，必须先依照法律、行政法规的规定缴纳或者解缴税款及滞纳金，或提供相应的担保，然后才可以依法申请行政复议；对行政复议决定不服的，可以依法向人民法院起诉。当事人对税务机关的处罚决定、强制执行措施或者税收保全措施不服的，可以依法申请行政复议，也可以依法向人民法院起诉。

四、法律责任

违反税法的行为包括违反税收征收管理法的行为和危害税收征管罪两大类，前者为违法行为，后者为犯罪行为。

违反税收征收管理法的法律责任包括纳税人违反税法行为的法律责任、扣缴义务人违反税法行为的法律责任、开户银行及金融机构违反税法行为的法律责任和税务机关及其税务人员违反税法行为的法律责任等。

危害税收征管罪的种类有：逃税罪；抗税罪；逃避追缴欠税罪；骗取出口退税罪；虚开增值税专用发票、用于骗取出口退税抵扣税款发票罪；虚开发票罪伪造、出售伪造的增值税专用发票罪；非法出售增值税专用发票罪；非法购买增值税专用发票、购买伪造的增值税专用发票罪；非法制造、出售非法制造的用于骗取出口退税、抵扣税款发票罪；非法制造、出售非法制造的发票罪；非法出售用于骗取出口退税、抵扣税款发票罪；非法出售发票罪；持有伪造的发票罪。

智慧助学　　　　同步测试

思考与探索

1．税收有哪些特点？税法的构成要素有哪些？
2．增值税的课税范围是什么？
3．在什么情形下可以免征个人所得税？

法务实训

案例一：位于某市区的化妆品生产企业属于增值税一般纳税人。2021年6月发生下列经济业务：①购入原材料取得的增值税专用发票上注明的价款为500万元；②购入电力28万元并取得增值税专用发票，其中6万元用于集体福利方面，其余均用于生产应税产品；③销售化妆品实现不

含增值税的销售收入 1 000 万元，销售时用自己的车队负责运输，向购买方收取运费 25.74 万元；④提供非应税消费品的加工业务，共开具增值税普通发票 56 张，金额合计为 35.1 万元；⑤营业成本共计 400 万元、税金及附加为 385 万元、销售费用为 15 万元、管理费用为 10 万元、财务费用中的利息支出为 8 万元；⑥支付滞纳金和行政性罚款共计 5 万元，支付购货合同违约金 3 万元。取得的增值税专用发票已通过认证，化妆品的消费税税率为 15%。

请问：

1．本企业当月应该缴纳的增值税是多少？

2．本企业当月应该缴纳的消费税是多少？

3．本企业当月应该缴纳的企业所得税是多少？

案例二： Z 省 H 市某大学教授黄某（居民纳税人）2021 年 1 月的收入情况如下：①月工资收入为 6 500 元；②在某出版社出版专著一部，一次性获得稿酬 21 000 元；③向某公司转让专有技术一项，获得特殊权使用费 6 000 元；④为某企业进行产品设计，取得报酬 30 000 元；⑤在某学校举办讲座，一次性取得收入 2 000 元；⑥为某杂志社审校翻译的资料，一次性获得劳务报酬 3 500 元；⑦购买的某期国债到期，利息收入 1 860 元；⑧因汽车失窃，获得保险公司赔偿 80 000 元；⑨因勇斗歹徒获得 Z 省人民政府颁发的见义勇为奖金 2 000 元。

请问：黄某 2021 年 1 月应该缴纳的个人所得税税额是多少（假设扣除 2 000 元的"三险一金"专项扣除和法律规定的其他扣除费用，不考虑专项附加扣除）？

第十章
劳动合同法律制度

引例

 目标与方法

 课前测试

　　19岁的张某系陕北农民，来广州打工。2021年5月18日被一家个体餐馆招用为搬运工。双方未签订劳动合同，只约定每月工资2 600元，发生伤亡事故餐馆一概不负责任。一日，张某在搬运货物时，被货物压伤，导致腰部、手部受伤。张某要求餐馆承担医药费、营养费等工伤赔偿责任时，该餐馆老板拒绝了张某的请求，称双方没有劳动合同，张某是农民，不能适用劳动法，并将张某解雇。张某想讨回"公道"，但苦于不了解法律，不知道该怎么办，很无助。

　　【提问】假如你是律师，该如何帮助张某维护合法权益？

　　【点评】根据我国劳动法律的相关规定，张某的合法权益应予以保护，个体餐馆老板应承担工伤赔偿责任。张某可依法向当地的劳动争议仲裁机构申请劳动仲裁，申请工伤赔偿。对仲裁裁决不服的，15日内可向人民法院提起诉讼。

第一节　劳动合同概述

一、劳动关系

（一）劳动关系概述

　　劳动关系是劳动者与用人单位在运用劳动能力实现劳动过程中形成的一种社会关系，具体表现为劳动者与用人单位的关系。劳动关系具有以下特征。

　　（1）劳动关系的当事人一方是劳动者，另一方是用人单位，同时，劳动者要参加到用人单位中以一定形式进行劳动，并遵守用人单位的各项规章制度。

　　（2）劳动关系的内容是劳动。

　　（3）劳动关系兼有人身关系和财产关系的性质。

　　劳动关系纷繁复杂，现阶段劳动法律关系是我国重要的一种劳动关系。所谓劳动法律关系，是劳动法律规范在调整劳动关系的过程中形成的法律上的劳动权利和劳动义务关系，是劳动关系在法律上的表现。劳动法律关系具有以下特征。

　　（1）劳动法律关系的基础是劳动关系。

　　（2）劳动法律关系具有以国家意志为主导、以当事人意志为主体的属性。

　　（3）劳动法律关系主体一方是劳动者，另一方是用人单位，主体双方具有平等性和隶属性。在劳动法律关系建立前，劳动者与用人单位是平等的主体；在劳动法律关系建立后，用人单位是劳动力使用者，劳动者是用人单位的职工，二者是领导与被领导的隶属关系。

【例 10-1】张三系从事货物运输经营活动的个体经营者，长期雇用李四和王五为其开车，并为两人缴纳了社会保险费。2021 年 1 月 12 日，张三承揽到一项运输电线杆的业务。运输开始后，张三认为两人无法在规定的时间内完成运输任务，于是，李四介绍了自己的邻居赵六参加运输，张三同意，并与赵六约定完成这次运输任务后不再雇用赵六，费用一次性给付赵六。然而赵六在卸车过程中，不慎被电线杆砸压身亡。2021 年 5 月 8 日，赵六家属向劳动局申请，请求对赵六死亡作出工伤事故认定。

请问：本案应如何处理？

【解析】由于赵六并非张三个体经济组织的成员，平时不接受张三的管理，双方约定的报酬方式也是一次性付清的，与工资报酬关系的持续性支付不同。因此，张三与赵六之间是劳务关系而不是劳动关系。赵六在为张三提供劳务时死亡，可以作为一般的民事纠纷处理。

课堂讨论 10-1

2013 年 2 月罗某到某医院打扫卫生，双方签订了卫生保洁合同，协议期限约定为一年，协议中要求罗某每日早晚各打扫卫生一次，每月由医院支付罗某报酬 300 元，以后卫生保洁合同一年一签。罗某与医院均按保洁合同履行了相应义务。在协议履行期间，罗某从未参加过医院组织的任何活动。2020 年 2 月，医院通知罗某不用再为医院打扫卫生。罗某即向当地劳动争议仲裁委员会申请仲裁，请求医院支付解除劳动合同的经济补偿金。劳动争议仲裁委员会以不属于受理范围为由驳回了罗某的申请。罗某不服，又于 2020 年 12 月初将该医院诉至某人民法院，请求被告支付经济补偿金 2 100 元及额外经济补偿金 1 050 元。

请问：你认为人民法院会支持罗某的诉讼请求吗？

素养拓展

尊重并依法维护劳动者的合法权益是现代文明社会的基本标志。企业经营管理人员应奉行法治理念，严守"合法用工"底线，坚持"以劳动者为中心"的原则，维护劳动者的合法权益，激发劳动者的创造力，提升劳动者的获得感和幸福感，进而提升企业的经济效益。

（二）劳动关系的主体

1. 劳动者

劳动者是指具有劳动能力，以从事劳动获取合法劳动报酬的自然人。自然人要成为劳动者，须具有劳动权利能力和劳动行为能力。《劳动法》规定，凡年满 16 周岁、有劳动能力的公民是具有劳动权利能力和劳动行为能力的人。除法律另有规定以外，任何单位不得与未满 16 周岁的未成年人发生劳动关系。凡违反规定使用童工的应承担相应的法律责任。

根据《劳动法》的规定，劳动者的劳动权利主要有：①平等就业和选择职业的权利；②取得劳动报酬的权利；③休息休假的权利；④获得劳动安全卫生保护的权利；⑤接受职业技能培训的权利；⑥享受社会保险和福利的权利；⑦依法参加工会和职工民主管理的权利；⑧提请劳动争议处理的权利；⑨法律规定的其他劳动权利。

课堂讨论 10-2

花某初中未毕业辍学，不满 16 周岁，其与一汽车修理厂签订了劳动合同。
请问：花某与汽车修理厂之间的劳动合同有效吗？

【例 10-2】许某的日工资为 120 元，每周工作 5 天，每天工作 8 小时。她在 2021 年 10 月的一个周六加班 1 天，在"十一"国庆节法定假期加班 2 天。
请问：许某 10 月可以获得多少加班工资？如果公司不支付，许某可以得到哪些补偿？
【解析】许某周六加班 1 天，获得 2 倍工资报酬=120×2=240（元）；法定节假日加班获得 3 倍工资报酬=120×3×2=720（元）；加班总工资报酬=240+720=960（元）。如果公司不同意支付，许某可向劳动行政部门反映，由劳动行政部门责令用人单位限期支付；公司逾期仍不支付的，由劳动行政部门责令公司支付，并按应付金额，即 960 元的 50%以上 100%以下的标准向许某加付赔偿金。

2. 用人单位

用人单位应是依法成立或核准登记的企业、个体经济组织、民办非企业单位、国家机关、事业组织、社会团体，其依法具有使用和管理劳动者的权利。用人单位应同时具有用人权利能力和用人行为能力。用人单位的用人权利能力和用人行为能力的范围取决于法律、法规的规定及用人单位的用人需求。对不具备合法经营资格的用人单位的违法犯罪行为，依法追究法律责任。劳动者已经付出劳动的，该单位或者其出资人应当依照法律有关规定向劳动者支付劳动报酬、经济补偿、赔偿金；给劳动者造成损害的，应当承担赔偿责任。个人承包经营者违反法律规定招用劳动者，给劳动者造成损害的，发包的组织与个人承包经营者承担连带赔偿责任。

目前，我国法律规定，用人单位可以是企业、事业单位、国家机关以及其他组织、个体工商户等，但个人不能作为用人单位。

（三）劳动关系建立的时间

用人单位自用工之日起即与劳动者建立劳动关系。用人单位与劳动者订立劳动合同时，应基于诚实信用原则，履行诚信协商、诚信谛约的义务。用人单位应当建立职工名册备查。建立劳动关系，应当订立书面劳动合同。已建立劳动关系，未同时订立书面劳动合同的，应当自用工之日起 1 个月内订立书面劳动合同。用人单位与劳动者在用工前订立劳动合同的，劳动关系自用工之日起建立。根据《劳动合同法》第七条、第十条第二款、第八十二条和《劳动合同法实施条例》第五条、第六条和第七条的规定，用人单位未履行订立书面劳动合同的义务应承担的法律后果如表 10-1 所示。

表 10-1　用人单位未履行订立书面劳动合同的义务应承担的法律后果

义务起点	第 1 阶段：自用工之日起 1 个月内	第 2 阶段：自用工之日起超过 1 个月不满 1 年	第 3 阶段：自用工之日起满 1 年后
用人单位自用工之日起即与劳动者建立劳动关系	（1）用人单位应书面通知劳动者订立书面劳动合同 （2）劳动者不与用人单位订立书面劳动合同的，用人单位应书面通知劳动者终止劳动关系，无须支付经济补偿 （3）用人单位应依法向劳动者支付劳动报酬	（1）用人单位应与劳动者补订书面劳动合同 （2）劳动者不与用人单位订立书面劳动合同的，用人单位应书面通知劳动者终止劳动关系，并依法支付经济补偿 （3）用人单位未履行此义务，应依照《劳动合同法》第八十二条第一款的规定向劳动者每月支付 2 倍的工资	（1）视为已与劳动者订立无固定期限劳动合同 （2）用人单位应立即与劳动者补订书面无固定期限劳动合同 （3）用人单位未履行此义务，应依照《劳动合同法》第八十二条第二款的规定向劳动者每月支付 2 倍的工资

二、劳动合同的概念和种类

（一）劳动合同的概念

劳动合同，是劳动者与用人单位之间确立劳动关系，明确双方权利和义务的书面协议。劳动合同是确立劳动关系的普遍性法律形式，是用人单位与劳动者履行劳动权利义务的依据。

（二）劳动合同的种类

根据劳动合同法的规定，劳动合同的类型分为固定期限、无固定期限和以完成一定工作任务为期限三种。签订何种类型的劳动合同，用人单位与劳动者可以通过自由协商确定，但要遵守法律强制性规定。

1. 固定期限劳动合同

固定期限劳动合同，是指用人单位与劳动者约定合同终止时间的劳动合同。用人单位与劳动者协商一致，可以订立固定期限劳动合同。双方约定的劳动合同期满，双方无续订劳动合同的意思表示，劳动合同即告终止。如果双方有续订劳动合同的意思表示，可以续订。但《劳动合同法》对固定期限劳动合同有订立次数的限制，连续订立两次固定期限劳动合同后续订，劳动者提出要求签订无固定期限劳动合同的，用人单位应当按照法律规定签订无固定期限劳动合同。固定期限劳动合同在具备法定终止情形时，该固定期限劳动合同亦终止。

2. 无固定期限劳动合同

无固定期限劳动合同，是指用人单位与劳动者约定无确定终止时间的劳动合同，即双方当事人在合同书上只约定合同生效的起始日期，没有确定合同的终止日期。在不出现法律、法规规定的或当事人约定的变更、解除劳动合同的条件或法定终止情形时，无固定期限劳动合同可持续至劳动者法定退休年龄为止。无固定期限劳动合同在符合法律、法规规定的或双方当事人约定的变更、解除的条件或法定终止情形时，可以依法解除、变更、终止。法律规定无固定期限劳动合同的目的在于保护劳动者的"黄金年龄"，保护劳动者的职业稳定权，解决劳动合同短期化问题。

用人单位与劳动者协商一致的，可以订立无固定期限劳动合同。根据《劳动合同法》的规定，有下列情形之一，劳动者提出或者同意续订、订立劳动合同的，除劳动者提出订立固定期限劳动合同外，用人单位应当与劳动者订立无固定期限劳动合同。

（1）劳动者在该用人单位连续工作满10年的。

（2）用人单位初次实行劳动合同制度或者国有企业改制重新订立劳动合同时，劳动者在该用人单位连续工作满10年且距法定退休年龄不足10年的。

（3）连续订立两次固定期限劳动合同，且劳动者没有《劳动合同法》第三十九条规定的过错性辞退和第四十条第一项、第二项规定的非过错性辞退情形，续订劳动合同的。为了使劳动合同制度平稳过渡，《劳动合同法》规定连续订立固定期限劳动合同的次数，自《劳动合同法》施行后续订固定期限劳动合同时开始计算。

（4）用人单位自用工之日起满1年不与劳动者订立书面劳动合同的，视为用人单位与劳动者已订立无固定期限劳动合同。

为保证劳动者签订无固定期限劳动合同选择权的实现，《劳动合同法》规定用人单位不履行该义务时应当加倍支付工资，即用人单位违反《劳动合同法》规定不与劳动者订立无固定期限劳动合同的，自应当订立无固定期限劳动合同之日起向劳动者每月支付2倍的工资。

【例 10-3】小黄从 2020 年 2 月 1 日起为一家服装公司工作，工资每月 6 000 元，双方未订立书面劳动合同。其后小黄多次向公司提出订立书面劳动合同的要求，公司却没有回应。2021年 3 月，公司突然通知小黄签订书面劳动合同，薪水降为每月 3 000 元，小黄不同意签订该劳动合同。

请问：该案件应如何解决？

【解析】从 2020 年 2 月至 2021 年 3 月，小黄在该单位工作已满 1 年，用人单位未与小黄签订书面劳动合同，那么视为用人单位与小黄签订了无固定期限劳动合同，小黄可要求公司签订无固定期限劳动合同。同时，小黄可获得 2020 年 3 月至 2021 年 1 月（自用工之日起满 1 个月的次日至满 1 年的前一日）共 11 个月的双倍工资补偿，即除了正常的工资外，小黄可再获得 66 000（=6 000×11）元。

3. 以完成一定工作任务为期限的劳动合同

以完成一定工作任务为期限的劳动合同，是指用人单位与劳动者约定以某项工作任务的完成时间为合同期限的劳动合同。当该项工作完成后，劳动合同即告终止。这种劳动合同没有明确约定合同有效时间的长短，而是把某项工作任务完成的时间作为劳动合同终止时间，实际是固定期限劳动合同的转化。该合同便于用人单位根据工作性质、工作任务完成的状况，灵活确定劳动合同开始和结束的时间，具有较大的灵活性。

《劳动合同法》对以完成一定工作任务为期限的劳动合同在签订上没有特殊或强制性的要求，用人单位与劳动者协商一致，可以订立以完成一定工作任务为期限的劳动合同。它适用于建筑业以及临时性、季节性的工作，或者由于工作性质可以采取此种合同的工作。

三、劳动合同的特征

由特定的用人单位和劳动者双方构成的劳动合同是一种特殊的合同，除有一般合同的特征外，还具有以下特征。

（1）劳动合同的标的是劳动者的劳动行为。劳动合同是必须由特定的劳动者来履行的合同，而且劳动者向用人单位提供劳动的行为具有持续性。

（2）劳动合同的有偿性。劳动合同中，劳动者给付劳动和用人单位支付报酬，两者构成对待给付关系。在发生工伤、非工伤、法定休息日、法定节假日等特定情况下，劳动者即使未给付劳动，仍享有获得报酬的权利。劳动合同订立时不仅要规定用人单位与劳动者本人的权利义务关系，而且要涉及劳动者的直系亲属在一定条件下享有的物质帮助权。

（3）劳动合同履行中的从属性和非强制性。劳动者在实施劳动行为时，必须让渡自己对作息时间支配的自由，服从用人单位的时间安排。同时，劳动者创造的劳动成果并不属于劳动者，而是归用人单位所有。在劳动合同的履行中应尊重劳动者劳动自由，用人单位没有强制劳动者劳动的权利。

（4）劳动合同权利义务的延续性。①在劳动合同的有效期内，劳动者即使未向用人单位提供劳动，在一定条件下对用人单位仍有劳动报酬的请求权，用人单位仍有支付劳动报酬的义务。②劳动合同结束或终止后，用人单位仍对劳动者负有相应的责任。

（5）劳动合同内容的法定性。劳动者的就业与退休年龄、安全与卫生的劳动条件、社会保险费的承担与分担比例等内容直接由法律加以规定，双方当事人都无权变更；最长的工作时间、最低的工资数额等内容只能在法定限度内选择，双方当事人都不能突破法定标准所规定的限度。如以扣除劳动者的工资作为赔偿支付时，每月的扣除额不得超过劳动者本人当月工资的 20%，若扣除后的剩余工资部分低于当地最低工资标准，则按最低工资标准支付，以保障劳动者及其家庭的基本生活不受影响。

第二节 劳动合同的订立

一、劳动合同订立的原则

根据《劳动合同法》的规定，订立劳动合同必须遵循下列原则。

1. 合法原则

合法原则即劳动合同必须依法订立，不得违反法律、行政法规的规定，不得违反国家强制性、禁止性的规定。劳动合同依法订立即具有法律效力，而违法订立的劳动合同，不具有法律效力。合法原则的具体要求如下。

（1）订立劳动合同的主体合法，即劳动合同的当事人必须具备合法资格。劳动合同的订立主体不合法，有可能导致劳动合同无效，造成劳动合同无效的过错方根据法律规定要承担法律责任。

（2）劳动合同的内容合法。劳动合同的内容必须符合国家法律、行政法规的规定。实践中，例如"周六加班不付加班费""年轻的女性不得结婚、恋爱"的约定无效。

（3）劳动合同订立的程序和形式合法。未经双方协商一致、强迫订立的劳动合同无效。同时，劳动合同必须以书面形式订立。

【例10-4】某化妆品公司招聘销售人员，在签订劳动合同时要求员工交300元押金，以便制作统一的工作服装，并表示在员工与公司结束劳动关系并将工作服装完好返还公司后，公司将该押金全额返还员工。部分员工认为公司收取押金违反了法律规定，遂向劳动行政部门投诉。

请问：劳动行政部门是否可以就此事作出行政处理？

【解析】根据法律规定，用人单位不得以任何名义向劳动者收取财物，该公司以提供工作服装的名义收取押金的做法违反了法律规定。劳动行政部门可以责令该公司将押金返还员工，并对公司依法处以相应罚款。

2. 公平原则，平等、自愿、协商一致的原则

公平原则是指订立、履行、变更、解除或者终止劳动合同时，应公平合理，利益均衡，不得使当事人的利益过于失衡。平等，是指在订立劳动合同过程中，双方当事人的法律地位平等，有双向选择权，不存在管理与服从的关系，任何一方不得凭借事实上的优势地位强迫对方接受不合理、不公平、不合法的条款。自愿，是指劳动合同的订立及其合同内容的达成，完全出于当事人自己的意志，是其真实意思的表示，任何一方不得将自己的意志强加于对方，也不允许第三者非法干预。协商一致，是指经过双方当事人充分协商，达成一致意见，签订劳动合同。

3. 诚实信用原则

诚实信用原则是指劳动合同的双方当事人在订立、履行、变更、解除或者终止劳动合同过程中，应当讲究信用，诚实不欺，在追求自身合法权益的同时，以善意的方式履行义务，尊重对方当事人的利益和他人利益，不得损人利己。诚实信用原则要求劳动关系的双方当事人互相尊重，

用人单位尊重劳动者的人格，尊重劳动者的选择，平等待人，劳动者要有自我意识，克服心理失衡，自觉维护用人单位的形象和荣誉，双方真正建立一种平等、和谐的关系，在用人单位内部形成公平、公开、公正、有序的劳动秩序。诚实信用原则的实施需要有相应的法律规定作保障，《劳动合同法》中规定的订立劳动合同时劳动者的知情权，用人单位有权利要求劳动者如实说明与劳动合同直接相关的基本情况，用人单位的劳动规章制度应公示或者告知劳动者等就是诚实信用原则的具体体现。

【例10-5】某一公司员工申请劳动仲裁，要求公司支付加班工资，理由是其周末也在公司加班。公司以规章制度规定，周末到公司加班者应在前台办理加班登记，而以该员工未登记为理由表示抗辩。在仲裁过程中，公司出示了该规章制度。但该员工表示，公司在与其签订劳动合同时并未出示过该规章，在其后的劳动关系过程中也从未向其表明有该规章，该员工没有在该规章上签过字，不知道该规章的存在，更不知道周末加班应到前台办理加班登记的规定。

请问：该员工的主张能否得到支持？

【解析】根据法律规定，公司没有证据证明该规章告知过该劳动者，因此该规章对劳动者没有法律约束力，员工的主张能得到仲裁庭支持。

二、劳动合同的形式

劳动合同的形式，是指劳动合同当事人确立、变更、终止劳动权利义务关系的表现方式。《劳动合同法》第十条规定，建立劳动关系，应当订立书面劳动合同。

劳动合同的书面形式除劳动合同书外，还包括专项劳动协议（指作为劳动合同书补充内容的书面文件，如岗位协议书、专项劳动协议）、用人单位依法制定的劳动规章制度等劳动合同书的附件。用人单位的劳动规章制度要依法制定，在制定、修改或者决定有关劳动报酬、工作时间、休息休假、劳动安全卫生、保险福利、职工培训、劳动纪律，以及劳动定额管理等直接涉及劳动者切身利益的规章制度或者重大事项时，应当经职工代表大会或者全体职工讨论，提出方案和意见，与工会或者职工代表平等协商确定。在规章制度和重大事项决定实施过程中，工会或者职工认为不适当的，有权向用人单位提出，通过协商予以修改完善。用人单位应当将直接涉及劳动者切身利益的规章制度和重大事项决定予以公示，或者告知劳动者。用人单位制定的内部规章制度与集体合同或者劳动合同约定的内容不一致的，劳动者有权请求优先适用合同的约定。

签订书面劳动合同是用人单位应履行的法定强制性义务。如果不签订书面劳动合同，用人单位将承担相应的法律责任。《劳动合同法》规定，用人单位自用工之日起即与劳动者建立劳动关系。用人单位自用工之日起超过1个月不满1年未与劳动者订立书面劳动合同的，应当向劳动者每月支付2倍的工资。用人单位未在用工的同时订立书面劳动合同，与劳动者约定的劳动报酬不明确的，新招用的劳动者的劳动报酬应当按照企业的或者行业的集体合同规定的标准执行；没有集体合同的，用人单位应当对劳动者实行同工同酬。

三、劳动合同的条款

劳动合同的条款一般分为法定条款和约定条款。

（一）法定条款

劳动合同的法定条款是法律规定劳动合同必须具备的条款，它是劳动合同生效所必须具备的条款。法定条款的不完善会导致合同不能成立。向劳动者提供载明法律规定的法定条款的劳动合同文本是用人单位的法定义务，不履行这一义务的用人单位将承担行政责任和赔偿责任。《劳动合同法》第八十一条规定："用人单位提供的劳动合同文本未载明本法规定的劳动合同必备条款或者用人单位未将劳动合同文本交付劳动者的，由劳动行政部门责令改正；给劳动者造成损害的，应当承担赔偿责任。"

法定条款一般包括：①用人单位的名称、住所和法定代表人或者主要负责人；②劳动者的姓名、住址和居民身份证或者其他有效身份证件号码；③劳动合同期限；④工作内容和工作地点；⑤工作时间和休息休假；⑥劳动报酬；⑦社会保险；⑧劳动保护、劳动条件和职业危害防护；⑨法律、法规规定应当纳入劳动合同的其他事项。

（二）约定条款

约定条款是指除法定必备条款外劳动合同当事人可以协商约定，也可以不约定的条款。是否约定，由当事人确定，约定条款的缺少并不影响劳动合同的成立。约定条款的内容不得违反法律、法规的规定。

约定条款一般包括以下内容。

1. 试用期条款

劳动合同的试用期是劳动者和用人单位为相互了解、选择而约定的考察期。试用期满，被试用者即成为正式职工。对劳动合同的试用期，《劳动合同法》作了以下规范。

（1）不能任意约定试用期的长短。《劳动合同法》对试用期的长短作出了限制性规定，根据劳动合同的期限规定了不同时间的试用期。劳动合同期限3个月以上不满1年的，试用期不得超过1个月；劳动合同期限1年以上不满3年的，试用期不得超过2个月；3年以上固定期限和无固定期限劳动合同，试用期不得超过6个月。

（2）限制试用期的约定次数。同一用人单位与同一劳动者只能约定一次试用期。劳动者在同一用人单位调整或变更工作岗位，用人单位不得再次约定试用期。

（3）规定不得约定试用期的情形。以完成一定工作任务为期限的劳动合同或者劳动合同期限不满3个月的，不得约定试用期。非全日制用工不得约定试用期。

（4）规定试用期不成立的情形。试用期包含在劳动合同期限内。劳动合同仅约定试用期的，试用期不成立，该期限为劳动合同期限。

（5）保障试用期内劳动者的劳动报酬权。《劳动合同法》第二十条规定，劳动者在试用期的工资不得低于本单位相同岗位最低档工资或者劳动合同约定工资的80%，并不得低于用人单位所在地的最低工资标准。

（6）试用期内劳动者的各项劳动权利受法律保护。试用期内用人单位为试用者提供的劳动条件不得低于劳动法律、法规规定的标准，用人单位应为试用者缴纳社会保险费。

（7）对在试用期中的劳动者，用人单位不得滥用解雇权。除有证据证明劳动者不符合录用条件、劳动者有违规违纪违法行为、不能胜任工作等情形外，用人单位不得解除劳动合同。用人单位在试用期解除劳动合同的，应当向劳动者说明理由。

（8）违反试用期规定应承担行政责任和赔偿责任。用人单位违反《劳动合同法》规定与劳动者约定的试用期无效的，由劳动行政部门责令改正；违法约定的试用期已经履行的，由用人单位以劳动者试用期满月工资为标准，按已经履行的超过法定试用期的期限向劳动者支付赔偿金。

【例10-6】2021年5月18日，甲与某公司签订了1年期的劳动合同，合同规定试用期为3个月，试用期工资为1 800元，试用期满后工资为2 500元。

请问：该试用期约定是否有效？

【解析】该试用期约定不能生效，根据《劳动合同法》的规定，1 年期的劳动合同试用期不能超过 2 个月。如果甲已经履行了 3 个月的试用期，并在该 3 个月内只获得每月 1 800 元的试用期工资，那么该公司应以 2 500 元的工资标准，对超过 2 个月法定试用期的另一个月予以赔偿，即赔偿差额 700 元。

2. 保守商业秘密和与知识产权相关的保密事项条款

商业秘密是指不为公众所知悉，能为权利人带来经济利益，具有实用性并经权利人采取保密措施的技术信息和经营信息。用人单位与劳动者可以在劳动合同中约定保守用人单位的商业秘密和与知识产权相关的保密事项。约定保守商业秘密条款的目的在于保护用人单位的知识产权。双方当事人可以就商业秘密的范围、保密期限、保密措施、保密义务及违约责任和赔偿责任等进行约定。劳动者因违反约定保密事项给用人单位造成损失的，应承担赔偿责任。

3. 竞业限制条款

竞业限制是指双方当事人在劳动合同中约定的劳动者在劳动关系存续期间或在解除、终止劳动关系后的一定期限内不得自营或者为他人经营与原用人单位有竞争关系的业务。约定竞业限制条款的目的主要在于防止不正当竞争。在劳动合同中，双方当事人可以约定劳动者承担竞业限制的义务、违约责任及赔偿责任。我国法律规定竞业限制的期限最长不得超过 2 年，且在竞业限制期限内，用人单位应按月给予劳动者一定的经济补偿。劳动者违反竞业限制约定的，应当按照约定向用人单位支付违约金。竞业限制的人员限于用人单位的高级管理人员、高级技术人员和其他负有保密义务的人员。竞业限制的范围、地域、期限由用人单位与劳动者约定，竞业限制的约定不得违反法律、法规的规定。

【例 10-7】曹某原是某公司的销售总监，公司与他签订了竞业限制协议，约定无论曹某因何离职，离职后 1 年内均不得在本行业从事相关业务，公司在其离职时、满 3 个月时和满半年时应分三次支付总数为 6 万元的补偿金。在该公司工作 3 年后，曹某突然向公司辞职，但公司只给了他第一笔补偿金 2 万元，其余部分公司一直没有支付。曹某认为公司违约，竞业限制协议已自动失效，遂在离职 4 个月后到原公司的对手公司上班。

请问：曹某的做法是否能得到法律支持？其对原公司是否应承担违约责任？

【解析】竞业限制协议是双务合同，离职员工承担保守原企业商业秘密、不与原企业竞争的义务，同时享有获取一定经济报酬的权利。因用人单位原因不按协议约定支付经济补偿金，经劳动者要求仍不支付的，劳动者可以解除竞业限制协议。因此，曹某应该先向公司要求支付剩余的补偿金，如果公司仍不履行合同义务，曹某可主张竞业限制协议终止，此时，曹某可以自由择业。而本案中，虽然曹某只拿到一部分补偿金，但竞业限制协议并未自然失效，曹某仍然负有不与原企业竞争的义务。因此，曹某的做法不能得到法律支持，其对原公司应承担违约责任。

4. 服务期条款

服务期是指法律规定的因用人单位为劳动者提供专业技术培训，双方约定的劳动者必须为用人单位服务的期间。劳动关系实践中，用人单位经常通过服务期限协议，进行人力资源的合理调配。法律规定用人单位为劳动者提供专项培训费用，对其进行专业技术培训的，可以与该劳动者订立协议，约定服务期，并约定劳动者违反服务期约定的，应当按照约定向用人单位支付违约金。同时，要保障劳动者的劳动报酬权，用人单位与劳动者约定服务期的，不影响按照正常的工资调整机制提高劳动者在服务期的劳动报酬。

5. 违约金条款

违约金是用人单位与劳动者在劳动合同中约定的不履行或不完全履行劳动合同约定义务时，由违约方支付给对方的一定金额的货币。《劳动合同法》对违约金条款进行限制，规定只有在用人单位与劳动者约定服务期、约定保守用人单位的商业秘密和与知识产权相关的保密事项、约定竞业限制条款时，才能与劳动者约定由劳动者承担违约金。因劳动者违反服务期协议而约定的违约金的数额不得超过用人单位提供的培训费用。用人单位要求劳动者支付的违约金不得超过服务期尚未履行部分所应分摊的培训费用。

【例10-8】某公司为员工田某支付培训费10 000元，约定服务期为5年。3年后，田某以劳动合同期满为由，不肯续签合同。公司要求其支付违约金。

请问：田某是否应支付违约金？数额是多少？

【解析】田某违反服务期约定，应支付违约金。公司为其支付的培训费为10 000元，约定的服务期为5年，每年扣减2 000元。因已履行劳动合同3年，则田某应支付的违约金为4 000元。

四、劳动合同的效力

劳动合同依法成立，即具有法律效力，对双方当事人都有约束力，双方必须履行劳动合同中规定的义务。一般情况下，劳动合同依法成立，即双方当事人意思表示一致，签订劳动合同之日，劳动合同就产生法律效力；双方当事人约定须鉴证或公证方可生效的劳动合同，其生效时间始于鉴证或公证之日。由于劳动合同的鉴证和公证采取自愿原则，所以鉴证和公证不是法律规定的劳动合同生效的必经程序。

实务拓展

签订劳动合同时应注意五类常见的合同陷阱

劳动合同的无效是指当事人违反法律、法规，订立的不具有法律效力的劳动合同。劳动合同的无效有下列情形：①以欺诈、胁迫的手段或者乘人之危，使对方在违背真实意思的情况下订立或者变更劳动合同的；②用人单位免除自己的法定责任、排除劳动者权利的；③违反法律、行政法规强制性规定的。

对劳动合同的无效或者部分无效有争议的，由劳动争议仲裁机构或者人民法院确认。劳动合同的无效，由劳动争议仲裁委员会或者人民法院确认。劳动合同部分无效，不影响其他部分效力的，其他部分仍然有效。

一般认为，无效劳动合同的法律后果如下。①撤销劳动合同，适用于被确认为全部无效的劳动合同。被确认为全部无效的劳动合同，尚未履行的不得履行，正在履行的停止履行。劳动合同被确认无效，劳动者已付出劳动的，用人单位应当向劳动者支付劳动报酬。劳动报酬的数额，参照本单位相同或者相近岗位劳动者的劳动报酬确定。②修正劳动合同，适用于被确认为部分无效的劳动合同及程序不合法而无效的劳动合同。③赔偿损失。由于用人单位原因订立的无效劳动合同，对劳动者造成损害的，用人单位应承担赔偿责任。

第三节 劳动合同的履行

一、劳动合同履行

劳动合同的履行是指劳动合同的双方当事人按照合同规定，履行各自应承担义务的行为。

劳动合同依法订立即具有法律约束力，当事人必须履行合同规定的义务。履行劳动合同应保障劳动者劳动报酬权的实现，用人单位应当按照劳动合同约定和国家规定，向劳动者及时足额支付劳动报酬；用人单位拖欠或者未足额支付劳动报酬的，劳动者可以依法向当地人民法院申请支付令，人民法院应当依法发出支付令；用人单位安排加班的，应当按照国家有关规定向劳动者支付加班费。劳动合同应依法履行，用人单位应当严格执行劳动定额标准，不得强迫或者变相强迫劳动者加班；劳动者拒绝用人单位管理人员违章指挥、强令冒险作业的，不视为违反劳动合同。劳动者对危害生命安全和身体健康的劳动条件，有权对用人单位提出批评、检举和控告；用人单位变更名称、法定代表人、主要负责人或者投资人等事项，不影响劳动合同的履行；用人单位发生合并或者分立等情况，原劳动合同继续有效，劳动合同由承继其权利和义务的用人单位继续履行。

二、劳动合同变更

劳动合同的变更是指当事人双方对尚未履行或尚未完全履行的劳动合同，依照法律规定的条件和程序，对原劳动合同进行修改或增删的法律行为。劳动合同变更应遵守平等自愿、协商一致原则，不得违反法律、行政法规的规定。用人单位与劳动者协商一致，可以变更劳动合同约定的内容。变更劳动合同，应当采用书面形式。变更后的劳动合同文本由用人单位和劳动者各执一份。劳动合同变更的条件应为订立劳动合同的主客观情况发生变化；其变更程序应与订立劳动合同的程序相同，如原劳动合同经过公证和鉴证，变更后的劳动合同也应当经过公证和鉴证，方为有效变更。

三、劳动合同解除

劳动合同的解除是指劳动合同的双方当事人在劳动合同期限届满之前依法提前终止劳动合同关系的法律行为。劳动合同的解除可分为双方协商解除、用人单位单方解除、劳动者单方解除等。

（一）双方协商解除劳动合同

用人单位与劳动者协商一致，可以解除劳动合同。《劳动法》对双方协商解除劳动合同没有规定实体、程序上的限定条件，只要双方达成一致，内容、形式、程序没有违反法律禁止性、强制性规定，该解除行为有效。双方协商解除劳动合同的，用人单位应向劳动者支付解除劳动合同的经济补偿金。

（二）用人单位单方解除劳动合同

劳动合同依法生效，在有效期内用人单位原则上无权单方解除合同，但在具备法律规定的条件时，用人单位享有单方解除权，无须双方协商达成一致意见。用人单位单方解除劳动合同有以下三种情况。

1. 预告解除

非因劳动者本人过错，主客观原因致使劳动合同无法履行，用人单位在符合法律规定的情形、履行法律规定的程序后有权单方解除劳动合同。在这种情形下，用人单位要提前30日通知劳动者，所以称作预告解除。依据法律规定，适用预告解除的情形如下。

（1）劳动者患病或者非因工负伤，医疗期满后，不能从事原工作也不能从事由用人单位另行安排的工作的。医疗期，是指劳动者根据其工龄等条件，依法可以享受的停工医疗并发给病假工资的期间，也是禁止解除劳动合同的期间。实践中，基于劳动者工作年限的长短，医疗期确定为3~24个月。

（2）劳动者不能胜任工作，经过培训或者调整工作岗位，仍不能胜任工作的。

（3）劳动合同订立时所依据的客观情况发生重大变化，致使劳动合同无法履行，经用人单位与劳动者协商，未能就变更劳动合同内容达成协议的。

预告解除劳动合同，用人单位提前 30 日以书面形式通知劳动者本人或者额外支付劳动者 1个月工资后，可以解除劳动合同。用人单位还应承担支付经济补偿金的义务。

【例 10-9】2017 年 2 月 14 日，李某被某企业录用，双方签订为期 5 年的劳动合同。2021 年5 月 20 日，李某患病住院，经诊断需住院 1 个月。李某住院期间，用人单位停发李某全部工资，并以不能适应工作、不符合录用条件为由，解除了与李某的劳动合同。

请问：该单位的做法是否合法？李某是否可以请求用人单位收回解除劳动合同的决定，继续履行合同，并给予其病假待遇？

【解析】劳动者患病或负伤，在规定的医疗期内，劳动用人单位不得解除劳动合同。本例中，用人单位在李某患病住院依规定应享有的医疗期内，即决定解除李某的劳动合同，属于违反规定的行为。用人单位解除劳动合同的决定无效，李某可以请求用人单位继续履行合同，补发病假工资和报销医疗费用。

2. 即时解除

与预告解除不同，在试用期内因劳动者不符合录用条件或者劳动者有严重违反规章制度、违法等有过错性情形时，用人单位有权单方即时解除劳动合同，而不必经过 30 日的预告期。依据法律规定，劳动者有下列情形之一的，用人单位可以即时解除劳动合同。①在试用期间被证明不符合录用条件的。②严重违反劳动纪律或用人单位的规章制度的。③严重失职，营私舞弊，给用人单位造成重大损害的。④劳动者同时与其他用人单位建立劳动关系，对完成本单位的工作任务造成严重影响，或者经用人单位提出，拒不改正的。⑤因以欺诈、胁迫的手段或者乘人之危，使对方在违背真实意思的情况下订立或者变更劳动合同致使劳动合同无效的。⑥被依法追究刑事责任的。

劳动合同即时解除的，用人单位无须支付劳动者解除劳动合同的经济补偿金。至于劳动者的行为是否构成严重违反，或严重失职等，一般要依赖于规章制度来判断，双方对上述事项有争议的，均有权提出劳动争议，由劳动争议仲裁部门依法认定。

【例 10-10】甲所在公司人手一册的《员工守则》规定："上班时间不得利用办公计算机玩游戏。如有违者，第一次给予书面警告，再犯，则给予立即解除劳动合同的处理。"甲在公司上班时间屡次用办公计算机玩游戏，公司经理口头予以过多次警告。后公司董事长发现甲上班时间玩游戏，令经理立即解聘甲。

请问：公司可以立即解聘甲吗？

【解析】企业的规章制度是对法律法规和劳动合同的补充规定。劳动者与用人单位在履行劳动合同的过程中，双方要共同遵守企业内部的规章制度。劳动者严重违反劳动纪律或者用人单位规章制度的，用人单位可以即时解除劳动合同。但是，用人单位依据规章制度对违纪的劳动者作出处理决定，既要符合实体性的规定，又要符合程序性的规定。本案中，公司规章制度规定，解除违纪员工的劳动合同必须经过书面警告的程序。由于该公司对甲违纪行为未给予书面警告，那么甲利用办公计算机玩游戏的行为就不能直接产生解除劳动合同的法律后果，即该公司立即解除与甲的劳动合同这一处理决定的程序不合法。

3. 经济性裁员

经济性裁员是指用人单位为降低劳动成本，改善经营管理，因经济或技术等原因一次裁减 20 人以上或者裁减不足 20 人但占企业职工总数 10% 以上的劳动者。

裁员的人数限定为：裁减人员 20 人以上或者裁减不足 20 人但占企业职工总数 10% 以上。

裁员的程序规定为：用人单位提前 30 日向工会或者全体职工说明情况，听取工会或者职工的意见后，裁减人员方案经向劳动行政部门报告，可以裁减人员。

裁员的法定情形限定为：①依照企业破产法规定进行重整的；②生产经营发生严重困难的；③企业转产、重大技术革新或者经营方式调整，经变更劳动合同后，仍需裁减人员的；④其他因劳动合同订立时所依据的客观经济情况发生重大变化，致使劳动合同无法履行的。

为保护劳动者的利益，法律规定用人单位裁减人员时，应当优先留用下列人员：①与本单位订立较长期限的固定期限劳动合同的；②与本单位订立无固定期限劳动合同的；③家庭无其他就业人员，有需要扶养的老人或者抚养的未成年人的。

用人单位依法裁减人员，在 6 个月内重新招用人员的，应当通知被裁减的人员，并在同等条件下优先招用被裁减的人员。用人单位应当依法向被裁减人员支付经济补偿金。

为保护劳动者的合法权益，法律还规定了禁止用人单位解除劳动合同的情形。劳动者有下列情形之一的，用人单位不得依据《劳动合同法》解除劳动合同或裁员。

（1）从事接触职业病危害作业的劳动者未进行离岗前职业健康检查，或者疑似职业病病人在诊断或者医学观察期间的。

（2）在本单位患职业病或者因工负伤并被确认丧失或者部分丧失劳动能力的。

（3）患病或者非因工负伤，在规定的医疗期内的。

（4）女职工在孕期、产期、哺乳期的。

（5）在本单位连续工作满 15 年，且距法定退休年龄不足 5 年的。

（6）法律、行政法规规定的其他情形。

在劳动者有过错的情况下，用人单位仍可以行使单方即时解除权，且不必支付经济补偿金。

【例 10-11】沈某与一家公司签订了劳动合同，合同期限自 2018 年 12 月 2 日起至 2020 年 3 月 1 日止。合同期满后双方未续订，但公司继续安排沈某在原工作岗位上工作，并向其支付相应的劳动报酬。2021 年 4 月 10 日上午，沈某在作业时不慎受伤，经当地劳动和社会保障局认定沈某为工伤，七级伤残。沈某受伤后，请求单位给予工伤待遇，并保持与单位的劳动关系；公司认为劳动合同早已届满，不同意保持与沈某的劳动关系。

请问：该案应如何处理？

【解析】沈某与公司的劳动合同期满后未续订，但公司让沈某继续在本单位原工作岗位上工作，并向其支付相应的劳动报酬，这些做法符合法律、法规规定的事实劳动关系的要件，因此，沈某与公司间已形成事实上的劳动关系，事实劳动关系同样受劳动法律保护。沈某在此期间发生了工伤，根据法律规定，公司不能解除与沈某的劳动关系，除非劳动者本人提出终止劳动合同，双方劳动关系才可以终止。而沈某不愿意自谋职业，请求与单位继续保持劳动关系，因此，公司应当给沈某安排适当的工作，不得因工伤与其解除劳动关系。

用人单位单方解除劳动合同，应当事先将理由通知工会。用人单位违反法律、行政法规规定或者劳动合同约定的，工会有权要求用人单位纠正。用人单位应当研究工会的意见，并将处理结果书面通知工会。

用人单位应当在解除劳动合同时出具终止劳动合同的证明，并在 15 日内为劳动者办理档案和社会保险关系转移手续。劳动者应当按照双方约定，办理工作交接。用人单位在办结工作交接时向劳动者支付经济补偿。用人单位对已经终止的劳动合同的文本，至少保存 2 年备查。

（三）劳动者单方解除劳动合同

劳动者单方解除劳动合同，即具备法律规定的条件时，劳动者享有单方解除权，无须双方协商达成一致意见，也无须征得用人单位的同意。劳动者单方解除劳动合同有以下三种情况。

1. 预告解除

预告解除即劳动者履行预告程序后单方解除劳动合同。预告解除的期限有两种：①一般情况下，劳动者应提前 30 日以书面形式通知用人单位；②在试用期内，劳动者提前 3 日通知用人单位。

2. 即时解除

用人单位有违法、违约情形，劳动者有权单方解除劳动合同。用人单位有下列情形之一的，劳动者可以解除劳动合同：①未按照劳动合同约定提供劳动保护或者劳动条件的；②未及时足额支付劳动报酬的；③未依法为劳动者缴纳社会保险费的；④用人单位的规章制度违反法律、法规的规定，损害劳动者权益的；⑤因用人单位以欺诈、胁迫的手段或者乘人之危，使劳动者在违背真实意思的情况下订立或者变更劳动合同而致使劳动合同无效的；⑥法律、行政法规规定劳动者可以解除劳动合同的其他情形。

【例 10-12】甲在 2020 年 9 月与单位签订了为期 5 年的劳动合同，试用期为 3 个月。2020 年 12 月 27 日，甲在查询社保缴纳记录时，发现单位未缴纳试用期（2020 年 9 月—11 月）的社保费。根据合同上的有关约定，2020 年 12 月 28 日，甲向单位提出补缴社保费的要求，遭到拒绝。于是甲向单位寄出"解除劳动合同通知书"；同时，准备申请仲裁，请求单位支付经济补偿以及补缴社保费。

请问：甲的请求能否得到法律支持？

【解析】用人单位给劳动者参加社会保险是法定的义务。只要建立了劳动关系就应当依法参加社会保险，缴纳社会保险费。试用期包括在劳动合同期限中，试用期同样属于劳动关系的存续期间，因此，用人单位也应当为试用期内的员工缴纳社保费。该单位对甲请求补缴社保费的要求予以拒绝，甲有权随时通知单位解除劳动合同，并且得到经济补偿和补缴社保费的待遇。

3. 立即解除劳动合同

在预告解除和即时解除的情况下，劳动者均须履行通知义务。但是在用人单位有危及劳动者人身自由和人身安全的情形时，劳动者有权立即解除劳动合同。用人单位以暴力、威胁或者非法限制人身自由的手段强迫劳动者劳动的，或者用人单位违章指挥、强令冒险作业危及劳动者人身安全的，劳动者可以立即解除劳动合同，不需事先告知用人单位。

四、劳动合同终止

劳动合同的终止，是指劳动合同的法律效力自然消失或经判决、裁决而消失。劳动合同的终止必须符合法定的条件。

除劳动合同期限届满终止外，发生下列情况劳动合同也应终止。

（1）劳动合同双方当事人发生劳动争议，经劳动仲裁机关或人民法院判决终止其效力的劳动合同应终止。

（2）劳动者达到退休年龄、劳动者死亡，或者被人民法院宣告死亡或者宣告失踪、劳动者完全丧失劳动能力，劳动合同应终止。

（3）用人单位被依法宣告破产、被吊销营业执照、责令关闭、撤销或者用人单位决定提前解散，使得原劳动关系一方主体不复存在，劳动合同应终止。

（4）劳动合同履行中，由于自然因素或社会因素而发生了不可抗力的情况，如地震、水灾、火灾、战争等，在合同期限内不可能恢复，原合同无法继续履行或履行成为不必要，劳动合同可以终止。

（5）劳动合同经劳动仲裁机关或人民法院确认无效后，即行终止。

（6）经双方当事人协商同意终止劳动合同，可以终止。

丧失或者部分丧失劳动能力的劳动者的劳动合同的终止，按照国有关工伤保险的规定执行。

根据《劳动合同法》的规定，劳动合同终止是因为劳动合同期满的，除用人单位维持或者提高劳动合同约定条件续订劳动合同，劳动者不同意续订的情形外，用人单位应向劳动者支付经济补偿；或者是因用人单位被依法宣告破产、用人单位被吊销营业执照、责令关闭、撤销或者用人单位决定提前解散的，用人单位也应当向劳动者支付经济补偿。

用人单位违反法律规定终止劳动合同，劳动者要求继续履行劳动合同的，用人单位应当继续履行；劳动者不要求继续履行劳动合同或者劳动合同已经不能继续履行的，用人单位应当支付赔偿金。

用人单位应当在终止劳动合同时出具终止劳动合同的证明，并在 15 日内为劳动者办理档案和社会保险关系转移手续。劳动者应当按照双方约定，办理工作交接。用人单位在办结工作交接时向劳动者支付经济赔偿。用人单位对已经终止的劳动合同的文本，至少保存 2 年备查。

五、经济补偿金

经济补偿金是用人单位解除或终止劳动合同时，给予劳动者的一次性货币补偿。一般认为，经济补偿金兼具劳动贡献补偿和失业后生活补助的性质，从功能上讲，经济补偿金既可从经济方面制约用人单位的解雇行为，也可以对失去工作的劳动者给予经济上的补偿，解决劳动合同解除后一定期限内劳动者生活保障问题。

（一）补偿标准

经济补偿按劳动者在本单位工作的年限，每满 1 年支付 1 个月工资的标准向劳动者支付。月工资是指劳动者在劳动合同解除或者终止前 12 个月的平均工资，6 个月以上不满 1 年的，按 1 年计算；不满 6 个月的，向劳动者支付半个月工资的经济补偿。经济补偿金最高数额的限制：劳动者月工资高于用人单位所在直辖市、设区的市级人民政府公布的本地区上年度职工月平均工资 3 倍的，向其支付经济补偿的标准按职工月平均工资 3 倍的数额支付，向其支付经济补偿的年限最高不超过 12 年。

（二）用人单位应当支付经济补偿金的法定情形

根据《劳动合同法》第四十六条的规定，用人单位应当在下列情形下向劳动者支付经济补偿。

（1）劳动者依照《劳动合同法》第三十八条规定解除劳动合同的。

（2）用人单位依照《劳动合同法》第三十六条规定向劳动者提出解除劳动合同并与劳动者协商一致解除劳动合同的。

（3）用人单位依照《劳动合同法》第四十条规定解除劳动合同的。

（4）用人单位依照《劳动合同法》第四十一条第一款规定解除劳动合同的。即以裁员的方式解除与劳动者的劳动合同的，用人单位应向劳动者支付经济补偿。

（5）除用人单位维持或者提高劳动合同约定条件续订劳动合同，劳动者不同意续订的情形外，依照《劳动合同法》第四十四条第一款规定终止固定期限劳动合同的。即在劳动合同期满时，用人单位以低于原劳动合同约定的条件要求与劳动者续订劳动合同，而劳动者不同意续订的，用人单位须向劳动者支付经济补偿。

（6）依照《劳动合同法》第四十四条第四款、第五款规定终止劳动合同的。即用人单位因被依法宣告破产、被吊销营业执照、责令关闭、撤销或者用人单位决定提前解散而终止劳动合同的，用人单位应向劳动者支付经济补偿。

（7）法律、行政法规规定的其他情形。

经济补偿金应在劳动者离职办结工作交接时支付给劳动者。为解决法律衔接问题，《劳动合同法》规定，施行之日存续的劳动合同在《劳动合同法》施行后解除或者终止，依法应当支付经济补偿的，经济补偿年限自《劳动合同法》施行之日起计算；《劳动合同法》施行前按照当时有关规定，用人单位应当向劳动者支付经济补偿的，按照当时有关规定执行。

第四节 劳动合同中的特殊问题

一、集体合同

集体合同，是企业职工一方与用人单位通过平等协商，就劳动报酬、工作时间、休息休假、劳动安全卫生、保险福利等事项订立的书面协议。集体合同是协调劳动关系、保护劳动者权益、建立现代企业管理制度的重要手段。劳动合同与集体合同的关系体现在以下几方面。

（1）劳动合同规定的劳动者的劳动报酬和劳动条件等标准不得低于集体合同规定的标准，否则无效。《劳动合同法》第五十五条规定："集体合同中劳动报酬和劳动条件等标准不得低于当地人民政府规定的最低标准；用人单位与劳动者订立的劳动合同中劳动报酬和劳动条件等标准不得低于集体合同规定的标准。"

（2）劳动合同约定不明时，适用集体合同的规定。《劳动合同法》第十八条规定："劳动合同对劳动报酬和劳动条件等标准约定不明确，引发争议的，用人单位与劳动者可以重新协商；协商不成，适用集体合同规定；没有集体合同或者集体合同未规定劳动报酬的，实行同工同酬；没有集体合同或者集体合同未规定劳动条件等标准的，适用国家有关规定。"

（3）未订立书面劳动合同的，有集体合同适用集体合同的规定。《劳动合同法》第十一条规定："用人单位未在用工的同时订立书面劳动合同，与劳动者约定的劳动报酬不明确的，新招用的劳动者的劳动报酬按照集体合同规定的标准执行；没有集体合同或者集体合同未规定的，实行同工同酬。"

集体合同的订立，是指工会或职工代表与用人单位之间，为规定用人单位和全体职工的权利义务而依法就集体合同条款经过协商一致，确立集体合同关系的法律行为。在我国，集体合同主要由代表劳动者的工会或职工代表与用人单位签订。尚未建立工会的用人单位，由上级工会指导劳动者推举的代表与用人单位订立。在县级以下区域内，建筑业、采矿业、餐饮服务业等行业可以由工会与企业方面代表订立行业性集体合同，或者订立区域性集体合同。企业职工一方与用人单位可以订立劳动安全卫生、女职工权益保护、工资调整机制等专项集体合同。

集体合同按以下程序订立。①讨论集体合同草案或专项集体合同草案。经双方代表协商一致的集体合同草案或专项集体合同草案应提交职工代表大会或者全体职工讨论。②通过草案。全体职工代表半数以上或者全体职工半数以上同意，集体合同草案或专项集体合同草案方获通过。③集体协商双方首席代表签字。

集体合同的生效与劳动合同的生效不同，法律对集体合同的生效规定了特殊程序：集体合同订立后，应当报送劳动行政部门；劳动行政部门自收到集体合同文本之日起 15 日内未提出异议的，集体合同即生效。依法订立的集体合同对用人单位和劳动者具有约束力。行业性、区域性集体合同对当地本行业、本区域的用人单位和劳动者具有约束力。

用人单位违反集体合同，侵犯职工劳动权益的，工会可以依法要求用人单位承担责任；因履行集体合同发生争议，经协商解决不成的，工会可以依法申请仲裁、提起诉讼。

二、劳务派遣

（一）劳务派遣概述

所谓劳务派遣，也叫劳动派遣，是指用人单位将自己直接雇用的劳动者提供给他人，并且使其在该人的指挥下从事劳动的劳动力运用方式。在这一关系中有三方当事人，其中组织劳务派遣的用人单位一方称为劳务派遣单位，接受以劳务派遣形式用工的单位称为用工单位，而劳务派遣关系中的劳动者称为被派遣劳动者。

传统的典型劳动合同是全日制的直接雇用劳动者的劳动合同，与此不同的是，劳务派遣是用人单位为向第三人给付劳动而雇用被派遣劳动者。劳务派遣是典型的"有关系无劳动，有劳动无关系"，即劳务派遣单位与被派遣劳动者建立劳动关系，但被派遣劳动者不为劳务派遣单位提供劳动，被派遣劳动者为用工单位提供劳动，但与用工单位没有劳动关系，造成了劳动力的雇用和劳动力的使用分离。劳务派遣中三方主体间法律关系如图10-1所示。

图 10-1　劳务派遣中三方主体间法律关系

（二）有关劳务派遣的特殊规定

实践中，企业依法适用劳务派遣这种用工形式，可以简化管理程序、降低成本费用。为了使劳务派遣得到健康发展，同时防止用工单位规避劳动法规，维护被派遣劳动者合法权益，《劳动合同法》对劳务派遣作出了一些特别规定。

1.劳务派遣用工的适用范围

劳动合同用工是我国企业的基本用工形式，劳务派遣用工是补充形式，只能在临时性、辅助性或者替代性的工作岗位上实施。临时性工作岗位是指存续时间不超过 6 个月的岗位；辅助性工作岗位是指为主营业务岗位提供服务的非主营业务岗位；替代性工作岗位是指用工单位的劳动者因脱产学习、休假等原因无法工作的一定期间内，可以由其他劳动者替代工作的岗位。

用工单位应当严格控制劳务派遣用工数量，不得超过其用工总量的一定比例。

2. 被派遣劳动者

《劳动合同法》赋予被派遣劳动者以下权利。

（1）同工同酬的权利。被派遣劳动者享有与用工单位的劳动者同工同酬的权利，用工单位无同类岗位劳动者的，参照用工单位所在地相同或者相近岗位劳动者的劳动报酬确定。

（2）参加和组织工会的权利。被派遣劳动者有权在劳务派遣单位或者用工单位依法参加或者组织工会，维护自身的合法权益。

（3）解除劳动合同的权利。被派遣劳动者可以依照《劳动合同法》与用人单位协商一致解除劳动合同，在用人单位有违法、违约情形时，被派遣劳动者有权与劳务派遣单位单方解除劳动合同。

3. 劳务派遣单位

劳务派遣单位是将劳动者派遣到实际用工单位的企业法人。《劳动合同法》规定，未经劳动行政部门依法行政许可的，任何单位和个人不得经营劳务派遣业务。经营劳务派遣业务的劳务派遣单位应当具备以下条件：①注册资本不得少于人民币 200 万元；②有与开展业务相适应的固定的经营场所和设施；③有符合法律、行政法规规定的劳务派遣管理制度；④法律、行政法规规定的其他条件。

用人单位不得设立劳务派遣单位向本单位或者所属单位派遣劳动者。作为用人单位，劳务派遣单位应当履行用人单位对劳动者的义务，遵守《劳动法》的相关规定，与被派遣的劳动者订立书面劳动合同。其劳动合同应符合以下要求：①在劳动合同中除应当载明劳动合同的必备条款外，还应当载明被派遣劳动者的用工单位以及派遣期限、工作岗位等情况；②劳务派遣单位应当与被派遣劳动者订立 2 年以上的固定期限劳动合同（不得以非全日制用工形式招用被派遣劳动者），按月支付劳动报酬；③被派遣劳动者在无工作期间，劳务派遣单位应当按照所在地人民政府规定的最低工资标准，向其按月支付报酬；④劳务派遣单位与被派遣劳动者订立的劳动合同和与用工单位订立的劳务派遣协议，载明或者约定的向被派遣劳动者支付的劳动报酬应符合《劳动合同法》中关于同工同酬的规定。

劳务派遣单位不得克扣用工单位按照劳务派遣协议支付给被派遣劳动者的劳动报酬；劳务派遣单位跨地区派遣劳动者的，被派遣劳动者享有的劳动报酬和劳动条件，按照用工单位所在地的标准执行。劳务派遣单位和用工单位不得向被派遣劳动者收取费用。劳务派遣单位解除与劳动者的劳动合同，应遵守《劳动合同法》有关规定。

4. 用工单位

《劳动合同法》规定，用工单位应当履行下列义务：①执行国家劳动标准，提供相应的劳动条件和劳动保护，告知被派遣劳动者的工作要求和劳动报酬；②支付加班费、绩效奖金，提供与工作岗位相关的福利待遇；③对在岗被派遣劳动者进行工作岗位所必需的培训；④连续用工的，实行正常的工资调整机制；⑤不得将被派遣劳动者再派遣到其他用人单位；⑥不得设立劳务派遣单位向本单位或者所属单位派遣劳动者。

《民法典》规定，劳务派遣期间，被派遣劳动者因执行工作任务造成他人损害的，由接受劳务派遣的用工单位承担侵权责任；劳务派遣单位有过错的，承担相应的责任。

课堂讨论 10-3

2021 年 6 月 18 日，甲单位保安吴某在工作期间与来访客人刘某发生口角，后将刘某打伤，引起纠纷。经查，吴某为乙保安公司派遣到甲单位工作的人员。

请问：刘某该如何维权？

5. 劳务派遣协议

劳务派遣协议是劳务派遣单位与用工单位就劳务派遣事项签订的书面协议。《劳动合同法》规定：劳务派遣单位派遣劳动者应当与接受以劳务派遣形式用工的单位订立劳务派遣协议。劳务派遣协议应当约定派遣岗位和人员数量、派遣期限、劳动报酬和社会保险费的数额与支付方式以及违反协议的责任。用工单位应当根据工作岗位的实际需要与劳务派遣单位确定派遣期限，不得将连续用工期限分割，订立数个短期劳务派遣协议。劳务派遣单位应当将劳务派遣协议的内容告知被派遣劳动者。

三、非全日制用工

非全日制用工，是指以小时计酬为主，劳动者在同一用人单位一般平均每日工作时间不超过 4 小时，每周工作时间累计不超过 24 小时的用工形式。非全日制用工是灵活用工的一种形式，非全日制用工可以不订立书面劳动合同，双方当事人可以订立口头协议。法律允许非全日制用工建立双重或多重劳动关系，从事非全日制用工的劳动者可以与一个或者一个以上用人单位订立劳动合同；但是，后订立的劳动合同不得影响先订立的劳动合同的履行。非全日制用工双方当事人任何一方都可以随时通知对方终止用工。终止用工的，用人单位不向劳动者支付经济补偿。

为保障非全日制用工劳动者的劳动权利，《劳动合同法》规定，非全日制用工双方当事人不得约定试用期；非全日制用工小时计酬标准不得低于用人单位所在地人民政府规定的最低小时工资标准；非全日制用工劳动报酬结算支付周期最长不得超过 15 日。

第五节 劳动争议处理法律制度

一、劳动争议的概念

劳动争议是劳动关系的双方当事人因执行劳动法律、法规或者履行劳动合同、集体合同而发生的争议。劳动争议分为个人劳动争议与集体劳动争议。就劳动争议的内容讲，包括因履行劳动合同而发生的争议，因履行集体劳动合同而发生的争议，因执行国家有关工作时间、休息休假、工资、社会保险与福利、劳动安全卫生、女职工和未成年工特殊保护、职业培训等的规定而发生的争议，因开除、除名、辞退职工和职工辞职、自动离职等而发生的争议，因经济补偿、赔偿而发生的争议等。

二、劳动争议解决机构

劳动争议解决机构有劳动争议调解委员会、劳动争议仲裁委员会、人民法院。

1. 劳动争议调解委员会

劳动争议调解委员会是指用人单位内部设立的，调解本单位发生的劳动争议的群众性组织。劳动争议调解委员会由职工代表、用人单位代表和工会代表组成，劳动争议调解委员会的主任由工会代表担任。劳动争议发生后，当事人可以向劳动争议调解委员会申请调解，也可以不经调解直接申请仲裁。

2. 劳动争议仲裁委员会

劳动争议仲裁委员会是国家授权、依法独立的对劳动争议案件进行专门仲裁的机构。劳动争议仲裁委员会由劳动行政部门代表、同级工会代表、用人单位方面的代表组成，劳动争议仲裁委员会的主任由劳动行政部门代表担任。劳动争议仲裁委员会负责管辖本区域内发生的劳动争议。

劳动争议仲裁委员会受理本行政区域内的下列劳动争议案件：因确认劳动关系发生的争议；因订立、履行、变更、解除和终止劳动合同发生的争议；因除名、辞退和辞职、离职发生的争议；因工作时间、休息休假、社会保险、福利、培训以及劳动保护发生的争议；因劳动报酬、工伤医疗费、经济补偿或者赔偿金等发生的争议；法律、法规规定的其他劳动争议。

3. 人民法院

人民法院是审理劳动争议案件的司法机构。我国尚未设立劳动法院或劳动法庭，由各级人民法院的民事审判庭审理劳动争议案件。根据《最高人民法院关于审理劳动争议案件适用法律问题的解释（一）》的规定，劳动者与用人单位之间发生的下列纠纷，属于劳动争议，当事人不服劳动争议仲裁机构作出的裁决，依法提起诉讼的，人民法院应予受理：

（1）劳动者与用人单位在履行劳动合同过程中发生的纠纷。

（2）劳动者与用人单位之间没有订立书面劳动合同，但已形成劳动关系后发生的纠纷。

（3）劳动者与用人单位因劳动关系是否已经解除或者终止，以及应否支付解除或者终止劳动关系经济补偿金发生的纠纷。

（4）劳动者与用人单位解除或者终止劳动关系后，请求用人单位返还其收取的劳动合同定金、保证金、抵押金、抵押物发生的纠纷，或者办理劳动者的人事档案、社会保险关系等移转手续发生的纠纷。

（5）劳动者以用人单位未为其办理社会保险手续，且社会保险经办机构不能补办导致其无法享受社会保险待遇为由，要求用人单位赔偿损失发生的纠纷。

（6）劳动者退休后，与尚未参加社会保险统筹的原用人单位因追索养老金、医疗费、工伤保险待遇和其他社会保险待遇而发生的纠纷。

（7）劳动者因为工伤、职业病，请求用人单位依法给予工伤保险待遇发生的纠纷。

（8）劳动者依据《劳动合同法》第八十五条[1]规定，要求用人单位支付加付赔偿金发生的纠纷。

（9）因企业自主进行改制发生的纠纷。

三、劳动争议解决方式

《劳动法》第七十七条规定，用人单位与劳动者发生劳动争议，当事人可以依法申请调解、仲裁、提起诉讼，也可以协商解决。调解原则适用于仲裁和诉讼程序。

---

[1]用人单位有下列情形之一的，由劳动行政部门责令限期支付劳动报酬、加班费或者经济补偿；劳动报酬低于当地最低工资标准的，应当支付其差额部分；逾期不支付的，责令用人单位按应付金额50%以上100%以下的标准向劳动者加付赔偿金：①未按照劳动合同的约定或者国家规定及时足额支付劳动者劳动报酬的；②低于当地最低工资标准支付劳动者工资的；③安排加班不支付加班费的；④解除或者终止劳动合同，未依照《劳动合同法》的规定向劳动者支付经济补偿的。

1. 协商

协商不是解决劳动争议的必经程序。经协商达成的和解协议，无必须履行的法律效力。

2. 调解

调解也不是解决劳动争议的必经程序。劳动争议调解委员会调解劳动争议，应当自当事人申请调解之日起 30 日内调解结束。到期未结束的，视为调解不成。经调解达成协议的，应制作调解书。调解协议也无必须履行的法律效力。调解解决劳动争议期间，仲裁申诉时效中止，中止期间最长不得超过 30 日。调解结束之日仲裁申诉时效继续计算。

3. 仲裁

仲裁是用人单位与劳动者之间劳动争议解决的必经程序。劳动争议申请仲裁的时效期间为 1 年，从当事人知道或者应当知道其权利被侵害之日起计算。自劳动争议发生之日起 1 年内，当事人可以向劳动争议仲裁委员会书面申请仲裁。劳动仲裁的申请不以事先在劳动合同中有仲裁的协议或者争议发生后达成仲裁的书面协议为条件，这与一般的民事纠纷的仲裁不同。

仲裁应贯彻先调解的原则，经调解达成协议的，应制作调解书。仲裁调解书具有法律效力，自送达之日起产生约束力，当事人必须自觉履行。一方当事人不履行的，另一方当事人可以申请法院强制执行。

劳动争议仲裁委员会受理案件后，经调解不成，一般应在收到仲裁申请的 60 日内作出裁决。当事人无异议的，必须履行裁决。当事人对仲裁裁决不服的，可以自收到裁决书之日起 15 日内向人民法院提起诉讼。逾期不起诉的，仲裁裁决发生法律效力。

4. 诉讼

劳动争议必须先进行仲裁，未经仲裁的劳动争议案件，当事人不得向人民法院起诉。当事人对仲裁裁决不服的，可以自收到仲裁裁决书之日起 15 日内向人民法院提起诉讼。诉讼同仲裁一样，贯彻先调解的原则，调解不成的，通过审理最终解决争议。

智慧助学　　同步测试

思考与探索

1. 试述劳动合同的特征。
2. 根据《劳动合同法》，劳动合同终止的法定事由有哪些？
3. 如何理解劳动合同解除的条件和程序？
4. 如何理解《劳动合同法》关于劳务派遣的相关规定？
5. 如何理解我国现行劳动争议处理相关法律制度的规定？

法务实训

案例一：2021 年 5 月 8 日，施某与甲公司订立经营用房装修协议，约定由施某负责组织人员施工，装修费用 50 万元。装修过程中除装修材料外的所有费用一律由施某自付，施工过程中出现任何安全问题，均由施某自行承担，甲公司不承担任何责任。订立协议后，施某即组织人员施工。

6 月 1 日，陈某在接受施某指派从事高处作业时摔伤，造成 8 级伤残，发生各项损失 65 000 元。

请问：

1. 陈某与甲公司之间是否存在劳动关系？为什么？

2. 陈某索赔应以谁为被告？为什么？

3. 施某与甲公司之间是否存在劳动关系？为什么？

4. 陈某为维护自己的合法权益，是否需申请劳动仲裁？为什么？

5. 本案中，甲公司是否需要承担法律责任？如果承担责任，承担何种责任？

6. 假设陈某属于某劳务派遣公司劳动者，接受劳务派遣公司指派为甲公司从事装修工作，则陈某是否可以申请劳动仲裁？为什么？

案例二：2020 年 2 月，刘某经某宾馆考核，被招收为服务员，在该宾馆餐厅工作，并与宾馆签订为期 5 年的劳动合同。该合同约定："鉴于宾馆服务行业的特殊要求，凡在本宾馆工作的女性服务员合同期内不得怀孕。否则，宾馆有权解除劳动合同。"当时，刘某对这一条款没太注意，就在合同上签了字。2020 年 10 月，刘某怀孕了。该宾馆得知后，以刘某违反劳动合同为由，于 2021 年 5 月 15 日作出了解除与刘某所订劳动合同的决定，并没收了刘某签订劳动合同时缴纳的抵押金人民币 2 000 元。

刘某不服，欲向当地劳动争议仲裁委员会申请仲裁。

请问：

1. 该宾馆的做法中有哪些违反了《劳动合同法》的规定？

2. 本案中，刘某申请仲裁的时效是多少？

3. 本案中，刘某可以提出的仲裁请求有哪些？

第十一章
经济纠纷的解决

引例

目标与方法

课前测试

青岛 A 公司与烟台 B 公司在 C 市签订了一份某品牌运动鞋购销合同，该合同约定履行地为济南市。合同中的仲裁条款约定：如本合同发生争议，提交 C 市仲裁委员会仲裁。后青岛 A 公司与烟台 B 公司就运动鞋质量问题发生合同纠纷，青岛 A 公司欲申请仲裁，但得知 C 市未设立仲裁委员会，青岛、烟台、济南三市均设立了仲裁委员会。

【提问】本案中合同中的仲裁协议是否有效？青岛 A 公司是否可以向青岛、烟台或济南市的仲裁委员会申请仲裁？

【点评】依据《中华人民共和国仲裁法》（以下简称《仲裁法》）、《民事诉讼法》的规定，本案合同中的仲裁协议因为对仲裁机构的约定不明确，在当事人未达成补偿协议的情况下无效，青岛 A 公司无权向青岛、烟台或济南市的仲裁委员会申请仲裁，只能向烟台或济南市的人民法院起诉。

素养拓展

经济纠纷的大量存在势必会扰乱社会主义经济关系，阻碍市场运行，侵害经济主体的合法权益，妨碍生产、流通的正常进行，影响社会稳定。因此，在发展社会主义市场经济的同时，必须及时有效地解决好各类经济纠纷。企业的经营管理人员在解决经济纠纷的过程中，应奉行法治理念，合法依规解决经济纠纷，维护社会秩序。

第一节　协商和调解

在社会主义市场经济中，由于经济关系的复杂性和主客观方面的原因，经济活动主体之间不可避免地会发生各种经济利益冲突，从而导致涉内、涉外的种类繁多的经济纠纷。实践中，通常把经济活动主体间发生的经济权利和经济义务的争执称为经济纠纷。这种纠纷在司法实践中以合同纠纷居多。随着经济的不断发展，经济纠纷牵涉面迅速扩大，如工业产权纠纷、房地产纠纷、证券纠纷、期货纠纷、票据纠纷，以及涉外的经济纠纷等。

根据我国相关法律的规定，解决经济纠纷的主要方式有协商、调解、仲裁、民事诉讼。其中，仲裁和民事诉讼是两种具有显著特点并起主要作用的方式，在本章后面有详细论述，下面先具体介绍协商、调解。

一、协商

协商是指在发生经济争议后，当事人在互谅互让的基础上，进行磋商，自愿达成和解协议而解决争议的一种方式。一般来说，协商的时间、地点和方式都由双方确定，当事人直接见面，在分清是非的基础上，消除误解、明确责任。这不仅有利于具体纷争的解决，也有利于稳定和发展双方的信任与合作关系。这种方式简单方便，具有灵活性，既可省去仲裁、诉讼的程序和费用，也可减轻仲裁机构、人民法院的负担，因此我国大多数的经济纠纷都是通过这一方式解决的，其在国际经济贸易中也广为采用。当然，采用这种方式，也应遵循自愿、平等、合法原则。

二、调解

调解是指由当事人以外的第三者对当事人之间所发生的纠纷，从中调停，在明辨是非、分清责任的基础上，促使双方自愿就争议事项达成和解协议的一种方式。这种方式介于协商和仲裁、民事诉讼之间，又贯穿仲裁、民事诉讼的各个阶段。

调解和协商的区别在于调解是在第三者主持下进行的，而协商不是，但二者都应遵循自愿、合法原则。当事人双方是否愿意采用调解方式解决纠纷、是否就争议事项达成和解协议，完全取决于当事人的意愿，即自愿，任何机关、个人都不能把自己的意志强加于当事人。只有在当事人自愿达成和解协议的基础上，协议的履行才会自动进行。当然调解也要遵循合法原则，不能损害国家、集体和他人的利益。

调解有仲裁、诉讼外的调解及仲裁裁决、法院判决前的调解，在国际经济贸易实践中还有联合调解。所谓联合调解，是指双方当事人在国际经济贸易中发生争议，由双方各自所属的仲裁机构派一人或同等数目的人员充当调解员共同进行调解。

仲裁、诉讼外的调解一般包括民间调解和行政调解两种。民间调解又称人民调解，是指在村民委员会、居民委员会或企业、事业单位中设立的人民调解委员会主持下，调解民事纠纷的一种方式。它是基层人民政府和基层人民法院指导下的有组织、有领导、有章法的群众性的自我教育、自我管理、自我保持和自我处分民事、经济权益的调解，该调解协议不具有法律上的强制力。行政调解是指在国家行政机关主持下，对特定的经济纠纷和其他纠纷依法进行的调解，调解人是国家行政机关，调解范围仅限于行政机关职权管辖范围之内的事项，调解协议一般不具有法律上的强制力。

仲裁裁决、法院判决前的调解的效力与仲裁、诉讼外的调解的效力不同。仲裁机构和法院的调解书在送达当事人后，和生效的仲裁裁决书、法院判决书的效力一样，一方当事人不履行，另一方当事人可向人民法院申请强制执行。

第二节 仲裁

一、仲裁的概念和特征

（一）仲裁的概念

仲裁是指双方当事人在争议发生前或争议发生后达成协议，自愿将其争议交付仲裁机构进行裁决，双方当事人都有义务执行裁决的一种解决纠纷的方式。

（二）仲裁的特征

（1）仲裁具有较强的自主性。当事人对纠纷的处理，是否提交仲裁、由哪个仲裁机构仲裁、仲裁庭的人员组成，都由当事人在自愿的基础上协商确定。

（2）仲裁具有较强的灵活性。

（3）仲裁一般以不公开审理为原则。

（4）仲裁实行一裁终局制。裁决作出后，当事人不得就同一纠纷再申请仲裁，也不得向人民法院起诉。

二、仲裁的适用范围和原则

（一）仲裁的适用范围

根据《仲裁法》的规定，仲裁范围限于平等主体的公民、法人和其他组织之间发生的合同纠纷和其他财产权益纠纷。仲裁具体包括以下两方面的内容：一方面，仲裁事项必须是合同纠纷和其他财产权益纠纷，而不是非财产性纠纷；另一方面，仲裁事项必须是平等主体之间发生的且当事人有权处分的财产权益纠纷，而不是由强制性法律规范调整的法律关系的争议。

下列纠纷不能仲裁：①婚姻、收养、监护、扶养、继承纠纷；②依法应当由行政机关处理的行政争议。

此外，劳动争议和农业集体经济组织内部的农业承包合同纠纷不能按《仲裁法》的规定进行仲裁。

（二）仲裁的基本原则

（1）当事人自愿原则。当事人采用仲裁方式解决纠纷，应当双方自愿，达成仲裁协议。没有仲裁协议，一方申请仲裁的，仲裁委员会不予受理。

（2）以事实为根据、以法律为准绳原则。仲裁机构作出仲裁裁决必须以客观事实为依据，以民事实体法和程序法作为作出仲裁裁决的标准。

（3）独立仲裁原则。仲裁机构依法独立进行仲裁，不受行政机关、社会团体和个人的干涉。

三、仲裁委员会和仲裁协会

（一）仲裁委员会

仲裁委员会是民间性质的常设机构，与行政机关无隶属关系，彼此之间也无隶属关系。

仲裁委员会可以在直辖市和省、自治区人民政府所在地的市设立，也可以根据需要在其他设区的市设立，不按行政区划层层设立。仲裁委员会由上述规定的市的人民政府组织有关部门和商会统一组建。设立仲裁委员会，应当经省、自治区、直辖市的司法行政部门登记。

仲裁委员会由主任1人，副主任2~4人和委员7~11人组成。仲裁委员会的组成人员中，法律、经济贸易专家不得少于2/3。

仲裁委员会应当从公道正派的人员中聘任仲裁员。仲裁员应当符合下列条件之一：①通过国家统一法律职业资格考试取得法律职业资格，从事仲裁工作满8年的；②从事律师工作满8年的；③曾任审判员满8年的；④从事法律研究、教学工作并具有高级职称的；⑤具有法律知识、从事经济贸易等专业工作并具有高级职称或者具有同等专业水平的。

（二）仲裁协会

中国仲裁协会是仲裁委员会的自律性组织，属于社会团体法人。其主要职责包括：指导、协调仲裁委员会的工作，制定仲裁规则及其他仲裁规范性文件，对仲裁委员会及其组成人员、仲裁员的违纪行为进行监督。

四、仲裁协议

（一）仲裁协议的类型和形式

仲裁协议是双方当事人以书面方式请求仲裁委员会仲裁合同纠纷或其他财产权益纠纷的共同意思表示。

仲裁协议包括三种类型：一是合同中的仲裁条款，二是仲裁协议书，三是传真、电报、信函等其他书面文件中包含的仲裁协议。

仲裁协议可以在纠纷发生前订立，也可以在纠纷发生后订立，但必须采用书面形式。

（二）仲裁协议的内容及效力

1. 仲裁协议的内容

仲裁协议应当具有下列内容。①请求仲裁的意思表示。②仲裁事项。仲裁事项可以是已实际发生争议的事项，也可以是未来可能发生争议的事项，但必须明确。③选定的仲裁委员会。实践中，仲裁协议一般可采用下列推荐条款："凡因本合同引起的或与本合同有关的任何争议，均提交×××仲裁委员会，按照申请仲裁时该会施行有效的仲裁规则进行仲裁。仲裁地点在×××。仲裁裁决是终局的，对双方均有约束力。"

2. 仲裁协议的法律效力

仲裁协议一经生效，即具有下列法律效力。①当事人只能选择仲裁的方式解决纠纷，不能向人民法院起诉。②仲裁机构获取仲裁管辖权，同时限定仲裁范围。③排除人民法院对协议仲裁事项的司法管辖权。

（三）仲裁协议的无效

有下列情形，仲裁协议无效。①约定的仲裁事项超出法律规定的仲裁范围的。②无民事行为能力人或者限制民事行为能力人订立的仲裁协议。③一方采取胁迫手段迫使对方订立仲裁协议的。④仲裁协议对仲裁事项没有约定或者约定不明，当事人又达不成补充协议的。⑤仲裁协议对仲裁委员会没有约定或者约定不明，当事人又达不成补充协议的。

（四）仲裁协议效力的确认

仲裁协议效力的确认机构有两个：仲裁委员会和人民法院。同时向仲裁机构和人民法院请求确认仲裁协议的效力时，应由人民法院作出裁定。

五、仲裁程序

（一）申请和受理

当事人申请仲裁应当符合下列条件：①存在有效的仲裁协议；②有具体的仲裁请求和事实、理由；③属于仲裁委员会的受理范围。

当事人申请仲裁，应当向仲裁委员会递交仲裁协议、仲裁申请书及副本。仲裁委员会自收到仲裁申请书之日起 5 日内，认为符合受理条件的，应当受理，并通知当事人；认为不符合受理条件的，应当书面通知当事人不予受理，并说明理由。案件受理后，仲裁委员会应当在仲裁规则规定的期限内将仲裁规则和仲裁员名册送达申请人，并将仲裁申请书副本和仲裁规则、仲裁员名册送达被申请人。被申请人收到仲裁申请书副本后，应当在仲裁规则规定的期限内向仲裁委员会提交答辩书。仲裁委员会收到答辩书后，应当在仲裁规则规定的期限内将答辩书副本送达申请人。被申请人未提交答辩书的，不影响仲裁程序的进行。

（二）仲裁中的财产保全和证据保全

仲裁过程中，一方当事人因另一方当事人的行为或者其他原因，可能使裁决不能执行或者难以执行的，可以申请财产保全。当事人申请财产保全的，应当向仲裁委员会递交财产保全申请书。仲裁委员会应当将当事人的申请提交被申请人住所地或财产所在地的基层人民法院，由该法院决定是否采取财产保全措施。申请有错误的，申请人应当赔偿被申请人因财产保全所遭受的损失。

仲裁过程中，在证据可能灭失或者以后难以取证的情况下，当事人可以向仲裁委员会申请证据保全。当事人申请证据保全的，仲裁委员会应当将当事人的申请提交证据所在地的基层人民法院审查决定。

（三）仲裁庭的组成

仲裁庭的组成形式有两种：一种是合议仲裁庭，由 3 名仲裁员组成，设首席仲裁员；另一种是独任仲裁庭，由 1 名仲裁员组成。当事人约定由 3 名仲裁员组成仲裁庭的，应当各自选定或者各自委托仲裁委员会主任指定 1 名仲裁员，第 3 名仲裁员由当事人共同选定或者共同委托仲裁委员会主任指定。第 3 名仲裁员是首席仲裁员。当事人约定由 1 名仲裁员成立仲裁庭的，应当由当事人共同选定或者共同委托仲裁委员会主任指定仲裁员。当事人没有在仲裁规则规定的期限内约定仲裁庭的组成方式或者选定仲裁员的，由仲裁委员会主任指定。

（四）仲裁员的回避

仲裁员有下列情形之一的，必须回避，当事人也有权提出回避申请：①是本案的当事人或者当事人、代理人的近亲属；②与本案有利害关系；③与本案当事人、代理人有其他关系，可能影响公正仲裁的；④私自会见当事人、代理人，或者接受当事人、代理人的请客送礼的。

仲裁员是否回避，由仲裁委员会主任决定；仲裁委员会主任担任仲裁员时，由仲裁委员会集体决定。

（五）开庭和裁决

仲裁应当开庭进行。当事人协议不开庭的，仲裁庭可以根据仲裁申请书、答辩书和其他有关材料作出裁决。仲裁一般不公开进行。当事人协议公开的，可以公开进行，但涉及国家秘密的除外。

仲裁委员会应当在规定期限内将开庭日期通知双方当事人。当事人有正当理由的，可以在规定期限内请求延期开庭，但是否延期，由仲裁庭决定。申请人经书面通知，无正当理由不到庭或者未经仲裁庭许可中途退庭的，可视为撤回仲裁申请。被申请人经书面通知，无正当理由不到庭或者未经仲裁庭许可中途退庭的，可以缺席裁决。

当事人申请仲裁后，可以自行和解，也可以撤回仲裁申请。当事人达成和解协议，撤回仲裁申请后反悔的，可以根据仲裁协议申请仲裁。仲裁庭在作出裁决前，可以先行调解。当事人自愿调解的，仲裁庭应当调解。调解不成的，应当及时作出裁决。调解达成协议的，仲裁庭应当制作调解书或者根据协议的结果制作裁决书。调解书与裁决书具有同等法律效力。在调解书签收前，当事人反悔的，仲裁庭应当及时作出裁决。裁决应当按照多数仲裁员的意见作出，但少数仲裁员的意见可以记入笔录。仲裁庭不能形成多数意见时，裁决应当按首席仲裁员的意见作出。

（六）仲裁裁决的撤销

仲裁裁决作出后，双方当事人均可依法向仲裁委员会所在地的中级人民法院申请撤销仲裁裁决。当事人提出证据证明裁决有下列情形之一的，可以向仲裁委员会所在地的中级人民法院申请撤销裁决：①没有仲裁协议的；②裁决的事项不属于仲裁协议的范围或者仲裁委员会无权仲裁的；③仲裁庭的组成或者仲裁的程序违反法定程序的；④裁决所根据的证据是伪造的；⑤对方当事人隐瞒了足以影响公正裁决的证据的；⑥仲裁员在仲裁该案时有索贿受贿、徇私舞弊、枉法裁决行为的。

人民法院经组成合议庭审查核实裁决有上述情形之一的，应当裁定撤销。

人民法院认定该裁决违背社会公共利益的，应当裁定撤销。

（七）仲裁裁决的执行

当事人应当履行仲裁裁决。一方当事人不履行的，另一方当事人可以依照《民事诉讼法》的有关规定向人民法院申请执行。但被申请人提出证据证明仲裁裁决有下列情形之一的，经人民法院组成合议庭审查核实，裁定不予执行。①当事人在合同中没有订有仲裁条款或者事后没有达成书面仲裁协议的。②裁决的事项不属于仲裁协议的范围或者仲裁机构无权仲裁的。③仲裁庭的组成或者仲裁的程序违反法定程序的。④裁决所根据的证据是伪造的。⑤对方当事人向仲裁机构隐瞒了足以影响公正裁决的证据的。⑥仲裁员在仲裁该案时有贪污受贿、徇私舞弊、枉法裁决行为的。

人民法院认定执行该裁决违背社会公共利益的，裁定不予执行。

六、涉外仲裁

（一）涉外仲裁的概念

涉外仲裁，是指当事人依据仲裁协议将涉外经济贸易、运输和海事中发生的具有涉外因素的纠纷提交仲裁机构进行仲裁的法律制度。

（二）涉外仲裁机构

我国常设的涉外仲裁机构有两个，即中国国际经济贸易仲裁委员会和中国海事仲裁委员会。此外，根据《仲裁法》组建或重新设立的其他仲裁委员会也可以受理涉外仲裁案件。

（三）涉外仲裁裁决的撤销和不予执行

对我国涉外仲裁机构作出的裁决，被申请人提出证据证明仲裁裁决有下列情形之一的，经人民法院组成合议庭审查核实，裁定不予执行。①当事人在合同中没有订有仲裁条款或者事后没有达成书面仲裁协议的。②被申请人没有得到指定仲裁员或者进行仲裁程序的通知，或者由于其他不属于被申请人负责的原因未能陈述意见的。③仲裁庭的组成或者仲裁程序与仲裁规则不符的。④裁决的事项不属于仲裁协议的范围或者仲裁机构无权仲裁的。

人民法院认定执行该裁决违背社会公共利益的，裁定不予执行。

撤销涉外仲裁裁决的法定事由与不予执行涉外仲裁裁决的法定事由完全相同。

中国涉外仲裁机构的仲裁裁决需要在外国执行的，应当由当事人直接向有管辖权的外国法院申请承认和执行。

第三节 民事诉讼

一、民事诉讼机构及其受案范围

公民之间、法人之间、其他组织之间及其相互之间因财产关系和人身关系发生纠纷，可以提起民事诉讼。我国经济纠纷案件的审判机构，是最高人民法院和地方各级人民法院民事审判庭，各铁路运输法院民事审判庭，以及海事法院设立的海事审判庭和海商审判庭。

1. 各级人民法院民事审判庭的受案范围

各级人民法院民事审判庭的受案范围包括以下四个方面。

（1）民事纠纷案件。民事纠纷案件具体包括：①由民法调整的物权关系、债权关系、知识产权关系、人身权关系引起的诉讼，如房屋产权争议案件、合同纠纷案件、侵犯著作权案件、侵犯名誉权案件等；②由民法调整的婚姻家庭关系、继承关系、收养关系引起的诉讼，如离婚案件、追索抚养费案件、财产继承案件、解除收养关系案件等；③由经济法调整的经济关系中属于民事性质的诉讼，如因环境污染引起的侵权案件、因不正当竞争引起的损害赔偿案件等。

（2）商事纠纷案件。商事纠纷案件是指由商法调整的商事关系引起的诉讼，如票据纠纷案件、股东权益纠纷案件、保险合同纠纷案件、证券纠纷案件等。

（3）劳动争议案件。劳动争议案件是指因劳动法调整的社会关系发生的争议，法律规定适用民事诉讼程序的案件，如劳动合同纠纷案件等。

（4）法律规定人民法院适用《民事诉讼法》审理的非讼案件。主要有三种情形：一是适用特别程序审理的案件，如选民资格案件、宣告失踪或宣告死亡案件、认定公民无民事行为能力或限制行为能力案件等非诉案件；二是适用督促程序审理的案件；三是适用公示催告程序审理的案件。

2. 铁路运输法院的设置和受案范围

目前，铁路运输法院设有刑事审判庭和民事审判庭。民事审判庭主要受理与铁路运输有关的各类经济纠纷案件、经济合同纠纷案件和侵权纠纷案件。

3. 海事法院的设置和受案范围

根据第六届全国人民代表大会常务委员会第八次会议通过的《全国人民代表大会常务委员会关于在沿海港口城市设立海事法院的决定》，我国分别在上海、天津、广州、青岛、大连、厦门、海口、武汉和宁波设立了海事法院。海事法院与中级人民法院同级，二审法院为各海事法院所在地的高级人民法院。海事法院设海事审判庭和海商审判庭。海事法院受理海事侵权纠纷案件、海商合同纠纷案件、共同海损纠纷案件、海事执行案件和海事请求保全案件五大类案件。

二、案件的管辖范围

1. 级别管辖

级别管辖是指不同级别的法院之间在受理第一审经济纠纷案件上的分工。按《民事诉讼法》的规定，我国各级人民法院在受理第一审经济纠纷案件上的分工如下。

（1）基层人民法院管辖除法律另有规定外的第一审经济纠纷案件。

（2）中级人民法院管辖下列第一审经济纠纷案件：①重大涉外案件；②在本辖区有重大影响的案件；③最高人民法院确定由中级人民法院管辖的案件。

（3）高级人民法院管辖在本辖区有重大影响的第一审经济纠纷案件。

（4）最高人民法院管辖下列第一审经济纠纷案件：①在全国有重大影响的案件；②认为应当由其审理的案件。

2. 地域管辖

地域管辖是同级法院之间受理第一审经济纠纷案件的分工和权限。

（1）一般地域管辖，即由被告住所地人民法院管辖。如被告是公民，住所地与经常居住地不一致的，由经常居住地人民法院管辖。

（2）特殊地域管辖，又称特别管辖，是指以诉讼标的物所在地或者引起民事法律关系发生、变更、消灭的法律事实所在地为标准确定的管辖。

（3）协议地域管辖，是指双方当事人在经济纠纷发生之前或发生之后，以书面协议的形式约定第一审经济纠纷案件的管辖法院。

（4）专属地域管辖，指法律规定某些特殊类型的案件专门由特定的人民法院管辖。根据《民事诉讼法》的规定，适用专属地域管辖的案件有以下三种：因不动产纠纷提起的诉讼，由不动产所在地人民法院管辖；因港口作业中发生纠纷提起的诉讼，由港口所在地人民法院管辖；因继承遗产纠纷提起的诉讼，由被继承人死亡时所在地或主要遗产所在地人民法院管辖。

（5）共同地域管辖，指对同一诉讼依照法律规定，两个或两个以上的人民法院都有管辖权。根据《民事诉讼法》的规定，两个以上人民法院都有管辖权的诉讼，原告可以向其中一个人民法院起诉；原告向两个以上有管辖权的人民法院起诉的，由最先立案的人民法院管辖。

3. 移送管辖

移送管辖，是指人民法院受理案件后，发现本院对该案件无管辖权，依法通过裁定方式将案件移送有管辖权的人民法院审理的制度。

4. 指定管辖

指定管辖，是指上级人民法院依法以裁定方式指定其辖区内的下级人民法院对某具体案件行使管辖权。

三、案件审判的程序

1. 第一审程序

第一审程序包括普通程序和简易程序。其中，普通程序是经济审判程序的基础，具体包括起诉和受理、审理前的准备、开庭审理。

（1）起诉和受理。

起诉必须符合以下条件：①原告是与本案有直接利害关系的公民、法人和其他组织；②有明确的被告；③有具体的诉讼请求和事实、理由；④属于人民法院受理民事诉讼的范围和受诉人民法院管辖。起诉的方式以书面起诉为原则，以口头起诉为例外。

当事人起诉除了须具备《民事诉讼法》规定的有关条件外，还须具备以下条件：①当事人没有事先或事后约定由仲裁机构裁决的协议；②当事人没有就同一事实、同一诉讼标的再行向人民法院提起诉讼。

知识拓展

民事起诉书样本

人民法院对当事人的起诉进行审查，认为符合起诉条件的，应当在 7 日内立案，并通知当事人，认为不符合起诉条件的，应当在 7 日内裁定不予受理；原告对裁定不服的，可以提起上诉。

（2）审理前的准备。

① 向被告送达起诉状副本，限期由被告提出答辩状。人民法院应当在立案之日起 5 日内将起诉状副本发送被告，被告应当在收到之日起 15 日内提出答辩状。被告提出答辩状的，人民法院应当在收到之日起 5 日内将答辩状副本发送原告；被告不提出答辩状的，不影响人民法院审理。

② 受诉法院发送受理案件通知书、应诉通知书和举证通知书。

③ 受诉法院审核诉讼材料，调查收集必要证据。

（3）开庭审理。

开庭审理是审判程序的中心环节。依普通程序，开庭审理有准备开庭、法庭调查、法庭辩论、评议宣判等几个阶段。

2. 第二审程序

（1）提起上诉。当事人不服地方人民法院第一审判决或裁定的，有权在判决书送达之日起 15 日内或在裁定书送达之日起 10 日内向上一级人民法院提起上诉。

上诉状应当通过原审人民法院提出，也可以直接向第二审人民法院上诉。

（2）上诉案件的审理。审理上诉案件，应组成合议庭进行。经过阅卷和调查，询问当事人，在事实核对清楚后，合议庭认为不需要开庭审判的，也可以径行判决、裁定。第二审人民法院审理上诉案件，可以在本院进行，也可以到案件发生地或原审法院所在地进行。第二审人民法院对上诉案件进行审理后作出以下处理：①以判决、裁定方式驳回上诉，维持原判决、裁定；②以判决、裁定方式依法改判；③撤销或者变更原判决，发回原审人民法院重审。

3. 审判监督程序

审判监督程序是指人民法院对已经发生法律效力的判决、裁定、调解书发现确有错误，依法进行再审予以纠正的一种特殊程序。再审程序的提起有以下四种途径。①由本院院长提出，提交审判委员会讨论决定。②由最高人民法院、上级人民法院提审或指令下级人民法院再审。③由最高人民检察院、上级人民检察院按审判监督程序提出抗诉。④由当事人申请，经人民法院审查决定是否再审。当事人申请再审，应当在判决、裁定发生法律效力后 6 个月内（法律规定的情况除外）提出。

4. 执行程序

当事人对具有给付内容并已发生法律效力的法律文书，应自动执行。如拒不执行，权利人可以在法定期限内向被执行人住所地或者被执行的财产所在地人民法院申请执行。

四、涉外经济审判程序

1. 一般原则

（1）适用我国缔结或参加的国际条约的原则。

（2）司法豁免原则。

（3）委托我国律师代理诉讼的原则。

（4）使用我国通用的语言、文字的原则。

2. 管辖

因合同纠纷或者其他财产权益纠纷，对在我国领域内没有住所的被告提起的诉讼，如果合同在我国领域内签订或履行，或者诉讼标的物在我国领域内，或者被告在我国领域内有可供扣押的财产，或者被告在我国领域内设有代表机构，可以由合同签订地、合同履行地、诉讼标的物所在地、可供扣押财产所在地、侵权行为地或者代表机构住所地人民法院管辖。

3．期间

对在我国领域内没有住所的被告，应当在收到起诉状副本后 30 日内提出答辩状。被告申请延期的，是否准许，由人民法院决定。

对在我国领域内没有住所的当事人，不服第一审人民法院的判决、裁定的，上诉期限均为 30 日。当事人不能在法定期间提起上诉，申请延期的，是否准许，由人民法院决定。

4．司法协助

司法协助，是指不同国家的法院之间，根据本国缔结或者参加的国际条约或者互惠关系，彼此相互协助，为对方代为一定的诉讼行为。司法协助包括一般司法协助和特殊司法协助。

智慧助学　　　同步测试

思考与探索

1．如何理解调解与仲裁的关系？
2．如何理解仲裁协议？
3．如何理解仲裁与诉讼的关系？
4．如何理解人民法院的诉讼管辖？
5．当一个企业的经济权利受到侵害时，如何选择诉讼的时间和地点？
6．如何理解证据保全、财产保全和先予执行的概念？

法务实训

甲市某五金塑料厂与乙市某开发公司于 2020 年 8 月在甲市签订了一份聚乙烯塑料拉丝的购销合同。合同规定：开发公司于同年 11 月供应给五金塑料厂聚乙烯塑料拉丝 12 吨，每吨 4 000 元；五金塑料厂预付款 30 000 元，余款于收到货后付清。此外，合同还规定了质量、提货方式等条款。可五金塑料厂预付款后，经多次催促，截至 2021 年 4 月仍未见到货。经调查得知，该开发公司本身固定资产仅 8 000 元。五金塑料厂于 2021 年 10 月向甲市某区人民法院起诉。

请问：

1．合同纠纷有哪些解决方法？
2．《民法典》对保护当事人合法权益有哪些规定？
3．法院可采取哪些保护措施？

参考文献

[1] 张文显. 法理学[M]. 5 版. 北京：高等教育出版社，2018.

[2] 李昌麒. 经济法学[M]. 3 版. 北京：法律出版社，2016.

[3] 漆多俊. 经济法基础理论[M]. 5 版. 北京：法律出版社，2017.

[4] 张守文. 经济法学[M]. 7 版. 北京：北京大学出版社，2018.

[5] 刘文华. 经济法[M]. 6 版. 北京：中国人民大学出版社，2019.

[6] 杨立新. 债法[M]. 2 版. 北京：中国人民大学出版社，2018.

[7] 王利明. 民法[M]. 9 版. 北京：中国人民大学出版社，2022.

[8] 江伟，肖建国. 仲裁法[M]. 3 版. 北京：中国人民大学出版社，2016.

[9] 齐树洁. 民事诉讼法[M]. 5 版. 北京：中国人民大学出版社，2020.

[10] 施天涛. 商法学[M]. 6 版. 北京：法律出版社，2020.

[11] 赵旭东. 公司法学[M]. 4 版. 北京：高等教育出版社，2015.

[12] 施天涛. 公司法论[M]. 4 版. 北京：法律出版社，2018.

[13] 甘培忠. 企业和公司法学[M]. 10 版. 北京：北京大学出版社，2020.

[14] 范健. 公司法[M]. 5 版. 北京：法律出版社，2018.

[15] 朱锦清. 公司法学（修订本）[M]. 北京：清华大学出版社，2019.

[16] 梁开银，彭真明. 公司法学[M]. 2 版. 北京：法律出版社，2020.

[17] 王欣新. 破产法[M]. 4 版. 北京：中国人民大学出版社，2019.

[18] 崔建远. 合同法[M]. 4 版. 北京：北京大学出版社，2021.

[19] 韩世远. 合同法总论[M]. 4 版. 北京：法律出版社，2018.

[20] 《知识产权法学》编写组. 知识产权法学[M]. 北京：高等教育出版社，2019.

[21] 吴汉东. 知识产权法学[M]. 7 版. 北京：北京大学出版社，2019.

[22] 徐孟洲. 金融法[M]. 4 版. 北京：高等教育出版社，2019.

[23] 陶广峰. 金融法[M]. 3 版. 北京：中国人民大学出版社，2020.

[24] 范健. 证券法[M]. 3 版. 北京：法律出版社，2020.

[25] 周友苏. 证券法新论[M]. 北京：法律出版社，2020.

[26] 李玉泉. 保险法[M]. 3 版. 北京：法律出版社，2019.

[27] 刘心稳. 票据法[M]. 4 版. 北京：中国政法大学出版社，2018.

[28] 江帆. 竞争法[M]. 北京：法律出版社，2019.

[29] 刘剑文. 财税法：原理、案例与材料[M]. 4 版. 北京：北京大学出版社，2020.

[30] 王全兴. 劳动法[M]. 4 版. 北京：法律出版社，2017.

[31] 《劳动与社会保障法学》编写组. 劳动与社会保障法学[M]. 2 版. 北京：高等教育出版社，2018.